国家出版基金项目
NATIONAL PUBLICATION FOUNDATION

汉字发展史专题研究丛书

丛书主编　王贵元

吐鲁番出土文书文字研究

赵晨霞　著

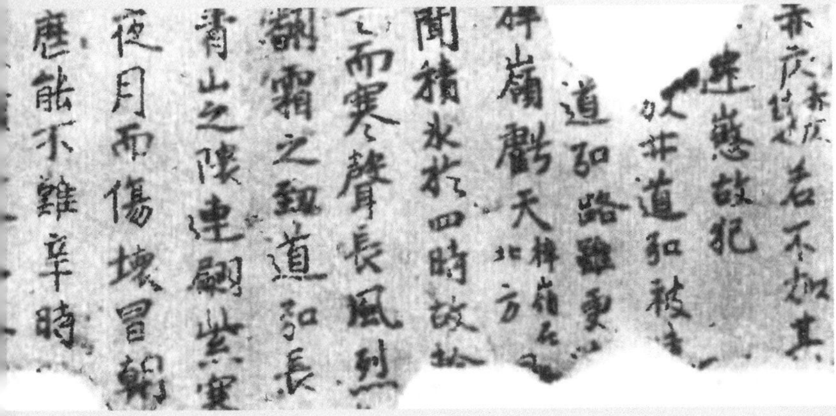

河北出版传媒集团
河北人民出版社
石家庄

图书在版编目（CIP）数据

吐鲁番出土文书文字研究 / 赵晨霞著. -- 石家庄 : 河北人民出版社, 2018.12
（汉字发展史专题研究丛书 / 王贵元主编）
ISBN 978-7-202-13461-0

Ⅰ. ①吐… Ⅱ. ①赵… Ⅲ. ①出土文物－文书－古文字－研究－吐鲁番地区 Ⅳ. ①K877.94②H121

中国版本图书馆CIP数据核字(2018)第223677号

丛 书 名　汉字发展史专题研究丛书
丛书主编　王贵元
书　　名　吐鲁番出土文书文字研究
著　　者　赵晨霞

策划编辑　韩丽璞　荆彦周
责任编辑　王　琳　甄　洁　沈鸿雁
美术编辑　于艳红
责任校对　付敬华

出版发行　河北出版传媒集团　河北人民出版社
（石家庄市友谊北大街330号）
印　　刷　河北新华第二印刷有限责任公司
开　　本　787毫米×1092毫米　1/16
印　　张　25.5
字　　数　364 000
版　　次　2018年12月第1版　2018年12月第1次印刷
书　　号　ISBN 978-7-202-13461-0
定　　价　79.00元

总　序

汉字发展史的研究，总体上可分为两个大的方面：一是纵向的分段问题，二是横向的内容框架问题。无论是哪个方面，都与汉字理论的建设密不可分。纵向的分段问题即整个汉字发展史分几个阶段，每个阶段的界线在哪里，这是需要依据汉字发展的实有情况，分析其阶段性核心特征及其转化环节而进行的。横向的内容框架问题即在汉字的各个发展阶段，研究些什么内容，这些内容的合理结构是怎样的，应该划分为哪些部分来进行研究和论述。下面先从第二方面问题说起。

一、横向的研究内容

横向的研究内容首先可分为字形系统和字用系统两个部分，这一点学界已有共识。字形系统即汉字本身的形体构成，字用系统是汉字在文献中的运用问题。

（一）字形系统

字形系统可进一步分类研究，但如何分类却是一个颇具争议的问题，我们认为要合理解决这一问题，必须先分析清楚字形系统构形要素的性质和分类。

1. 构形系统要素的性质与分类

汉字字形系统首先是由众多单字形体构成的，汉字的构形就体现在这些单字形体上，综合大量单字形体，研究其形体构成的共有方式和细节变化，就是汉字构形系统的研究。汉字构形系统的研究首要的是弄清楚单字形体构成的面貌，这一点是通过单字形体的拆分获得的，通过单字形体的拆分，我们可以发现所有单字形体都是由构形成分通过不同的组合关系构成的，因此，单字形体，也就是整字形体的构成可分为构件和构件组合方式两个方面。

2. 整字构形的表层结构与深层结构

我曾在《马王堆帛书汉字构形系统研究》中说过：“就构形系统内部说，结构层次包括形体层次和功能层次两方面内容。形体层次是可视知的，属表层结构；功能层次是不可视知的，属深层结构。”[①] 这里的结构指的是整字构形的组合关系，进一步推说，组合关系的表层和深层，源自构件的表层和深层。汉字无论古今，整字首先是由构件组成的，汉字的构件都是有功能的，构件的功能即构形、构音和构义的职能。构件的形体属于表层成分，构件的功能属于深层成分。构件形体及其功能是互为表里的整体，形体就是为表现功能而存在的，离开功能，形体也就失去了存在的必要，而没有形体，功能也就不存在了。由构件组合成整字，其形体组合和功能组合也是相互连带，是不可分割的，有此就有彼，有彼即有此，比如，当我们讲同一构件的不同变体的时候，实际上是以功能相同为前提的，也就是同时考虑了功能。当我们讲同形构件时，又是以功能不同为前提的，所以实质上都是形体和功能同时考虑的。再如讲整字的形体布局图式，依其性质，是研究整字的外部组合形态的，但实际上不考虑功能的话，简直就无法操作，譬如里耶秦简的“单”“车”“东”字形分别如下：

单	车	东

若是仅从形体考虑，“单”“车”是不是有一个共同构件？“单”的形体图式为，“车”的形体图式为，“东”的形体图式亦为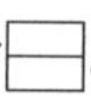。如果仅依

① 王贵元：《马王堆帛书汉字构形系统研究》，广西教育出版社，1999年，第44页。

据形体的外部形态划分，就只能以形体的分离标准区分组成成分，若此则形体分离的水旁“氵”是不是也应分为三个部分？所以，即使是分析字形外部形态也不能或缺功能的考虑。

就整字构形而言，首先有选用什么样的构件、选用多少构件问题，而后在表层结构，即形体层次方面有构件的位置摆放、构件方向的确定等问题，在深层结构，即功能层次上有功能组合模式问题。

3. 构件

独体字是由一个构件构成的整字，合体字是由两个或两个以上构件构成的整字。合体字的构件也有独体和合体之分，如果是合体构件，则其内部又可拆分出二级构件、三级构件等，所以直接构成整字的构件可称为直接构件或一级构件。

合体构件虽然可以分级，但与整字构义直接关联的只有直接构件，所以直接构件是构件研究的核心对象。直接构件就形体上说，在历史发展过程中会有演化，包括异形的产生与归一、形体的历时发展等；从功能上说，有功能的种类和演化等；另外就是构件间关系的研究，包括同形构件、构件换用、构件混用等。

构件并不是终极构形成分，构件本身也有构形成分，其中合体构件由下级构件构成，但这实际上属于整字构形问题，因为它们是由可以独用的整字充当的构件，可以放在整字部分研究。因此构件的实际构成成分是点线和笔画。

4. 点线与笔画

汉字经历过古文字阶段到今文字阶段的重大演化过程，其间，字形系统的构成要素也发生过重要变化。在古文字阶段，概括地说，形体是物象的反映，其中，整字、构件及其构成成分皆是物象的反映，如甲骨文“祝”作，整字反映的是张大嘴的人（表示祷告）面对祭祀对象进行祷告，左旁构件“示”表示祭祀对象，右旁构件表示祷告的人，而组成构件的点线反映的是祭祀对象和祷告者的局部。可以说，这时的字形功能是表示物象，即具有表形功能。其后，在汉字形体由表示物象向表示词的音义转化的本质动因支配下，汉字形体的功能也逐渐由表形功能转化为表音义功能，由此产生了构形的表音义成分[①]。由表形成分发展为表音义成分，其变化不仅是表示对象的不同，还反映在构形成分性质的分化和演变上，其分化之处主要发生在构件的构成成分上。总体上看，古今汉字的发展在整字和构件上基本是依据固定模式的转化，在构件功能发生转化的同时，构件的构成成分也经历了功能消失的过程。古文字构件的组成成分点线是物象的描绘，是有表形功能的，构件功能转化为表音义功能后，其组成成分即失去了表形功能，而且既无独立的表词功能，也无构义、构音功能，与字形表现对象脱离了直接关系，成了纯粹的书写要素，由此，汉字构形系统首次出现了无功能的构形成分，即今文字的笔画。为什么会出现纯粹的书写成分？还是源于字形表示对象由物象转换成了词的音义。因为无论是整字表示的词的音义还是构件表示的构音、构义都是概括的、抽象的，所以构件及整字都是作为一个整体来反映功能，至于其形体内部如何变化则与功能没有了直接关系，也就是形体本身没有了外物制约，汉字的笔画系统由有限的笔画种类相互组合而成，是自我规划的结果。古文字的点线是物象的描绘，受制于物象形态，没有自主性、独立性。而笔画没有对象性的支配者，它的支配者仅是书写，是在书写快捷目的的作用下形成的[②]。

另外，汉字的草书字体具有特殊性，周有光说："古今文字的字体可以归纳为三类：a. 图形体，b. 笔画体，c. 流线体。汉字从甲骨文、钟鼎文，到大篆、小篆，图形性逐渐减弱，都属于图形体。隶书、楷书属于笔画体。草书、行书属于流线体。"[③]这实际是就汉字形体表层基础构字成分进行的分类，是有道理的，就所有字体而言，确实存在一种有别于笔画的成分，但我们认

---

① 王贵元：《汉字形体演化的动因与机制》，《语文研究》，2010年第3期。

② 王贵元：《汉字笔画系统形成的过程与机制》，《语言科学》，2014年第5期。

③ 周有光：《文字发展规律的新探索》，《民族语文》，1999年第1期。

为行书仍是笔画体，只有草书是流线体。唐代张怀瓘《书断上·行书》："案行书者，后汉颍川刘德升所造也。即正书之小讹，务从简易，相间流行，故谓之行书。"[①]"相间流行"，"间"即间隔，说明有起断，这是行书与草书的重要区别。启功说："楷字中的笔画，虽然快写，但不超越，绕过它们原有的轨道，譬如火车，慢车每站必停，可比楷书；快车有些站可以不停，可比行书。虽然不停，但不能抛开中间的站，另取直线去行车。"[②]"虽然不停，但不能抛开中间的站，另取直线去行车"说明，行书虽然连写，但仍可看出原有的笔画差别，与草书的实连甚至跨越笔画、构件不同。刘延玲说："和行书相比，草书的'连笔'和'快写'已经超越了楷书设定的轨迹，草书的连笔发生在构件之间、字与字之间，而且以实连为主；减省的也不只是点画，还有构件。这样一来，字的构件甚至整字都会用新的符号替代。省并之后的字形，使人一眼望去，轮廓形状，已经与楷书字形相去甚远，与行书也大相径庭。因此，草书变成了一套新的符号体系。"[③]

综上，字形系统的研究可以分三个方面进行，一是整字研究，主要研究整字选用构件问题、构件组字时的位置方向等形体结构问题、功能组合模式问题等；二是构件研究，主要研究构件形体的历时演化问题、构件的使用（换用、混用）问题等；三是笔画研究，主要研究笔画的产生与发展、形成机制及规律等。

5. 字式和字体

汉字是书面符号系统，是书写出来的符号，因此书写在汉字字形系统面貌上有着一定的影响，这种由书写造成的字形系统的不同面貌学界一般称为"字体"，但是传统的字体概念内涵极其庞杂，实际上包括性质完全不同的数种现象。比如大篆和小篆，主要差异在构件和结构，属于构词要素层面

---

① 上海书画出版社、华东师范大学古籍整理研究室：《历代书法论文选》，上海书画出版社，1979年，第163页。

② 启功：《书法概论》，北京师范大学出版社，1986年，第50—51页。

③ 刘延玲：《魏晋行书构形研究》，上海教育出版社，2004年，第65页。

的不同，而隶书、行书和楷书等，主要差异在笔画，属于书写要素层面的不同。我们认为，此类问题需要依据性质的不同严格界定。关于这一问题，前辈著名学者已有过较好的论述，郭绍虞说：“就汉字而论字体，有三种不同的含义：一指文字的形体；二指书写的字体；三指书法家的字体。这三种意义互有关联但各有分别。就文字的形体讲，只需分为正草二体。就书写的字体讲，一般又分为正草篆隶四体，或真行草篆隶五体。就书法家的字体讲，那是指各家书法的风格，可以分得很多，最流行的如颜体、柳体、欧体、赵体之类便是。”① 郭先生“正草二体”的“草”应该是指草写，非草书之草。这样，郭先生分为三类，即文字的形体、书写的字体和书法家的字体。启功说：“所谓字体，即是指文字的形状，它包含两个方面：其一是指文字的组织构造以至它所属的大类型、总风格。例如说某字是象什么形、指什么事，某字是什么形什么声；或看它是属于‘篆’‘隶’‘草’‘真’‘行’的哪一种。其二是指某一书家、某一流派的艺术风格。例如说‘欧体’‘颜体’等。我们知道一个书家或流派的艺术风格，多是指它们在一种大类型中的小分别。”② 启功先生是分两个方面，即文字的组织构造以至它所属的大类型、总风格和某一书家、某一流派的艺术风格，其中的第一方面又分为文字的组织构造和大类型、总风格。王力说：“因此，就文字本身来说，我们就只能谈字形的变迁。关于字形，应该分为两方面来看：第一是字体的变迁；第二是字式的变迁。字体是文字的笔画姿态，字式是文字的结构方式。二者是不能混为一谈的。”③ 在字体方面，王力先生讲了甲骨文、金文、玺文、货币文、小篆、隶书、楷书等，显然，王力先生的“字体”就相当于郭先生的“书写的字体”，也即启功先生的“大类型、总风格”；在字式方面，王力先生讲了单体字、合体字、会意字、形声字等，所以，王力先生的“字式”就相当于郭先生的

① 郭绍虞：《从书法中窥测字体的演变》，《现代书法论文选》，上海书画出版社，1980年，第333页。

② 启功：《古代字体论稿》，文物出版社，1999年，第1页。

③ 王力：《汉语史稿》上册，中华书局，1980年，第39页。

“文字的形体”，也即启功先生的“文字的组织构造”。王力先生未涉及书法家字体一项。王宁说：“那么，就纯文字学的角度，我们应当取哪种定义为好？应当看到，汉字在实现记录汉语功能的过程中，处于认读和书写两个衔接不可分离的矛盾统一过程中——就一个人来说，他得先认字，然后写字；对一个社会来说，先有人写字、作文，才有人认字、阅读，汉字就在这个过程中具有了结构属性和书写属性两大部分。字体属于书写属性，应当和结构分立，第一种表示文字的组织构造的体应称字形结构；第二、三种体的用法才是字体风格，在这第二、三种体的用法中，第三种过于微观了一些，比较偏重于书法分类，纯文字学难以把握，所以，文字学所取的字体定义，以第二种最为适宜。”①

我们认为，字形系统就性质而言可分为原形和书写形体两大类，原形是基础字形、通用字形，书写形体是依据原形书写时由于书写方式的不同产生的形体，就如同一个楷体字形，不同的人书写会产生不同风格的字形一样。原形重点考虑的是构件和结构，书写形体主要变化是点线、笔画。参考上述前辈学者的论述，如果不考虑分合归类问题，其主要部分就是三项：一是文字的形体，或称文字的组织构造、字形结构；二是书写的字体，即文字的大类型、总风格；三是书法家的字体，即某一书家、某一流派的艺术风格。正如王宁先生所说，上述三项中，实际上第一项是基础字形，而第二和第三项性质相同，都是在基础字形上的书写变化，也就是说第二、第三项都是以书写要素为标准定出的分类。虽然第一项也包含书写成分笔画，但和第二、第三项的笔画性质不同，第一项的笔画系统指汉字基础性的笔画分类及其组合形式，而第二、第三项的笔画多是指笔形的变化，比如横画是基础笔画，横画的头粗尾细等笔形变化为书写变化。从这个角度分析，字形系统可以进一步分为“字式”和“字体”两类：字式是字形的基础模式和基本格式。“字式”之名用的是王力先生的定名，因为这一名称较为符合基础字形之性质。字体

① 王宁：《汉字字体研究的新突破》，《三峡大学学报》，2001年第3期。

是因书写原因造成的以字形表面形态为标准确立的字形类别，字体既包括汉字发展不同阶段的特征分类，也包括区域特征分类；既包括相同条件下的字形分类，也包括不同书写工具造成的分类，还包括不同书写内容格式形成的分类，如“秦书八体”中的“刻符”“摹印”“署书”“殳书”等。同时，字体类别也会或多或少涉及到构件及其组合关系，虽然不是字体的主要差异，但总体而言，字体也需考虑构件及其组合关系。另外，书写者个人、流派风格如果对实用字体产生了影响，也需考察。

（二）字用系统

字用系统的研究大致可分四个方面：一是字量研究，即研究不同阶段的使用字数。二是字性研究，包括常用字、传承字、新增字等。三是书写研究，包括书写材料与工具、行款、合文、重文、误书等。四是字词关系研究，这是字用系统研究的重点，分两个立足点，以词为立足点，研究的是字际关系，词有词项和义项的不同，大体可分为异体字、假借字、派生字、同形字、形近混用字、同义换读字六类[①]；以字为立足点，研究的是个体字的职能关系，大体可分为引申关系、假借关系和误同关系等，此不赘述。

二、纵向的分段问题

汉字发展的阶段，已有的研究一般是依据历史朝代划分，如商周、秦汉等，我们认为，历史朝代的性质是政权更迭，与汉字发展并不对等，汉字发展有其独立的演进脉络，应以字形发展的本质性变化作为分段标准，依据我们的研究，从古至今汉字发展可分为六段：即象形阶段（西周中期以前）、亚象形阶段（西周晚期至战国中期）、古隶阶段（战国晚期至西汉中期）、今隶阶段（西汉晚期至魏晋）、楷体阶段（南北朝至20世纪初）、简楷阶段（1956年至今）[②]。其构形依据、形体特征及历史时代如下表：

① 王贵元：《简帛文献用字研究》，《西北大学学报》，2008年第3期。
② 王贵元：《汉字发展史的几个核心问题》，《中国语文》，2013年第1期。

发展阶段	古文字阶段		今文字阶段			
构形依据	物象		词的音义			
形体特征	象形	亚象形	古隶	今隶	楷体	简楷
历史时代	从产生至西周中期	西周晚期至战国中期	战国晚期至西汉中期	西汉晚期至魏晋	南北朝至20世纪初	1956年至今

（一）象形阶段

象形阶段是汉字的最早发展阶段，其特征是依据物象创制形体，形体是物象的真实反映，如“女”“王”“光”字：

“女”字象女子端坐形。“王”字象锋刃向下的斧头形。“光”字象坐人举灯形，与出土古代人形座灯相同，古代贵族宴会，应有专人掌灯。

象形阶段的字形不仅独体和构件是象形的，而且字形结构也是象形的，如“逆”“执”“监”：

	逆	执（執）	监（監）
甲骨文			

逆的本义是迎接。商代字形上部像一个由远而近走来的人，下部是脚尖对着来人的脚，代表迎接的人，“彳”是道路的象形，表示来人行走在路上。执的本义是逮捕，字形像一个人戴着手铐，双手在手铐中。监的本义是照镜子，字形像一个人突出眼部，在装有水的盆中照镜子。字形结构都是象形的。

（二）亚象形阶段

亚象形是形体表面上象形，实质上已不能完全反映物象，是表物象形体向表音义形体过渡时期的形体。象形与亚象形字形比较如下：

楷体	象形	亚象形
女		
王		
光		

以上亚象形形体虽然仍是篆体，仍是象形的体态，但“女”形已看不出端坐女子的形象，“王”形已看不出斧钺形象，“光”形已看不出人形灯的形象。

那么，汉字形体系统从什么时期开始由象形进入亚象形呢？今以“王”“女”“光”三字形体发展为例加以了解。需要说明的是，字形抽查容易片面，所以我们是以相关阶段现有的所有字形为依据分析的，字形材料依据中国人民大学陶曲勇的博士论文《西周金文构形研究》所附《西周金文分期字形全表》、杨秀恩的博士论文《春秋金文字形全表及构形研究》、樊俊利的博士论文《战国金文字形全表及构形研究》。以上字形表收录了 2010 年（含 2010 年）以前现存所有西周、春秋、战国金文字形。受篇幅影响，本文字表略有删节，全部字形及出处详见上述各论文。

“王”字：

西周早期	
西周中期	
西周晚期	
春秋时期	

“王”字形体到西周晚期发生了明显变化，主要是字形下部的重要象形标志斧刃变为一横，使整个字形已不能反映斧钺形象。

“女”字：

西周早期	
西周中期	
西周晚期	
春秋时期	

“女”字形体到西周晚期表示坐形女子的腿部变短变直，使整个字形已失去了坐女形象。

“光”字：

西周早期	
西周中期	
西周晚期	
春秋时期	

“光”字上部本是灯盏形象，由于灯盏盘内要放点燃物，所以下沿呈上弯之势，但到西周晚期，已全部变为下倾，完全失去了本形特征。

我们再看字形结构：

	監	朢	執	飲（歙）	沬
商代甲骨文					
西周晚期金文	 叔赵父再	 事族簋	 师同鼎	 纪仲觯	 叔専父盨

到西周晚期，“监”字、“望”字眼睛与人身已经断开，“执”字人手与手铐已经断开，“饮”字、“沫”字人身与舌头也已断开。

从整体看，汉字形体在西周晚期开始进入亚象形阶段。

（三）古隶阶段

古隶是隶书的早期阶段，也是从篆体到隶体的过渡阶段，其形体表现的突出特征是半篆半隶。古隶是打破篆体，建立以词的音义为依据的新的字形体系时期的字体。其标志是对篆体的改造，方式有弯笔拉直、圆形变方、逆笔顺写等。

睡虎地秦简	西汉马王堆帛书	小篆

睡虎地秦简是战国晚期字形，马王堆帛书是西汉初期字形，皆属于古隶阶段。与典型亚象形形体小篆对比，可以看出出现了明显的弯笔拉直、圆形变方、弯笔断裂等。

隶体的形成时期也就是“隶变”的开始时期，对于“隶变”的产生时期，学术界有多种说法，从我们对战国全部金文字形分析看，当在战国晚期。下面是“君”“里”“五”三字的战国中期和晚期字形对比：

君	战国中期	
	战国晚期	
里	战国中期	
	战国晚期	
五	战国中期	
	战国晚期	

可以看出，战国晚期和战国中期形体有明显差异，战国晚期形体出现了普遍的圆形变方形、连笔分拆重组、弯笔拉直等现象。所以，隶体的形成时期定在战国晚期是符合实际的。战国中期还有大量铸铭存在，如平夜君成戈和戟、鄂君启车节等，战国晚期铜器铭辞则全面改用刻写，这也是促使隶体形成的重要外因。但同是刻铭，中期为篆体，如中山王器，晚期则少见。

（四）今隶阶段

今隶是隶体的成熟形体，其标志是篆体成分基本不存，彻底完成了对篆体的改造并同时建立了新的构形体系。西汉初期的马王堆帛书字形是典型的古隶字形，到东汉碑刻字形，篆体成分已基本消失。

楷书	西周金文	西汉马王堆帛书	东汉碑刻
神			
福			
逆		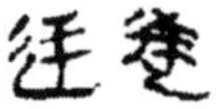	
莫		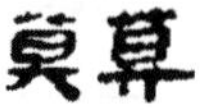	
番			
告		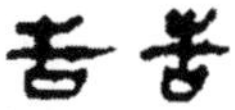	
喪			
述			

今隶始于何时？裘锡圭说："由此可见，至迟在昭宣之际，八分已经完全形成。"[①]"八分"的形成即是今隶的形成，从西北汉简有年号简的字形看，裘说是大体符合的。

（五）楷体阶段

楷体是以词的音义为依据的新的字形体系建立后逐渐调整完善时期的字体。调整完善既包括笔画的抉择和完善，也包括部件形体、结构的抉择和完善，但主要是笔画的固定和完善，其中笔画和结构的美观也是衡量因素。唐开成石经是典型的楷体，其与东汉碑刻字形对比如下：

字头	隶体（东汉曹全碑）	楷体（唐开成石经）
諸		
子		

① 裘锡圭：《文字学概要》，商务印书馆，1990年，第80页。

续表

字头	隶体（东汉曹全碑）	楷体（唐开成石经）
離	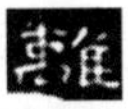	
風		

提画由横画变来，魏晋时期提画出现，但不标准、不统一，南北朝时期才正式形成；钩画中竖钩由竖画和竖左弯画尾缓弯变来，皆成型于南北朝时期；折钩由折尾部加钩变来，也形成于南北朝时期；弯钩由右缓弯笔变来，形成于南北朝时期，如“兄”字，魏晋以前右缓弯无钩，南北朝时已皆变为钩。点画的形成过程是逐步扩展的过程，最早的点画来源于篆体中的“点”，后来短竖和短横也加入到了点画行列。短竖和短横变点也是在南北朝时期，如“於”字末两笔魏晋以前为两短横，南北朝时已变为两点[①]。因此，我们认为楷体阶段起始于南北朝时期。

（六）简楷阶段

1956 年 2 月 1 日第一批 230 个简体字正式使用。1964 年 5 月中国文字改革委员会出版《简化汉字总表》，第一表是 352 个不作偏旁使用的简化字，第二表是 132 个可作简化偏旁的简化字，第三表是由第二表类推的 1754 字，因有两字重复，实际共 2236 字，这就是今天通行大陆的简体字。

《汉字发展史专题研究丛书》就是在上述理论框架的指导下完成的，多年来我们一直在进行汉字发展史的研究，其做法是分段选取典型出土文献材料，首先做穷尽性的字形表，收入所有字形，在此基础上进行研究。迄今为止，我们基本上各个阶段都进行了研究，只是有些论著此前已经出版，未收入本丛书中。另外字形表体量庞大，也未收入，希望将来能有机会出版。汉字研究的主要问题是字形问题，字形是汉字研究的核心，字形的演变有些不直接涉及字用问题，如隶变，或者说字用只是总体的驱动原因，所以在大多

① 王贵元：《汉字笔画系统的形成过程与机制》，《语言科学》，2014年第5期。

问题上字形可以提取出来进行研究。但是有些问题的研究必须结合文献进行，如汉字的派生、汉字职能的演化等，这是我们下一步要重点研究的。

感谢学界师友多年来对我们的支持和勉励，也感谢团队成员的精诚合作和艰辛努力，丛书还只是初步的研究，许多问题尚待深化，希望学界师友不吝赐正。

河北人民出版社副总编辑荆彦周先生是我的老朋友，早在 1988 年我们就有过友好合作，我的第一本专著《女巫与巫术》即是荆彦周先生策划编辑的。本丛书的出版，更是仰赖彦周先生的推动和支持，在此表示衷心感谢。

王贵元

2018 年 10 月 28 日

于中国人民大学人文楼教授工作室

目　录

第一章 绪 论

第一节 吐鲁番文书出土情况概述

吐鲁番出土文书指的是在新疆吐鲁番地区出土的汉文写本文献资料。目前国内出版的专著主要有唐长孺主编《吐鲁番出土文书》（十册本，文物出版社，1981-1991版）及《吐鲁番出土文书》（四册本，文物出版社，1992-1996版），陈国灿著《斯坦因所获吐鲁番文书研究》（武汉大学出版社，1994版），柳洪亮著《新出吐鲁番文书及其研究》（新疆人民出版社，1997版），陈国灿和刘永增整理出版的《日本宁乐美术馆藏吐鲁番文书》（文物出版社，1997版），沙知、吴芳思《斯坦因第三次中亚考古所获汉文文献（非佛经部分）》一、二册（上海辞书出版社，2005版），荣新江等主编《新获吐鲁番出土文献》（中华书局，2008版）。其中，《吐鲁番出土文书》（四册本）、《新出吐鲁番文书及其研究》、《日本宁乐美术馆藏吐鲁番文书》、《新获吐鲁番出土文献》、《斯坦因第三次中亚考古所获汉文文献（非佛经部分）》一、二册为图文对照版，《吐鲁番出土文书》（十册本）、《斯坦因所获吐鲁番文书研究》仅为录文本。

早在20世纪初，吐鲁番文书就已经为世人所知，同时也开始了被外国入侵者盗掘的噩梦。俄国的克列门兹、柯兹洛夫、奥登堡，英国的斯坦因，德国的格伦韦德尔、勒柯克，日本的橘瑞超等就曾先后从这里盗走了大量的文书。其中一部分目前已整理出版，包括陈国灿整理出版的《斯坦因所获吐鲁番文书研究》，日本宁乐美术馆藏蒲昌府文书由陈国灿、刘永增整理出版为《日本宁乐美术馆藏吐鲁番文书》，日本小田義久整理编纂的《大谷文书集成》三卷（法藏馆，1984-2003版），沙知、吴芳思《斯坦因第三次中亚考古所获汉文文献（非佛经部分）》一、二册。

中华人民共和国成立以后，吐鲁番文书的发掘考察逐渐得到重视，从20世纪50年代到70年代中期，国家在新疆成立博物馆、考古所，对吐鲁番地区的古墓墓群进行了大量的科学考古发掘，出土了大量的古籍、佛经、文书、砖志以及少数民族文字写本。其中以1959年到1975年对阿斯塔那村北、哈拉和卓村东、乌尔塘和交河故城的发掘收获最丰，先后清理了由晋到唐四百五十余座墓葬，出土了近万片文书和大量的墓砖墓志。所出文书从政治、经济、文化各个角度为我们展示了丰富的社会历史面貌。这批文书由国家文物局古文献研究室、新疆维吾尔自治区博物馆、武汉大学历史系合作，由唐长孺先生主编，于1981-1991年整理出版了十册本《吐鲁番出土文书》录文，又在此基础上于1992-1996年出版了四册本《吐鲁番出土文书》图文对照本，将十册本的第一、二、三册合作第一册，第四、五册合作第二册，第六、七册合作第三册，第八到第十册合作第四册，第一册为高昌郡和高昌国时期文书，第二册为高昌国与唐西州交叉时期，第三、四册所收皆为唐西州时期文书。对十册本的录文失误做了一定的订正，最重要的是在每一段录文上配有原文书影印图片，成为研究吐鲁番出土文书最基本和最权威的材料。

1975年之后，对吐鲁番地区的考古发掘仍在继续，在阿斯塔那等墓葬群继续发掘清理，并对交河故城、吐峪沟千佛洞、柏孜克里克千佛洞等地进行发掘，获得了近千件文书以及一些墓志墓砖。到20世纪90年代，墓葬群所获包括北凉、高昌国、唐西州时期十二座墓葬的全部文书，交河故城、吐峪沟和柏孜克里克千佛洞所获文书中涉及世俗生活的部分，基本收入柳洪亮先生的《新出吐鲁番文书及其研究》一书中。该书分三编：一编为录文，以出土地点为单位，按时代先后排列，将所收文书照片按对应顺序附于书后；第二编收入了公布过的文书清理简报，为后来研究者提供了出土文书的背景材料；第三编则辑录了作者围绕这批文书写的几篇研究论文。

1997年到2006年，考古工作者又陆续在洋海墓地、阿斯塔那古墓二区、木纳尔墓地、巴达木墓地、交河故城沟西墓地、交河故城大佛寺旁以及台藏塔等地出土了大批文献，以纸质文书为主，同时还有一部分书写于方砖、泥坯、木板的墓志，绝大多数为反映世俗社会的汉文文书。时间从高昌郡经阚氏、麴氏高昌国到唐西州晚期。较之之前的吐鲁番出土文书，这一时期文书的出土地点有所扩大，文书的性质类型也更加丰富。2008年，在经过长时间认真详审的整理、研究和考察工作之后，由北京大学古代史研究中心、新疆维吾尔自治区吐鲁番学研究院、中国人民大学国学院西域历史语言研究所三家合作，辑录这批出土文献并同这一时期征集到的同类文献，出版了《新获吐鲁番出土文献》。此书参考借鉴前几个阶段的整理经验，将同一出处的所有文献集中收录，并按时间先后排列，每一件彩色图版下附有相应的录文。录文经过了严格精审的释读，并在书末附上人名、地名、神名、文献编号索引，达到了相当高的水平。

第二节 吐鲁番出土文书研究现状

吐鲁番文书面世以来，由于其广泛的内容涵盖面、极高的真实可靠性和长时间的历史跨度，得到了各界的广泛关注。综合各方面的研究成果，主要集中在文献整理、社会历史研究和语言文字研究三个方面。

一、吐鲁番出土文书文献整理

前述各位专家学者在《吐鲁番出土文书》《斯坦因所获吐鲁番文书研究》《新出吐鲁番文书及其研究》《日本宁乐美术馆藏吐鲁番文书》《新获吐鲁番出土文献》中对文献辑录、整理作出了巨大努力和贡献，王素先生对吐鲁番文献资料进行了进一步的整理。王素《吐鲁番出土高昌文献编年》收录吐鲁番出土全部高昌文献（非佛教部分）1071件，按时间先后排列，最早为西晋泰始九年（273），最晚为高昌延寿十七年（640）。每件文献均注录题目、时间、质地、全缺情况、墨色特点、出土编号、收藏单位、图文刊载论著，以及个人研究心得、国内外研究成果，对吐鲁番出土高昌文献进行了全面检阅和研究总结。这既是一部检阅高昌文献的必备工具书，也是一部研究高昌文献的重要学术论著。李方、王素《吐鲁番出土文书人名、地名索引》依据十册本《吐鲁番出土文书》，对其中出现的十六国至唐的人名、地名分别进行索引，极大地方便了后来者的研究。

二、吐鲁番出土文书社会、历史、文化研究

王素在《敦煌吐鲁番文献》中对吐鲁番的历史与文化、吐鲁番文献的发现与盗掘、流散与收藏、整理与研究作了详尽系统的整理说明。社会政治、经济、文化、法制、军事等方面的研究，取得了丰硕的成果。如韩国磐《敦煌吐鲁番出土经济文书研究》、陈永胜《敦煌吐鲁番法制文书研究》、孙继民《敦煌吐鲁番所出唐代军事文书初探》、刘俊文《敦煌吐鲁番唐代法制文书考释》、姜伯勤《敦煌吐鲁番文书与丝绸之路》、刘安志《敦煌吐鲁番文书与唐代西域史研究》、李锦绣《敦煌吐鲁番文书与唐史研究》、周藤吉之等的《敦煌吐鲁番出土社会经济文书研究》、吴震《吴震敦煌吐鲁番文书研究论集》等专著都充分利用吐鲁番出土文书，对当时社会生活的不同侧面进行考察。王启涛《吐鲁番学》则是一部吐鲁番研究的专著，解读了吐鲁番文书与北朝及隋唐时期政治史、经济史、法制史、宗教史、文化史、民族关系史、公文史、学术史、文献学史等各方面的密切联系。此外，更有大量的论文对此分析探讨，展现了晋唐时期吐鲁番地区丰富的社会历史画卷。

三、吐鲁番出土文书语言文字研究

较之吐鲁番出土文书的社会历史研究，语言文字方面研究显得相对薄弱。

（一）词汇研究

由于吐鲁番出土文书主要出自于民间，其书写者多为普通民众阶层，他们所使用的语言大多反映了中古时期世俗语言的真实面貌和特质。而由于目

前对世俗文献特别是出土世俗文献语言远远不及传世正统文献语言的研究，再加之吐鲁番地处西北，其语言文字带有鲜明的地域方俗色彩，因此目前对吐鲁番文书语言文字的研究绝大多数集中在吐鲁番文书语词意义的考释上，同时兼及俗字的考证。

目前仅有王启涛的《吐鲁番出土文书研究》和《吐鲁番出土文书词语考释》专门就其语言文字研究进行全面的论述。《吐鲁番出土文书研究》除第一章探讨吐鲁番出土文书在研究中国历史文化方面的价值外，其余五章分别论述了吐鲁番文书对敦煌文书语言研究的重要价值、在补充修正辞书编纂方面的作用、古文献校勘整理方面的价值，对吐鲁番文书中的文字书写使用现象进行概述，并对唐长孺先生主编图录本《吐鲁番出土文书》录文、注释方面存在的一些问题提出了自己的疑问见解，展示了吐鲁番文书在语言文字方面重要的研究价值和广阔的研究空间。《吐鲁番出土文书词语考释》则对吐鲁番文书中的疑难词语结合文字、语法、传世语料、方言等加以系统全面的整理考证，为中古词汇研究提供了丰富的成果，也为我们提供了可资借鉴的考释方法。但这两部著作在具体字形认定、词义考释方面也还存在着一些值得斟酌推敲之处，对吐鲁番出土文书文字的研究也没有予以整体的关注，很大程度上是将文字的研究服务于词语的考释。

词汇意义考释方面，蒋礼鸿《敦煌文献语言词典》、江蓝生和曹广顺主编《唐五代语言词典》、曾良《敦煌文献字义通释》、杜朝晖《敦煌文献名物研究》中也涉及到对吐鲁番出土文书词语的注释。黑维强《敦煌、吐鲁番社会经济文献词汇研究》则包含了吐鲁番社会经济文献中的新词新义、方言词、外来词、疑难词语、词头词尾的研究考释。

除此之外，大量学者以论文形式对其疑难词汇进行考证，这些研究有的结合方言语音进行考释，如黄幼莲《〈吐鲁番出土文书〉词释数例》结合闽南方言、唐五代西北方音对《吐鲁番出土文书》中的俗语词进行训释；有的联系敦煌文献以及当时社会历史对词语意义进行考证；有的则是利用通过俗字考证方法寻求正字，进一步探求语词意义，如张涌泉《〈吐鲁番出土文书〉词语校释》《〈吐鲁番出土文书〉字词杂考》《〈吐鲁番出土文书〉辨误》，张小艳《吐鲁番出土文书词语考释三则》，彭金章《敦煌吐鲁番所处随葬衣物疏中“脚靡（蹣）”新探》，常萍《再论吐鲁番出土随葬衣物疏中的“蹹麴囊”》等；有的探讨结合字形探讨词语的历时演变，如杜朝晖《从敦煌吐鲁番文书看汉语音译外来词的汉化历程》通过敦煌吐鲁番文献语料，探讨了音译外来词“疊”“牒”进入汉语之后的汉化进程及其不彻底性等。这些研究使文书中一部分方俗疑难词语意义得到正确的解释，丰富了中古汉语词汇，推动了吐鲁番文书文本的本体研究。

（二）语法研究

中古时期汉语中出现了大量新兴的量词，吐鲁番文书多社会经济类文书和墓葬随葬衣物疏，量词更为丰富，并带有很强的地域性和口语性，也成为研究的热点。这方面的论文主要有廖名春《吐鲁番出土文书新兴量词考》，胡继明《〈吐鲁番出土文书〉中的量词》，颜秀萍《吐鲁番出土随葬衣物疏的物量词例释》，敏春芳、马有《敦煌吐鲁番文书中衣物量词例释》等。洪艺芳《敦煌吐鲁番文书中之量词研究》全面系统地研究了敦煌及吐鲁番文书中量词的语法特征，共时和历时相结合地探讨了同一中心词与不同量词搭配以及同一量词修饰不同中心词的原因，描述了量词在这批文献资料中的演化沿革，并从社会、文化、语言的角度对此作出解释。另外还有张延成《新出吐鲁番文书中的若干语言问题探讨》对新出吐鲁番文书中的词头词尾现象，量词的交叉使用、省略，新生量词和新生词语等语法和词汇现象作了初步分析。

（三）语音研究

语音方面的研究，主要有廖名春《从吐鲁番出土文书的别字异文看“浊上变去”》利用文书中的异文材料将“浊上变去”上推到公元6世纪以西北方音为代表的北方方言。廖名春的《从吐鲁番出土文书的别字异文看五到八世纪初西北方音的韵母》则以此来探究这一时期西北方音韵母的特点。

（四）其他相关研究

吐鲁番出土文书内容丰富，反映了政治、经济、文化、法制、军事等各个方面的用语特征以及各种文体特征。王启涛《试论敦煌吐鲁番所出军事文书在汉语史研究上的价值》提倡从历史语言学、体裁语言学和比较民族学的角度，对军事文书词语的来龙去脉及真实含义加以探讨。沙梅真《敦煌吐鲁番文书中的人名研究》考察了吐鲁番文书中人名的特征、类别分类及其成因，探讨了这一时期人名中历史文化特征风貌。陆娟娟《吐鲁番出土文书语言研究》考察了吐鲁番出土文书中不同类型应用文体的语言特征，主要分析其格式特征、用语特征，并对格式套语和俗语词意义进行分析考证。

（五）文字研究

文字研究主要包括文献文字校勘及俗字研究两方面内容。

文字校勘方面，主要有王素《唐写本〈论语郑氏注〉及其研究》、荣新江《〈唐写本论语郑氏注及其研究〉拾遗》对吐鲁番出土文书和敦煌文献中的唐写本《论语郑氏注》进行校勘释读，并收录了之前和当时有关的研究论文。陆娟娟《吐鲁番出土唐景龙二年写本〈论语郑氏注〉校勘》从校勘的角度对其中的用字问题作了初步探讨，并认为文书中的俗字、误字、音同通用字等基本上与中原地区一致。另外在王启涛有关吐鲁番文书语言词汇研究的论著、陆娟娟《吐鲁番出土文书语言研究》中也部分涉及释文文字的校勘。

专门就吐鲁番文书文字作出研究的有陆娟娟《吐鲁番出土文书俗字研究》对吐鲁番文书俗字的类型、理据、特点进行基本了分析，并对其研究价值意义予以阐释。马秋红《〈吐鲁番出土文书〉异体字研究》从笔划变化、构件变化、符号替代、结构变换、书体影响、造字方法改变等多个角度详细分析了吐鲁番出土文书异体字的不同类型和构成方式，并探讨其使用特点、产生原因以及研究意义。以上两篇论文对吐鲁番出土文书俗字、异体字进行了详细的描写，但在具体分析中均存在以后世的文字形体作为参照分析文书字形，以今律古的问题，这必然导致结论的不可靠。

魏晋南北朝汉字处于由隶而楷过渡的关键时期，隶体甚至篆体的有些笔法犹存，至唐楷书逐渐脱离隶体走向成熟。这一时期各种变体纷繁，但总体处于调整旧字体，建立新字体，寻求文字系统整体平衡的过程中。吐鲁番出土文书从时间上看基本涵盖了由晋到唐的文字发展阶段，从书写形式看草书、行书、楷书多体并存，数量上与同时同质浩瀚的敦煌文献相比，更适于作穷尽性的统计研究，从涉及范围看包容广泛，其撰写者阶层丰富而又带有浓厚的民间色彩，从载体看纸质文书更接近文字的真实面貌，可以忠实、清晰、完整地体现这一变化过程，同时可以在一个较为封闭的地域文字系统中考察不同阶段文字的发展演变。

第三节　同时期文字研究情况

一、文字构形系统的研究

王宁先生在20世纪已经提出了汉字构形学理论，汉字构形学理论将构件作为汉字的构形单位，以此为基础来分析汉字的组合类型、构形模式，“探讨汉字的形体依一定的理据构成和演变的规律——包括个体字符的构成方式和汉字构形的总体系统中所包含的规律”。[①]齐元涛《隋唐碑志楷书构形系统研究》、郭瑞《魏晋南北朝石刻文字的传承与变异》、郑婕《魏晋南北朝简牍文字研究》、张颖慧《魏晋南北朝石刻文字研究》等均在此理论框架指导下对这一时期不同文字资料的构形系统进行全面的分析探讨；何山《魏晋南北朝碑刻构件研究》则集中对这一时段构件类型特点加以论述；也有研究对文字或构件中的某一类现象予以分析论证，如李涛涛的硕士论文《魏晋南北朝石刻异体字表义构件换用研究》、何山的硕士论文《汉魏六朝碑刻记号字研究》等。

① 王宁：《汉字构形学导论》，商务印书馆，2015年，第2页。

二、俗字研究

张涌泉先生的《汉语俗字研究》是关于俗文字学的第一部概论性的著作，对俗字的历史、现状作了系统的描述，详细分析了俗字的类型、特点，揭示了俗字研究的的文献学及文字学意义，并提供了俗字的考释方法，为后来的俗字研究提供了一种范例。其另一著作《敦煌俗字研究》就是这一方法体系在俗字研究中的具体体现。《敦煌俗字研究》分上下两编，上编宏观分析了敦煌俗字研究的历史和意义，论述了俗字考释中的错误，详细归纳了敦煌俗字的不同类型和考证方法等；下编则对敦煌文献中大量汉字不同俗写变体的历史流变逐一进行研究分析，勾勒出了一大部分俗字的演变轨迹，对构建汉字发展系统意义重大。

蔡忠霖《敦煌汉文写卷俗字及其现象》也对敦煌俗字现象进行了详细的分析，在对敦煌俗字类型的分类上与《敦煌俗字研究》大同小异，并将敦煌俗字与《玉篇》《干禄字书》以及碑刻文字加以比较，探讨了俗字差异现象的原因。其特点主要体现在两方面，一是提出对敦煌俗字的分期：在文中依据“书法史”“敦煌史”“文字学史”，将敦煌汉文写卷俗字分为“魏晋南北朝”“隋唐初”“盛唐”“吐蕃时期”“归义军时期”等五个时期。[①]这样的分期，有助于对敦煌汉文写卷俗字演化过程的剖析。对于俗字的研究，分期实有必要，能对其整体的时代特征和历时变化情况有更为清晰的反映。二是对俗字从构形要素——笔画、构件变异的角度进行微观的描写，展现了大量的文字变异现象，但对其中的规律缺乏系统的探讨。

欧昌俊、李海霞《六朝唐五代石刻俗字研究》在大量占有资料的基础上，对六朝唐五代碑刻俗字的不同类型和特点进行了具体研究，并对其产生的原因予以分析阐释。梁春胜《楷书部件演变研究》则在充分占有楷书俗字材料的基础上，探讨了在由隶到楷的关键期，楷书部件演变的诸种类型，演变的源流，最后对楷书部件演变的规律作了初步的分析，取材不限于石刻文

① 蔡忠霖：《敦煌汉文写卷俗字及其现象》，文津出版社，1990年，第127-138页。

字，广泛联系古文字研究成果，在楷书部件溯源上用力颇多。

黄征先生收录敦煌莫高窟藏经洞出土写本文献的异体俗字，编纂而成《敦煌俗字典》。这极大地方便了敦煌俗字的研究，对俗字研究意义非凡，但字典字形的收录编纂在对研究对象分析基础上有选择性地收录代表性字形，难免有所遗漏或者带有主观因素，且所收字形没有其出现的确切时间，对于后续研究也带来一定困难。另外此书中无从辨明当时文字使用中的主形，对正体的使用情况也未作说明。

赵红《敦煌写本汉字论考》分上下两编，上编理论部分对敦煌写本及其俗字形成方式、原因等进行研究，下编对其中二百多个俗字字形分别进行分析考辨。

已有的研究成果在研究吐鲁番文书文字以及同一时期文字现象方面取得了不俗的成绩，在描写文字构形系统方面作出了示范，宏观地把握了这一时期文字的构形特征，考察了文字变异现象的种种类型及其规律，同时在分析个体汉字或构件演变轨迹，构建汉字发展序列方面也作出了努力，但整体而言，仍存在一些问题和缺憾，主要表现为以下几点：一、研究对象的选择性。选择而非穷尽性的研究基础不可避免地导致研究结果的主观偏颇，不能够完整科学地反映文字的全貌，对文字现象的分析也将因缺少了某些环节而难以建构缜密的发展序列。二、对文字演变现象或只描写不解释，或虽有解释，但解释只局限于某一文字个体，而未能放在整个时代的文字网络中考察，缺乏整体观照和系统性。三、对文字演化规律的研究程式化，有待进一步深入探讨和补充完善。因此，吐鲁番文书文字还有很大的研究空间。

第四节 研究内容及方法

一、研究内容

图文对照版中以《吐鲁番出土文书》（四册本）录入数量最大，时间跨度最长，涵盖内容最为广泛，故以其所收文字为本书的主要研究对象，其余几种作为参照。《吐鲁番出土文书》（四册本）收录了1959年到1975年间在吐鲁番地区阿斯塔那、哈拉和卓等地古墓墓群中发掘的上万件纸质文书，其时间跨度从晋到唐，涵盖了随葬衣物疏、契约、功德录、书信、习字文、官府文书、籍帐以及古籍经典等丰富内容。

本书拟对这批文书文字的形体特征、发展演变规律及其原因、使用情况等进行考察，并对原版文书中部分疑难字进行考释和勘误。本书将从系统的考释文字字形的基本原则出发，把字形形体摆到构形系统的网络中，寻找其应有的位置，分析各个层级的形体要素及其构形规律，并对其存在环境和历史渊源进行考察。

二、研究方法

一是对研究材料中的文字形体进行穷尽性的辑录，并建立文字编。基本依照《吐鲁番出土文书》的录文，并参考相关考释，归纳同一文字的不同形体。文字的编排按照《说文》的五百四十部进行，同一文字的不同异写形式放在同一字头下，异构字另出字头，同一字头下的文字形体按照文书时代先后排列。只有通过对文字形体全面而非挑选性的收集整理，才能客观而不偏颇地反映文字的真实面貌，也为文字的进一步分析研究提供可靠的材料基础。

二是对文字的分析，坚持形体与功能并重的原则。形体是文字的根本，其所呈现的各类直观形态，反映了文字发展演变的历史轨迹和规律；功能则是文字存在的意义和基础，是文字形式的深层主导者，影响和制约着文字发展的方向。汉字是表意体系的文字，但其形体表意的方式在汉字的历史发展中发生了根本性的变化。隶变后的文字，尤其是处于通过多种途径进行探索，新的文字体系尚未完全建立过程中的文字，其形体与功能之间的疏密关系，以及通过不断调整逐渐达到最大契合的过程和方式，恰恰反映了汉字发展演变的规律和特点，是我们的研究所关注的重点。

三是在对文书文字作为整体系统研究的同时，关注文字不同时期的发展形态。同一历史层面文字的不同变体能够反映其发展的历史轨迹，不同历史层面的文字形体对比分析则可以发掘其发展演变中所作的淘汰、选择以及制约影响这一过程的各种规律因素。

吐鲁番出土文书历经晋、南北朝、隋而至唐代，时间跨度大，且文书性质各异，其中文字本应按照不同时代进行分析，但其中所见唐以前文书较为有限，不达总数的四分之一，且从形体整体来看，除文中“文字形体的时代性”所列部分文字外，大部分文字在时代上的区分还未见大的变化，而在不同性质类型的文书中也无明显区别，故文书暂不作时代划分。

四是共时参照和历时对比相结合。共时层面上，不同来源文献中的文字资料可以为研究对象的论证提供更为丰富的佐证，使文字的共时系统的构建进一步完整。历时层面，不同时代文字的比较则可以更加清晰地勾勒文字演变发展的链条，反映鲜明的时代特色。处于由晋到唐的吐鲁番出土文书文字的研究既可以以几乎同时代的敦煌文字作为参照，也可以与同时代不同载体的石刻文字相比对，对文字作静态的描写。还可以参考前代文字的形态，对文字的历史演变作动态的分析。

五是描写和解释并重的原则。对整个汉字发展史的研究必须建立在对各个时代文字具体形态功能详尽、准确描写的基础上。对文字体系中各个要素作出科学、严密的描写并将它们各自归置于相应的位置，是保证文字系统性的前提。但系统性或浮现于表层，或隐藏于深层，深层的系统性需要进一步的分析解释来完成；另一方面系统之外总有例外，而例外一般来讲总有特定的缘由可以进行解释。反过来，只有对每个要素作出合理的解释，才能够在系统中找到其正确的位置。

六是文字是一个独立自足的系统，系统内各要素之间相互制约。同时文字系统又是开放的，它处在社会、历史、文化的巨大网络中，其演变发展不可避免地受到自身系统之外各种相关因素的影响作用。因此，对文字的分析解释需要从各个不同角度加以观照。

三、研究的重点

王贵元先生认为，“三国以后字系发展更多的是在字形系统成熟化、严密化的要求下，协调、修整现存的字形成分。”“楷体时期汉字构形系统的任务是完善新的形体系统。”[①]并进一步提出在汉字系统在隶变之后经历了多途探索和结构平衡的过程。虽然多途探索的“主导时期是隶变开始到字形中篆体成分彻底消失时期”，但它事实上也“贯穿于战国晚期隶变开始到现代汉字形成整个过程中”，多途探索发生在笔画、构件、结构三个层面，而结构平衡的“主导者是结构，包括单字形体结构、词汇结构、字系结构”。[②]

本书围绕多途探索和结构平衡，重点分析吐鲁番出土文书文字笔画、构件系统，力图完整描写二者在调整过程中所产生各种变体的不同形态，关注不同变体的分布，解释各类变体出现的动因及整个系统的演化规律，并以此来建立吐鲁番文书文字的发展序列，展现这一时期汉字在系统修整、优化、完善中所进行的探索和支配汉字形体抉择、保持系统平衡的各种因素。

四、研究意义

（一）有助于探讨汉字发展的历史轨迹，建立汉字演变序列

全面描写由晋到唐代汉字的形态，能够形象、直观地展现不同变体之间的历史联系，将各个点按照逻辑序列连接起来，便可以勾勒出每个汉字发展

① 王贵元：《隶变问题新探》，《暨南学报》，2011年第3期。
② 王贵元：《汉字发展史的几个核心问题》，《中国语文》，2013年第3期。

演变的历史链条。

如从“言”到“讠”、从“糸”到“纟”等的简化过程，在吐鲁番文书文字的历时形态中，有着最直观的展示，清晰地记录着形体演变的每一步。又如历代字书收录了汉字演化过程中产生的大量异体字，有的来源清晰，而有的则源流未明。通过文书文字系统的整体观照，可循某些异体的形成轨迹。如以下两例：

“悲”

“恐”在文书中有异体作“悲”，如[阿斯塔那327号墓（1）]。《改併四声类海》引《龙龛手镜》：“悲，《舊藏》作‘恐’。‘悲颇’在《道地经》。”此两形替换声符“巩”为“北”，从“北”失去理据。已有研究未有言及“悲”形成之原因者。根据文书中相关文字及构件形体，我们认为，此形形成有两条可能的途径：一、此字本为替换声符为“孔”之讹混。“孔”“恐”音近，可用于表音。文书中“孔”多作“孔”，此形连笔草写多与“北”相似，如[阿斯塔那153号墓（1）]、[阿斯塔那302号墓（15）]，又如敦煌文书中“孔”作[1]等，皆可见两形替换之可能；二、此字为“恐”自身形变的结果。“恐”在文书中“凡”隶变作“口”作“恐”，“叿”形草写亦与“北”形相近，如[阿斯塔那221号墓（3）]、[阿斯塔那43号墓（2）]，敦煌文书作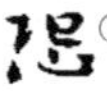[2]，皆与“悲”相类。从形义的逻辑推理来看第一条路径更为合理，但从“恐”的历史形体来看，我们认为第二条路径更符合“悲”形的形成，因为我们暂时还未见此字替换声符作“孔”的字例。两条演化路径皆与这一时期文字使用者对文字构意关注和了解的缺失有关，人们更关注的是形体的构成，而对形义之间的关系则不予关心。这也正是由于隶变使得汉字表意性降低，人们逐渐

① 黄征：《敦煌俗字典》，上海教育出版社，2005年，第223页
② 黄征：《敦煌俗字典》，上海教育出版社，2005年，第223页

减少或放弃了对文字形义联系的认知，转而将文字看作是某一特定音义的符号。

“扃”

“丧”文书中多作“亹”“喪”，或又作［阿斯塔那173号墓（1）］，原书隶定作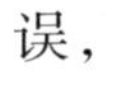，误，此形当作“扃”，为“亹”之变体，系将构件“巨”与“吅”调换位置，又将“巨”与上之“亠”重新组合成为“广”“三”两个成字构件，此形它处未见。

（二）系统的描写有助于发现汉字发展演变的规律

“任何有关形体结构的现象，只有放在整个文字系统中，放在发展的过程中去考察，才能得到合理的解释，各种现象都是可以解释的。”[①]单个汉字的发展轨迹反映的是个体的演变特征，但个体处于整体的系统制约之下，必然体现出整个汉字体系发展的共同的时代特征和逻辑规律。如构件的换用、混用等现象，就必定是在众多的文字中成体系出现，并且为那个时代文字的使用者所认同，反映了当时文字发展的一个趋向。同时整体规律的发现，也反过来有助于个体演变现象的分析解释。有些文字的演变轨迹在研究资料中可能不能得以完全地展示，这不可避免地会造成其发展链条某个环节的断裂，进一步导致某些形体确认的困难。尽管直观上无法建立形体联系，但整个体系的共同规律将会为其发展提供内在的逻辑依据。

如文书中“辔”作“䜌”，如［阿斯塔那29号墓（1）］、［阿斯塔那93号墓（6）］等。此字小篆作，从絲从軎，《说文》：“軎，車轴耑也。从車象形。”故后世下部构件多从“口”即为“軎”形车轴端之象形隶定之形。文书中构件“口”作“巨”，若从单个字形入手则无法考证其来源，但结合构件“厶”与“口”、“厶”与“匕”、“匕”与“巨”的系列替换则可建立其形体演变的完整序列。文书中从“巨（亡）”当是经由

① 蒋维崧：《由隶变问题谈到汉字研究的途径和方法》，《山东大学学报》，1963年第3期。

“口”替换作“厶”，“厶”替换作“匕”，“匕”替换为“巨”的演化过程而成。

（三）对完善字典辞书的编纂有重大意义

目前俗字异体的研究为字典辞书的修订、补充、完善发挥了巨大的作用，但仍然有许多字形处于失收状态，这使得字典辞书的工具作用大打折扣。吐鲁番出土文书文字真实面貌的展示，将为文字形体及其意义的完善提供丰富的资料。

如文书中“朔”作“⿰月屰”，“期”作“⿰月其”，皆通过文字构件位置调换而来，而皆不见于各类字书，又如：

“⿰至刃”

此字《汉语大字典》未见收录，文书中仅见于阿斯塔那380号墓唐拟判：“转蓬骛翻霜之～”，字作。各本字书无此字。此字当为“劲”之异体。“坙”“至”替换如文中“构件混同”部分所述，“力”“刃”亦为常见替换构件。

“⿰土谷”

文书中此字为“塔”，它处未见此形，《汉语大字典》亦未收录此形，构件“荅”与“谷”的替换见文中“构件混同”部分。

此外，文书字形的研究也有助于文字关系的正确界定和完善，如：

“研”，与“研”同。

“研”本从“石”幵声，“幵”隶变中笔画连接作“开”，文书中多作此形，或又从“并”作［阿斯塔那170号墓（3）］，敦煌文书中亦作此形[①]。此形《汉语大字典》收录，但仅将其作为“砰”“瓶”两字异体。“研”从“并”当为“幵”“并”形体相近且受横上常增两点的规律而形变。

① 黄征：《敦煌俗字典》，上海教育出版社，第475页。

"肷"

文书中此字为"服"之异体，构件"𠬝"文书中多作"卪""卪"，下部构件形体又受到"乀"常与"乀"替换的影响，亦作"卪"，如"服"作［阿斯塔那524号墓（9）］，"報"又作［阿斯塔那29号墓（14）］等；同时"卪""卪"又受高频成字构件"欠"的同化而作"欠"，如"服"还作［阿斯塔那169号墓（5）］、［阿斯塔那337号墓（20）］。值得注意的是，文书中这两处写作"肷"之"服"虽然一者写于大概建昌四年之前，一者写于延昌八年，相差大约十年左右，且之间以及前后的其他文书中皆不作此，但此两者一者为古写本《孝经》，一者为《急就章》古注本，故当为此文字的历史写法。此形《汉语大字典》收录，但其中一者为《玉篇》所收："肷，牛肉也。"读作xù；一者读为qiǎn，为此字后世用法，指"毛皮"以及兽类"身体两旁肋骨和胯骨之间的部分"，"服"之变体的情况失收[①]。

"賫"

文书中作"賫"。《字汇补》："赍，俗齎字。"《战国策·齐策四》："齐王闻之，……遣太傅赍黄金千金，……"《说文》："齎，持遗也。从貝，齐声。"《广雅·释诂四》："齎，送也。"又《广雅·释诂三》："齎，持也。"此字睡虎地秦简作，包山简作，马王堆帛书作，银雀山汉简作，张家山汉简、居延简从之，居延新简更省作"賫"，可见"齊"隶变最初之轨迹，亦可看出"賫"实为"齎"隶变的结果，亦即"齎"之变体。《战国文字编》"貝"部下另列"賷"[②]）字，当为"齎"之变体。后"賫"独立成字，因此二者可以看作正俗关系，亦可看作异体关系。今之王力先生主编《古代汉语》所选前述《战国策·齐策四》中

① 汉语大字典编纂委员会：《汉语大字典》（缩印本），四川辞书出版社、湖北辞书出版社，1997年，第860页。

② 汤馀惠：《战国文字编》，福建人民出版社，2005年，第406页。

“齐王……遣太傅赍黄金千金，……”，注文“赍，通齎，拿东西送人”① 释义无误，但将两者看作通假字关系则实为不妥。另外，“齎”“赍”两字亦属隶变关系，文书中“吅”与“人人”是常见的相互替换的构件，如“坐”又作“㘴”或“坐”，同此处两形的演变关系，事实上两形的相互替换还需一个中间的过渡构件，即“厸”，“口”与“厶”是更为常见的替换关系，“厶”与“人”形相近，也构成替换关系。之所以将两者看成通假关系，其原因恐是与将“赍”与“賚”字相混，《说文》：“賚，赐也。”《尔雅·释诂上》：“賚，與也。”此字甲金文中未见，《金文形义通解》认为当为金文中之（辛鼎）、（多友鼎）、（克鼎）等形，隶定作“”，从“贝”，声，与“釐”为同源分化字，“賚”形为其省（或换）声字，并推测此字的出现当在秦汉之间②。此说有“釐”字形体为证，郭店楚简中此字皆已省作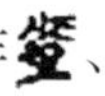、等形，从“来”从“里”，“”亦当同此理，且被后起字所取代。

（四）可以促使古籍整理的进一步完善

古籍整理首先要解决的就是文字的确定问题。文字的某些形态可以在同时代或相邻时代的文字资料中发现其踪迹，或者利用文字发展规律的逻辑推断，可以在某个文字的发展序列中找到其相应位置。因此，吐鲁番文书文字研究不仅对吐鲁番出土文书本身的整理考订意义重大，可以为释文中某些未找到本字或找错了本字的字形在文字演进序列中归位，也对其他文献资料的整理发挥着巨大的作用。

如“析”文书中作析、肵、枍、扸等形。可见构件“木”与“扌”的相混替换。“片”形本为“木”之半，其义又为“判木”，亦含判分之义，故“肵”从“片”从“斤”当为理据重构，从“木”从“片”则为“析”

① 王力主编：《古代汉语》，中华书局，2011年，第107页。

② 张世超等：《金文形义通解》，（日）京都，中文出版社，1995年，第1113页。

“斨”两形变体合取的结果，亦可看作理据重组。

此字与“折”形近，“木”“扌”本常相替换，但我们注意到文书中“折”全部从“扌”，无替换作“木”者。故文书中两字并不相混。参考两字历代形体，虽然隶变现象纷杂，但在此二字中一般不混，即“折”一般不混作“析”。“折”一般从“扌”从“斤”，或从“片(丬)”，绝不从“木”，亦不从“片”。故《玉篇》：“扸，俗析字。”《广韵》亦将㭊定为“析”的俗字。未有将此二形看作“折”之俗字，可见“折”不作此二形。而后世之字典辞书中则或不明此，误“析”为“折”。《汉语大字典》“扸”下又注zhé，折散，其例北周《元包经·大阳经》：“舆之扸。”苏源明传：“舆之扸，车之脱也。”李江注：“扸，折。”[①]此处注释有误，苏源明传中，扸、脱当为互文，“《注》舆车扸散”，扸、散连用，更可说明此处“扸”当为脱散、分离之义。《汉语大字典》据李江误释而将此作为“折”之俗体，误。《敦煌俗字典》“折”下收，其例敦研032（3-1）《四分律》：“若取～之，其汁如乳，食之如蜜。”此例当为“析”，形体如前所述，从意义来看，“取析”二字常连用，“析”乃剖分、破之义，据原文，“取～”之对象为藕，故“析”之义亦通。

（五）对文献时代的确立发挥着重大的作用

文献的断代也是文献整理中的一个重要问题，单靠内容的研究有时难以解决这一问题，还需要形式的要素来提供佐证。文字形态往往带有鲜明的时代特色，在这一工作中承担着重要的角色作用。如吐鲁番出土文书中的不少文字在前后期的形体上呈现出阶段性的特征，这说明这个字在交替时代受某种因素的作用发生了形体的更迭。由此，可以以此字作为文献断代中的一个参考因素。当然，这还需要建立在对发生这种更替的历史原因以及发生范围的进一步清晰考察的基础之上。

① 汉语大字典编纂委员会：《汉语大字典》，湖北辞书出版社、四川辞书出版社，1995年，第772页。

第二章　笔画系统分析

汉字由篆而隶、行、楷，也是汉字构成的最小单位——笔画形成、发展、调整、完善的过程。汉字的隶变使得汉字由线条向笔画转化，线条主要通过描摹事物的轮廓、形貌、特征等来代表某一概念，故仍带有一定的图画性质与主观随意性，而笔画化之后的汉字则变为音义的符号。因为很大程度上符号丧失了其象形的特征，故而需要其具有一定的稳定性以及区别性，这就对作为文字符号构成基本单位的笔画类型的形成提出了要求。汉字隶变的过程就是笔画及笔画组合产生、调整、形成的过程，汉末，楷书从隶体中分化出来，经魏晋南北朝到隋唐，在隶书时期笔画系统的基础上继续对汉字笔画加以调整，其最终目的就是要完成笔画组合的结果——构件的定型。吐鲁番出土文书时期的早期文字形体上承篆隶，故从笔画形态上来看既产生了汉字的基本笔画，又部分地保留着篆体和汉隶的某些笔形特征，某些线条到笔画的转化还没有彻底完成，不同的笔画形态之间还在相互调整，更多地则体现为笔画组合的调整与整合。

第一节　笔画形态的不同

一、篆隶笔形特点的保存

篆书与今文字最显著的区别，就在于一者主要以线条构形，一者则主要以笔画构形，因而篆书往往具有线条圆转、弯曲的特点，其最显著的特点：曲、封，不仅保存在早期隶书笔形系统中，也延续到吐鲁番出土文书时期的文字中。篆书笔形特征在文书中的留存并不多见，且多保留在较早期的文书中，更多的则应看作是早期隶变方式不同的结果，但有的笔画在后来的文字发展中得以留存，而有的则逐渐消失。

（一）曲笔

曲笔在文书中主要体现在构件“又”以及笔画竖弯（钩）、捺中。

以“又”为构件的“右”早期多作［哈拉和卓96号墓（3）］，丿笔保持了篆体线条弯曲的形态，作为构件的“右”亦有此类形态，如“若”作［阿斯塔那31号墓（1）］，“祐”作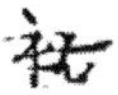［哈拉和卓99号墓（1）］。“又”同此，如“随”作［阿斯塔那2号墓（1）］，又如“鞭”作［哈拉和卓91号墓（22）］，“友”作［阿斯塔那524号墓（9）］等。但并非所有从“又”之字皆从此形，如“左”文书中出现年代极早，但皆不从此形，可见构件在不同文字中发展的不平衡。

从文书中从“又”之字的情况看，文书中最早的出自于前凉的哈拉和卓3号墓文书中“若”即采用此形，这也是吐鲁番出土文书中出现最早的文书。这种情况一直延续到阿斯塔那524号墓（9），在这一时期内，此类文字中已经出现曲笔拉直的写法，如［哈拉和卓99号墓（3）］，但仍以曲笔写法占绝对优势。另外，阿斯塔那524号墓文书中仅第9件文书义熙写本《毛诗郑笺》中采用曲笔写法，其余文书则已改用直笔，可见义熙写本中的曲笔或为拟古写法，此前文书多属十六国时期。除此之外，之前的阿斯塔那13号墓（2）为古写本《佛说七女经》以及出土文书起自高昌建昌四年的阿斯塔那169号墓中古写本《孝经》和高昌书仪皆采用此曲笔。

竖弯于其起笔之处，多有一个向左的弯笔，常又写作“乙”，如“元”作［阿斯塔那151号墓（10）］，“无”作［阿斯塔那365号墓（8）］，“礼”作、［阿斯塔那222号墓（13）］，“祝”作［阿斯塔那184号墓（10）］，“訛”作［哈拉和卓96号墓（2）］，

“先”作［阿斯塔那169号墓（5）］，“兒”作［阿斯塔那326号墓（7）］，“軏”作［阿斯塔那363号墓（6）］，“元”作［阿斯塔那206号墓（13）］，“充”作［阿斯塔那376号墓（2）］，“允”作［阿斯塔那77号墓（1）］等。“无”甚至在此基础上连笔作“九”，如、［阿斯塔那320号墓（7）］，“枕”亦同此，如［阿斯塔那23号墓（1）］、［阿斯塔那48号墓（2）］，“悦”作［阿斯塔那27号墓（8）］，皆可见弯曲的弧线拉直拉长为横线，整体作横折弯钩。

此类笔形一直延续于整个吐鲁番出土文书中，但拉直为横折弯钩则仅出现在构件“儿”中，单用的竖弯笔画，如“礼”“乱”中则没有此类变化。

今之捺笔文书中表现或亦同竖弯，起笔处保留小的弯笔形态，如“爪”作［阿斯塔那59号墓（1）］，“抓”作［哈拉和卓91号墓（1）］，“詇”作（阿斯塔那233号墓），“鞅”作［哈拉和卓91号墓（17）］，“亟”中部本为人形，文书中或作［阿斯塔那305号墓（4）］，仍保留一定的人形描画形态。也正因此共同点，今之捺笔文书中或于下部亦保留弯折形态而与竖弯笔形相混，如“瓜”作［阿斯塔那48号墓（11）］，“爪”作［阿斯塔那62号墓（1）］等。

又如篆体中之“凵”形后常隶作“一”“乚”等形，后者又进一步分化为撇和横的组合“𠂉”，文书中早期则仍有保存篆体中之曲笔形态的写法，如“制”作［哈拉和卓91号墓（2）］，“生”作、［阿斯塔那22号墓（7）］皆为此类，而“封”中此类形态则一直持续到后期，如［阿斯塔那509号墓（53）］。

（二）封笔

由于篆体多以曲笔构建，因此弯曲的线条常绵延交叉，组成弧形的封闭空间结构，但这往往是与汉字笔画从上到下、从左到右的书写趋势不相匹配的，因此楷体中多将此类线条断裂作两笔或两笔以上的笔画，但“在简帛早期隶书的笔形中，篆书中常出现封笔的‘女’‘糸’‘玄’‘幺’‘子’等构件还维持着篆书的结构”[①]，吐鲁番出土文书中承此，早期隶书中保留此笔形的构件中，“女”“子”在文书中封笔的特征已经全部消失，而从“厶”形的构件则部分地保留着此类笔形特征，如“厶”仍作一笔“厶”，如［阿斯塔那179号墓（3）］，“紘”同此作［阿斯塔那27号墓（7）］，“私”作［哈拉和卓99号墓（3）］，“葱”作［阿斯塔那138号墓（附录）］，“至”作［哈拉和卓98号墓（1）］，“孫”作［阿斯塔那59号墓（14）］，又如“瓜”作［阿斯塔那48号墓（11）］等。“纟”“糸”等中同此，如“纪”作［哈拉和卓96号墓（3）］，“綵”作［阿斯塔那517号墓（2）］，“徽”作［阿斯塔那20号墓（2）］。其部分保留体现为两点：一、此类构件到吐鲁番文书中笔形多已由弧形而拉直，形态方折，向笔画发展，但与后世相较而言，仍然有依据篆形而保持一笔书写的状态。笔形末端逆笔书写，显然与笔画书写趋势相反；二、此形在同一构件中的发展并不平衡，如在“矣”“公”“私”等字中或已分离出今之一“丶”，如［阿斯塔那27号墓（7）］、［阿斯塔那363号墓（6）］、［阿斯塔那42号墓（1）］、［阿斯塔那31号墓（1）］、［哈拉和卓88号墓（2）］等。

除此之外，文书中还存在少数整体保留篆形的文字，如“己”在文书中

① 魏晓艳：《简帛早期隶书笔形系统探析》，《语文研究》，2013年第4期。

早期作［哈拉和卓99号墓（3）］，仍保留有鲜明的线条性质，运笔的方向也同后世笔画截然相反。又如“翟”作［哈拉和卓88号墓（2）］，构件“隹”不仅保持头部的封笔形态，整体字形亦保持其象形体态。个别则是以行书笔画隶定早期隶书形体，如“述”作［阿斯塔那169号墓（6）］，意符部分可与早期隶书形态相比照，如马王堆帛书中从“辵”之“送”作，“遁”作，“避”作等。但保留篆形的文字在文书中极少，属于个例，即便是在十六国时期的文书中也极为少见。

二、基本笔画之间相互调整

汉字的基本笔画从进入隶体时期就已经产生，但在文字漫长的发展过程中，这些笔画又在不断地变化、调整。同一文字形体当中，原先篆体中相同的线条往往调整为不同的笔画，而且这种不同笔画的对应关系，在整个文字系统中并非孤例，多数具有一定的聚合性。

（一）竖弯与捺笔

竖弯和捺的相混如：“天”作［阿斯塔那27号墓（8）］，“元”亦作［阿斯塔那365号墓（10）］，“荒”作［哈拉和卓39号墓（8）］又作［哈拉和卓39号墓（3）］，“八”作［阿斯塔那517号墓（2）］，又作［哈拉和卓99号墓（4）］、［阿斯塔那116号墓（3）］、［阿斯塔那326号墓（1）］、［阿斯塔那507号墓（27）］等形，“爪”作［阿斯塔那59号墓（1）］又作［阿斯塔那62号墓（1）］，“竟”作［阿斯塔那170号墓（2）］又作［阿斯塔那5号墓（16）］等。

两种笔画的相混在早期隶体中已可见，如“八”小篆作，马王堆帛

书中作、、等形，可见文书中各形之来源，亦可见两笔画之区别就在于隶变过程中，一者保持其弯笔之态，隶作竖弯，一者则拉直作捺。但文书中两种笔画间的相混并非皆在于线条向笔画转化过程中的隶变方式不同，如前述“天”小篆作，马王堆帛书中最后一笔亦皆为直线，如；“元”小篆作，马王堆帛书中最后一笔皆为弯笔，如。因此我们认为，此类相混既有隶变之初本身隶变方式不同的原因，还有一部分则是由笔画自身的调整所致。文书中可见后世带钩的竖弯收笔或又无钩，而捺笔则如前所述于起笔处常有轻微的弯折之态，这就使得两种笔画起笔和收笔具有相同的形态，为相混提供了可能性，而调整过程中运笔中的弯直以及倾斜度的变化就使得两笔画发生了相混。一旦两种笔画相混，那么就在整个的笔画系统中产生了类推作用，原本隶体中不相混的文字也在此作用下产生了变化。

文书中以竖弯向捺的调整为主要方向，反之则仅以上“爪”“八”两例。

（二）竖弯与横折弯

两者的相混是由前述篆体笔形的保留所致，原本竖弯起笔处常带有的弯笔，到楷体阶段需要笔画化，从后世文字来看一般采取的是将弯笔省略的方式，文书中除此途径外，又或者体现为另一种调整方式，即将弯笔拉直为横笔，整体笔画变为横折弯，如前所述“枕”作［阿斯塔那23号墓（1）］、［阿斯塔那48号墓（2）］，“无”作［阿斯塔那320号墓（7）］。又如“沈”“沉”两形的分化，“沉”乃字形发展过程中从“沈”中产生的分化字。《说文》有“沈”无“沉”，“，陵上滈水也。从水，冘声”。《玉篇》：“沉，同‘沈’。”两形分化的形体关键就在于“沈”中之竖弯调整为横折弯。

此类亦基本为竖弯到横折弯单向调整，且两者调整亦只限于少数文字中出现。

（三）横与撇

短横运笔多从左向右，亦有作撇笔而从右向左的情况，如“上”或作［阿斯塔那363号墓（1）］、［阿斯塔那341号墓（2）］，形态与短撇相类。又“亡”多作“巨”，或又作“亾”，如［哈拉和卓33号墓（5）］、［阿斯塔那22号墓（3）］。充当构件同此变化，如“盲”作［阿斯塔那35号墓（19）］又作［阿斯塔那78号墓（10）］，“荒”作［阿斯塔那42号墓（8）］。“戊”小篆作，文书中作［阿斯塔那507号墓（37）］或作［阿斯塔那90号墓（1）］，“茂”作［阿斯塔那43号墓（3）］或作［阿斯塔那524号墓（7）］。构件“戋”中上部“戈”撇多作横，卧钩多不带钩变竖笔作竖，整体构件隶作“土”，如［阿斯塔那62号墓（5）］、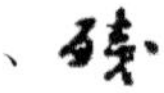［阿斯塔那239号墓（2）］。“血”作单字首笔作短撇，充当下部构件时撇调整为丶或短横，如“益”作［阿斯塔那50号墓（4）］等。

构件“亡”的两变体当看作是短撇向短横的转化，“亾”的写法当源自小篆，早期汉隶中皆从篆形，内部保持人形，“巨”则源自“亾”，这一变化在居延新简中已经存在。从“戈”形之字中此类变化的出现则更早，马王堆帛书中已可见“戒”作，“浅”作、，但其他字形中未见。文书中从“戈”形之字也只有以上“戊”“戋”“戒”三形中有此类变化，“戒”“戋”上承隶体，“戊”中则属新出现的调整。前两形首先出现此类变化，是“戈”处文字上部时出现的方位变体，撇因具有倾斜度，上下就需要一定的扩展空间，因此当居文字上部时受上下空间的限制而调整为左右延伸的横笔。“戊”有此类变化当属类推，但在其他从“戈”形之字中未见此类变化，仍然是与字形结构相关。“戈”在汉字结构中多处右半边位置，且

其首笔横左下多有构件填充，若作横笔，则左右延伸受到限制，因此多不作横而作撇，“戒”本为上下结构，后“廾”上移，因而可见后之“戒”中亦不再作横笔。“戊”则无构件填充，故可调整。“血”充当下部构件时调整作横笔原因同此，需要注意的是，“血”小篆及早期隶书中首笔皆为横笔，后调整作撇，应是出于字形美观的考虑。“上”短横作撇则纯属楷体发展完善过程中两笔画的调整，早期隶书无此类现象。

以上横与撇相替换的现象，一部分因字形结构布局而产生，一部分是笔画演进中自身的自然调整，后者充分反映了这一时期书写者还并没有极为明确的笔画意识，即一个字由哪些笔画组成，每种笔画的形态及运笔方向都还没有完全固定。

（四）横与点

横与“丶”的调整，文书中极为常见。“丶”因其最为便捷、快速的笔画形态，在汉字系统中也最为活跃，文书中可见其替换多种笔画的调整。横笔与“丶”之运笔方向基本一致，因此调整也最为频繁，尤以短横显著。

横笔作点的调整如“示”，单字亦常作［哈拉和卓91号墓（2）］、［阿斯塔那191号墓（2）］，这也是“示”产生偏旁变体“礻”的条件之一。“卜”作［阿斯塔那524号墓（9）］又作［阿斯塔那506号墓（22）］，“元”或作［阿斯塔那517号墓（12）］、［阿斯塔那151号墓（25）］，“上”作［阿斯塔那204号墓（4）］，“今”作［阿斯塔那524号墓（9）］，“匡”又作［阿斯塔那31号墓（34）］等皆属此类。“扌”与“丬”相混，一方面因为竖笔的带钩与否的变化，另一方面则源自短横与点的转换，如“折”作［阿斯塔那154号墓（10）］，又如“唐”作［阿斯塔那509号墓（23）］或［阿斯塔那509号墓（57）］，“庸”作［阿斯塔那15号墓（8）］又作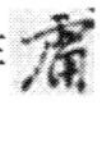［阿斯塔那35号墓

（14）］，“康”作［阿斯塔那99号墓（1）］又作［阿斯塔那15号墓（9）］等。

短横或作点是因为点本常由短横而来，如、中短横后皆隶作点，可见文书中如“元”等字中短横作点的情况既可看作是书法的变化，也可看作是笔画调整的延续。此类调整在汉隶中已经出现，早期汉隶中已可见“水”之偏旁变体作“氵”者，东汉碑刻中，“今”有同文书中之形者，“示”“上”等字中皆作横笔，魏晋时期简帛文字可见作为左部偏旁的“示”“言”等已明显作点，“云”“元”等字中也出现同类现象，“匡”“卜”“上”等中之变化则发生于南北朝时期。以上不同文字中，调整时间的不同说明系统调整的渐进性以及不平衡性，同时也可以看出调整主要在偏旁变体的形成中首先出现，进而扩展到单字。“康”“庸”“唐”等字首笔今皆作点，却是从篆体中弯曲的线条隶作横笔，又进而调整作点发展而来。早期汉隶中，三字中皆作横笔，如马王堆帛书“庸”作，“唐”作，“康”作，构件重组产生“厂”使得横笔在东汉逐渐调整为点，因此文书中首笔作横的形体可以看作是对早期隶书的继承，作点画则为变体。

从横笔作点的情况来看，具有一定的选择性。点画短小，因此绝不出现在主笔的位置，故而只有横笔处于非主笔的位置才有调整作点的可能性。同时，由于点通常出现在横笔的上下位置或是竖笔的左右位置，因此，横笔调整作点必定不会出现在横笔的左右位置或者竖笔的上下位置，如前述“天”恰恰因为短横与竖撇上下相接，因而绝不作“丶”，“康”“唐”“庸”虽上承汉隶，但从文书中看，首笔作横时往往中之竖笔向上通出至横笔。

虽然由横到点反映了汉字书写要求简捷的主要趋势，但两种笔画并非单向调整，文书中同样存在由点而横的现象，如“主”作［阿斯塔那15号墓（9）］又作［阿斯塔那154号墓（6）］，“寅”作［阿斯塔那170

号墓（3）］或作［阿斯塔那321号墓（1）］，但此处可见作横笔时，下之竖笔向上通出，与前述“唐”“庸”等字表现相同。

（五）撇和点

撇到点的调整如“礼”作［阿斯塔那524号墓（5）］或［阿斯塔那206号墓（2）］，“花”作［阿斯塔那215号墓（7）］、［阿斯塔那224号墓（2、3）］，“教”又作［阿斯塔那151号墓（34）］，“匕”作［阿斯塔那15号墓（14）］又作［阿斯塔那155号墓（20）］，“初”作［阿斯塔那61号墓（7）］又作［阿斯塔那154号墓（2）］，“衫”作［阿斯塔那29号墓（1）］，“彦”作［阿斯塔那506号墓（14）］，“拽”作［阿斯塔那184号墓（2）］、［阿斯塔那4号墓（12）］，“后”又作［哈拉和卓91号墓（2）］。构件“爻”作“文”，如“攀”作［阿斯塔那170号墓（2）］，“悕”作［阿斯塔那519号墓（2）］。“诉”，《说文》：“从言，厈省声。”段玉裁注：“凡从㡿之字，隶变从厈，俗又作斥。”此字在文书中作［哈拉和卓96号墓（3）］、［阿斯塔那62号墓（6）］、［阿斯塔那519号墓（2）］、［阿斯塔那61号墓（7）］，前三形可见从“㡿”与从“厈”之变，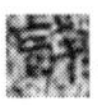、两形则反映了丶与短撇的转化，为之变，反映了横画与撇的转化，同时也是由厈而斥的过渡阶段。

点到撇的调整如构件“文”作“𠂇”，如“吝”作［阿斯塔那35号墓（14）］，“尤”作［阿斯塔那222号墓（11）］等。

与横、点的调整一样，两者的替换虽属双向，但从出现频率而言，撇到点远高于点到撇的调整，与汉字追求简捷的趋势相一致。另外如“旨”作

［阿斯塔那169号墓（6）］、［阿斯塔那154号墓（2）］，从两形对比来看，属于撇和点的调整，但从字形来源分析，前者应是构件“匕”之篆形 隶作“人”形又进一步调整置向的结果，而后者则应是在“匕”形基础上直接将曲笔拉直的结果。因此，两者是否具有直接的调整关系还需进一步考证。

（六）捺与点

如“木”充当构件常作“小”，“水”常作“氺”，“衣”作“衤”，“庚”作［阿斯塔那151号墓（2）］又作［阿斯塔那524号墓（7）］，“誇”作［阿斯塔那509号墓（55）］，“谦”作［阿斯塔那365号墓（2）（3）］等。

捺调整作点极为多见，因为两笔的走向比横与点更为相似。同时，捺笔总是和撇笔对应出现，因此在丿笔调整作点的情况下，捺笔也相应地调整作点，如上述偏旁变体“衤”的产生，也因为两者极高的相似度，即便撇未调整为点，捺笔也已作点，如“誇”，又如“奉”作［哈拉和卓91号墓（12）］、“丞”作［阿斯塔那78号墓（18）］等。

与前面不同的是，这二者在文书中体现为单向替换。

（七）竖和点

竖调整作点，如“兼”中竖笔常裂为两段，下半部分调整作竖点，如［阿斯塔那169号墓（5）］，又如“艹”又多作“丷”等。

两者也不属单向替换，点向竖调整如“刂”由“刀”之变体“刂”演化而来，如“别”作［阿斯塔那169号墓（6）］又作［阿斯塔那509号墓（26）］。从“刂”在文书中的表现看，这一时期还主要表现为“刂”的形态。“刂”由“刂”发展而来，早期汉隶中今之竖笔多作短撇，魏晋时期调整为点。

（八）横折与点

横折调整作点如“唯”作［哈拉和卓99号墓（3）］又作［阿斯塔那7号墓（1）］，构件“刀”又作“丷”，“口”调整作“丷”等。此类多因连笔草写所导致。

横折调整作点虽然在文书中并非常见，但却因为它引起了上述几个高频构件的变化而在整个文字系统的调整中发挥了重要作用。

（九）竖弯与点

“兆”作［阿斯塔那509号墓（28）］又作［阿斯塔那509号墓（28）］，以此为构件的“桃”作［哈拉和卓90号墓（10）］又作［阿斯塔那320号墓（7）］。

（十）撇折横与横

如构件“扌”混作“牛”；“博”作［阿斯塔那169号墓（5）］；“求”作［阿斯塔那170号墓（2）］；“无”作、［哈拉和卓90号墓（13）］；“既”作［阿斯塔那363号墓（6）］；“舞”作［阿斯塔那43号墓（3）］；“覃”作［阿斯塔那100号墓（2）］等。又如“老”又有变体［阿斯塔那122号墓（4）］、［阿斯塔那48号墓（2）］、［阿斯塔那517号墓（2）］，从以上形体亦可见“先人为老”并非单纯的理据重构，首笔撇折横当为“老”首笔的变体。

两者似乎并非皆由撇折横到横笔的调整方向，与汉字简捷的趋势相背。分析以上调整字例，“牛”和“扌”或可看作形近构件替换。“博”中调整“忄”则因“十”“忄”为常见构件替换、“忄”为“忄”之连笔形式而不看作是两种笔画的调整。“无”为“無”之草写形式，“旡”形也可看作“無”之草写形式。而“求”早期隶书中皆作（马王堆帛书），似可看作是此形的进一步变体。因此，这四例中两种笔画之间是否具有对应的调整关系还需要探讨。

（十一）竖撇和竖

撇调整作竖笔如前述“庚”作［阿斯塔那31号墓（1）］又作［阿斯塔那524号墓（9）］；“月”作［阿斯塔那520号墓（1）］、［阿斯塔那331号墓（1）］；“瑜”作［阿斯塔那89号墓（1）］、［阿斯塔那520号墓（5）］；“茂”作［阿斯塔那43号墓（3）］；“尹”作［阿斯塔那88号墓（2）］、［阿斯塔那169号墓（5）］；“藏”作［阿斯塔那59号墓（11）］又作［阿斯塔那337号墓（1）］；“逖”又作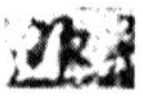［阿斯塔那59号墓（12）］；“乞”作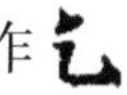［阿斯塔那509号墓（23）］、［阿斯塔那509号墓（24）］，“迄”同此作［阿斯塔那150号墓（15）］，故而“乞”又作［阿斯塔那1号墓（11）］，上部作高频构件“上”等。

竖笔作撇的如“苻”作［哈拉和卓96号墓（3）］，又如“褱”上部作“十”或作“𠂇”，“苦”中“古”亦有此类变化，使得此字极易与“若”相混，如［阿斯塔那138号墓（1）］、［阿斯塔那117号墓（11）］等。“斤”作［阿斯塔那524号墓（1）］，“支”作［阿斯塔那170号墓（2）］等。

竖与撇的区别主要体现在倾斜与否，事实上很多汉字形式难以确认是由竖而撇或是由撇而竖，如上述“苻”中构件“人”作撇笔，以今天的文字来看，是竖笔调整作撇，从文书中作为偏旁变体的“亻”来看亦是如此，但从文字自身发展看，早期汉隶中作撇、作竖皆有，所以将其看作是同一构件的不同变体似乎更为合适。又如“藏”如以字形发展序列看，构件“臧”从“爿”得声，那么就是从竖调整到撇。但若以文字发展到文书中所处阶段看，此形已以撇为主，作竖笔就是调整形态。因此，调整的方向性是我们难以确定的问题，可以确定的只有两种笔画的相互调整现象本身。

文书中某些构件因竖与撇调整所形成的新的形式具有很强的系统性，如“月”作“⺝”，后者后来成为前者的方位变体；“十”或作“ナ”成为常见的替换方式；“欠”因构件“人”撇作竖笔而导致整体构件“欠”与“卪”常相替换等。

（十二）撇折拉直作撇或作横

撇折作撇者如“死”作［阿斯塔那13号墓（1）］或作［阿斯塔那4号墓（23）］；“哉”作［阿斯塔那363号墓（6）］或作［阿斯塔那27号墓（9）］等。

以上两字皆可见“歺”作“ク”的情况，“死”作或可看作是“死”的省笔变体，此形直接来自早期汉隶，马王堆作，但银雀山汉简中皆不省略。但从“哉”来看，则是直接来自形，“歺”在“哉”中来自“口”替换作“厶”之后的形体之变，“ク”是“歺”的进一步形变。

又“求”“封”等字首笔作横或作“乚”，如“封”小篆作，文书中或隶作［阿斯塔那509号墓（53）］、［阿斯塔那346号墓（1）］等，体现了隶变的另一种形式，同时也反映了处于隶变过程中笔画的过渡形态。

（十三）横折撇或笔画㇇拉直作撇

如“將”作［阿斯塔那5号墓（15）］又作［阿斯塔那44号墓（8）］，又如“又”或又拉直作“乂”形，如“敬”作［阿斯塔那27号墓（8）］又作［阿斯塔那170号墓（2）］等。

三、带钩与不带钩的区别

文书中带钩笔画仍处于发展过程中，同一笔画带钩与不带钩的现象并存。如竖笔带钩与不带钩往往并存，如“未”作“未”或作“未”，但中后期以带钩为常见，“小”的情况基本同此，竖笔早期不带钩情况居多，如［阿斯塔那48号墓（3）］，但亦有带钩的情况，但中后期基本带钩，或钩的形态为弯笔。又如“東”亦或又作“東”，“利”作［阿斯塔那116号墓（5）］亦作［阿斯塔那169号墓（5）］等，“行”作［阿斯塔那153号墓（9）］亦作［阿斯塔那48号墓（5）］。单字“示”或作［阿斯塔那7号墓（1）］，“可”作［阿斯塔那524号墓（9）］、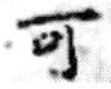［阿斯塔那169号墓（5）］，“朱”作［阿斯塔那22号墓（7）］、［阿斯塔那524号墓（9）］等。

今所见之带钩笔画文书皆已出现，列举如下：

横钩：“壹”—［阿斯塔那153号墓（8）］；“吊”—［阿斯塔那90号墓（6）］。

横折钩：“帝”—［阿斯塔那332号墓（8）］；“芳”—［哈拉和卓91号墓（2）］）；“用”—［阿斯塔那59号墓（22）］。

竖钩：到—［阿斯塔那187号墓（4）］；“斤”—［阿斯塔那303号墓（1）］。

竖弯钩：“乱”—［阿斯塔那169号墓（5）］。

横折弯钩：“蓺”—［阿斯塔那29号墓（3）］。

横撇弯钩：“脚”—［阿斯塔那88号墓（1）］。

卧钩：“葱”—［阿斯塔那22号墓（7）］；“德”—［哈拉和卓96号墓（8）］。

斜钩：“筏”—［阿斯塔那524号墓（9）］。

弯钩："蒙"—[哈拉和卓96号墓（3）]；"逐"—[哈拉和卓91号墓（9）]。

竖折折钩："与"—[阿斯塔那135号墓（2）]。

横折折折钩："及"—[阿斯塔那15号墓（10）]；"乃"—[阿斯塔那524号墓（9）]。

以上各类带钩笔画均与不带钩的情形并存：横钩类如"皮"又作[哈拉和卓91号墓（34）]，"帝"又作[哈拉和卓91号墓（2）]。横折钩类如"祠"作[哈拉和卓96号墓（12）]又作[哈拉和卓91号墓（11）]，"铜"作（阿斯塔那305号墓）或作[阿斯塔那150号墓（11）]，"月"作（哈拉和卓3号墓）或作[阿斯塔那305号墓（3）]，"曰"作[阿斯塔那225号墓（4）]或作[阿斯塔那76号墓（5）]等。竖钩与竖弯钩带钩或不带钩，如"乙"作[阿斯塔那524号墓（3）]又作[阿斯塔那23号墓（1）]，单字"川"最后一笔作"丨""亅""乚""乚"等不同形态，如[阿斯塔那48号墓（15）]、[阿斯塔那48号墓（16）]、[阿斯塔那169号墓（6）]、[阿斯塔那337号墓（20）]等，"北"作[哈拉和卓90号墓（2）]或作[阿斯塔那116号墓（7）]，"元"作[阿斯塔那206号墓（6）]又作[阿斯塔那229号墓（11）]，"礼"作或[阿斯塔那363号墓（6）]，甚至同一文书中两形并存，且这种并存的状况一直延续到后期，如"屯"作[哈拉和卓91号墓（8）]又作[哈拉和卓91号墓（14）]。横折弯钩如"九"作[阿斯塔那365号墓（6）]或又作（同上），"凯"又作[阿斯塔那524号墓（9）]等。横撇弯钩如“部”又或作［阿斯塔那42号墓（8）］，卧钩亦有此类现象，如前述“葱”又作［哈拉和卓99号墓（5）］，“急”又作［阿斯塔那305号墓（4）］等。斜钩如“贰”作［哈拉和卓91号墓（29）］或作［阿斯塔那320号墓（7）］，“藏”作［阿斯塔那84号墓（3）］等。弯钩如前述“蒙”又作［阿斯塔那22号墓（8）］，“狐”或作［哈拉和卓91号墓（34）］等。竖折折钩如前述“与”又作［哈拉和卓99号墓（3）］，“盼”或作［阿斯塔那363号墓（6）］）等。横折折折钩则如前述“及”作［阿斯塔那122号墓（1、2）］，“乃”作［哈拉和卓91号墓（2）］、［哈拉和卓33号墓（4）］、［阿斯塔那48号墓（5）］、［阿斯塔那48号墓（6）］，也大概正因此，“㑺”右下构件改作“乃”。

从历代文字的形体发展看，钩画最早应是产生于向左或向右的弧笔末端，且这类弧笔多位于整字下部的情况下，亦即后世笔画中的部分竖钩、横折钩与竖弯钩中的钩当是产生较早的，如马王堆帛书中“可”作、“旁”作、“屯”或作等，此外相类似的线条也部分地出现了同类情况，如“瑩”作。之所以在此类笔画中率先出现，一者为弧笔书写本身末端容易因收笔不及时而出现向上弯笔或提笔的情况，二者弧笔因为弧的存在，当出现在文字下部位置时平衡性较差，因而也需要一个与纵向线条逆向的向上的弯笔来进行调整。这一点从文书中以下两字中可得到印证：文书中“口”形不带钩，而“目”则或带钩。后世两字结构相似，且同有笔画横折，但从形体的历史来源看，“口”篆形作ㅂ，早期隶书中同此，马王堆帛书中仍作，可见后世横折笔画为两个不同的线条分化组合而来，与“目”的目形来源有别，这也使得后世演化过程中笔画的形态有所区别。

竖笔带钩除了上述由于弧形线条隶变产生的情况外，还有一种情况则是由于连笔书写而产生，如“示”“木”“未”“末”“小”等，竖笔之后连写左右的笔画促成了钩的产生。与此相对，竖笔加钩绝不出现在“中”“串”“申”“羊”“牛”等字中，正是因为此类文字不具有上述形体特征。但也有例外的情况，如“事”“干”本当与后者一致不带钩，但文书中“事”带钩常见，“干”单字皆不带钩，但亦在“汗”中充当构件时或带钩。“事”中竖笔在早期汉隶中已常向左带弧，应是与其上部笔画、构件繁复的形体特征相关，“干”则当为受到相近形体“于”的同化。

横折钩的情况相对来说比较复杂：一种体现为横钩、横折、横折弯、横折钩间的调整，如“壹”作［哈拉和卓99号墓（3）］、［哈拉和卓99号墓（4）］、［阿斯塔那153号墓（8）］；“帝”作［哈拉和卓91号墓（2）］、［阿斯塔那332号墓（8）］；“吊”作［阿斯塔那90号墓（6）］、［阿斯塔那363号墓（6）］；“尚”作［哈拉和卓91号墓（2）］、［阿斯塔那22号墓（7）］；“皮”又作［阿斯塔那223号墓（1）］等。可见横钩来自于长短笔画调整过程中的横折，横折又进一步产生变体横折钩。前述横折钩产生于向左或向右的弧笔与此有同有异，相同之处在于二者产生之源皆在于倾斜的弧弯，不同之处在于前者本身即带有斜弧弯，如构件“刀”“方”等，后者则是横折笔的变体，两者分别在线条和笔画的不同基础上进行调整。因此从出现时间看，前者远远早于后者，前者早期汉隶已露端倪，后者则到魏晋石刻中才开始出现，以“帝”为例，（孔羡碑）、（何晏砖志）、（正始石经尚书）、（正始石经春秋）、（临辟雍碑）、（张伯通造像记）、（荀岳墓志）、（旧馆坛碑）、（新罗真兴王巡狩碑）、（吊比干文）、（元桢墓志），可见此字中横钩进入晋代之后才逐渐产生，而横折钩则更晚，出现到了北朝时期。有关横折钩的第二种情况则体现为单纯的横折与横折钩之间

的调整，如“祠”作［哈拉和卓96号墓（12）］、［哈拉和卓91号墓（11）］；“祖”又作［哈拉和卓96号墓（3）］；“毒”作［阿斯塔那151号墓（34）］又作［阿斯塔那215号墓（7）］；“苞”作［阿斯塔那346号墓（1）］或［阿斯塔那76号墓（5）］；“用”作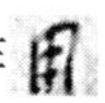［哈拉和卓90号墓（1）］、［阿斯塔那59号墓（22）］等。可见两者间的调整属双向性，如构件“包”显然由横折钩替换作横折，而“用”“且”则由横折替换为横折钩。

斜钩的产生当与前述弧笔中钩的产生相类。早期汉隶中的斜钩弧度或有或无，弧弯或朝右或又朝左，如“我”银雀山汉简中作、、等形，但整体而言，此笔画以无弧弯或向右的弧弯为主，这一笔画发展特征显然是与其出现的构件“戈”等在文字中所常居的右部位置相关。从东汉魏晋南北朝石刻文字看，东汉此笔画多与捺笔的写法一致，体现为蚕头雁尾的体式，魏晋时期或体现为蚕头雁尾，或雁尾的拖笔部分消失不见，南北朝石刻中雁尾的拖笔部分或消失不见，大部分则调整为向上的钩笔，仍以“我”为例，西晋《石定墓志》作，《张朗墓志》作，南朝梁《旧馆坛碑》作，北魏《晖福寺碑》则作。可见北魏时期斜钩已完全产生，不过此笔体现为两种不同的隶变形式，或带钩或不带钩，文书中承此。

卧钩的产生则兼有竖弯钩与斜钩的影响，早期隶书中卧钩所出之线条或体现为竖弯形式，或体现为捺笔，如银雀山汉简中“心”作、，甚至在少数字形中出现了向右上的钩笔，如“息”作，“忠”作等。这种情况持续到东汉碑刻中，东汉时期此笔或又从弧弯处断开分化为两笔——短竖与捺笔的结合。魏晋时期多与此同，但可见钩笔的现象逐渐频繁，不过钩笔仍保持右上的走势。进入南北朝时期，钩笔明显发生变化，右上的钩变为左上的钩笔。以上变化，以“心”为例，魏《正始石经尚书》作，《王基

断碑》作，晋代《临辟雍碑》作，《张朗墓志》作，《王浚妻华芳墓志》作，《石定墓志》作，南朝刘宋《爨龙颜碑》作，南朝梁《旧馆坛碑》作，此后笔画皆保持此类形态。另外以南朝为界，碑刻中此构件还有一个明显的变化，即南朝之前末尾两点皆在今之卧钩之内，南朝及其之后则与今之形体相同——一内一外。但从文书中少数的晋代末期文字形体看，两点位置基本与南北朝时期相同，不存在碑刻中的卧钩之内的情况。从卧钩的形态来看，带钩亦为常态，此段时期钩笔走向或有右上的情况，但这一表现可能与连笔草写有关。后来的文书中除连笔之外，钩笔皆不省略。

横撇弯钩的产生也约在魏晋时期。这一笔画出现在构件“阝”（包括“阜”“邑”）中，本为弧弯线条，如银雀山汉简中“邦”作、，“陰”作、等，到东汉石刻中仍保持弧弯之形，魏晋石刻中，以“邦”为例，魏初《孔羡碑》作、，《正始石经尚书》中作，后魏之《王基断碑》作，可见此笔画中钩形的逐渐形成当在魏末。但产生之后仍是呈两形并存的局面，前一种笔画形态并未很快消失，如“郡”在南朝宋《王佛女买地券》中仍作，北魏《元弘嫔侯氏墓志》中作，文书中亦多见作弧弯者，如“郎”作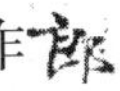［阿斯塔那99号墓（2）］，“部”作［阿斯塔那517号墓（8）］等。

钩的有无也造成了某些构件讹混的可能，如“木”与“扌”“牛”、“爿”“忄”等构件之所以相混的一个要素就在于构件中竖笔带钩与不带钩的情况变动不居；“禾”与“示”“礻”的讹混也同此。“干”或又混同“于”，如“汗”多作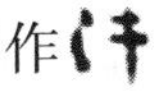［阿斯塔那225号墓（5）］，又或作［阿斯塔那29号墓（1）］，后一形体也导致了“汗”“污”两字的相混。“目”和“月”的讹混也与此相关，“贝”则由此原因导致产生“丁”与末

笔“丶”共用笔画的变体，如［阿斯塔那27号墓（8）］、［阿斯塔那321号墓（4）］等。

四、笔画连断的变化

从实质来讲，笔画连断的变化体现为两种不同的情况：隶变方式不同形成的变化和由连笔草写形成的变化。前者指同一线条，文书中有的已经断裂为不同的笔画，有的则隶变为一笔，这与书写中的连笔不同；后者则是将两个或两个以上已经形成的笔画连成一笔或连续书写。前者如“北”，文书中作［阿斯塔那22号墓（8）］、［哈拉和卓90号墓（2）］或［阿斯塔那365号墓（5）］，“作”作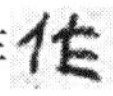［哈拉和卓88号墓（2）］、［哈拉和卓99号墓（5）］，“受”作［阿斯塔那305号墓（3）］又作［哈拉和卓96号墓（8）］等。“列”作［阿斯塔那24号墓（2）］又作［阿斯塔那59号墓（5）］。又竖折折钩（或弯）或分化作两笔，如“兮”作［阿斯塔那524号墓（9）］又作、［阿斯塔那363号墓（6）］；又如“第”可见将下部竖折折钩断为两笔，作［阿斯塔那363号墓（6）］等。后者则如“艸”，文书中作“艹”又作“卄”，“告”作［阿斯塔那201号墓（2）］又作［阿斯塔那346号墓（1）］，“脩”或又作“脩”，如［阿斯塔那44号墓（11）］，“曾”在文书中多将两点连作一横，“母”中两点或连笔作“丨”等，如“母”作［哈拉和卓96号墓（6）］或作［阿斯塔那507号墓（38）］，“故”作［阿斯塔那59号墓（1）］或作［阿斯塔那50号墓（4）］。“匕”形与“工”形相混，亦是由于将曲笔“乚”断裂为两直笔——横与竖的组合。又如竖弯因在这一时期多增撇笔而作“匕”形，或又连笔而作“ㄑ”，继而断裂为两

笔，如“永”作［哈拉和卓96号墓（19）］又作［阿斯塔那88号墓（2）］、［阿斯塔那90号墓（4）］，或者可看作由竖弯直接断为短撇与捺的组合。严格地讲，前者才真正属于隶变意义上的笔画连断变化，后者则属书法上的变化，但当连笔的某种写法进入到正字的书写序列后，则又不得不将其看作隶变方式的一种，特别是部首偏旁化的过程多出现此类方式，如“艹”“衤”“礻”“讠”“纟”等偏旁的形成均与此息息相关。

五、长短笔画的变化

多指的是横、竖、撇、捺等长笔与点画之间的转化。如前述“主”作［阿斯塔那154号墓（6）］又作［阿斯塔那15号墓（9）］，“匡”作“匡”又作［阿斯塔那35号墓（19）］，“末”作［阿斯塔那27号墓（7）］或［阿斯塔那27号墓（10）］。“卜”文书中作［阿斯塔那363号墓（2）］或作［阿斯塔那506号墓（22）］，“差”作［哈拉和卓96号墓（3）］、［哈拉和卓91号墓（8）］，“利”作［阿斯塔那313号墓（2）］又作［阿斯塔那204号墓（1）］等。又如“亥”，文书中作［阿斯塔那170号墓（1）］又作［阿斯塔那88号墓（1）］等不同形体，区别在于对下部构件“人”形的隶变形式不同。“死”同此，文书中作“死”“死”或作“死”“死”，构件“人”隶作“匕”形，与“匕”形相对应，折上一笔作短撇或作点。“皮”作“皮”又作［哈拉和卓91号墓（34）］，“虎”作［阿斯塔那520号墓（3）］又作［哈拉和卓91号墓（30）］，则反映了长撇、短撇的变化等。这一变化同样在偏旁化过程中发挥一定作用，如“木”充当左部偏旁作“木”、“火”隶作“灬”、“心”隶作“⺗”等亦皆与此相关。

六、笔画置向的变化

笔画置向的变化既包括单笔画置向的不同，也包括笔画组合的置向的变化。笔画组合分为高低两种不同的层级，前者即由笔画组合而成的构件，后者则是介于笔画与构件之间的一个层级，它由两个及两个以上的笔画组合而成，但又不能独立地作为一个构件来使用，代表一定音义，而必须依托于某一构件而存在。

一般来讲，笔画置向的变化必然引起笔画组合的置向的变化。如“近”，文书中作“近”或又作［哈拉和卓91号墓（2）］，可见构件“斤”最后一笔由竖笔变横笔，这一变体的出现源于连笔草写，敦煌文书中又作、等，当为此形所发展。但“斤”的这一变体仅出现在“近”中，其他以此为构件的“斧”“新”“薪”等字包括单字中皆无此形。从时间来看，此变体仅出现在初期的哈拉和卓96号墓、哈拉和卓91号墓两座墓葬文书中，且与“近”并行，后世文书仅作“近”。又如“才”多作［阿斯塔那376号墓（2）］，又或作［哈拉和卓91号墓（2）］、［阿斯塔那509号墓（28）］等。“十”常作“𠂇”，“活”作［阿斯塔那5号墓（15）］或作［阿斯塔那509号墓（52）］。“盾”单字作［阿斯塔那169号墓（1）］，“循”则作［阿斯塔那509号墓（23）］或作［阿斯塔那221号墓（2）］，“遁”则作［阿斯塔那27号墓（7）］等。“古”作［阿斯塔那35号墓（19）］又作［阿斯塔那222号墓（13）］，甚或作［哈拉和卓91号墓（2）］。又如“丷”常又作“八”，如“袂”作、［阿斯塔那29号墓（1）］，“奇”作［阿斯塔那48号墓（6）］又作［阿斯塔那117号墓（2）］，“谷”作［阿斯塔那31号墓（31）］又作［阿斯塔那327号墓

（1）］等。“殳”作“𠬝”又作“⺕”，如“段”作、［阿斯塔那23号墓（1）］。构件“欠”作“欠”或作“⻏”“⻏”，如“厥”作［阿斯塔那169号墓（5）］又作［阿斯塔那507号墓（27）］。构件“爪”作“爫”或作“爫”“⺤”，如“綵”作［阿斯塔那169号墓（2）］，“采”作［阿斯塔那59号墓（20）］，“受”作［阿斯塔那22号墓（2）］等。“彡”作“彡”，或作“⺀”“⺀”“⺀”等形，“衫”“彫”“彩”“形”等字皆有此类现象，如［阿斯塔那509号墓（54）］、［阿斯塔那27号墓（7）］等。“臼”“臽”二形内部“一”多或隶作“⺊”，“臼”形往往作“旧”“旧”“山”“田”等形，“兒”“鼠”“寫”“臽”“舅”“舊”“陷”“舉”等字中皆有此类变化，如［阿斯塔那308号墓（2）］、［阿斯塔那206号墓（12）］、［阿斯塔那35号墓（19）］、［阿斯塔那5号墓（15）］、［阿斯塔那312号墓（1）］、［阿斯塔那151号墓（34）］、［阿斯塔那29号墓（1）］、［阿斯塔那4号墓（12）］等，均属改变笔画组合的置向的结果。又如“度”作［阿斯塔那23号墓（1）］，“乃”作［哈拉和卓91号墓（2）］又作［阿斯塔那48号墓（6）］等亦属此类。

笔画置向的变化同样会引起偏旁或构件的相混，如“彳”文书中或混作“氵”，如“復”或又作［阿斯塔那90号墓（6）］；“儁”改变笔画置向，右下部构件作“乃”等。“须”本从“彡”，由于笔画置向的改变而改从“氵”，如［阿斯塔那509号墓（55）］。又如构件“疒”中“⺊”或又作“人”形，后者直接承篆隶之形而来，前者则是后者之改变置向的变体。“爻”与“文”“乂”“乂”的替换亦属此类变化，如“樊”在文书中或又作［阿斯塔那152号墓（3）］，“教”作“敎”或作“教”，后者则使得左部构件整合为“孝”。

七、直笔弯笔的变化

隶变过程中，同一线条，有的隶作直笔，有的隶作曲笔，如“又”单字作“又”，“取”“報”“服”等字中常将曲笔拉直而隶作“㇛”，如［阿斯塔那230号墓（1）］、［阿斯塔那509号墓（58）］；“又”或又隶作“乂”，如“鑊”作［哈拉和卓91号墓（22）］，“穫”作［哈拉和卓96号墓（8）］等。“无”多隶同“元”“天”或“夫”“无”等形，如“既”作［阿斯塔那100号墓（2）］、［阿斯塔那363号墓（6）］等，“僭”作［阿斯塔那363号墓（6）］。“蠡”作，构件“彑”隶作“彐”，横撇调整为竖也反映了将曲笔拉直的隶变过程，如“夜”作［阿斯塔那524号墓（9）］又作［阿斯塔那514号墓（1）］等皆属此类。

第二节　笔画关系的变化

笔画关系的变化包括笔画间相对位置的相离、相交、相接、上下、左右等组合关系的变换以及笔画的长短对比关系的变化两个方面。

一、笔画间相对位置的变化

笔画相对位置变化如构件“戈”在文书中作“戈”或作“戈”，如“武”作［阿斯塔那524号墓（9）］又作［阿斯塔那201号墓（1）］，“賊”作［阿斯塔那15号墓（6）］或作［阿斯塔那188号墓（25）］等。以上作“戈”形的产生事实上是由于此时构件“戈”或又省作“戈”，如“戰”作［阿斯塔那169号墓（5）］或作［阿斯塔那520号墓（6）］，故而由此将两种变体形式结合而作“戈”。文书中可见“戈”“戈”呈有规律的分布，在“戎”“成”“武”等“戈”形下部存在其他构件的字形中，作“戈”或“戈”，而在“戰”“戟”等单独充当右部构件的字形中，则作“戈”或“戈”，因此“戈”当为保证原字形轮廓而产生的变体形式，也是根据文字结构的不同而作出的选择，其左部横笔很大程度上已经成为一个记号。又如“唐”，文书中多作“唐”，又或作“唐”，“唐”形在“唐”形基础上笔画重新组合而成。“雖”中构件“口”与“虫”或相接同今字，或相交作“雖”，如［阿斯塔那363号墓（6）］，同时也因这一变体的出现而衍生出另一变体“雖”，如［阿斯塔那43号墓（3）］，其动因当为向常见构件靠拢。“作”作［哈拉和卓96号墓（9）］或作［哈拉和卓99号墓（5）］，字末横笔发生位移。“戎”中“戈”下构件“ナ”笔画或相交，或相接，如［阿斯塔那346号墓（1）］、［阿斯塔那325号墓（3）］；“花”中构件“匕”两笔亦或相接或相交，如［阿斯塔那42号墓（8）］、［阿斯塔那239号墓（1）］；“蔡”下构件“示”或又作“示”；“芳”中“力”或又作“力”；构件“余”作“余”或作“余”，如“除”作［阿斯塔那99号墓（3）］，或作［阿斯塔那151号墓（34）］。“耳”作“目”“耳”或作“耳”，如［哈拉和卓96号墓（2）］、［哈拉和卓98号墓（1）］、［阿斯塔那208号墓（2）］。前期多作“目”“耳”，后期则多作“耳”，构件“耳”同此。“丑”在文书中作“丑”“丑”“丑”等形，从文书中的情况看，以前两形为主。“戰”构

件“單”或又作“單”。又如“已”作“己”“已”“巳”等形，如[阿斯塔那326号墓（7）]、[阿斯塔那507号墓（15）]、[哈拉和卓90号墓（13）]。“杞”亦作[阿斯塔那524号墓（9）]或作[阿斯塔那363号墓（6）]。“革”或作“草”，如[阿斯塔那29号墓（1）]，“堇”亦或作“茥”，如[阿斯塔那307号墓（3）]，可见相近形体的同类变化。又如“戈”“弋”等形中“丶”的位置多不固定，如“代”作[哈拉和卓96号墓（3）]、[阿斯塔那206号墓（1）]、[阿斯塔那35号墓（28）]、[哈拉和卓96号墓（3）]；“伏”作[阿斯塔那10号墓（9）]、[阿斯塔那117号墓（11）]、[阿斯塔那191号墓（1）]，“玉”作[阿斯塔那43号墓（3）]、[阿斯塔那209号墓（2）]、[阿斯塔那179号墓（3）]。又如“ヨ”往往又作“ヱ”形，如[阿斯塔那35号墓（29）]，进而折笔变直笔、长笔变短笔作“䒑”，如[阿斯塔那509号墓（23）]，既有笔画形态的变化，又兼有组合关系的变化。构件“辱”的下级构件“辰”文书中呈辰、辰、辰三形，恰恰反映了其构件变体的历时演变序列，由辰到辰是竖笔位移的结果，右侧短竖位移引发了左边竖笔对应的向上延伸，而由辰到辰从表现来看是构件笔画变化的结果，其原因则是受到常见构件“卩”“㔾”等的同化影响。

笔画相对位置关系的变化亦会引起构件的讹混，如上述“已”与“巳”，又如“致”作[哈拉和卓96号墓（10）]、[阿斯塔那15号墓（11）]，构件“攵”与“支”相混；又如构件“复”又作“夏”，“履”从“复”又或从“夏”，如[阿斯塔那169号墓（5）]、[阿斯塔那337号墓（20）]，两构件的混同，正是因为“𠂉”与“𠂊”由于笔画组合关系变化而形成的相互替换。又如“教”意符“攴”作“攵”又作“文”，如“教”作［阿斯塔那151号墓（34）］，“枚”作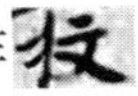［阿斯塔那170号墓（2）］。有的则造成构件组合关系的变化，如“章”作［阿斯塔那4号墓（14）］、［阿斯塔那27号墓（7）］等。又如“戰”作“戰”或作［阿斯塔那83号墓（3）］，下部构件讹变为“早”。“會”本从“亼”从“曾”省，文书中作［阿斯塔那305号墓（4）］或作［阿斯塔那15号墓（7）］，后者通过改变笔画关系而使得构件的组合关系随之发生变化，变为“人”与“曹”的组合。

二、笔画长短对比关系变化

笔画长短对比关系的变化则如“土”与“士”，从文书中的情况看，“士”作“士”或作“土”形；“土”字则绝大多数形体于右下角加、作“圡”，但“土”字也偶或省、，如［阿斯塔那206号墓（12）］、［阿斯塔那363号墓（6）］等，则无法从形体上区分两者，且构件“士”亦有时混作“土”而加点，如“壯”作［阿斯塔那151号墓（34）］。又如“主”早期文字中最上之横笔往往要长于下之两横笔，如［哈拉和卓91号墓（11）］，后则逐渐长短区别关系淡化。单字“未”和“末”通过上下横笔的长短对比的不同来区分文字，但在充当构件时则互有混用，如“味”作［阿斯塔那204号墓（4）］又作［阿斯塔那27号墓（8）］，“靺”作［哈拉和卓91号墓（1）］或又作［阿斯塔那170号墓（3）］。

第三节 笔画的增减

笔画的增减是极为常见的形体变化方式，从结果来看亦分为两种不同情况：

一、不造成构件的混同与替换

如“葱”中构件“心”或讹省作“心”；又如“戈”中“、”的有无，如“臧”作［阿斯塔那19号墓（21）］，“藏”作［阿斯塔那59号墓（11）］等；“俞”中横笔或增或减，如“偷”或作［阿斯塔那151号墓（30）］，“瑜”或作［阿斯塔那151号墓（11）］等；“臧”文书中常将构件“臣”与“戈”共用横笔，作“戜”，这种情况下的构件“爿”则往往或被独立出来作［阿斯塔那151号墓（2）］，或省笔作［阿斯塔那84号墓（3）］等形，或此字在保持原构件数量的基础上省“爿”形作竖笔，如［阿斯塔那18号墓（1）］。“昝”文书中或又省竖笔作［阿斯塔那506号墓（2）］。文书中构件“戈”或隶作“弋”，如“载”作［阿斯塔那506号墓（1）］，“哉”作［阿斯塔那363号墓（6）］，“裁”作［阿斯塔那188号墓（14）］，“職”作［阿斯塔那169号墓（5）］，“識”作［阿斯塔那509号墓（23）］，“戮”作［阿斯塔那76号墓（13）］，“戰”作［阿斯塔那35号墓（29）］，“戟”作［阿斯塔那204号墓（5）］等，而以此为构件的“武”“戒”“戎”“戍”“伐”“贼”“或”等字则皆不作此。从其表现形式来看，从“戈”到“弋”，体现为笔画的减少。从其形成原因来看，当是源自从“”之“裁”“哉”等字，或如从“戠”之“職”“識”等

类字。“”形本从“戈”从“才”，早期汉隶中两构件即已结合而为“𢦏”。重新组合之后的“𢦏”逐渐失去其构意，易被看作高频构件“土”与“戈”之结合体，“土”与“戈”共用横笔，魏晋南北朝时期两构件则或分离作“土”与“戈”或“土”与“乂”。“戠”亦如此，看作构件“立”与“戈”共用横笔。这样分离的过程中则将横笔归之于其中的构件“土”或“立”，“戈”省作“乂”形。这当是此变体产生的原因，大概是前述魏晋之后、南北朝碑刻中多见。但如前所述，这一变体并不大量出现在以此为构件的文字中，分析变体出现的形体环境，可以发现这一变体的出现大致需要具备以下条件之一：①左边构件与“戈”共用横笔；②左边构件相对于右边构件要形体复杂，在整体结构中居主要位置，如“戮”“戰”等字。上述“戒”“成”“伐”等字均因其左边构件本身形体简单而未选择变体“乂”，同时这也与隶变更易发生于形体较为复杂的文字形体中的规律暗相吻合。以上属书写过程中所造成的讹误现象。还有一类属于隶变之初线条向笔画转化过程中形成的笔画多少的变体，它们基本是共时平面同一线条的不同变化形式，因此从后世文字来看似乎有笔画增减的变化，但事实上仅是笔画多少的区别，如构件“甫”，今末笔之丶或有或无，如以此为构件之“捕”睡虎地秦隶中作或作，已可见此构件首笔变化之端倪，东汉碑刻中此构件作“甫”或作“亩”。文书中“蒲”“薄”“博”等字中此构件亦有此类变化。“聲”在文书中除哈拉和卓91号墓（2）作“聲”外，其余各处皆作“聲”，体现为“严”与“尸”形的区别。此构件本对应悬磬之形，小篆及早期隶书作“严”或“尸”形，“尸”形当是在南北朝时期出现的以上两形的省形，亦是以成字构件代替非成字构件。“眉”当为同类情形，此字小篆作，睡虎地秦隶中“媚”作，张家山汉简同此形。东汉碑刻中“眉”作“眉”“眉”“眉”“眉”“眉”等形，“眉”当为小篆之直接隶变形体，“眉”当源自“眉”形，属东汉碑刻中常见的笔画置向改变现象，“眉”“眉”则既可看作以上两形之省，又可看作是秦隶省略部分意符——额理之形“仌”，而仅存眉目之形的变体。文书中此字及“媚”皆从“尸”形，敦煌文书同此。

二、导致构件的混同或替换

如“登”中“ヲ”或又作“夕”“ソ”；“祭”中构件“肉”又作“夕”“ヲ”等（“ヲ”“夕”又属构件替换，构件“ㄟ”变作“ㄑ”则是与左边构件一起组成一个整体而与构件“癶”相混同）；“尸”和“户”两构件的替换即由笔画的增减而导致；又如“導”本从“道”从“寸”，文书中又作［阿斯塔那2号墓（1）］，换“寸”为“木”；“陋”右部构件本从“丙”从“匚”，文书中或又作［阿斯塔那27号墓（7）］，省“匚”上之横笔而隶变作构件“⻌”。“驮”从“大”又从“犬”，“伏”亦同此。“钗”从“叉”或又从“又”，如［阿斯塔那206号墓（13）］；“研”本从“石”幵声，文书中“幵”隶作“开”，或又增笔作“并”。“但”中构件“旦”或作“旦”，构件“口”“日”替换；“粮”从“良”，或省从“艮”。有时则会使得文字的构件层次关系发生变化，如“谷”常增加一横（或丶）作“谷”，如［阿斯塔那15号墓（13）］、［阿斯塔那327号墓（1）］，作横笔时则易将此字视作两点与构件“合”的组合。

第四节　笔画的共用

笔画的共用是指两个构件由于位置上的相邻关系而共同使用同一笔画，如“蒙”在上部构件隶作“⺌”的基础上，上下构件共用笔画“一”，故整字常作［阿斯塔那221号墓（12）］；“蓐”中“艹”作“⺌”，

与下部构件“厂”共用横笔作［哈拉和卓99号墓（1）］；“若”作“右”，显然是“⺌”与“右”共用横笔的结果；“劉”中构件“丣”作变体“夗”时或与下之构件“金”共用笔画撇捺作“劉”，如［阿斯塔那191号墓（1）］。“棗”本作“桼”，文书中或又作“来”，如［阿斯塔那153号墓（6）］，将上构件之下横以下笔画与下构件之下横以上笔画共用。“戔”隶作“戋”亦是笔画共用的结果，通过共用卧钩与横笔来实现字形的简化。又如“崩”作“甪”即为共用“朋”中间之竖笔所产生之变体。“篡”中“竹”替换作“⺌”，“⺌”与下之构件共用横笔而作［阿斯塔那151号墓（34）］。“隆”小篆本作，后世形体隶变中往往将其中构件“夅”或拉直曲线作“干”或“丰”，又与下之“主”共用横笔而为“⿱干主”或“⿱丰主”，故文书中此字作［哈拉和卓90号墓（13）］或作［阿斯塔那15号墓（12）］。“聂”本从三耳，文书中作［阿斯塔那48号墓（1）］，这一变体此前文字资料中未见，各本字书亦未收。此形当源自“耳”下部两耳笔画的共用及重新组合，东汉碑刻中已有构件“聶”作“聶”（见冯焕诏），两“耳”共用竖笔，在此基础上将左右横笔由断而连，则成“聶”，下部构件与“㐄”形相近，受高频构件影响，则成“⿱耳㐄”。此外这一过程还应受到相近形体“鼠”之影响，“鼠”，东汉碑刻中作“⿱臼耳”（唐公房碑），改从“耳”，此形当为“鼠”字省形。汉晋流简纸中此字又作“鼠”，北齐《窦泰墓志》作“鼠”[①]，可见此字形体与“聶”变体的相似。文书中“鼠”多作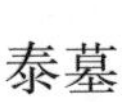［阿斯塔那103号墓（14）］。

笔画共用又分为不同的类型，以横笔的共用为例，一种是严格意义上的横笔共用。它指的是相邻的两笔皆为横笔而共用，如“苦”作［阿斯

① 臧克和：《汉魏六朝隋唐五代字形表》，广州，南方日报出版社，2011年，第1811页。

塔那138号墓（1）］；“苑”作［阿斯塔那506号墓（34）］；“荆”作［阿斯塔那179号墓（3）］；“菁”作［阿斯塔那524号墓（9）］；“時”作［阿斯塔那327号墓（1）］（或许为“罰”从“寸”的原因之一）等。另外一类则为泛义的横笔共用。这是指相邻的两笔共用，但共用的横笔仅为其中一种原有笔画的部分而非全部，如“蒙”作［阿斯塔那509号墓（24）］“唐”作［阿斯塔那509号墓（57）］（这与“虚”上部构件“虍”相混），“庸”同此作［阿斯塔那27号墓（9）］，“康”作［阿斯塔那15号墓（9）］等。

第五节　笔画调整中的部分规律性变化

在笔画调整中，有的属文字形体的偶然现象，有的则呈现为有规律的系统变化，如：

一、“乚”作“乚”“乚”

“乚”常增笔作“乚”或“乚”，如“孔”作［哈拉和卓91号墓（2）］，“乾”作［阿斯塔那4号墓（23）］，“礼”作［阿斯塔那524号墓（5）］，“胤”作［哈拉和卓91号墓（9）］，“乞”作［阿斯塔那59号墓（19）］等，“就”本从“京”从“尤”，“尤”中之丶的位置若同其他点之规律，其位置往往不定，可上可下，但受到以上所述规律的影响，文书中“尤”及“就”中点皆依附于笔画“乚”，如“就”作［阿斯塔那326号墓（7）］，“尤”作［阿斯塔那222号墓（11）］。

二、“、”的增加

文书中常增点画，如横上常增丶，如“旦”作［哈拉和卓33号墓（1）］，“但”作［阿斯塔那509号墓（28）］，“踰”作［阿斯塔那100号墓（2）］等。又如作为饰笔的“丶”，常见于文字末笔，如“皇”“珪”“瑾”“呈”“彼”“鞋”“卑”“反”“支”“書”“肆”“皮”“眠”“友”“床”“枕”“杖”“望”“程”“年”“宅”“窟”“休”“被”“失”“氏”“拜”“民”等字皆有加饰笔的现象。如“程”作［阿斯塔那206号墓（1）］、“年”作［阿斯塔那62号墓（1）］、“宅”作［哈拉和卓39号墓（3）］、“窟”作［阿斯塔那122号墓（2）］、“被”作［阿斯塔那517号墓（2）］、“氏”作［阿斯塔那88号墓（1）］、“拜”作［阿斯塔那169号墓（6）］、“律”作［阿斯塔那222号墓（11）］、“友”作［阿斯塔那48号墓（11）］等。饰笔从其性质上讲当为毫无功能的羡余笔画，与“玉”“土”等加点以起到区分不同文字的功能相区别，因此其出现在上述各字中均非百分之百，如“程”18例中增饰笔仅2例，“床”23例中17例增饰笔，但17例均出自同一文书且同一文书中亦有不加点者。同时我们发现某些饰笔的出现是具有一定规律性或有可解释性的，如末尾构件形体为“土”“王”的文字往往增点，“皇”“珪”“瑾”“呈”“鞋”“望”“程”皆属此类，“窟”字如上可见下部构件“出”已讹变作“至”，亦属此类。又如“民”“氏”加点或是受形近之“戈”的影响所致，如“民”或又作［阿斯塔那80号墓（1）］，“氏”又或如“戈”之变体作“戈”而作［阿斯塔那363号墓（6）］，“枕”“宅”等则因末笔为“乚”而加点。

增加点画同样或可造成文字或构件的讹混，如“友”，此字加饰笔，与

“犮”相混。“友”早期作［阿斯塔那524号墓（9）］，可与“犮”相区别，后拉直作横笔则相混，如［阿斯塔那363号墓（6）］，“犮”亦作［阿斯塔那151号墓（23）］。又与“支”相混，“支”亦或加饰笔作［阿斯塔那517号墓（3）］，也与此二字相混。其不加饰笔时或作［阿斯塔那170号墓（2）］也与“友”相混。又如构件“木”加点与“朮”相混，如“床”作［阿斯塔那150号墓（6）］，“休”作［哈拉和卓96号墓（3）］。

三、横笔的增加

如“曾”作［阿斯塔那29号墓（24）］，“哀”作［阿斯塔那27号墓（7）］，“枕”作［阿斯塔那170号墓（1）］；“偷”作［阿斯塔那151号墓（30）］，“祝”作［阿斯塔那24号墓（4）］，“瘦”作［阿斯塔那188号墓（19）］等。

其中规律性最强的当为“口”常增笔作“𠮚”“口”，如“别”作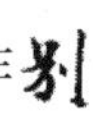［阿斯塔那179号墓（3）］，“兄”作［阿斯塔那169号墓（6）］、［阿斯塔那42号墓（4）］，“路”作［阿斯塔那27号墓（8）］等皆为此类。

四、位于文字下部的“十”“寸”形常加“、”作“朩”

如“執”中构件“幸”或作“𡙁”，“報”同此作［阿斯塔那169号墓（6）］，“達”又作“逹”，如［哈拉和卓39号墓（2）］。此类现象早在汉隶中就已经出现，如“達”中此形或有所本，马王堆帛书此字或作

，银雀山汉简或作，与此形相类，但此形东汉碑刻及魏晋南北朝碑刻中几不见，仅见于吐鲁番文书及敦煌文书，与早期汉隶相距甚远，故此形或为手写文字中承汉隶而来，或当为受文字中常于竖笔两侧加丶之规律而来。

“寸”或替换作“朩”，如“導”从“寸”改从“朩”，如［阿斯塔那2号墓（1）］。此形汉隶中即已出现，东汉碑刻从“朩”或从“示”，后世替换作成字构件“木”，或又随文字系统中“寸”之形调整作“朩”形，如西晋贾充妻郭槐柩记作，吊比干文作。此形的出现，或当是为了文字整体的平衡。又如“辟”在居延汉简中或又作，亦与此同。“奪”在文书中亦有此类变化，如［阿斯塔那27号墓（7）］。“律”在文书中或又作［阿斯塔那327号墓（1）］，“降”在文书中作［阿斯塔那170号墓（4）］或作［阿斯塔那225号墓（22）］；“叔”作［阿斯塔那27号墓（8）］。另外与此相类的还有“净”作［阿斯塔那34号墓（3）］。

五、横上常加两点之形作“丷”

如“陋”，文书中又作（哈拉和卓91号墓（2），“風”或作［哈拉和卓91号墓（2）］，“夙”作［阿斯塔那169号墓（5）］，“富”作［哈拉和卓91号墓（10）］，“極”或作［阿斯塔那42号墓（12）］等，相反两点之下亦多增横笔者，如“曾”或作“曾”，“答”或作［阿斯塔那44号墓（14）］等。

六、“一”与“八”的互相替换

“一”变“八”者如“攀”中“手”最后之横笔变为“八”，如［阿斯塔那48号墓（2）］、［阿斯塔那302号墓（1）］，此形或可看作是在“手”作“扌”的基础上，受高频构件“禾”的影响而产生。“看”作［阿斯塔那91号墓（2）］，“寅”或作［阿斯塔那506号墓（2）］。“八”作“一”者如“夌”常隶同“麦”，如“陵”作［阿斯塔那31号墓（1）］、“峻”或又作［阿斯塔那44号墓（10）］等。

七、“冖”和“㇉”的调整

“冖”和“㇉”两者属调整笔画相对位置产生的替换，如“受”又作［阿斯塔那305号墓（3）］，“夷”作［阿斯塔那27号墓（9）］；“费”作［阿斯塔那188号墓（19）］，“予“作“予”、［阿斯塔那363号墓（6）］等。两者虽属双向替换，但“㇉”到“冖”当为主要趋势，“㇉”不易书写，因而断笔作“冖”。“姊”“姉”本为异体，古文作“姊”，后则将“冂”形作“㇉”，又于左下加丿而作“姊”。

八、“十”与“朩”的调整

文书中，笔画组合“十”两侧或多加两点作“朩”，如“凄”作［阿斯塔那169号墓（6）］，“索”作［阿斯塔那365号墓（4）］，“榖”作［阿斯塔那302号墓（1）］等。这与之前第四点的调整相类。

九、“十”与“⺊”、“⺊”形与“丅”形的调整

文书中“十”形往往调整作“⺊”形，如“款”作［阿斯塔那61号墓（7）］，又如“戟”作［阿斯塔那204号墓（5）］，“乾”作［阿斯塔那100号墓（1）］等。

与此相类，“虍”作变体“户”则反映了“⺊”形到“丅”形的调整。

从文书中字形笔画的情况看，笔画的变化复杂丰富，变动不居，且往往影响到笔画的上一级单位——构件，促使众多异写字向异构字转化。而在文字笔画变化过程中，多数情况下同一文字变体中又常常多种现象共存，如“今”在文书中作今、今、今、今、今等形，可见以上各变体均源自小篆今与早期隶书形体今，隶变过程中笔画的断连、笔画的相交与相接，笔画中横笔与点，竖笔与斜笔等的变化导致了以上各类变体的产生。

第三章　构件系统分析

构件是构成文字的直接单位，作为成熟、完善的文字系统，一定的构件应当对应于一定的音义，一定的文字应当由一定的构件所组成。吐鲁番出土文书中文字构件多有变异，主要分为以下几种类型。

第一节　构件变体

构件变体是指同一音义结合体在不同文字中所呈现出的不同形体。构件变体是隶变的直接和必然产物，但正如赵平安先生所说："隶变阶段，并不是每个字的演变都是单向的，有很多字，它们在演变的过程中，具有多向性。"[①]"隶变中的一个单字，它的演变是逐渐进行、环环紧扣的，具有明显的连续性和阶段性。"[②]"隶变过程总体上可以分为两个阶段，第一阶段从小篆到古隶，第二阶段从古隶到今隶，这两个阶段自身和这两个阶段之间都具有渐次性和连续性。"[③]王贵元先生认为："多途探索指字形在打破篆体建立新的形体系统的过程中，同一原件采用多种方式进行改造，处于寻求最佳新形式的探索过程中。……多途探索贯穿于战国晚期隶变开始到现代汉字形成整个过程中，但其主导时期是隶变开始到字形中篆体成分彻底消失时期。篆体成分的完全消失表明新的字形体系已初步形成。"[④]但同时，"共生式发展和替代式发展是字形体系建立过程中两种重要发展模式。共生式发

① 赵平安：《隶变研究》，河北大学出版社，2009年，第24页。
② 赵平安：《隶变研究》，河北大学出版社，2009年，第27页。
③ 赵平安：《隶变研究》，河北大学出版社，2009年，第28页。
④ 王贵元：《汉字发展史的几个核心问题》，《中国语文》，2003年第1期。

展指源于同一形体的不同变体同时流传和发展，也包括旧形与新形的同时流传。替代式发展指旧形发展出新形后不再流传，新形替代旧形使用。隶变后汉字新体系的建立过程中，共生式发展是常态，而替代式发展并不多见。”①

吐鲁番出土文书文字时期，汉字对篆体成分的改造已经完成，但前一阶段对同一构件的不同改造和探索形式也随即延续、留存，多种变体并存恰恰可以帮助我们更为清晰地发现构件不同变体的生成和发展脉络，建立起构件演变的完整序列。

本书这一部分将书中常见构件其变体以及变体间的关系列举如下：

1. “复”作“夏”

如“履”作［阿斯塔那169号墓（5）］，“腹”作［阿斯塔那337号墓（20）］。表面来看，两者反映的是因“𠂉”“一”两种笔画相互位置关系的变化。但从构件形体演变来看，“复”与“夏”形是对“复”古文形体的隶变结果。如金文“復”作、等形，睡虎地秦隶作、、、、等形，可见“复”形源自其古文形体上部与“高”“亭”等上部形近，故受此影响而加建筑物顶形“人”，隶作“人”形或“𠂉”形。而“夏”形则源自原字形上部与“頁”之上部形近故而相混，马王堆帛书“復”作、，前者显然从夏形，后者上部则是“𠂉”形与“夏”形的结合。

2. “哀”作“哀”“㕭”“𡞗”

如［阿斯塔那524号墓（9）］、［阿斯塔那50号墓（4）］、［阿斯塔那363号墓（6）］。此字从“口”从“衣”，“亠”“𠂉”可看作是对“衣”上部之形的不同隶变之形，“十”形则在“亠”基础上改变笔画点为竖笔。

① 王贵元：《汉字发展史的几个核心问题》，《中国语文》，2003年第1期。

3. “真”作“真”“真”

如［阿斯塔那15号墓（7）］、［哈拉和卓96号墓（1）］，此字小篆作，上之“匕”形隶变作“亠”，又改变笔画形态及关系而作“十”。

4. “古”作“古”“右”

如“古”作［哈拉和卓91号墓（2）］，“故”作［阿斯塔那27号墓（6）］，“估”作［阿斯塔那337号墓（20）］，“固”作［阿斯塔那332号墓（9）］，“苦“作［阿斯塔那138号墓（1）］等。“古”作“右”当由“十”书写形态的变化而作“𠂇”。

5. “支”作“支”“友”“皮”

如“支”作［哈拉和卓99号墓（3）］、［阿斯塔那170号墓（2）］、［阿斯塔那517号墓（3）］。“伎”作［阿斯塔那31号墓（1）］，产生变体“友”之原因同“古”。

又如“鼙”作［阿斯塔那27号墓（7）］，两者体现为横笔与“厂”的调整。“鼓”本当从“支”，早期隶书中均从“支”，如睡虎地秦隶中此字作，马王堆帛书中作，从“支”当为其变体，从“皮”当为形近而混同。“支”与“皮”的转化仅出现在“鼙”中，如［阿斯塔那27号墓（7）］；“鼓”改从“皮”早于东汉碑刻中就已出现，《颜氏家训》有“‘鼓’外设皮”的记载，或可认为此字属改换意符，但形似也是前提条件。“皮”文书中可见或作［哈拉和卓91号墓（34）］，“被”作［阿斯塔那19号墓（16）］、［阿斯塔那29号墓（7）］等，与“支”形近，故可见两形之转化。

6. “每”作“每”“每”“毎”“毎”

如“每”作［阿斯塔那100号墓（2）］、［阿斯塔那509号墓

（58）］、［阿斯塔那509号墓（56）］，“海”作［阿斯塔那520号墓（1）］、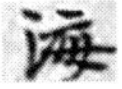［阿斯塔那170号墓（2）］、［阿斯塔那313号墓（2）］，“敏”作［阿斯塔那37号墓（1）］，“侮”作［阿斯塔那169号墓（5）］，“诲”作［阿斯塔那27号墓（9）］等。“每”小篆作，“母”上部隶作“亠”，又改变笔画形态及笔画关系而作“𠂉”，当为连笔书写的缘故，再由“𠂉”而作“卜”。

7. “早”作“𠦝”“𠦝”“卓”

如“韓”作［阿斯塔那305号墓（3）］、［哈拉和卓90号墓（8）］，“朝”仅作［阿斯塔那27号墓（7）］，“乾”作［阿斯塔那226号墓（19）］、［阿斯塔那509号墓（53）］，“戟”作［阿斯塔那204号墓（5）］等。三变体可见由“十”到“亠”再到“卜”的调整。

8. “攴”作“攴”“攵”“支”“文”“夊”“𠂇”

如“救”作［阿斯塔那509号墓（54）］，“數”作［阿斯塔那222号墓（11）］、［阿斯塔那501号墓（13）］，“致”作［阿斯塔那326号墓（2）］，“收”作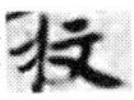［阿斯塔那170号墓（2）］，“教”作［阿斯塔那151号墓（34）］，“修”作［阿斯塔那201号墓（2）］，“脩”作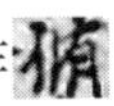［阿斯塔那170号墓（2）］、［阿斯塔那517号墓（2）］、［阿斯塔那48号墓（2）］等。

各变体之间的变化轨迹当如下：

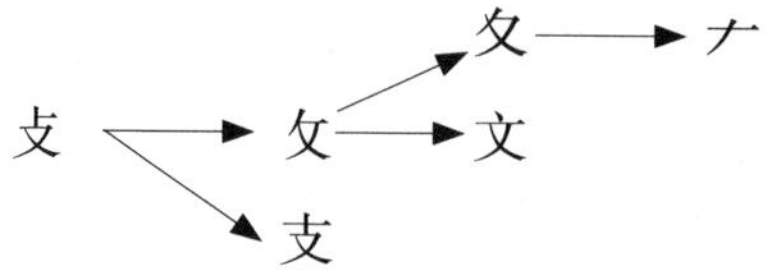

“⺊”竖笔变撇而为“𠂉”，“又”曲笔拉直而为“乂”，两类调整结合而为“攵”。“攵”与连笔书写之“文”形近，因而混同作“文”，此变体在西汉即已出现，从笔画组合的调整上体现为“𠂉”与“亠”的转化。“攵”连笔而为“夂”，“夂”作“𠂇”见于“脩”中，其演化从形可见。

9. “乞”作“乞”“乞”“乞”“乚”

如“乞”作［阿斯塔那29号墓（1）］、［阿斯塔那509号墓（24）］、［阿斯塔那59号墓（19）］，“讫”作［阿斯塔那93号墓（7）］、［阿斯塔那509号墓（28）］、［阿斯塔那230号墓（28）］、［阿斯塔那509号墓（49）］等。

“乞”本“气”之分化字，或依“气”之形而作“乞”，或省横笔而作“乞”“乞”，进而省笔作“乙”，因“乙”与前述竖弯的变体相近而混同作“乚”。“乞”“乞”同样为“⺊”“𠂉”调整的结果。

故其发展当如下：

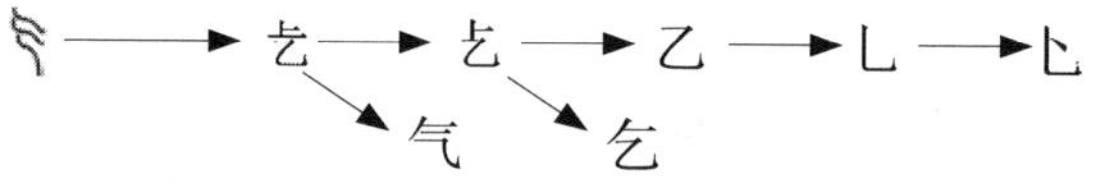

10. “亩”作“亩”“面”

“亩”小篆作，本从“入”从“回”，“回”象粮仓之形，文书中作“面”，如“壇”作［阿斯塔那341号墓（2）］，“檀”作［阿斯塔那35号墓（19）］，“稟”作［哈拉和卓98号墓（1）］、［阿斯塔那50号墓（4）］，“啚”作［阿斯塔那152号墓（3）］，“鄙”作

［阿斯塔那363号墓（6）］，“氈”作［阿斯塔那169号墓（2）］等。

变体“面”显然是通过将构件“人”的隶定形式“亠”调整为“一”，又整体受到“面”影响的结果。但从“亠”到“一”应当经过了“𠂆”或“𠂇”的过渡阶段。

11．“亢”作“亢”“冘”“冗”

如“伉”作［阿斯塔那22号墓（5）］，“坑”作［阿斯塔那226号墓（19）］、［阿斯塔那509号墓（58）］等。

“亢”小篆作亢，“亢”“冘”为其不同的隶定形式，从“⺈”形则为“𠂆”的进一步形变，与“支”作“支”进而作“皮”相类。

12．“录”作“录”“录”“录”“录”“汞”“汞”“汞”“汞”等

如“绿”作［阿斯塔那509号墓（23）］，“录”作［阿斯塔那22号墓（1）］、［阿斯塔那50号墓（4）］、［阿斯塔那206号墓（6）］、［阿斯塔那59号墓（2）］等。

“录”小篆作彔，以上各变体将构件分为上下两部分分别进行调整，下部反映为左右两点的省略与否，或是“氺”形与“小”形的转化，上部则体现为笔画形态及笔画关系的变化。按其上部发展轨迹当如下：

录 ⟶ 录 ⟶ 录 ⟶ 汞 ⟶ 汞

13．“彖”作“录”“彖”“录”“汞”“汞”“汞”“彖”“彖”“录”“彖”等

“禄”作［阿斯塔那15号墓（1）］、［阿斯塔那509号墓（21）］、［阿斯塔那169号墓（5）］、［阿斯塔那221号墓（14）］，“缘”作［阿斯塔那509号墓（55）］、［哈拉和卓91号墓（66）］、［阿斯塔那224号墓（5）］，“掾”作［哈拉和卓91号

墓（14）]、[哈拉和卓91号墓（16）]等。

此构件上部“彑”多隶与“录”上部相同，或又在此基础上隶作“罒”。“罒”当为“彔”进一步隶变的结果。下部“豕”或又隶作形近之“氺”，进而作“小”形。

14. “豙”作“彖”“𧰲”“豙”

“毅”作[阿斯塔那346号墓（1）]、、[阿斯塔那27号墓（8）]、[阿斯塔那506号墓（1）]。“毅”下部“豕”因位于文字左部而省略内部笔画“〈”。此构件小篆作，隶变后作“豙”，后省略上部之点，与“彖”之变体“豙”相同，进而连笔作“彖”，或上部隶作高频构件“罒”。因此其变化路径当为：

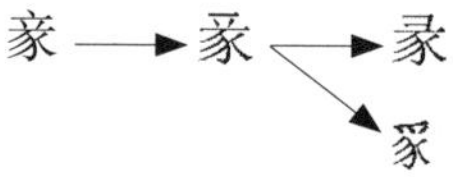

15. “爪”作“爪”“罒”“𠂉”

“爪”作[阿斯塔那2号墓（1）]，“采”作[阿斯塔那222号墓（13）]，“綵”作[阿斯塔那169号墓（2）]，“受”作[阿斯塔那320号墓（7）]，“援”作[哈拉和卓98号墓（1）]，“爭”作[阿斯塔那151号墓（34）]、[阿斯塔那43号墓（3）]，构件“舀”作“臽”，如“韬”作[阿斯塔那100号墓（1）]，“滔”作[阿斯塔那506号墓（14）]等。

“𠂉”为“罒”连笔作“乡”的基础上省形的结果。

16. “奂”作“奐”“㬮”“奐”

如“焕”作[阿斯塔那78号墓（1）]，“换”作[阿斯塔那509号墓（33）]、[阿斯塔那506号墓（29）]，“唤”作[阿斯塔那

37号墓（4）］等。

“奂”小篆作，当隶为“奐”或“奂”，下部“大”形混同作“犬”之变体“犮”，“⺈”形改变置向，且将折笔拉直则作“𠂉”，故而整个构件隶作“㚟”。

17．“大”作“士（土）”“工”“コ”“犬”“犮”“犮”“火”“六”“廾”“宀”等

“大”作“士（土）”“工”“コ”，如“因”作［哈拉和卓96号墓（11）］、［阿斯塔那222号墓（11）］、［阿斯塔那44号墓（16）］等，“因”从“大”或从“士”、从“工”、从“コ”，从“大”是对小篆的直接隶定，小篆“大”乃古文字“仌”形的讹变，早期汉隶皆从此形，“士”即此形的变体，张家山汉简可见此形作“士”形者[1]，“工”为“士”之变，“コ”则为“工”之连笔之形。

“大”作“犬”，如“驮”皆作“默”，如［阿斯塔那150号墓（4）］。

“大”作“廾”“宀”，如“契”文书中作［阿斯塔那117号墓（9）］、［阿斯塔那61号墓（7）］。《说文》此字从“大”，后世从“大”或从“廾”实为篆体、的不同隶定形式。

“奂”本从“大”形，文书中多于末笔之上加撇作“犮”，“犮”为“犬”之变体，因而此变体是在“大”混同作“犬”基础上的进一步隶变。如“换”作［阿斯塔那509号墓（33）］，“唤”作［阿斯塔那193号墓（3）］，“焕”作［阿斯塔那78号墓（1）］等。

“六”“大”乃是笔画连断发生的混同，如“奮”作［阿斯塔那151

① 臧克和：《汉魏六朝隋唐五代字形表》，南方日报出版社，2011年，第326页。

号墓（34）]，“奪”作［阿斯塔那209号墓（9）］等。

文书中“大”位于文字上部位置时又作“亣”，如“袴”又作、［阿斯塔那29号墓（1）］，“奪”又作［阿斯塔那61号墓（7）］。与此相联系的是“美”作［阿斯塔那100号墓（2）］，“羹”作［阿斯塔那319号墓（1）］。“美”本从“羊”从“大”，但汉代已作“美”，此形当是对“大”形不同隶变的结果。而文书中“亣”又作“大”，如“僚”本从“亣”形，文书中作［阿斯塔那35号墓（26）］，“療”作［阿斯塔那341号墓（6）］，“寮”作［阿斯塔那509号墓（54）］等。因而“大”作“亣”或为“大”“火”两变体合取的结果，或为“亣”“大”互换的结果。因为两者为笔画增减的区别，且从混同的文字来看，文字结构及构件的位置一致也是其混同的条件之一。

“大”各类变体的产生当如下：

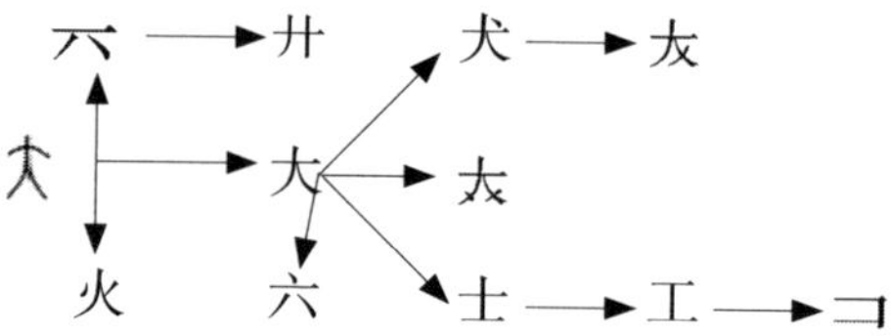

18. “北”作“丠”“䒑”“㇇く”

如“冀”小篆作，上本从“北”，文书中作［阿斯塔那215号墓（6）］，改从“䒑”。此字在马王堆帛书中作，可见上部“北”形与“业”形相近，“业”形为“丘”之变体，“丘”“北”本形近，汉隶中已可见相混之例，如马王堆帛书中“丘”亦有作者。“业”与“䒑”又常相混同，或可直接将“䒑”看作汉隶形体的隶变形式。“輩”本从“非”，文书中改从“北”，又作［阿斯塔那31号墓（1）］，此形系将“北”两部分相离变相接的结果。“乖”下部“北”形变化变体作“㇇く”，如［阿斯塔那507号墓（33）］。“八”形当看作是小篆形体𣥄的另一隶变形式，此形与“八”之古文形体)(的另一隶变形式相近，文书中亦有此形，如八、八［阿斯塔那326号墓（1）］、八［阿斯塔那507号墓（27）］等。因此也可看作“八”“北”相替换的结果，“八”“北”本音近义通，“公”从“八”而义同北。

“北”的各类变体关系如下：

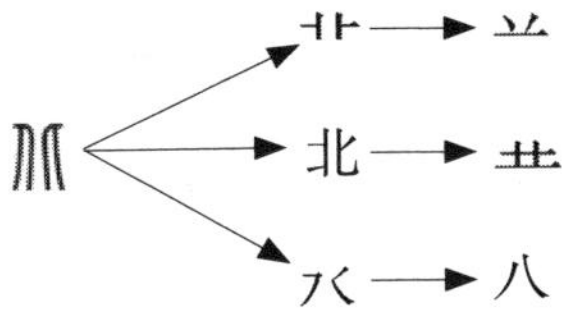

19. “畐”作“畐”“畗”

构件“畐”多作“畐”，但在“福”“逼”“副”三字中均有作“畗”者，如副［阿斯塔那191号墓（1）］，“福”作福［阿斯塔那222号墓（11）］，“逼”作逼［阿斯塔那509号墓（56）］等。“畐”古文作畐，本为盛器之形，小篆中已作“畗”形，早期隶书则承金文，如马王堆帛书中“福”作福，银雀山汉简中“富”作富等。《说文》：“畐，满也。从高省，象高厚之形。”可见已误将“畐”看作“高”形之省变。两者相误的原因正在于两形的相似，“高”金文作高、高、高，小篆作高，可见两形的相近。故“畗”当为受“高”影响同化而产生的变体，“高”上隶作“亠”，而“畐”中则隶作“𠂉”，东汉隶书中亦可见从“亠”形者，如曹全碑、礼器碑等。另“复”隶变形式的产生当同此理，“复”金文作复，此形上部与“高”形近而相混，故小篆受此影响而作复。

此形或当有另一来源，马王堆帛书中“畐”上部误隶作“百”之形百，如，又作“”，此形亦可隶作“畐”，故其来源存疑。

20. “肉”作“宍”“月”“⺼”“夕”“⺈”“ヲ”“爫”

单字“肉”通过构件重组而作“宍”，如［阿斯塔那524号墓（5）］，构件“肉”则多作“月”，或又作“⺼”，如“然”作［阿斯塔那524号墓（9）］，“將”作［阿斯塔那221号墓（3）］等。“⺼”形省略笔画而作“夕”“⺈”，如“祭”作［阿斯塔那169号墓（3）］，“然”作［阿斯塔那13号墓（2）］，“將”作［阿斯塔那509号墓（23）］、［阿斯塔那78号墓（28）］、［阿斯塔那44号墓（8）］等。

“⺼”在“祭”中混同作“夕”“⺈”“ヲ”，在“将”中则作“夕”“⺈”“爫”，“然”中则仅作“夕”“⺈”两形。可见，“夕”“⺈”为共同的变体形式，“ヲ”“爫”两形则具有不同的选择性。作“ヲ”仅出现在“祭”中，如［阿斯塔那27号墓（7）］。“祭”中作“ヲ”是因“𡗗”整体受形近之“癶”的同化。作“爫”则出现在“将”中，作“爫”经过由“⺼”到“亚”的过渡，两者系笔画断连及改变笔画组合置向的变化，如［阿斯塔那363号墓（6）］。“祭”中不作此形显然受其左上方的方位限制，“将”中虽亦处右上方，但因左部“丬”属偏旁化构件，故“⺼”亦拥有足够的延展空间。

此构件各变体关系如下：

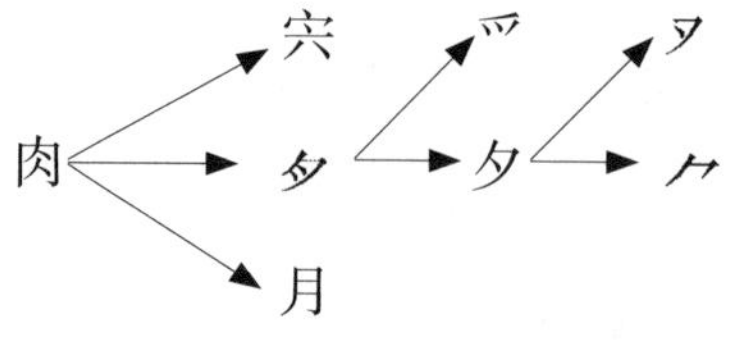

21. “歺”作“歹”“万”“歹”“夕”“ヲ”

此构件作“歹”，如［阿斯塔那239号墓（2）］，作“万”如［阿斯塔那140号墓（6）］、［阿斯塔那506号墓（2）］，作“万”如［阿斯塔那37号墓（3）］、［阿斯塔那222号墓（13）］、（哈拉和卓3号墓）等，作“夕”则如［阿斯塔那151号墓（34）］，作“ヲ”如“葬”又作［阿斯塔那216号墓（11）］。

“歺”小篆作，隶作“歺”或“歹”“歹”，省略横笔而作“夕”“万”，由“夕”而作“ヲ”。从各变体的分布来看，“歹”“万”“歹”一般位于文字左部，“夕”“ヲ”则位于文字左上部，“死”在“葬”中因所处位置的受限制且受到形近构件形体“癶”的影响而隶作“ヲ”形。其各变体关系如下：

歺 → 歹
歺 → 歹 → 夕 → ヲ
歺 → 万

22. “夗”作“夗”“死”“死”

如“椀”作［阿斯塔那193号墓（5）］，“菀”作［阿斯塔那204号墓（5）］，“苑”作［阿斯塔那506号墓（34）］，“豌”作［阿斯塔那226号墓（5）］，“怨”作［阿斯塔那363号墓（6）］、［阿斯塔那27号墓（8）］、［阿斯塔那27号墓（9）］。

“夗”在《说文》中从“夕”从“卪”，隶作“夗”，“夕”与“歹”常相混同，因此又隶作“死”，此形与“死”相近而混同作“死”。故其发展轨迹如下：

夗 → 死 → 死

23. “舛”作“舛”“舛”“死”

如“舜”作[阿斯塔那27号墓（8）]，“舞”作[阿斯塔那363号墓（6）]、[阿斯塔那43号墓（3）]，“傑”作[阿斯塔那230号墓（3）]等。

作“舛”“舛”为其原形隶变的结果，“舛”在“舛”的基础上拉直折笔。作“死”则是在“夕”形作“歹”的基础上，由于与“死”形体以及所处位置的相似性而产生的同化反应。

24. “癶”作“癶”“夗”“夂”“北”“丱”“卄”“䒑”

如“登”作[阿斯塔那381号墓（1）]，“燈”作[阿斯塔那15号墓（16）]、[阿斯塔那29号墓（1）]，“鄧”作[阿斯塔那78号墓（10）]、[阿斯塔那501号墓（3）]，“發”作[阿斯塔那326号墓（7）]、（阿斯塔那29号墓（1）、[阿斯塔那341号墓（2）]，“乘”作[哈拉和卓91号墓（12）]、[阿斯塔那302号墓（1）]，“癸”作[阿斯塔那507号墓（37）]等。

“癶”本为两足之形，“登”金文作，可见上之两足之形与“北”形相近，又作，小篆“發”作，依以上两形则隶作“癶”形或“北”形，“夗”“夂”皆承“癶”而来，“丱”“卄”“䒑”等则皆为“北”之变体。其各类变体关系如下：

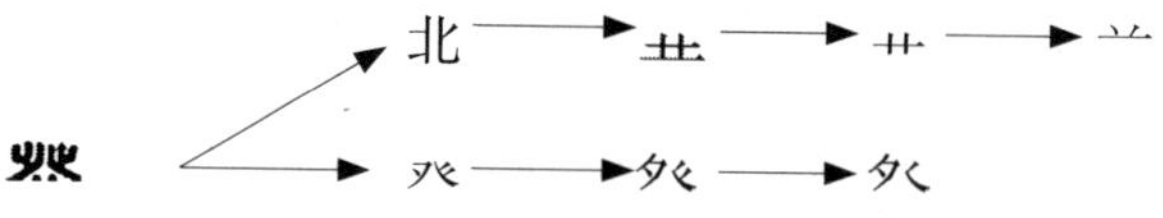

25. “卯（丣）”作“卯”“卬”“币”“夘”“邜”“夗”“夗”“吅”“厶厶”“叹”“丷”

“柳”作[阿斯塔那22号墓（8）]、[阿斯塔那226号墓

（17）］，“卯”作［阿斯塔那524号墓（3）］、［阿斯塔那10号墓（3）］，“聊”作［阿斯塔那43号墓（1）］，“留”作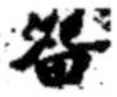［阿斯塔那227号墓（1）］、［阿斯塔那226号墓（2）］、［哈拉和卓98号墓（1）］、［阿斯塔那520号墓（1）］、［阿斯塔那116号墓（1）］，“贸”作［阿斯塔那152号墓（3）］，“坐”作［哈拉和卓91号墓（25）］、［哈拉和卓91号墓（27）］、［阿斯塔那27号墓（8）］，“劉”作［哈拉和卓91号墓（26）］、［阿斯塔那191号墓（1）］等。

“卯”甲骨文作，小篆作，依古文形体隶变则作“卯”“夘”“吅”“厸”，“”为“卯”之进一步隶变之形，“卩”“阝”替换的结果，“夕”“歹”替换则由“夘”而为“邪”，“夗”为“夘”居于上部的位置变体，“帀”为“卯”连笔共用竖笔的结果，而“”则为“夗”之变体，为“死”作“”形的逆推。“”则是“吅”“厸”两变体的合取。“丷”则为以点代替“口”或“厶”的结果。故其变体关系当如下：

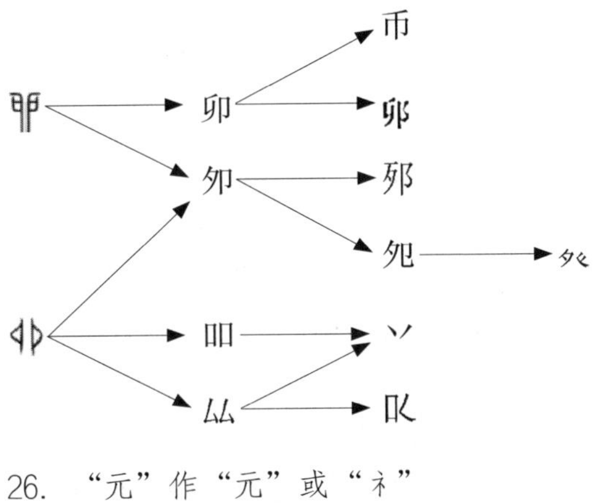

26. “元”作“元”或“礻”

“元”多仍作“元”，作“礻”如“寇”作［阿斯塔那27号墓

（7）]，“冠”作[阿斯塔那332号墓（13）]。

此类变体仅出现在以上两字中，原因当在于其所处文字结构的特点，左下部的构件位置使得“乚”缺乏伸展空间，而“乚”又常有变体“𠄌”，因而收缩而作“卜”，进而作变体“礻”。

27. “亾”作“巨”“㔾”“𠘧”“亡”“匕”等

如“妄”作[阿斯塔那43号墓（1）]，“忘”作[阿斯塔那27号墓（7）]、[阿斯塔那27号墓（7）]，“望”作[阿斯塔那509号墓（29）]、[阿斯塔那222号墓（11）]，“喪”作[阿斯塔那520号墓（1）]、[阿斯塔那222号墓（13）]，“荒”作[阿斯塔那42号墓（8）]，“盲”作[阿斯塔那332号墓（2）]、[阿斯塔那78号墓（10）]，“遏”作[阿斯塔那48号墓（2）]，“揭”作[阿斯塔那13号墓（1）]等。

“亾”之各类变体演变如前文所述如下：

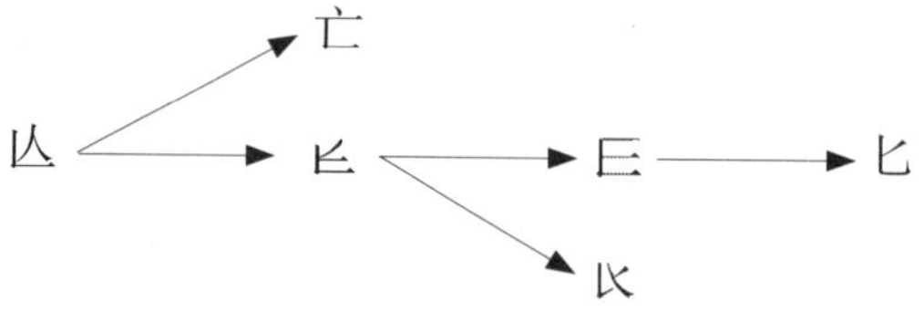

28. “示”作“示”“礻”“ホ”“木”“禾”“夭”

如“禁”作[阿斯塔那169号墓（5）]又作[阿斯塔那230号墓（18）]，从“示”或又改从“木”形，作“礻”如“示”亦作[阿斯塔那509号墓（41）]，“社”作[阿斯塔那169号墓（5）]，作“ホ”如“崇”作[哈拉和卓48号墓（1）]，作“禾”如“祇”作[阿斯塔那509号墓（24）]，作“夭”如“款”作[阿斯塔那509号墓（52）]。

各变体间的变化当如下：

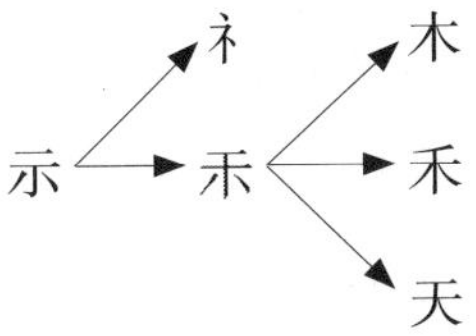

“款”下本从“示”，文书中此字多改从“天”，或又从形近之“夫”，如［阿斯塔那507号墓（21）］。但亦属单向混同，文书中未见“天”改作“禾”或“示”者，且此类混同文书中亦仅限于两个形体及结构都相似的文字中。除“款”外，另有“颖”也有此类变化，此字本从“禾”，文书中作［阿斯塔那153号墓（3）］，此形魏晋时期即已产生，文书中皆承之。尽管两者的混同出现较早，但从文书中文字形体或可看出两者转化的轨迹，如［阿斯塔那509号墓（23）］，可见此构件在这一形体中作“开”，此形显然为“示”之变体“禾”的进一步省体，省略“、”之后则与“天”相讹混，从省略原因讲显然是与其所处的左下方的位置相关，左下方构件的右部构件往往要为右部构件让出一定的空间，故常在右部笔画上作出一定的调整或省略。但在构件同处此类位置的“尉”及以此为构件的“慰”及“熨”中尽管也有作“开”形的情况，但并未见“示”明确作“天”者。因此“颖”从“天”另有原因，其变化在于受到形近之“疑”的影响所致。两字均为左右结构且“疑”左上部亦为“匕”形，因而“颖”受“疑”之同化而下部亦混同作“矢”，“矢”“天”又因形近而混同。

29. “氏”作“氏”“氏”“氏”“民”

如“氏”作［阿斯塔那169号墓（6）］、［阿斯塔那88号墓（1）］、［阿斯塔那179号墓（3）］，“婚”作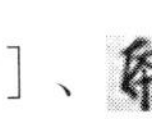［阿斯塔那509号墓（56）］，“纸”作［阿斯塔那16号墓（16）］、［阿斯塔那170

号墓（2）]，“婚”作[阿斯塔那179号墓（3）]。

以上变体加点为文书中的常见现象，加点作“弋”则与“戈”形近，“戈”文书中常作变体“戈”，故此处亦依类而作“氏”。秦隶“氏”作，后世“氏”将首笔曲线逐渐拉直作“氏”，如小篆作，作“民”则显然直接承秦隶而来而与“民”相混。

其各变体关系如下：

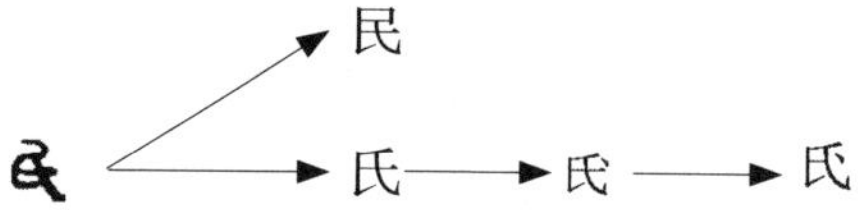

30. “氐”作“氐”“氐”“氐”“互”

如“氐”作[哈拉和卓96号墓（15）]，“抵”作[阿斯塔那363号墓（6）]，“底”作[阿斯塔那224号墓（5）]、[阿斯塔那509号墓（40）]，“祇”作[阿斯塔那27号墓（8）]、[阿斯塔那37号墓（2）]等。

“氏”“氐”本一字之分化，后世“氏”加点则为分化两字。秦隶中“氐”作、，小篆作，下之一横为分化符号。后世“氐”朝两个不同的方向隶变，一者同“氏”而末笔加点，另外一种则保持首笔弯折而作，还有一种则作。因而两者后世在“氏”形上仅为一点有无的关系，故皆混作“氏”。而文书中“氏”“氐”两字皆可加点，故而起不到区分两字的作用，但可见“氏”绝不作“氐”，而“氐”则绝不作之变体“氐”“互”。

“氐”之变体关系则为：

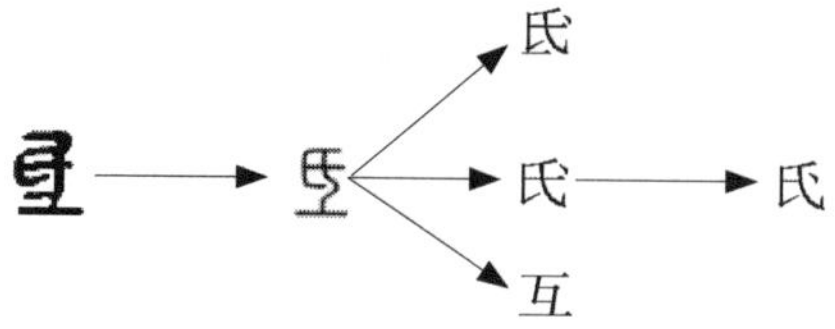

31. “戈”作“戈”“”“”“”“”“”“土”

作“戈”“”为其常见变体，其区别已如前笔画部分所述，如[阿斯塔那204号墓（5）]、[阿斯塔那76号墓（13）]、[阿斯塔那520号墓（6）]、[阿斯塔那524号墓（9）]、[哈拉和卓99号墓（4）]等皆从。

“”“”“”等形则仅出现在“武”“戊”等少数文字中，如“武”作[阿斯塔那524号墓（9）]、[阿斯塔那169号墓（3）]、[阿斯塔那138号墓（附录）]，“戊”作[阿斯塔那90号墓（1）]等。此类形体显然是将“戈”下之撇笔调整为横笔而产生的变体。从“武”字的历史发展看，睡虎地秦隶中此字作、，马王堆帛书中作、等，银雀山汉简中作、、等形，可见此字上两横之来源，亦可见从早期汉隶开始“武”字中“戈”即已产生、、等变体，且以前两种变体占绝大多数，东汉碑刻文字中除保留古文字上下结构时“戈”作本形之外，基本皆作形。从汉初到魏晋时期，无论碑刻文字还是手写文字当中，从“”“”形的“武”字一直是通行文字。进入南北朝时期，其发展趋势体现为上面一横逐渐缩短，改原先与卧钩的交叉为相接并位于卧钩左侧，进一步又发展为相离，但原来的通行字形仍然并行。这一历程在吐鲁番文书以及魏晋南北朝碑刻文字中都有很好的体现[①]。另外这一时段亦可看出“戈”上一点由从右而左的笔势向从左而右的笔势过渡的趋势。

但是，构件“戈”的变体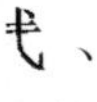、、出现且仅出现在“武”“戔”“戒”字中，与其他文字形体中的“戈”形在早期汉隶如马王堆、银雀山中即已明显区分开来，如“戔”在马王堆帛书中作又作，

① “武”字魏晋南北朝碑刻文字形体参见张颖慧《魏晋南北朝碑刻文字编》，2012年，中国人民大学博士论文。

后世两形皆存，今之简体“戋”及以“戋”为构件的字形当皆源自形。

“戒”，睡虎地秦隶中作，马王堆帛书中作、，银雀山汉简中作、、，与“武”中构件变体保持一致。分析三字形体与其他以“戈”为构件文字形体的区别，弋、弋与戈分别当为在不同形体结构中所产生的构件变体，前者出现在本为上下结构的文字中，后者则一般出现在左右结构（或半包围）的文字中。后世文字变异，“武”“戒”皆演变作半包围结构，但从古文来看则其源为上下结构。可见，结构变体在早期汉隶中即已产生，但是这种结构变体与后世准确意义上的结构变体并不完全一致。从前述字形中可以看到，到早期汉隶中，“武”“戒”已经不同于秦隶中完全意义上的上下结构，而变作了半包围结构，而这种结构形式与同一时期的“贼”“戍”“戎”等字并无二致。如马王堆帛书中“贼”作、“戎”作、“或”作等，银雀山汉简中“戍”作、“或”作等。因此，这一结构变体产生变化的依据在于其所来源的秦隶或进一步上溯的古文形体结构，而并非其本身的、即时的形体结构。但值得注意的是，“戒”“武”在后来的发展中却并没有保持一致，与“武”上一横缩短作“亍”形或两横缩短作“弋”形不同，“戒”到南北朝时期，构件“戈”的变体更多地逐渐变作“弌”，整字作（元详造像记）、（元诠墓志）等形。“戒”字构件“戈”的变化在吐鲁番文书中有鲜明的体现，［阿斯塔那170号墓（1）］、［阿斯塔那170号墓（2）］、、［阿斯塔那170号墓（4）］，以上诸形皆从“弋”“弋”类形体，此后“戒”则从“戈”形，如［阿斯塔那169号墓（3）］、［阿斯塔那517号墓（2）］等。可见“戒”趋于从“戈”从“天”或从“戈”从“六”（或“大”）形。

作“土”则是将“弋”笔画收缩的变体，仅出现在“戔”中上部的构件位置，如［哈拉和卓91号墓（2）］。

上述各类变体间的关系如下：

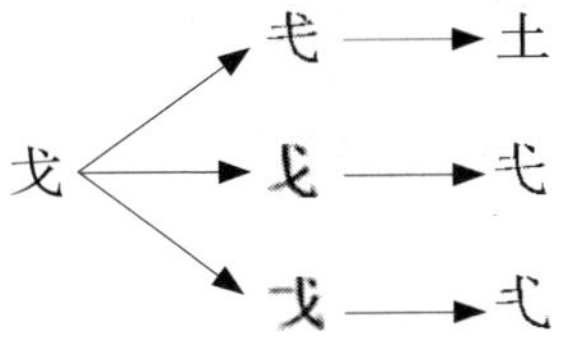

32. “戌”作“戈”“成”“歺戈”

如“幾”作［阿斯塔那222号墓（13）］或作［阿斯塔那230号墓（12）］，“譏”作［阿斯塔那363号墓（6）］，“璣”作［阿斯塔那222号墓（14）］。省略作“戈”，汉隶中即已出现，如银雀山汉简中“機”皆作。单字“戍”皆作［阿斯塔那341号墓（5）］，其中构件“人”形同单字，与从“幾”之字，如“譏”“機”“璣”等字中截然不同。后者皆作，或带钩作，或可认为是“人”在此位置的构件变体，马王堆帛书中“幾”作亦作，文书中皆从后一形体，此形与“成”相混。

作“歺戈”则如“蔑”作［阿斯塔那27号墓（7）］，“襪”作［阿斯塔那29号墓（1）］，此变体的产生可见经过了从“一”到“宀”、从“人”到“夕”的变化。前者可比照“茂”分析。“茂”本从“戊”，文书或改从“成”而作［阿斯塔那230号墓（16）］，又如前述“支”变体或作“皮”亦属此类变化。后者则是在“人”作“”的基础上增点而作“夕”。

因此其变化轨迹当如下：

33. “䍜”作“䍧”“䍨”

如“獸”作［阿斯塔那332号墓（9）］、［阿斯塔那506号墓（14）］，此构件小篆作，下部封闭的弧形线条隶写为“厶”，中部之横笔如“戍”中之变化而作“𠃋”“冂”，整体隶作“羉”。

34. “夷”作“𡗝”“𢦏”

如“夷”作[阿斯塔那27号墓（9）]，“姨”作[阿斯塔那206号墓（12）]、[阿斯塔那24号墓（4）]，“羠”作[阿斯塔那15号墓（16）]。

“夷”中构件“弓”如前所述，隶作“彐”形，下部因与前述“戍”形体及位置相近而同化。

35. “鳥”作“鳥”“鳥”

如“鳥”作[阿斯塔那179号墓（3）]、[哈拉和卓91号墓（2）]，“鷄”作[阿斯塔那307号墓（4）]等。

两变体的区别显然是“勹”与“𠂉”之间的调整。

36. “罙”作“罙”“匊”“夈”“关”

如“深”作[哈拉和卓91号墓（2）]、[哈拉和卓91号墓（37）]，构件“冖”调整作“𠂉”，又草写作“丷”，如“深”作[阿斯塔那169号墓（6）]、[阿斯塔那169号墓（6）]。

“深”中“冖”本为“宀”形之变，早在春秋时期，就有将“宀”改作“勹”者，如“寶”在鲁司寇盘中即作，又挂公剑此字作[①]，黄德宽先生将其看作变形音化[②]。从文书中来看，此类为常见变化，且与其表音功能并不发生关系。

故其各变体变化当如下：

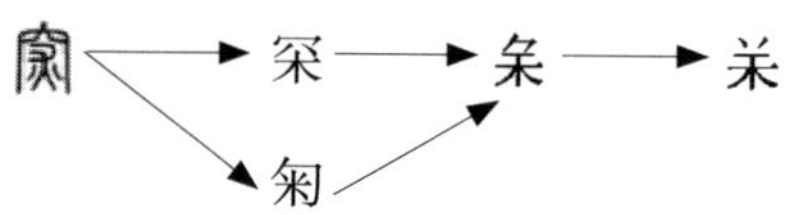

① 杨秀恩：《春秋金文字形全表及构形研究》，2010年，中国人民大学博士论文。

② 黄德宽：《古汉字发展论》，中华书局，2014年，第272页。

37. "匊"作"匊""夊""关"

如"麴"作[阿斯塔那509号墓（54）]、[阿斯塔那48号墓（13）]、[阿斯塔那90号墓（8）]等。文书中其他以"匊"为构件的文字，如"菊""掬"中则没有此类变化。

38. "匃"作"冖"

如"睿"作[阿斯塔那42号墓（12）]，亦是将"勹"调整为"冖"。

39. "包"作"色"

如文书中"袍"或作"袍"，如[阿斯塔那29号墓（1）]。《敦煌俗字典》中"包"亦作。

40. "欠"作"欠""𠬝""𠬝"

如"欠"作[阿斯塔那225号墓（8）]，"歌"作[阿斯塔那35号墓（29）]，"款"作[阿斯塔那62号墓（2）]，"欲"作[哈拉和卓96号墓（11）]。"欠"的此类变化出现较早，早在马王堆汉墓中"次"已作、，"欲"作、等，可见"欠"上部气体之形与下之人形重新组合而向𠬝形过渡，作𠬝则是受"𠬝"同化的进一步隶变。"服""報"中"𠬝"作𠬝为"又"笔画拉直又相接的隶变结果，作𠬝是在此基础上的省笔，作"欠"则当是"欠"作𠬝的逆推。

41. "𠬝"作"欠""𠬝""𠬝"

如"服"作[阿斯塔那524号墓（9）]、[阿斯塔那169号墓（5）]等，"報"作[阿斯塔那169号墓（6）]。

"𠬝"本从"卩"从"又"，"又"文书中常连笔隶作"∠"，又笔画断开而作"人"形，故而作变体"𠬝"，省笔而作"𠬝"。作"欠"则是将表示人形的"卩"隶作"⺈"。这一变化既可看作是笔画长短形态及笔画组合置向变化的结果，“皮”文书中作“皮”又作[哈拉和卓91号墓（34）]，同时构件“人”在文字中本即早有变体“𠂊”，如“危”“负”等，此处或为同化。

其各类变体变化如下：

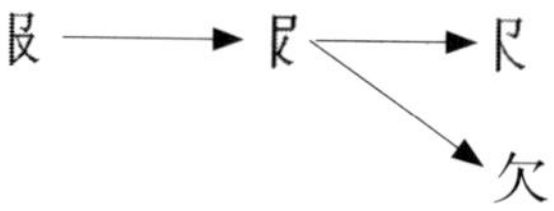

42.“巳”作“巳”“己”“卪”“卩”

如“起”作[阿斯塔那520号墓（4）]、[阿斯塔那59号墓（5）]、[阿斯塔那514号墓（1）]、[阿斯塔那151号墓（12）]，“改”作[阿斯塔那228号墓（5）]、[阿斯塔那27号墓（8）]。

“巳”与“己”隶变之后多属形体开合口的区别，在书写中往往为书写者所忽略或混淆。作“卪”“卩”之变化与前述“元”在“寇”“冠”中作变体“礻”的变化相同。

43.“己”作“己”“巳”

如“妃”作[哈拉和卓1号墓（8）]、[阿斯塔那151号墓（34）]，“配”作[哈拉和卓91号墓（2）]，“记”作[阿斯塔那61号墓（7）]，“纪”作[哈拉和卓96号墓（3）]等。

44.“堇”作“莗”“菫”

如“謹”作[阿斯塔那62号墓（1）]、[阿斯塔那169号墓（6）]，“瑾”作[阿斯塔那307号墓（3）]，“勤”作[阿斯塔那43号墓（3）]等。

主要是“堇”中“廿”调整作“艹”“䒑”，而下部形体重新调整为常见构件组合的过程。

45. "丵"作"莹""堇"

如"對"作［阿斯塔那363号墓（6）］、［阿斯塔那134号墓（6）］等。据篆形此构件上部隶作"业"，此形与"丗""䒑""卄"等常相混，下部笔画亦重新组合为高频构件。

46. "菐"作"莫""莫""菓"

如"僕"作［阿斯塔那29号墓（12）］，"墣"作［阿斯塔那99号墓（3）］，"璞"作［哈拉和卓91号墓（2）］等。其变化同上述"丵"中之变化，作"菓"则是将"菐"混同作"業"的进一步变体。

47. "木"作"木""朩""小""术""士""扌""牛""丬"

如"某"作［阿斯塔那169号墓（6）］，"桑"作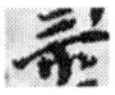［阿斯塔那171号墓（3）］，"隸"作［阿斯塔那337号墓（20）］，"款"作［阿斯塔那61号墓（7）］，"床"作［阿斯塔那150号墓（6）］，"休"作［阿斯塔那509号墓（54）］，"检"作［阿斯塔那125号墓（5）］，"枚"作［阿斯塔那170号墓（2）］、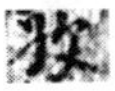［哈拉和卓99号墓（7）］、［阿斯塔那169号墓（1）］，"校"作［阿斯塔那5号墓（17）］，"梅"作［阿斯塔那140号墓（4）］，"柔"作［哈拉和卓33号墓（1）］，"璪"作［阿斯塔那78号墓（32）］，"课"作［阿斯塔那330号墓（3）］等。

因文书中竖笔，包括主笔的竖常带钩与不带钩形态并存，故"木"常隶作"朩"，又省笔作"小"。可看作构件"木"处文字下部时的隶变形式。

"术"可看作是"木"增点的变体，亦可看作是与构件"术"形近而混。

“木”作“土”上承前代文字形体而来，仅出现在“款”“隸”两字中，应是其所处位置限制了其下部伸展而产生的变体，与“釆”“大”居于文字上部时常作“𠂉”“土”等属相似变化。

“木”在竖笔带钩且连笔的情况下则作“扌”，改变“扌”形笔画位置关系则作“丬”，于“扌”横笔起笔处加一弯折则作“牛”。

因而上述变体关系当如下所示：

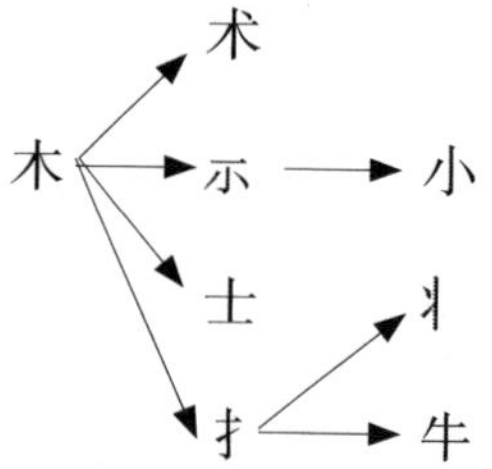

48. “朮”作“术”“木”

如“秫”作［阿斯塔那320号墓（2）］，“術”作［阿斯塔那204号墓（5）］、［阿斯塔那27号墓（7）］。

49. “彡”作“彡”“⺀”“氵”“小”“小”

如“彦”作［阿斯塔那532号墓（2）］、［阿斯塔那506号墓（14）］，“形”作［阿斯塔那151号墓（34）］、［阿斯塔那363号墓（6）］，“彫”作［阿斯塔那363号墓（6）］、［阿斯塔那27号墓（7）］，“弱”作［阿斯塔那225号墓（2）］，“须”作［阿斯塔那227号墓（1）］，“珍”作［阿斯塔那358号墓（7）］、［阿斯塔那169号墓（6）］，“趁”作［阿斯塔那188号墓（25）］等。

以上变体“彡”“氵”“小”多因对“彡”笔画书写的不同而引起，其形态亦与其所处方位相关，位于文字左部时，因需要有所避让而作“氵”；

位于文字下部时，末笔常为向右的点来维持整个文字的稳定，作“⺀”或作“小”等；所处空间狭窄时则作“丫”。

作“小”则为“小”的基础上构件混同的结果，此两种变体仅出现在“参”中。

因此，各类变体的演化轨迹当如下：

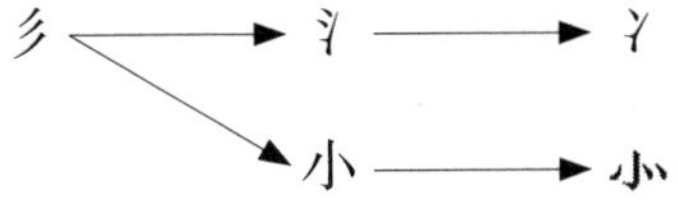

50. “巫”作“亚”“至”“巫”

如“巫”作［阿斯塔那27号墓（7）］，“誣”作［阿斯塔那230号墓（5）］，“靈”作［阿斯塔那222号墓（13）］等。

“巫”首笔横下部分与“坐”形近，故而增横笔而作“巫”，“从”常混同作“业”，因而整字作“亚”，进而省略竖笔而作“亚”。又“巫”由于“从”“丷”替换而作“至”，“丷”“八”再进行替换而作“至”“至”，“至”连笔草写则混同作“至”。

故其各变体的演化轨迹当如下：

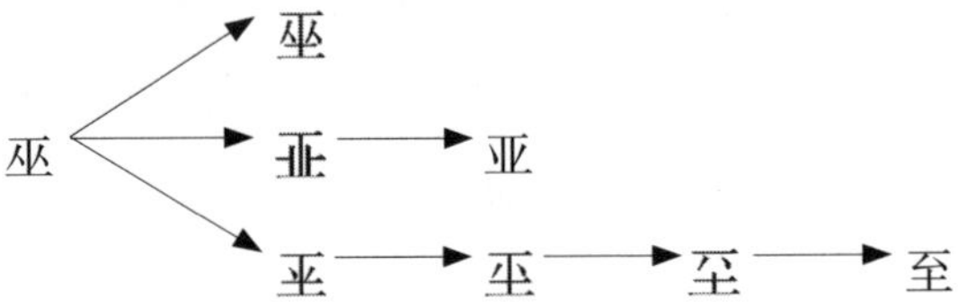

51. “爿”作“丬”“丬”“牛”“扌”“丨”

如“將”作［阿斯塔那88号墓（2）］、［阿斯塔那48号墓（4）］、［阿斯塔那5号墓（17）］、［阿斯塔那29号墓（1）］、［阿斯塔那29号墓（20）］、［阿斯塔那4号墓（18）］等。

以上各变体之间的关系当如下：

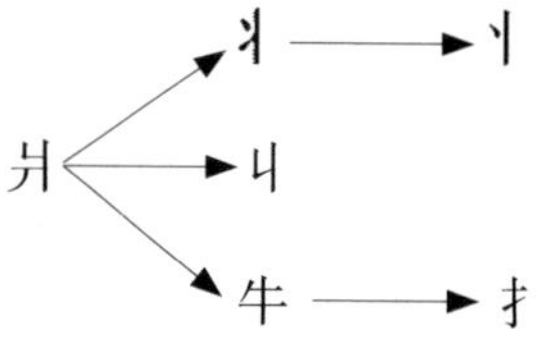

其变化调整主要是通过折笔变直笔、笔画省略以及笔画间位置的变化来实现。

52. “刀”作“刀”“亅”“刂”“𠂊”“⺈”“丷”“乃”“寸”

如“切”作 [阿斯塔那15号墓（16）]，“劈”作 [阿斯塔那509号墓（52）]，“則”作 [阿斯塔那48号墓（22）]、 [阿斯塔那151号墓（34）]，“初”作 [阿斯塔那61号墓（7）]，“召”作 [阿斯塔那305号墓（3）]、 [阿斯塔那27号墓（7）]，“邂”作 [阿斯塔那201号墓（2）]，“仞”作 [哈拉和卓99号墓（1）]，“分”作 [哈拉和卓91号墓（9）]、 [阿斯塔那42号墓（8）]等。

“刀”小篆作 ，“刀”与“⺈”是此字的两种不同隶变形式，早期汉隶中即已出现，如银雀山汉简中“利”作 又作 ，“丷”则是“⺈”之草写变体。“寡”在文书中作 [阿斯塔那43号墓（3）]，亦是由构件“刀”变作两点而与“八”形组合而成构件“灬”。

“罰”本从刀，文书中作 [阿斯塔那224号墓（1）]或作 [阿斯塔那365号墓（4）]，“尅”本从“力”，小篆作 ，“力”混同作“刀”，文书中又从“寸”作 [哈拉和卓91号墓（12）]。又如前述“時”或又作 [阿斯塔那308号墓（2）]、 [阿斯塔那151号墓（5）]。两者形近，“刀”处于右部位置时多作“刂”，文书中多作“亅”，与“寸”相近，草写过程中，一方面因“刂”位于右部，另一方面因早期“亅”中竖笔笔顺当在先，因而连笔之轨迹与横相近而整个构件与“寸”相混。另外，“罰”“剋”皆与动作相关，从“寸”亦与此相关，或可作为两者混同的原因之一。

其各类变体之间的关系如下：

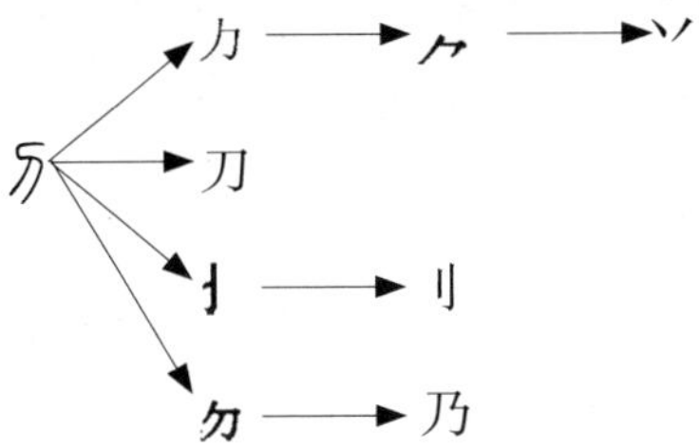

53. “力”作“力”“力”“力”“力”

如“男”作［阿斯塔那22号墓（7）］、［阿斯塔那169号墓（5）］、［阿斯塔那15号墓（13）］、［阿斯塔那91号墓（11）］、［阿斯塔那91号墓（11）］等形。“力”“力”多出现在“男”及以“男”为构件的文字中，如“虜”作［阿斯塔那506号墓（1）］，“甥”作［阿斯塔那332号墓（14）］等，又有“防”作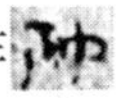［阿斯塔那22号墓（1）］，其余从“力”之字中，“力”多仅作“力”或“力”。

上述变体间的关系当如下：

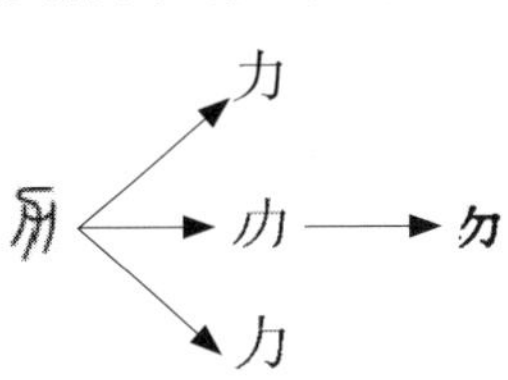

54. “二”作“工”

仅出现于“竺”中，如［阿斯塔那514号墓（1）］。

55. “辰”作“辰”“辰”“辰”“辰”

如“辰”作［阿斯塔那31号墓（1）］、［阿斯塔那326号墓

（3）]，"縟"作[阿斯塔那43号墓（3）]，"震"作[哈拉和卓91号墓（5）]、[阿斯塔那151号墓（34）]，"蓐"作[哈拉和卓99号墓（1）]。

此构件小篆作，睡虎地秦隶作，汉隶多承此，马王堆帛书中作，中部隶作"工"，后则沿着两个方向发展，一者将"工"形中部之竖笔右移至两横笔最右侧，使得整个下部构件作"㇄"；一者则"工""土"替换而作"𠨍"，进而省竖钩而作"𫝊"，"厂"下之"夫"为"矢"之变体形式。

故而此构件各变体间关系当如下：

→ 辰 → 辰
↘ 𠨍 → 𫝊

56. "虍"作"声""壬""尸"

如"虎"作[哈拉和卓91号墓（30）]、[阿斯塔那2号墓（1）]、[阿斯塔那332号墓（13）]，"處"作[阿斯塔那13号墓（1）]，"虜"作[阿斯塔那22号墓（7）]，"處"作[哈拉和卓91号墓（9）]、[阿斯塔那230号墓（1）]等。

"虍"小篆作，以上各变体发展轨迹如下：

虍 → 壬
↘ 尸

由"虍"向"壬""尸"两形的发展，经过了"七"形与"士"形、"⺊"形与"丅"形、"厂"形与"冖"形之间的相互转化。

57. "庚"作"声""尸"

如"康"作[阿斯塔那48号墓（11）]、[阿斯塔那15号墓

（9）］，“唐”作［阿斯塔那509号墓（23）］、［阿斯塔那509号墓（57）］。

“戸”当由“声”发展而来，“广”“厂”形为常见替换形体，在“声”省略点画的基础上，笔画重新组合则使得整个构件作“戸”。此类演变方式与“户”作“尸”同。

58. “魚”作“魚”“鱼”“奐”“奐”“𠊱”“𠊱”“角”“奐”

如“鲋”作［阿斯塔那337号墓（20）］，“鲅”作［阿斯塔那76号墓（7）］，“蘇”作［阿斯塔那91号墓（11）］、［哈拉和卓48号墓（2）］、［哈拉和卓91号墓（13）］、［阿斯塔那506号墓（14）］，“鳔”作［阿斯塔那169号墓（5）］等。

各类变体均因“魚”尾部隶变形式不同而相区别，其相互演化关系当如下：

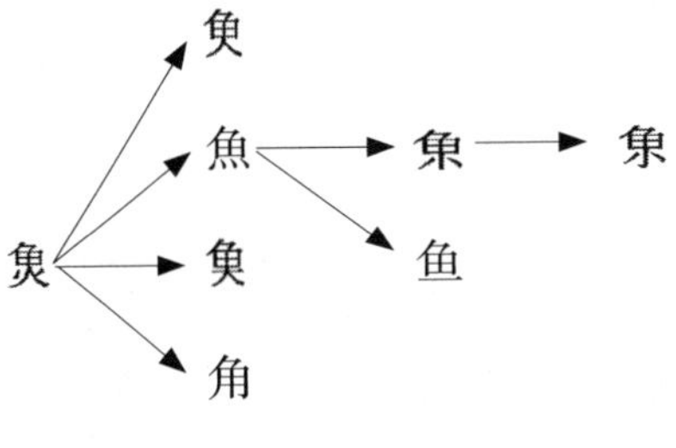

59. “火”作“火”“灬”“一”“大”“小”“从”“人”“宀”“业”“犬”

如“狄”作［阿斯塔那179号墓（3）］、［阿斯塔那363号墓（6）］，“遮”作［哈拉和卓33号墓（1）］、［阿斯塔那514号墓（1）］、［阿斯塔那29号墓（7）］，“赤”作［阿斯塔那363号墓（6）］、［阿斯塔那230号墓（31）］，“光”作［阿斯塔那509号墓（39）］，“赫”作［阿斯塔那169号墓（5）］，“煮”作［阿斯

塔那338号墓（11）]，“炎”作[阿斯塔那61号墓（7）]，“庶”作[阿斯塔那524号墓（9）]、[阿斯塔那169号墓（5）]等。

“火”的各类变体关系如下：

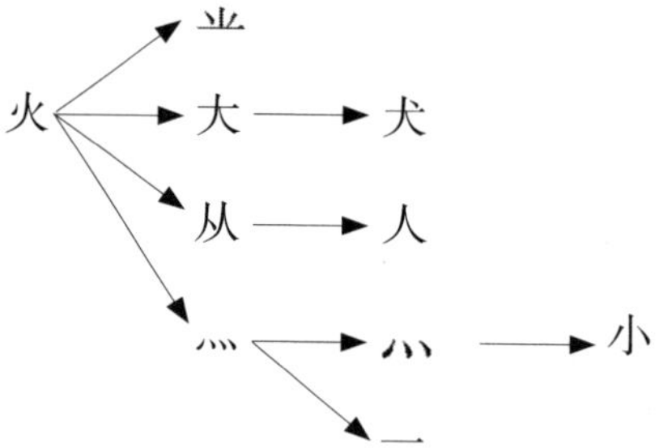

“业”为“火”居于文字上部的位置变体，与“大”在上部常隶作“士”的方式相同。“大”为“火”之连笔书写的产物，“一”亦为“灬”之连笔产物。“从”为“火”改变笔画形态及组合方式的结果，“灬”亦同此。“人”“八”分别从“从”“灬”省笔而来，“小”则为“八”的形近变体。

60.“害”作“害”“[illegible]”“[illegible]”

如“害”作[阿斯塔那169号墓（5）]，“割”作[阿斯塔那222号墓（11）]、[阿斯塔那29号墓（7）]，“犗”作[阿斯塔那50号墓（5）]、[阿斯塔那50号墓（5）]等。

“害”各类变体的区别在于对构件“丯”的隶变方式不同，“丯”一则为不常见构件，一则位属三个构件中的中间位置，因此形变主要就集中在这一构件。睡虎地秦简中此形已作“丯”，或又作“[illegible]”“工”，张家山汉简中从“丯”或“[illegible]”，银雀山汉简中从“工”或从“土”“士”，可见早期隶书大同小异，构件的形变随着线条或笔画的长短、增减、出头与不出头而变化。而“害”中构件隶变作“告”形则是较晚出的情形，应在南北朝时期出现。但事实上，构件隶变作“告”字则是早期汉隶中即已出现的。马王堆帛书中“告”有作“”“”，与“害”下部极其相似，且此时“吉”形作“”“”，“告”与“吉”形往往相混，“害”字中之“”则或为“告”形，或为“吉”形。但这一时期“”形并非“告”主形，“告”又或为“”，或为“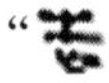”。东汉时期，“告”上两笔才大量连笔作“”，但此时并未有“害”作“⿱宀告”者，大致到南北朝时期才从“告”形作“⿱宀告”。

因此，以上变体的发展关系当如下：

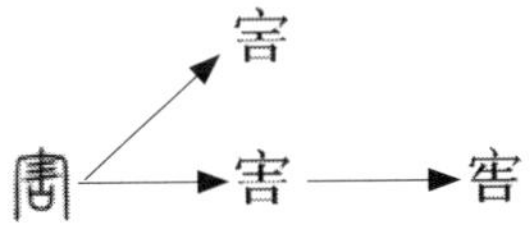

61. “土”作“土”“士”“工”“圡”“去”“⿱土凵”

如“堂”作［阿斯塔那239号墓（2）］，“堊”作［哈拉和卓33号墓（1）］、［阿斯塔那316号墓（3）］，“垣”作［阿斯塔那337号墓（20）］、［阿斯塔那326号墓（2）］，“垂”作［阿斯塔那100号墓（2）］、［阿斯塔那225号墓（7）］，“堕”作［阿斯塔那24号墓（8）］，“陸”作［阿斯塔那320号墓（7）］、［阿斯塔那154号墓（4）］、［阿斯塔那78号墓（11）］，“唾”作［阿斯塔那35号墓（19）］，“涅”作［阿斯塔那201号墓（2）］，“埜”作［阿斯塔那179号墓（3）］。

“土”作“士”“工”等为笔画长短及相互关系变化所致，作“圡”本为区别“土”“士”，但文书中似应看作增加饰笔，从“士”之字亦加点，如“壯”作［阿斯塔那151号墓（34）］等。从目前所见之从“土”之字来看，似乎仅“垂”及以此为构件的文字中出现了“去”“⿱土凵”的变体。

此两者另有所本，“垂”战国玺汇中下或从“土”形，或从甲骨文之形，后世或将下之横笔省减而仅为土块之形，或如睡虎地秦简中“陲”作，将“土”下之横笔隶为向上的弧曲，马王堆帛书中有、、、等形，汉隶中又有将“垂”隶作“丢”者，银雀山汉简中作。

因此各类变体的演变关系如下：

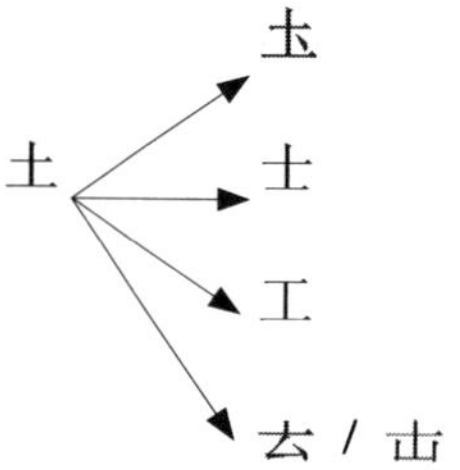

62.“牛”作“牛”“丰”“土”“生”“丬”“丩”

如“牵”作［阿斯塔那4号墓（18）］，“物”作［阿斯塔那170号墓（3）］、［阿斯塔那15号墓（1）］，“犊”作［阿斯塔那50号墓（5）］，“牟”作［阿斯塔那29号墓（1）］，“告”作［阿斯塔那61号墓（7）］、［阿斯塔那76号墓（5）］，“懈”作［阿斯塔那316号墓（3）］等。

“牛“小篆作，早期隶书中就已隶作，如“牧”在马王堆帛书中作。构件“牛”最早在“半”字中出现将牛角之形的弧线拉直的情况，睡虎地秦简即有作“”“”，但仍以“”为主。同时期其他文字中包括单字“牛”中，此构件皆作“”。到马王堆帛书中，“”形出现的范围进一步扩大，且产生中间一笔不出头的变体，如“告”又作“”，“物”又作“”等。在此变体范围扩大的同时，“牛”产生了几种新的变体，如“牛”又作“”，“犕”又作“”，“犉”又作“”。居延新简中，“”的写法逐渐演化为今之撇笔与横笔的连笔，为汉晋流简纸中分解为一撇一横奠定了基础。因此，今天之“牛”笔画的形成最早当在东汉时期。

其各变体间发展轨迹如下：

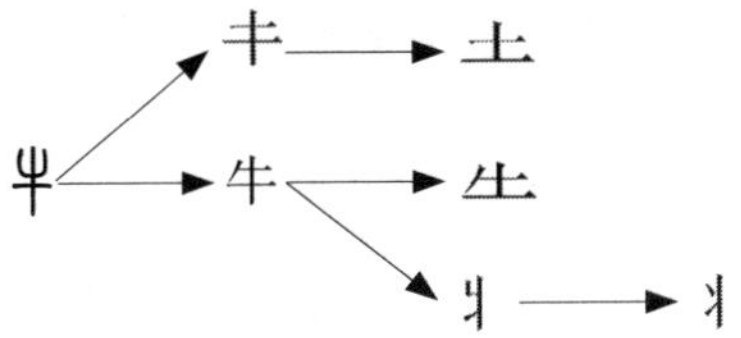

63. “手”作“手”“扌”“扌”“丬”“牛”“𣎵”“产”“木”“丬”

如“拔”作［阿斯塔那43号墓（3）］，“把”作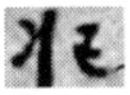［阿斯塔那23号墓（1）］，“板”作［阿斯塔那170号墓（3）］、［阿斯塔那88号墓（1）］，“扶”作、［阿斯塔那509号墓（52）］，“拱”作［阿斯塔那27号墓（8）］，“擧”作［阿斯塔那222号墓（11）］，“攀”作［阿斯塔那170号墓（2）］、［阿斯塔那170号墓（1）］、［阿斯塔那48号墓（2）］，“看”作［阿斯塔那91号墓（2）］，“拾”作［阿斯塔那171号墓（3）］，“损”作［阿斯塔那507号墓（29）］，“提”作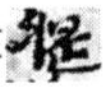［阿斯塔那171号墓（2）］、［阿斯塔那307号墓（5）］，“失”作［阿斯塔那188号墓（25）］、［阿斯塔那509号墓（41）］、［阿斯塔那27号墓（9）］①等。

“手”“扌”皆为线条笔画化过程中对于古文字形的不同隶变方式，睡虎地秦简中“手”作“”或“”，与“牛”形类同。后世承之，“”“”两形基本为任意变体。银雀山汉简中，“手”作字形左偏旁

① 此形文书中出自唐写本《论语》郑氏注。

时，多用"扌"形，如"担"作"担"，"指"作"指"等，"手"处于字形正下方时则用"扌"形，如"擊"作"擊"、"举"多作"举"，"挚"作"挚"等。但这种分别并不是截然清楚的，如"举"又作"举"，"振"又作"振"。这在一定程度上反映了汉字笔画化后汉字方正格局对于偏旁化的要求。另外，单字"手"多与构件同，今之"手"形，马王堆帛书中又作"手"，当是对篆体的继承。东汉时期，单字"手"与做构件的"手"区分开来。

"扌"为"扌"之偏旁化的变体，"扌"之草写形式与"木"之草写形式相混，"丬"为"扌"之笔画调整的结果，此变体同时也为"牛"之变体，另一方面文书中于横笔起笔处常加以向上的弯折，也使得两形相混。另外，"失"作"失""矢"两形此类情况相吻合。矢形于汉碑中即已出现，如唐扶颂"矢"作矢，孔耽神祠碑"雉"作雉[①]，顾蔼吉按："《书》序'皋陶，矢厥谟'，《释文》云'矢本又作矢。'矢本失字，相承误用。"[②]将矢看作"失"之变体，"矢"借"失"之变体之形。此说从文字形体隶变来看应是合理的，"失"小篆作失，"矢"作矢，前者比后者更易隶作矢，但各处似均未见"失"作此形者，相反"矢"作此形则多见，如北魏檀宾墓志，北齐宾泰墓志均作此形[③]。《集韵》："矢，古作矢。"故此形归属还需考证。"未""乒"两形成因存疑，或为"一"断作两点的调整。

以上各变体间的调整如下：

---

① 顾蔼吉：《隶辨》，中国书店出版社，1982年，第344页。
② 顾蔼吉：《隶辨》，中国书店出版社，1982年，第344页。
③ 臧克和：《汉魏六朝隋唐五代字形表》，南方日报出版社，2011年，第1064页。

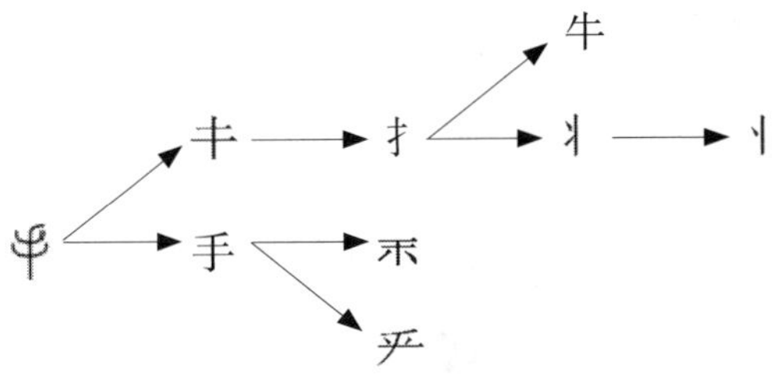

64. “戸”作“戶”“戸”“户”“石”“尸”“后”

如“户”作[哈拉和卓96号墓(8)]、[阿斯塔那42号墓(8)],“房”作[阿斯塔那15号墓(10)],“扁”作[阿斯塔那151号墓(23)],“倉”作[阿斯塔那305号墓(4)],“妒”作[阿斯塔那151号墓(34)]、[阿斯塔那151号墓(34)]、[阿斯塔那151号墓(34)],“啓”作[阿斯塔那332号墓(13)]、[阿斯塔那184号墓(9)]等。

“戶”为古文字形的直接隶写形式,仅保留在“門”及“倉”中,其他文字中对其笔画组合进行拆分后作“戸”,“戸”“户”两形是笔画调整中横笔作点的结果,“戸”竖撇与上之横笔相接或连笔则与“石”相混而作“石”,变体“石”与“户”相结合则作“右”,这也是“后”字的变体形式,如文书中“后”作[阿斯塔那169号墓(5)],因而此构件又混作“后”。作“尸”则是常见的省笔,又与构件“尸”相混。

故其演变方式当如下:

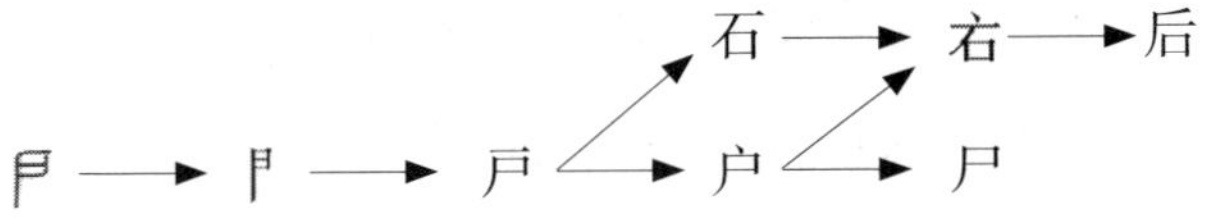

65. “廾”作“廾”“大”“六”“犬”“友”“天”“丌”

如“奠”作[阿斯塔那222号墓(13)],“丞”作[阿斯塔那

16号墓（10）]，“樊”作[哈拉和卓91号墓（43）]，“承”作[阿斯塔那509号墓（22）]，“弈”作[阿斯塔那509号墓（8）]，“具”作[阿斯塔那305号墓（3）]、[阿斯塔那138号墓（1）]、[阿斯塔那83号墓（1）]，“戒”作[阿斯塔那153号墓（3）]、[阿斯塔那29号墓（1）]、[阿斯塔那201号墓（2）]，“换”作[阿斯塔那509号墓（33）]，“唤”作[阿斯塔那193号墓（3）]，“焕”作[阿斯塔那78号墓（1）]，“耎”作[阿斯塔那27号墓（7）]等。

“廾”“大”“ㄱく”为“𠬞”之直接隶变形式，“亣”在“廾”“大”基础上调整笔画关系而来，“犬”为“大”加点的变体，与构件“犬”相混同，“友”为“犬”之变体，因此从“大”之字或亦从“友”形，“六”当为“亣”之形近而增笔变体，但据前述“戒”中可见，“天”形当为“六”之变体，或来自“廾”“戈”两构件的组合。以往的很多研究中大多仅把此类现象归为相近形体之间的相互替换，事实上，𠬞隶作廾、大、亣是对原篆体或古隶进行不同调整的结果，而从上述变体到“天”“六”则是隶变基础上的进一步改造。以前所认为的“天”“大”之间的相互混同在早期汉隶中并不常见，以马王堆帛书、银雀山汉简中所见从“廾”之字观之，除“戒”之外，其他各字均未见此类变化。那么，究竟是何原因导致“戒”出现这一现象？我们认为，或与下述两因素有关：一者，受“兵”“奉”等字影响。拿银雀山汉简来看，“兵”由于受到加饰笔的古文字形体影响而多作，“奉”也由于对上部形体改造方式的不同作或又作，因此，承𠬞之“大”往往与上之一横结合作“天”，进而影响到“戒”，尤其是“兵”字中无构意功能的饰笔更倾向于寻找一个与之组合的构件。二者，则与“戒”本身形体有关。马王堆帛书、张家山汉简中“戒”基本作，到银雀山汉简则出现了、、、、等形体，不排除从“大”到“天”是“大”与“戈”上一横组合的结果。但隶变中文字构件的变异程度还需在一定程度上反映文字的构意，因此在由两个构件组成的“戒”中一个构件发生变化的情况下，另一构件还应尽量保持不变，于是“戒”隶变从“天”但却依旧从“戈”。作“六”则是“廾”作“大”形的进一步变体，汉隶中已见。

故各变体演变如下：

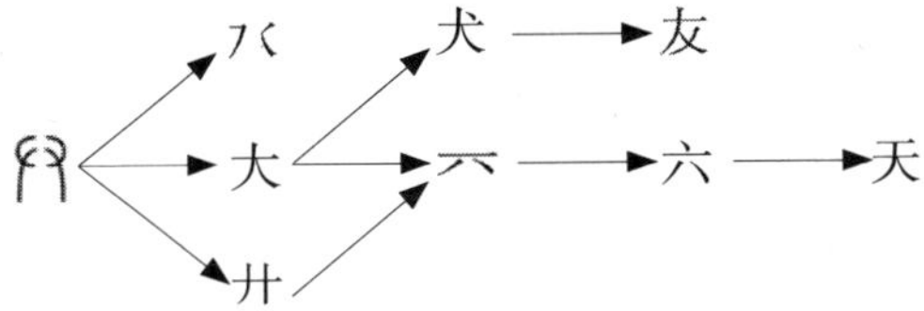

66. “爻”作“爻”“ナ”“夊”“文”“乂”“仌”

如“攀”作［阿斯塔那170号墓（2）］，“教”作［阿斯塔那179号墓（3）］、［阿斯塔那62号墓（5）］，“學”作［阿斯塔那222号墓（11）］，“希”作［阿斯塔那509号墓（55）］、［阿斯塔那307号墓（3）］，“悕”作［哈拉和卓91号墓（2）］，“爽”作［阿斯塔那223号墓（3）］等。

“爻”之各变体皆为改变笔画形态、置向及相互关系而发生的变化，如“文”当是在“夊”的基础上发展而来，因其草写形式与“夊”相近；作“仌”则源自使其上下两部分各自的笔画由相交而变相接。

67. “文”作“文”“夊”“ナ”

如“汶”作［阿斯塔那303号墓（1）］，“吝”作［阿斯塔那35号墓（14）］，“文”作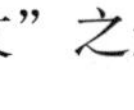［阿斯塔那205号墓（1）］等。

作“夊”显然为“文”之连笔形式，作“ナ”则改变了其笔画置向与组合方式。

68. “口”作“口”“厶”“ㄥ”“夕”“力”“ㄑ”

如“问”作[阿斯塔那507号墓（38）]，“唯”作[阿斯塔那363号墓（6）]，“哉”作[阿斯塔那363号墓（6）]、[阿斯塔那363号墓（6）]、[阿斯塔那363号墓（6）]、[阿斯塔那169号墓（5）]，“局”作[阿斯塔那509号墓（55）]，“吝”作[阿斯塔那35号墓（14）]，“哭”作[阿斯塔那184号墓（10）]等。

“厶”为“口”古文字形的另一隶变方式，“ㄥ”“夕”“力”“ㄑ”在此基础上调整笔画而变化，其相互关系当如下：

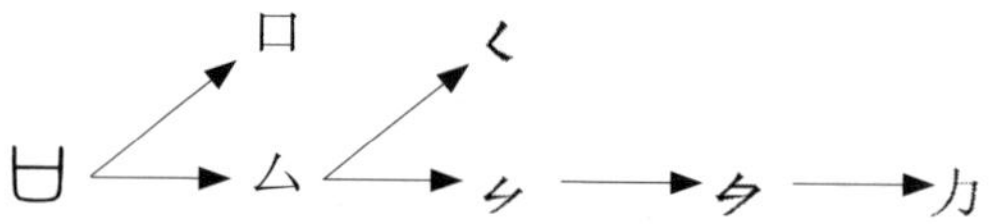

69. “卩”作“卩”“阝”“巳”“巴”

如“命”作[阿斯塔那509号墓（23）]，“卻”作[阿斯塔那223号墓（1）]、[阿斯塔那153号墓（6）]，“脚”作[阿斯塔那325号墓（3）]、[阿斯塔那105号墓（2）]，“節”作[阿斯塔那76号墓（22）]、[哈拉和卓3号墓（1）]，“即”作[阿斯塔那179号墓（3）]、[阿斯塔那73号墓（2）]，“叩”作[阿斯塔那151号墓（34）]，“御”作[阿斯塔那524号墓（9）]，“卷”作[阿斯塔那90号墓（5）]，“危”作[阿斯塔那507号墓（37）]，“邑”作[阿斯塔那363号墓（6）]等。

“巳”“卩”为此构件两个不同的直接变体，如秦隶中“命”已作或作，后世文字中两形多呈不同的方位变体关系，“卩”为右部变体，“巳”则为下部变体，“阝”为“卩”的形近混同构件变体，“巴”仅存在

"邑"中，也是""形之直接变体之一。

以上变体演变当如下：

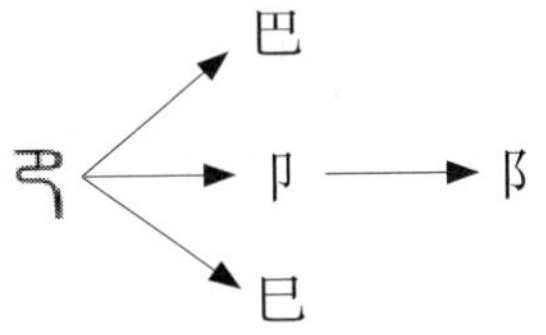

70. "邑"作"邑""阝""卩""巳"

如"邑"作［阿斯塔那363号墓（6）］，"邦"作［阿斯塔那363号墓（6）］，"部"作［哈拉和卓91号墓（9）］，"耶"作［阿斯塔那226号墓（19）］，"邕"作［阿斯塔那88号墓（2）］等。

"邑"从"口"从"卩"，"阝"为其上下连笔的变体，"阝"草写而为"卩"，从文书中看，当并非相互替换之例，作"巳"则为省略构件的变体。

故其相互关系为：

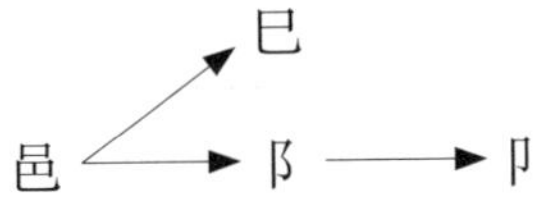

71. "殳"作"殳""殳""殳""殳""殳"

如"段"作［阿斯塔那37号墓（1）］、［阿斯塔那517号墓（2）］，"役"作［阿斯塔那308号墓（1）］、［阿斯塔那193号墓（2）］、［阿斯塔那216号墓（11）］，"殿"作［阿斯塔那520号墓（6）］，"殳"作［阿斯塔那365号墓（4）］，"毅"作［阿斯塔那338号墓（8）］，"數"作［阿斯塔那48号墓（6）］、［哈拉和卓1号墓（3）］。

"殳"小篆作，马王堆帛书中可见其上部"几"形发生变化，如

“役”作、，“段”作，“殴”作等，可见改变“几”的书写置向而使其作“己”形，“己”笔画断开而下部或与“又”相结合，上部则作“コ”；或使“几”作“口”或“ク”“ロ”。另外，还可见“攴”“殳”两构件在早期隶书中高频替换，因此后世亦出现两构件叠加合取的现象“𭃂”。

72. “犬”作“犬”“犭”“大”“丈”“工”“犮”“犮”“扌”“火”

如“器”作［阿斯塔那363号墓（6）］、［阿斯塔那363号墓（6）］，“哭”作［阿斯塔那13号墓（1）］，“伏”作［哈拉和卓91号墓（2）］，“然”作［阿斯塔那48号墓（1）］，“突”作［阿斯塔那302号墓（14）］，“猒”作［阿斯塔那27号墓（8）］，“獻”作［阿斯塔那44号墓（12）］、［阿斯塔那20号墓（7）］，“獸”作［阿斯塔那13号墓（1）］，“狭”作［阿斯塔那90号墓（6）］，“豹”作［哈拉和卓91号墓（36）］，“臭”作［阿斯塔那27号墓（8）］，“犯”作［阿斯塔那524号墓（4）］、［阿斯塔那332号墓（10）］，“獲”作［阿斯塔那74号墓（4）］，“戾”作［阿斯塔那59号墓（14）］，“然”作［阿斯塔那31号墓（1）］，“狀”作［阿斯塔那19号墓（8）］、［阿斯塔那222号墓（11）］、［阿斯塔那501号墓（27）］，“狱”作［哈拉和卓33号墓（1）］、［阿斯塔那222号墓（11）］、［阿斯塔那167号墓（1）］等。

“犬”在文书中作单字和作构件以及在构件中处于不同位置时已经基本区分开来，“犬”作为左偏旁时的形态特征明显。“犬”作左偏旁，已类似今之“犭”，但早期第一丿画保留隶体线条特征，尚未完全拉直，中间一笔或带钩或不带钩。分析“犬”的形体发展，战国末期“犬”在字形中处于不同层级、不同位置时形体完全保持一致，“犬”尾保持由左向右的趋势作“”“”。汉代早期文字中，从尾部走向分化出两种形体，分别作“”“”，可以看出前一形体向四面伸展，后一形体则向左就让。但在这一时期的文字中，两种形体并没有因单字与构件的不同以及所处位置的不同体现出明确的分界线，基本还处于混同的状态，如马王堆帛书中单字“犬”既作“”又作“”，“獨”作“”，“獻”作“”，“類”作“”又作“”。银雀山汉简中也存在相同的情形，如“狀”作“”，“犯”作“”又作“”，“猋”作“”等。这一状况到西汉的居延新简中发生了根本性的变化，两种形体已经有了明确的分工，如在之前的文字中，同一构件在一个文字的不同位置同时出现时，两个形体往往相同，如“狱”在马王堆帛书中作，居延新简中左边构件已作“犭”。从构件“犬”的发展中，可以看出，汉字构件偏旁化的过程中，偏旁形体的产生并不完全是受其所处空间位置影响的直接结果，还有一部分偏旁形体则是早于偏旁化过程本身的文字变体，它们本来就已存在于文字系统中，但并没有明确的分工，直到偏旁化的过程中才根据不同的形体特征作了调整，与特定的构件位置相结合。

因此，早期隶变中分化出了类于“犬”“犭”两种不同的变体，“犬”中点画调整位置则作“友”，“犬”“友”变体合取则作“犮”，此形与“犮”相混同，“犮”东汉时期常作“叐”“犮”，因而“犬”也或受此影响而作此类形体。“犬”作“大”为笔画的省略，作“”为“犬”基础上改变笔画结合方式，此形省点而作“丈”，“工”则是变体“大”在文字中部时所产生的变体，“火”则亦为“大”之进一步变体。

故其各变体间的发展途径如下：

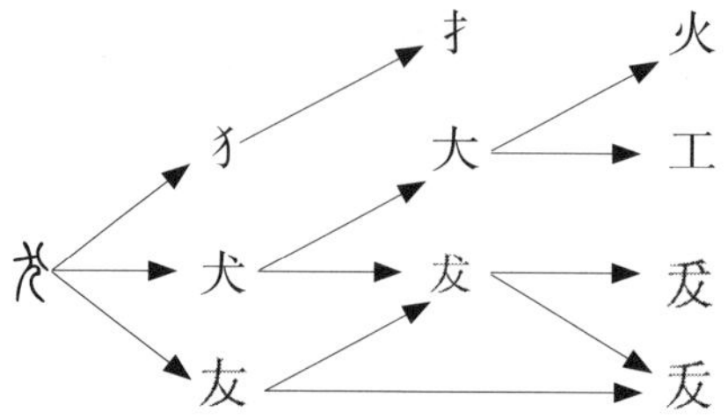

73. “犮”作“犮”“友”“叐”“夭”“夭”

如“犮”［阿斯塔那151号墓（6）］、［阿斯塔那151号墓（23）］，“拔”作［哈拉和卓91号墓（29）］、［阿斯塔那520号墓（3）］、［阿斯塔那509号墓（54）］，“跋”作［哈拉和卓33号墓（5）］、［阿斯塔那151号墓（15）］，“黻”作［阿斯塔那27号墓（7）］等。

《说文》释之为指事字，“犬”上加一横，示其腿部受阻。睡虎地秦简中“拔”作，可见“犮”形，马王堆帛书中“犮”与秦隶同，作，“拔”则或从“犮”作等，或从“犬”作，银雀山汉简同此，“拔”作或作。可见汉隶中充当构件的“犮”常被“犬”所替换，东汉碑刻中即可见“髮”从“犬”形作（袁良碑）。碑刻文字中构件“犮”作、、、、、夭等形，《隶辨》：“说文拔从犮，碑变作，，诸碑以为夭字，与犮异。”“他碑变为，与夭相混，故碑遂为夭。”[①]从早期隶书到东汉碑刻，可以看出各变体之间大致的发展脉络：、是对早期象形的“犮”字的两种不同的隶写方式，一者作点，一者将点置于顶部作撇。、区别在笔画的连断不同，是

① 顾蔼吉：《隶辨》，中国书店出版社，1982年，第693页。

犮、犮形体的省略（或可看作犮将曲笔拉直），犮、犮、犮亦是曲笔拉直与否、笔画连断的关系，“夭”则是形近构件讹混。同时，这一时期以“犮”为构件的文字中，犮、犮、犮、夭一系的变体仅出现在构件处于文字右边位置的情况下，处于下部的“犮”绝不作此四种形体。到魏晋南北朝隋唐时期，变体增加，又作“犮”“丈”“夭”等形，作“丈”则亦应为混同作构件“犬”而类推产生的变体。

故文书中各类变体关系当如下：

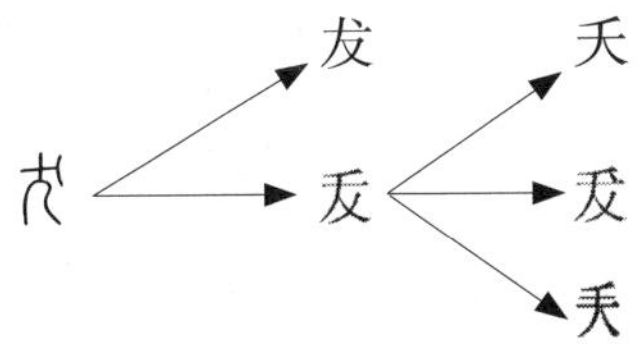

74. “凡”作“凢”“凡”“刀”“口”“几”“凣”“九”“几”

如“凡”作［阿斯塔那27号墓（7）］、［阿斯塔那179号墓（3）］，“風”作［阿斯塔那27号墓（7）］、［阿斯塔那59号墓（22）］，“鳳”作［哈拉和卓2号墓（1）］，“凱”作［阿斯塔那524号墓（9）］、［哈拉和卓90号墓（5）］等。

“凡”小篆作，后世多隶作“凡”，当作为整字外部轮廓时则多表现为“几”。作“凢”约起于汉代，居延汉简中可见作者。此形源起不知为何，或是作为一个与区别性的符号出现。“凡”与“几”仅为有点无点的区别，这点在作为饰笔的点频繁出现的后世隶书中区别性减弱，因此加撇来区分。“刀”“口”则是混作“几”的基础上改变书写方向所产生的变体，其变化类同前文“殳”中上部“几”形的变化。“几”最早当作“凣”，此形见于西汉居延新简“鳳”字中，作“鳳”。其产生或者源自于横笔上习惯性增加“丷”形，已如前所述，或者当为受到“罒”之同化。“网”作为部首

隶作“冎”，其外部轮廓与“⺇”相近而早期并无钩笔的区别。

因此，以上各变体之间的关系当如下：

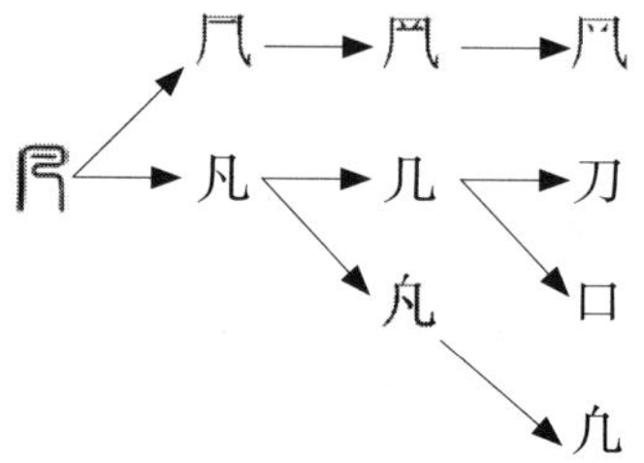

75. “丮”作“九”“丸”“凢”“⺇”“刀”“口”“刃”

如“熟”作［阿斯塔那225号墓（8）］、［阿斯塔那27号墓（8）］，“熱”作［阿斯塔那169号墓（6）］、［阿斯塔那169号墓（6）］，“藝”作［阿斯塔那35号墓（19）］、［阿斯塔那189号墓（11）］，“夙”作［阿斯塔那169号墓（5）］，“鞏”作［阿斯塔那22号墓（1）］、［阿斯塔那239号墓（2）］、［阿斯塔那517号墓（3）］，“恐”作［哈拉和卓3号墓（1）］、［阿斯塔那206号墓（6）］，“势”作［阿斯塔那151号墓（34）］等。

“丮”小篆作，早期隶书中多隶作、等，与“凡”形相混，如马王堆帛书中“凡”作、，且与“九”“丸”等形近，因此后世多与此几个构件相混同。

在汉代混同作“凡”的基础上，后世此构件亦随“凡”的形体而变，同步隶作“凢”“⺇”等形，与“刀”“口”的混同，实际上应该是在“丮”作“几”的基础上进而改变形体置向及书写方式而产生的变体形式，其变化与构件“殳”中上部“几”的变化一致，“势”中作“刃”也是在调整作“刀”的基础上又与“刃”相混同。

因此，其演变轨迹如下：

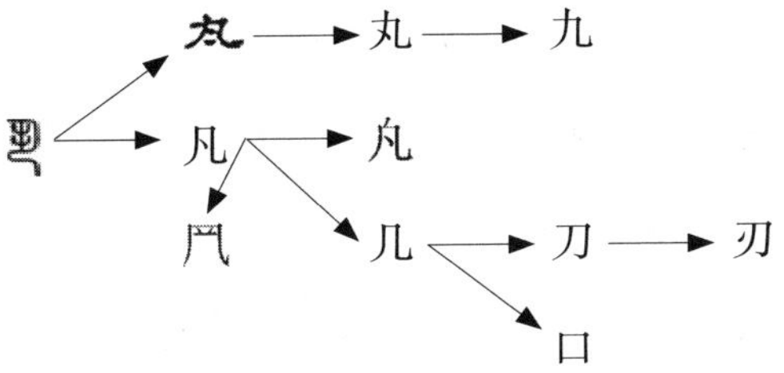

76. “卂”作“卂”“丸”“凡”“卆”

如“迅”作［阿斯塔那27号墓（7）］，“讯”作［阿斯塔那24号墓（6）］、［阿斯塔那24号墓（8）］、［阿斯塔那5号墓（17）］等。

“卂”小篆作，此形隶作“卂”，此形与前述“丸”“凡”等形近而混同，或又上下分形而作“卆”。其隶变途径如下：

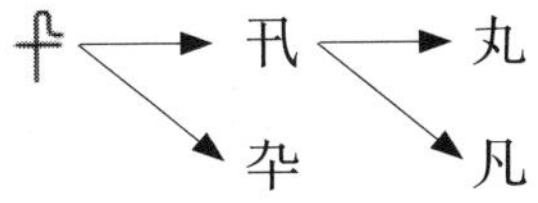

77. “几”作“几”“凡”“𠘧”“九”

如“飢”作［哈拉和卓99号墓（7）］，“處”作［哈拉和卓91号墓（2）］、［阿斯塔那363号墓（6）］等。

78. “瓦”作“瓦”“兀”“凡”“凡”“几”

如“瓮”作［阿斯塔那305号墓（3）］、［阿斯塔那509号墓（56）］、［阿斯塔那150号墓（7）］，“甑”作［阿斯塔那304号墓（1）］，“瓶”作［阿斯塔那19号墓（20）］等。

“瓦”在战国文字中作，小篆作，后世或隶作“凡”，或隶作“瓦”形。故此，构件各变体关系当如下：

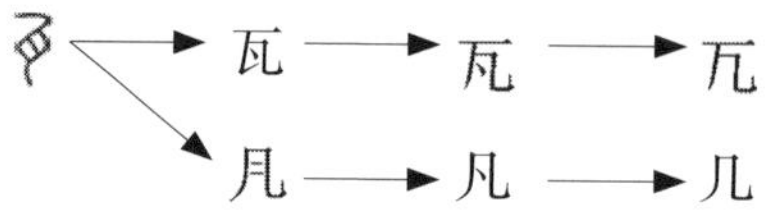

79. “九”作“九”“几”“丸”“凡”

如“軌”作［阿斯塔那331号墓（1）］、［阿斯塔那15号墓（10）］、［阿斯塔那91号墓（10）］、［阿斯塔那4号墓（12）］，“究”作［阿斯塔那99号墓（4）］、［阿斯塔那48号墓（13）］，“鸠”作［哈拉和卓91号墓（2）］等。

80. “巾”作“巾”“忄”“市”“市”

如“帛”作［阿斯塔那22号墓（7）］，“帳”作［阿斯塔那193号墓（5）］，“歸”作［哈拉和卓88号墓（1）］，“帔”作［阿斯塔那29号墓（1）］，“帥”作［阿斯塔那78号墓（21）］、［阿斯塔那101号墓（1）］，“帖”作［阿斯塔那78号墓（12）］、［阿斯塔那78号墓（18）］、［阿斯塔那507号墓（29）］等。

“巾”与篆形一致，“忄”显然为其草写的变体，以上所举字例中可见其发展路径，当是在草写作“忄”“十”的基础上与“忄”之草写混同之后产生的逆向类推。故其发展当如下：

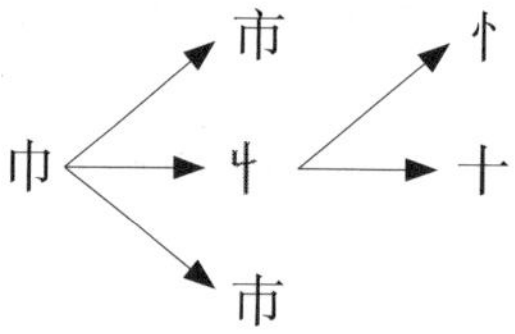

81. “十”作“十”“忄”

如“博”作［阿斯塔那169号墓（5）］，可见将“十”作“忄”，于首笔横笔起笔处有一向上的弯折，此形与“忄”之草写同，故文书中“協”“恊”两形亦混同。

82．“心”作“心”“忄”“火”“小”“⺗”“氺”“忄”“忄”“牛”“扌”“丬”“十”“井”

如“慱”作[阿斯塔那307号墓（2）]，“懷”作[阿斯塔那2号墓（1）]、[阿斯塔那78号墓（20）]、（阿斯塔那305号墓）、[阿斯塔那78号墓（21）]、[阿斯塔那301号墓（3）]，“恭”作[阿斯塔那170号墓（4）]、[阿斯塔那91号墓（2）]、[阿斯塔那59号墓（2）]、[阿斯塔那19号墓（21）]，“忝”作[哈拉和卓91号墓（2）]、[阿斯塔那169号墓（5）]，“添”作[阿斯塔那76号墓（7）]，“悔”作[哈拉和卓99号墓（5）]、[阿斯塔那10号墓（9）]、[阿斯塔那365号墓（4）]、[阿斯塔那153号墓（2）]，“憑”作[阿斯塔那184号墓（10）]等。

“心”小篆作，“心”“卯”“卝”当为其直接的隶变形式，作“卝”应是在东汉魏晋时期将“恭”隶作“恭”的基础上进一步隶变的结果，东汉碑刻中可见作此形者，如东汉赵宽碑[①]。文书中“井”“火”“⺗”“忄”为对其笔画重新组合之后形成的变体，“小”“忄”为“⺗”“忄”之省笔变体，“忄”“十”为“忄”之草写形式，而“牛”“扌”“丬”则是因变体其与“忄”相同而发生的逆推。

据此，以上变体间的关系如下：

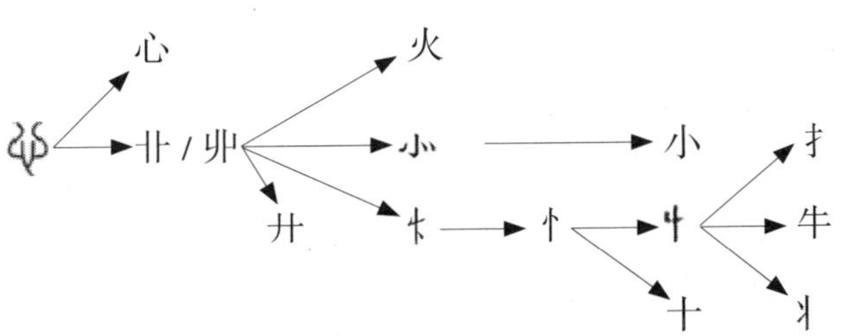

① 臧克和：《汉魏六朝隋唐五代字形表》，南方日报出版社，2011年，第950页。

83. “山”作“山”或“止”

从“山”之字多仍作“山”形，仅“仙”从“止”作［阿斯塔那169号墓（3）］，从“岡”之字作［阿斯塔那337号墓（20）］、［阿斯塔那332号墓（9）］等，此当为“山”改变笔画所形成的变体。

84. “止”作“止”“山”“匕”“乀”“䒑”

如“歸”作［哈拉和卓39号墓（8）］，“步”作［阿斯塔那74号墓（2）］，“歲”作［阿斯塔那323号墓（1）］，“此”作［阿斯塔那209号墓（10）］，“前”作［阿斯塔那519号墓（2）］，“登”作［阿斯塔那381号墓（1）］，“鄧”作［阿斯塔那78号墓（32）］等。

“止”小篆作𣥂，隶作“止”形，“匕”为其在文字右上部所产生的变体，仅出现在“癶”中。“乀”为其省形。“山”形为“止”之变体，或亦可看作“𣥂”的直接变体，文书中常见。“䒑”仅出现在“前”中，亦为“𣥂”将曲笔拉直的变体。

其变体演化如下：

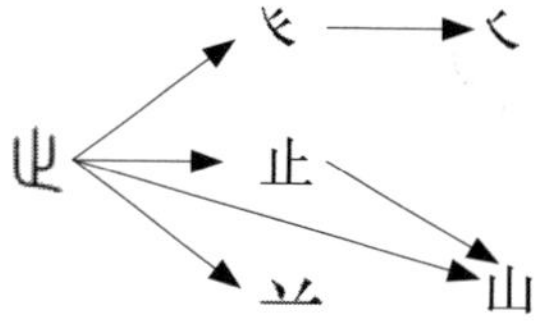

85. “又”作“又”“乂”“㇀”“人”“十”“ナ”“彐”“攵”“厂”“𠂉”

如“及”作［阿斯塔那509号墓（28）］，“取”作［阿斯塔那326号墓（7）］、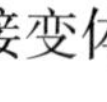［阿斯塔那34号墓（4）］，“度”作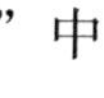［阿斯塔那170号墓（2）］，“逮”作［哈拉和卓91号墓（2）］、［阿

斯塔那509号墓（52）]，“隸”作[哈拉和卓91号墓（2）]、[阿斯塔那337号墓（20）]，“尹”作[阿斯塔那88号墓（2）]，“友”作[阿斯塔那524号墓（9）]、[哈拉和卓39号墓（8）]，“雙”作[阿斯塔那170号墓（2）]、[阿斯塔那517号墓（2）]，“役”作[阿斯塔那48号墓（13）]，“堅”作[阿斯塔那517号墓（2）]，“灰”作[阿斯塔那517号墓（2）]、[阿斯塔那31号墓（41）]、[阿斯塔那31号墓（1）]等。“承”“丞”中之“⺧”亦可看到是“𠂇”“㇛”两变体的组合。

以上各变体间的调整关系如下：

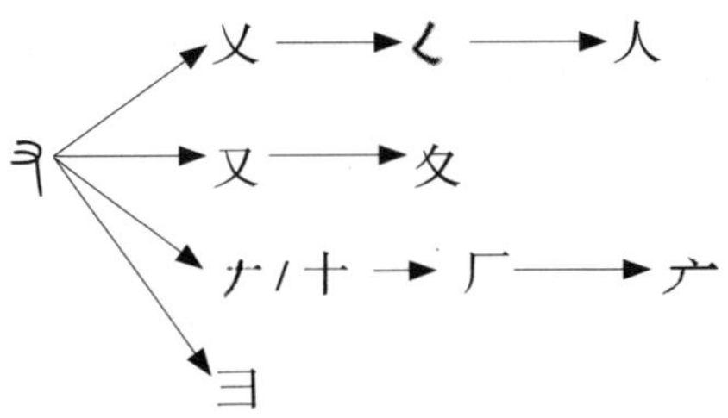

86. “谷”作“谷”“谷”“𠔿”“去”“谷”

如“谷”作[阿斯塔那170号墓（2）]、[阿斯塔那15号墓（13）]，“浴”作[阿斯塔那151号墓（9）]，“欲”作[阿斯塔那507号墓（38）]，“卻”作[阿斯塔那153号墓（6）]等。

构件“谷”在“谷”“谷”中的隶变体现为两点：一是“口”上或加一横（或作丶）。前、中期皆有此横，如[阿斯塔那117号墓（4）]，后期消失，如[阿斯塔那76号墓（5）]；二是“八”形或变作“丷”“人”形，如[阿斯塔那155号墓（2）]、[阿斯塔那155号墓（3）]。

“八”形或变作“丷”“人”形，属于笔画的变化，作“人”乃由相离而相交，“卻”文书中皆作“却”或“却”，此字本从谷得声，后改作“去”，可看作改换声符之类，但“去”并非单纯音近更换，而是由“谷”形变而来。其关键一步即为连笔作“人”形，居延汉简中此字已作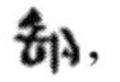，上下皆作“人”形，“人”形又分别隶作“亠”，上下相连作“土”，下部今之“口”形本亦作“凵”形，隶作“厶”，即为“去”，东汉碑刻中此字即从“去”（王纯碑），“去”或作去。隶作“去”并且最终取代“卻”成为通行形体，但此种形变并不出现在其他从“谷”之字中，原因在于“却”以“去”表音更为准确，且兼具表义作用，但“去”在其他字形中并不具有如此作用，可见构件变体在文字中之选择性，亦可见变体选择的准确性原则在汉字最终发展中所起到的决定性作用。作“丷”形也属常见隶变方式，改变笔画方向，且此变化常见，如“曾”亦作曾，“尚”亦作“尚”等。

“口”上加一横作谷或谷，在文书中“谷”及以“谷”为构件的文字中，有着较为明确的分期，我们可以看到添加一横的变体产生于南北朝末期，到唐代公元668年左右又恢复本形“谷”。

南北朝产生此形之前，“谷”或作㕣，如邑义信士女等五十四人造像记“欲”作。此形早在居延新简中已经出现[①]，显然是将“人”形拉直为横笔的变体，东汉及魏晋南北朝石刻中多作此形。

故以上诸变体间的发展关系当如下：

① 臧克和：《汉魏六朝隋唐五代字形表》，南方日报出版社，2011年，第884页。

87. “盾”作“看”“”“”

如“盾”作［阿斯塔那169号墓（1）］，“循”作［阿斯塔那27号墓（7）］，“遁”作［阿斯塔那27号墓（7）］、［阿斯塔那221号墓（2）］。

此构件小篆作，演化过程中“十”形调整为“𠂇”，而上部之“厂”形也变为相离的状态，使得整个构件调整为“”，竖笔与整个形体失去了密切的联系，故而或被省略作“看”，“目”又被形近之“月”相替换而作“”。“盾”发生以上变化其原因当在于形体表意的不明确和使用者对形义关系认识的模糊。

其演化当如下：

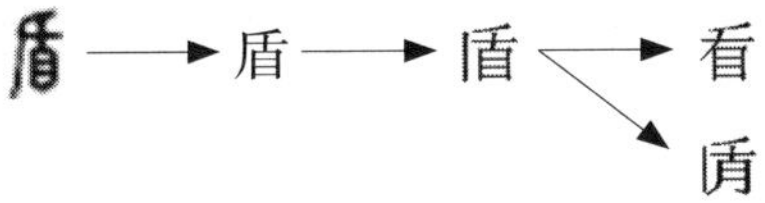

88. “巠”作“”“至”“”“”

如“迳”作［阿斯塔那116号墓（3）］、［阿斯塔那88号墓（1）］，“劲”作［阿斯塔那43号墓（3）］，“经”作［阿斯塔那48号墓（2）］、［阿斯塔那169号墓（5）］，“輕”作［阿斯塔那157号墓（5）］等。

“巠”之变体演化当如下：

89. “屰”作“羊”“”

如“逆”作［阿斯塔那35号墓（19）］，“闕”作［阿斯塔那222号墓（11）］，“朔”作［阿斯塔那179号墓（3）］，“槊”作［阿斯塔那507号墓（25）］。

“屰”小篆作，早期汉隶中已作“丰”“羊”两形，如马王堆帛书“逆”作、，“朔”作、，银雀山汉简“逆”皆从“羊”形作、、。从以上形体看，“丰”“羊”为“屰”之直接隶变形体，“羊”当为其形近之变体。

因此，以上变体当呈如下关系：

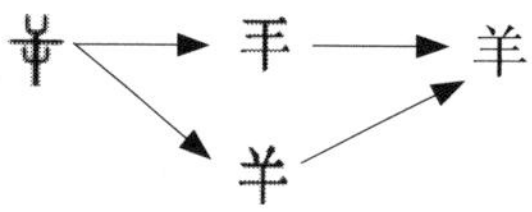

90. “商”作“商”“啇”“商”

如“適”作［阿斯塔那88号墓（1）］、［阿斯塔那363号墓（6）］，“嫡”作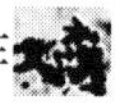［阿斯塔那151号墓（34）］，“謫”作［阿斯塔那326号墓（5）］等。

“商”为“啇”之形变分化字，故内部“十”形为“帝”下部“巾”形之变体，此形或又隶作“八”，银雀山汉简中“適”作又作，东汉碑刻中“適”也已从“商”形，魏晋南北朝碑刻及敦煌文书、吐鲁番文书中多不从“商”，可见“適”为这一阶段通行字形，其原因，一者因为“商”虽也为成字构件，但在使用频率上明显低于“商”；二者“商”“適”双声，亦可起到表音作用。“商”为以上两形之省，“商”则为将上部部分形体字内复制，或可看作是“商”内部“八”上移产生的变体。

故以上变体间关系如下：

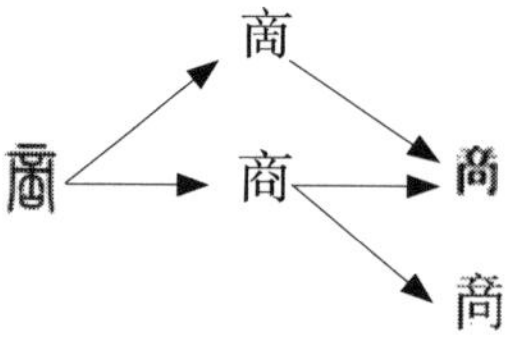

91. "兆"作"北""北""兆"

如"兆"作[阿斯塔那169号墓（5）]、[阿斯塔那506号墓（2）]，"逃"作[阿斯塔那61号墓（7）]、[阿斯塔那230号墓（32）]、[阿斯塔那509号墓（28）]，"姚"作[阿斯塔那302号墓（2）]、[阿斯塔那44号墓（9）]，"桃"作[阿斯塔那43号墓（3）]、[阿斯塔那4号墓（11）]等。

"兆"小篆作，睡虎地秦隶中作，后世多依此隶作北，进而隶作文书中之"北"。"北"形当为小篆省形的变体，"北"形左部被右部同化而作"兆"，又进而作"兆"，文书中"逮"又作"逮"，"鳏"作"鳏"当为与此同样的隶变方式。

因此，以上各形发展如下：

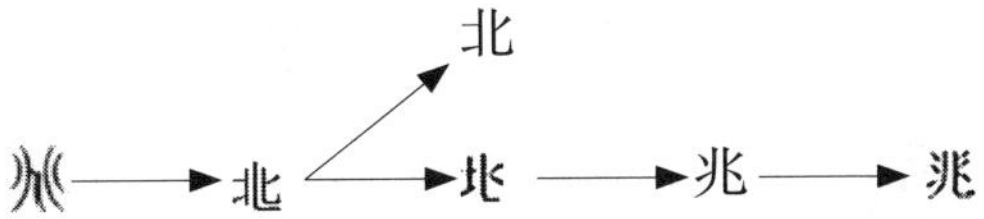

92. "叚"作"叚""叚""叚"

如"遐"作[阿斯塔那520号墓（1）]、[阿斯塔那48号墓（1）]，"霞"作[阿斯塔那43号墓（3）]，"假"作[阿斯塔那507号墓（33）]等。

"叚"小篆作，左侧线条拉直则为"E"，早期汉隶已作此形，或又作"E"。"E"形又与"镸"形近而作"镸"之省点变体，文书中亦可见作"長"形者。右侧上部与"口"形近而混，下部"又"又或作其变体"攵"。

故变体演化关系当如下：

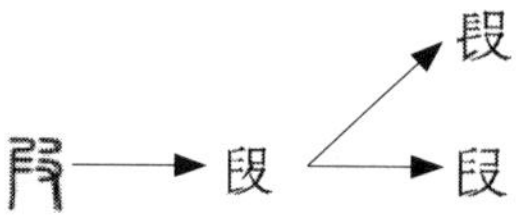

93. “段”作“叚”“叚”“叚”“叚”

如“段”作［阿斯塔那517号墓（2）］、［阿斯塔那23号墓（1）］、［阿斯塔那509号墓（23）］、［阿斯塔那35号墓（19）］。

“段”小篆作，后世依篆形隶变作“叚”，此形后续演变同前述“叚”之变化。当为如图所示：

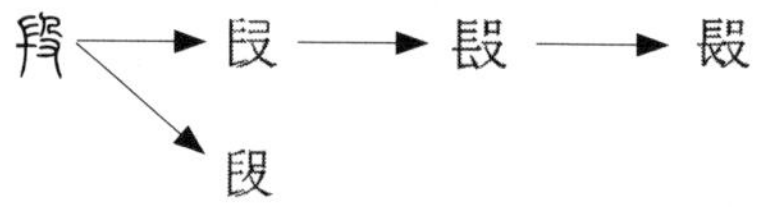

94. “缶”作“王”“缶”“去”“企”“缶”“垂”“垂”“垂”

如“遥”作［阿斯塔那509号墓（54）］，“傜”作［阿斯塔那150号墓（16）］，“陶”作［阿斯塔那62号墓（6）］、［阿斯塔那35号墓（23）］，“萄”作［阿斯塔那509号墓（56）］，“缺”作［阿斯塔那13号墓（1）］，“摇”作［阿斯塔那13号墓（1）］等。

“陶”“萄”声符“匋”本从“缶”，“缶”小篆作，“企”形是下部“山”形与“止”形混同的变体，“去”形则是将上之曲线拉直为横笔，而将下之“凵”混同作“厶”形产生的变体。此形马王堆帛书中“缶”已有作者，东汉碑刻中已见“缺”从“去”。

“缺”从“垂”由来已久，“摇”中从“垂”则属类推。“缺”在文书中皆从“垂”从“夬”，敦煌文书及魏晋南北朝碑刻皆同此。考察前代字形，到两汉时期此字皆从“缶”及其变体“去”“缶”等。东汉碑刻中有（吴仲山碑），顾蔼吉按：“即缺字。变缶为，与相似，俗遂伪。《佩觿》云：‘干禄书以缺字从旁，其不典有如此者。’”[1]顾蔼吉先生指出从“缶”到“垂”的一个重要环节，但未解释同为“缶”之变体，为何“垂”未像其他变体一样出现在以“缶”为构件的文字中。䍋，《说文》：“䍋，小口罌也。从‘缶’，𠂹声。”此字后世更换义符作“甀”。原字形与“垂（𠂹）”相混，“垂”，马王堆帛书中作𡍮、垂、垂、垂等形，银雀山汉简中作垂，东汉碑刻中作垂（校官碑）、垂（夏承碑）、垂（郑固碑）、垂（武荣碑）、垂（景北海碑阴）等形，顾蔼吉垂下按：“𠂹，下𠂹也。垂，边远也。䍋，小口罌也。三字不同，诸碑皆用为下𠂹字。”[2]可见，不仅垂与垂形近，更有“䍋”亦隶作“去”“舌”等形，与“缶”之变体同，故“缶”又混作垂。“缶”与“䍋”类属相同，故改从垂既是形近混同，又属改换义符，重构理据，因此字形能够得到认同，长期代替本字而得以广泛流通。而作为变体的“垂”在其他字形中少见，恰恰也是因为在其他文字中其构意功能丧失，同时形体繁复，与汉字简化的整体趋势相违背。魏晋南北朝碑刻不见“缺”形，唐代碑刻出现，则反映了唐代在《说文》基础上所做的文字规范工作。

“缶”作“王”为典型的将“缶“之曲笔拉直而形成与“王”的混同，“缶”为两者之过渡状态，“𤙴”形在此基础上将“山”形作“止”。而这一调整也发生在两汉之后，可见汉代之后笔画的调整仍然延续。

以上各变体的演变关系当如下：

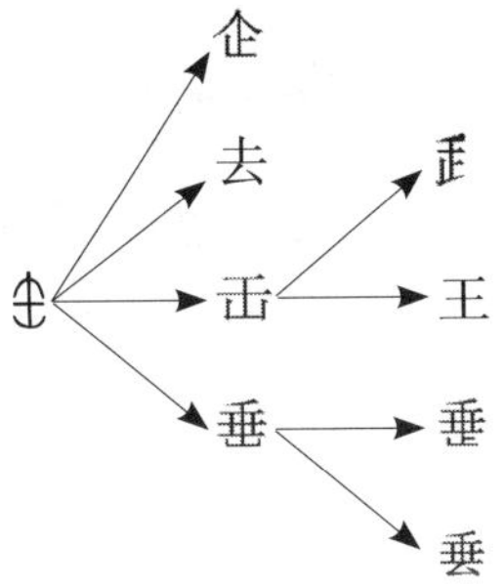

① 顾蔼吉：《隶辨》，中国书店，1982年，第703页。
② 顾蔼吉：《隶辨》，中国书店，1982年，第31页。

95. “兔”作“兔”“免”“兎”

如“兔”作兔［阿斯塔那2号墓（1）］、免［阿斯塔那100号墓（2）］，“逸”作逸［阿斯塔那222号墓（11）］，“纔”作纔［阿斯塔那43号墓（3）］等。

“兔”小篆作兔，睡虎地秦简作兔，银雀山汉简作兔，形皆相类从“点”，后世或从“厶”，“兔”南北朝中已多从“厶”者，如“毚”作毚（元勰妃李媛华墓志），“冤”作冤（吊比干文）。“兔”作“兎”或为受到“鬼”之同化。“鬼”睡虎地秦简作鬼，下部形体与“兔”相类作鬼，小篆作鬼，故后世或承隶作“甶”“甶”，或承篆作“甶”，文书中作鬼、鬼［阿斯塔那332号墓（9）］。

“免”为“兔”之省形变体，“纔”中右部构件本从“㲋”“兔”，南北朝碑刻中上下已同化作毚，同从构件“兔”，文书中则皆作“免”，

以上变体的演变途径为：

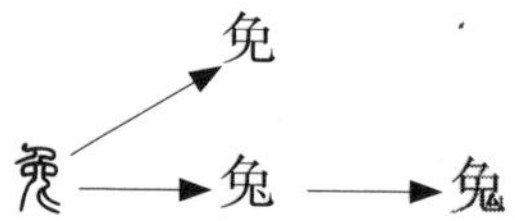

96. “𠦝”作“𠦝”“𠦝”

如“幹”作幹［阿斯塔那35号墓（19）］、幹［阿斯塔那151号墓（25）］，“榦”作榦［阿斯塔那337号墓（20）］，“翰”作翰［阿斯塔那509号墓（54）］。

“𠦝”作“𠦝”约起于南北朝时期，原因不明。

97. “夊”作“夊”“攵”“友”“大”

如“夏”作夏［阿斯塔那15号墓（9）］、夏［阿斯塔那517号墓

（3）］、［阿斯塔那10号墓（18）］，“瓊”作［阿斯塔那169号墓（3）］、［阿斯塔那48号墓（5）］，“復”作、、［阿斯塔那13号墓（1）］等。

根据上述各字中“夊”的形体，其各类变体间的关系当如下图所示：

夊 ⟶ 从 ⟶ 友 ⟶ 大

“夊”到“从”，将曲笔拉直，“从”上加横笔隶作“犬”之变体，又与“大”形近，故而又隶同“大”。

98．“水”作“水”“小”“氵”“冫”“讠”“小”

如“泰”作［阿斯塔那188号墓（7）］、［阿斯塔那506号墓（14）］、“源”作［哈拉和卓91号墓（2）］、［阿斯塔那346号墓（1）］，“減”作［阿斯塔那169号墓（6）］、［阿斯塔那91号墓（3）］、［阿斯塔那191号墓（3）］，“浄”作［阿斯塔那365号墓（4）］、［阿斯塔那154号墓（4）］，“況”作［阿斯塔那169号墓（5）］、［阿斯塔那169号墓（6）］、［阿斯塔那27号墓（9）］，“酒”作［哈拉和卓91号墓（31）］，“流”作［阿斯塔那62号墓（5）］，“漆”作［阿斯塔那43号墓（3）］等。

从以上各字来看，“小”当为“水”之变体，是曲笔拉直的结果；“氵”作为偏旁变体，“冫”为其省笔变体，而“讠”则是“氵”连笔书写所产生的变体。其相互发展关系如下：

水 ⟶ 小 ⟶ 小

水 ⟶ 氵 ⟶ 讠

氵 ⟶ 冫

99. “彳”作“彳”“讠”“亍”“氵”“亻”“丬”

如“復”作［阿斯塔那13号墓（1）］、［阿斯塔那222号墓（13）］、［阿斯塔那90号墓（6）］，“得”作［阿斯塔那39号墓（1）］、［哈拉和卓98号墓（1）］、［阿斯塔那90号墓（6）］，“履”作［阿斯塔那170号墓（3）］，“径”作［阿斯塔那27号墓（10）］，“後”作［阿斯塔那2号墓（1）］、［哈拉和卓99号墓（5）］、［阿斯塔那169号墓（5）］、［阿斯塔那320号墓（1）］等。

文书中，“彳”写法各异，由于对同一构件书写方式，包括笔画的笔顺、连笔与否以及笔画书写方向等的区别使其产生了众多变体，如上述、中虽皆为“彳”，但显然首笔与第二笔皆从左向右行笔，其形似横笔，而中则刚好相反，由右向左，形似撇笔。将第二笔与竖笔连笔书写，恰为向“讠”发展的过渡状态，在此基础上左右构件书写连笔时竖笔产生向右上的提笔则发展为“讠”。改变中竖笔自上而下的书写方向为自下而上则变体“氵”亦产生。“亻”常被看作与“彳”为意符替换，但有的从意义上无法解释合理，如上述“径”从“亻”不通。且从书写来看，我们可以看到两者的形体演变轨迹，如从到［哈拉和卓99号墓（5）］，或从到完全可以看出从“彳”到“亻”由于连笔而引起的形体演变。作“丬”的现象，文书中仅出现在“履”中，“丬”为“爿”之变体，但从“彳”到“丬”，则是直接的隶变，并不经过“爿”之过渡。“丬”当是从“彳”之篆形上下连体而相混。

其各类变体演变如下：

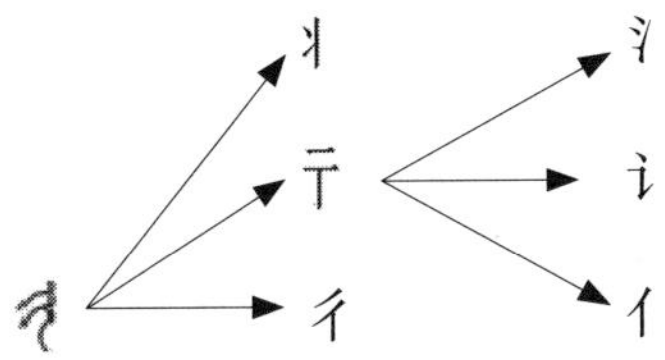

100. “戔”作“戋”“𢦏”“𢦏”“戋”

如“贱”作［阿斯塔那509号墓（21）］、［阿斯塔那363号墓（6）］，“践”作［阿斯塔那61号墓（2）］，“浅”作［哈拉和卓91号墓（2）］，“錢”作［阿斯塔那2号墓（1）］、［阿斯塔那48号墓（6）］等。

“戔”之变体由前述“戈”的变体“戈”“土”“𠁾”组合而成，“戋”恰由“土”“𠁾”结合而后上下相连形成。其变体间关系如下：

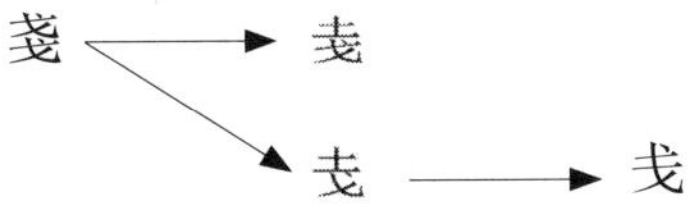

101. “朿”作“来”“束”“夹”“宋”

如“朿”作［阿斯塔那507号墓（14）］，“刺”作［阿斯塔那29号墓（7）］、［阿斯塔那507号墓（8、9）］，“棘”作［阿斯塔那524号墓（9）］，“策”作［阿斯塔那27号墓（7）］，“勅”作［阿斯塔那22号墓（3）］、［阿斯塔那507号墓（33）］，“棗”作［阿斯塔那524号墓（2）］等。

“朿”小篆作，由此而可隶作“朿”“來”“朿”，进而隶作形近之“束”，“來”位于文字左边位置时，出于让就的考虑又或隶作“夾”，睡虎地秦隶中“刺”已从“夾”形，作。“来”“夹”分别由“來”“夾”演变而来。“宋”则是由“朿”调整内部上下笔画而产生的变体。其各变体演化如下：

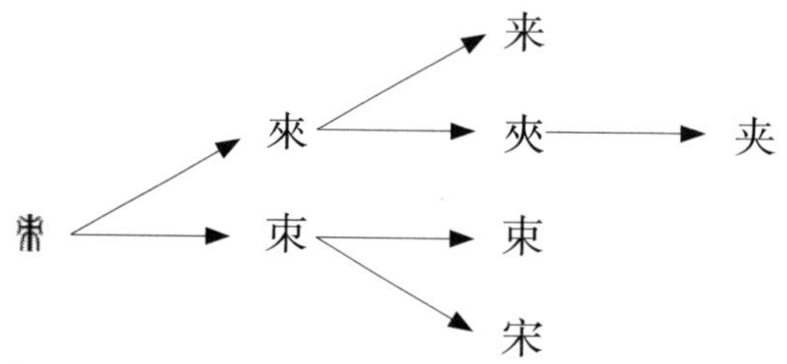

102. “桼”作“来”“來”“来”

“漆”作漆［阿斯塔那43号墓（3）］、漆［阿斯塔那506号墓（14）］，“膝”作膝［阿斯塔那169号墓（5）］。

“桼”小篆作桼，此形可隶作“桼”，“木”加上之两点则与“来”相近，下之“氺”与“小”“⺌”为常见的替换关系，“来”又逆推作“來”故而作“來”。由“来”形而将中部撇、捺连接而拉直为横笔，则整个构件隶作“来”。

因此，以上变体演变是如下：

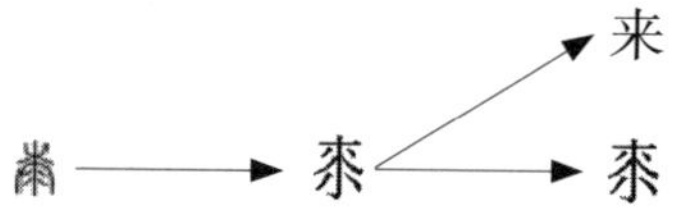

103. “册”作“廾”“冊”“西”

如“册”作册［阿斯塔那508号墓（1）］，“嗣”作嗣［阿斯塔那204号墓（1）］，“倫”作倫［阿斯塔那222号墓（14）］、倫［阿斯塔那151号墓（34）］，“扁”作扁［阿斯塔那151号墓（23）］，“論”作論、論［阿斯塔那363号墓（6）］等。

以上变体“廾”将“册”相同的部分合并为一，“冊”则是将“册”左右相连而形成的变体，“西”当是首先出现“侖”这个构件中，由“亼”中横笔与“冊”组合而成，后又将此看作“册”之变体，故“扁”中亦从此形。

104. “夨”作“矢”“失”“夫”

如“吳”作［阿斯塔那22号墓（7）］、［哈拉和卓90号墓（13）］、［阿斯塔那78号墓（10）］，［阿斯塔那27号墓（9）］等。

“夨”的变体反映了折笔拉直的隶变方式：

夨 ——→ 矢 ——→ 失 ——→ 夫

“吳”，居延新简中已可见首笔曲线拉直作横者。

105. “夲”作“天”“六”

如“奏”作［阿斯塔那43号墓（3）］、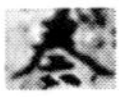［阿斯塔那24号墓（2）］。

“奏”，《说文》中从“夲”，秦隶已从“（矢）”形，汉隶从之，马王堆帛书中作、，后世隶作“夫”，又作“天”，“矢”又有变体作“𡗗”，居延新简中可见从此形者，此形又混同作“六”。

故其发展当为：

 ——→ 𡗗 ——→ 夫 ——→ 天

𡗗 ——→ 六

106. “夰”作“天”“夫”

如“昊”作［阿斯塔那517号墓（2）］、［阿斯塔那520号墓（1）］，“睪”作、［哈拉和卓91号墓（43）］等。

“夰”小篆作，与“夫”相近，故隶为“夫”，又进而作“天”。

107. “夫”作“夫”“矢”

单字“夫”仍作［阿斯塔那302号墓（6）］，“趺”亦作［阿斯塔那506号墓（13）］，“规”则改从“矢”作［阿斯塔那105号墓（1）］。《正字通》：“矩，规本字。”从文字发展来看，此形出现在魏

晋南北朝时期，当是由于“夫”与“矢”之变体“𠆢”形近而产生的逆推。

108. “矢”作“矢”“夫”“天”“扌”

如“矣”作［阿斯塔那27号墓（8）］、［阿斯塔那363号墓（6）］，“族”作［阿斯塔那151号墓（34）］，“侯”作［哈拉和卓96号墓（10）］，“短”作［阿斯塔那135号墓（1）］、［阿斯塔那42号墓（4）］等。

如前所述，“矢”依小篆，则后世或隶作“𠆢”，或隶作“矢”，“夫”“天”皆为两者之变体。文书中“短”又或改从“扌”，也当为“夫”形之变，去末笔之捺则与“扌”形相近，文书并未见去捺之形，作“扌”当为如前所述基于意义考虑而有意省笔的变体。

109. “白”作“白”“日”

如“皎”作［阿斯塔那189号墓（10）］，“魄”作［阿斯塔那13号墓（2）］，“皎”从“日”，或可看作形近意符换用，“魄”则从白声，作“日”显然是“白”之变体。

110. “厷”作“厷”“龙”“右”

如“肱”作［阿斯塔那27号墓（8）］，“雄”作［阿斯塔那337号墓（20）］、［阿斯塔那509号墓（54）］。

“厷”小篆作，形隶作“厶”，“厶”又与“口”形相替换而作“右”，与“匕”形相替换则作“龙”，“厶”“匕”两者区别在于点的位置的调整。故其演化关系为：

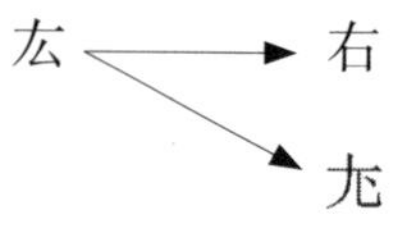

111. “左”作“左”“龙”“尢”“九”“𠂇”“龙”“右”

如“佐”作［阿斯塔那507号墓（25）］、［阿斯塔那507号

墓（28）］、［阿斯塔那91号墓（5、6）］，“左”作［哈拉和卓96号墓（9）］、［哈拉和卓91号墓（9）］、［阿斯塔那34号墓（3）］、［阿斯塔那4号墓（1）］、［阿斯塔那4号墓（2）］、［阿斯塔那10号墓（9）］、［阿斯塔那99号墓（1）］。

“左”的隶变主要在于构件“工”，“工”改变笔画相对位置则作，继而将其变为“匕”形，“匕”撇笔变点则作“龙”，竖弯钩上加点与不加点的情况文书中共存，省点则作“尢”，竖弯钩文书中又在起笔处常有向左的弯折，因此又隶作“尢”；或将竖弯钩与上之横笔相连则作“九”。

其各变体当演变如下：

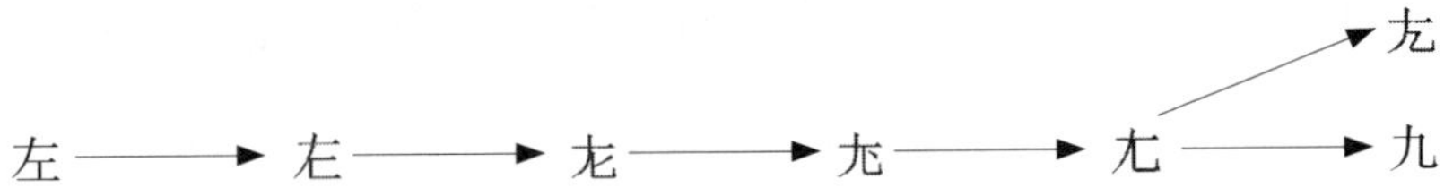

“差”中变体同“左”，如“差”作［哈拉和卓96号墓（3）］、［哈拉和卓91号墓（8）］、［阿斯塔那179号墓（3）］、［阿斯塔那222号墓（11）］等。

112. “羌”作“羌”“羗”

如“羌”作［阿斯塔那337号墓（20）］、［阿斯塔那179号墓（3）］，“羌”本从“人”从“羊”，变体“羗”当是受形近结构形体“鬼”产生的变体。

113. “工”作“工”“互”“王”“匕”“乚”

除前述“左”“差”中“工”由于连笔所发生的作“匕”“乚”等调整外，“工”又有变体“互”“王”，如“江”作［哈拉和卓91号墓（23）］、［阿斯塔那216号墓（11）］，“红”作［阿斯塔那170号墓（1）］，“工”作［哈拉和卓96号墓（3）］。

"互""王"两变体在汉代隶书中已经出现，此二形当是"工"受到"巨"之影响而产生的变体。"工"即为规矩之形，"巨"象以手持规矩之形，所表意义相似，故而同化。"巨"战国文字作、、、、等，此二形当是承袭以上文字形体，特别是形产生的变体，"王"直接承自，而"互"将中间两笔连笔而成。

114. "匕"作"匕""亠""亼""人"

如"匕"作［阿斯塔那151号墓（15）］，"匙"作、［阿斯塔那150号墓（9）］，除此之外又作"亠""亼""人"三类变体，一是"亠"，这种变化出现在"旨"及以"旨"为构件的"指""脂""诣""稽"等字中，如"旨"文书中作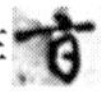［阿斯塔那226号墓（20）］，"脂"作［阿斯塔那88号墓（1）］，"指"作［阿斯塔那222号墓（11）］，"诣"作［阿斯塔那48号墓（4）］等。二是"亼""人"，这种变化出现在"指""脂""诣"等字中，如"指"作［阿斯塔那363号墓（3）］，"脂"作［阿斯塔那337号墓（20）］，"诣"作［阿斯塔那135号墓（1）］等。

"亠"为将"匕"形中的短线条部分进一步缩短为一点，剩余曲线部分拉直为一横；"人"则是将"匕"形曲线部分拉直为一撇，短线条部分基本保持不变，形成捺笔；而"亼"则是"匕"形曲线线条从弯曲处断开的结果，断开部分的上部演变为撇，下部变为横画。

"亠""人""亼"三形，虽然在出现的文字上出现了交叉，但根据对吐鲁番出土文书中所见"指""脂""诣""稽"所有形体的考察，"亠"形主要出现在"指""脂"二字中，"人""亼"主要出现在"诣"字中，而作为三字共同构件的"旨"则仅有"亠"一种形式，"稽"中也未出现"人""亼"的隶变形式，"匕"或作"亠"，或与下部“日”组合成“目”（这一点与“耆”相同）。因此，我们认为，“亠”“人”“亼”三种形体的出现体现了“匕”形在隶变中的多种探索途径，而三者在不同形体中的不同表现则反映出探索过程中系统调整所遵循的一些规则：一是相同构件尽量向同一形体靠拢以减少构件数量，如“指”“脂”“稽”中绝大多数采用单字“旨”的形体。二是同一形体多种隶变形式在不同文字中要参照整字的形体结构做出最终的选择，如“诣”绝大多数选择“人”“亼”形主要来自于整字形体的考量。“诣”从“言”，“言”字上部即为“亠”形，如果构件“旨”采用其单字形式作“旨”，那么“诣”字上部左右形式相同，一方面下部左右不对称而导致结构失调，另一方面“亠”形为左右扩展型，左右并列放在一起，结构上显得拥挤，因而采用了其他的隶变形式。

115. “尤”作“尢”“龙”“九”“丸”“大”

“尤”作［阿斯塔那222号墓（11）］，“就”作［阿斯塔那44号墓（10）］，“稽”作［哈拉和卓91号墓（2）］、［阿斯塔那189号墓（5）］、［阿斯塔那509号墓（23）］等。

“尤”中点所在位置和有无不固定，当位于竖弯之上时，又改变笔画隶作“匕”形，竖弯与上之横笔相连则作“丸”形，省点则作“九”，或将竖弯拉直为捺而作“大”。因此变体演变当如下：

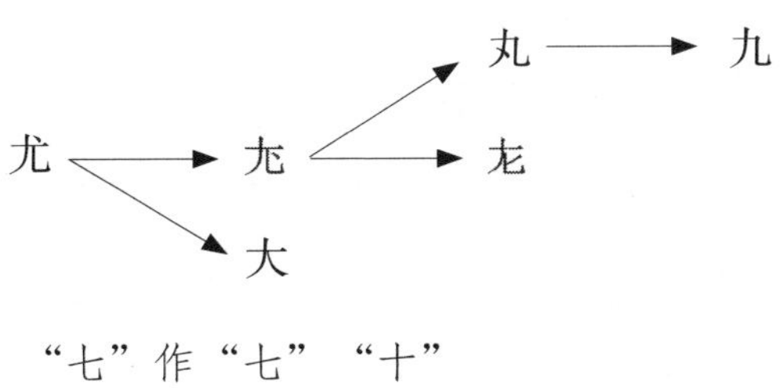

116. “七”作“七”“十”

单字及“柒”中仍作“七”，“切”中则或从“十”形作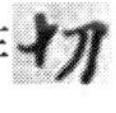［阿斯塔那170号墓（2）］。“十”为“七”之古文形式。

117. “𦥯”作“𠕁”“曲”

“農”作［哈拉和卓91号墓（2）］，又作［阿斯塔那15号墓（1）］，在保持“𦥯”之外部轮廓的情况下隶作“𠕁”形，又调整笔画相对位置而作“曲”。

118. “丹”作“丹”“月”

如“丹”作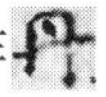［阿斯塔那43号墓（3）］，“彤”作［阿斯塔那524号墓（9）］，“青”作［阿斯塔那43号墓（3）］。

“丹”作“月”形，系将内之表丹砂之形的点隶作横笔而产生的变体。

119. “旡”作“元”“无”“天”“夫”

如“既”作［阿斯塔那337号墓（20）］、［阿斯塔那100号墓（2）］，“僭”作［阿斯塔那363号墓（6）］等。“旡”到“无”将折笔拉直，又改变笔画关系作“元”，“天”则为“无”中竖弯与捺笔的转化。

120. “冘”作“冘”“𡯁”“冗”“宂”“旡”

如“枕”作［阿斯塔那170号墓（1）］、［阿斯塔那48号墓（2）］，“沈”作［阿斯塔那206号墓（12）］、［阿斯塔那524号墓（9）］、［阿斯塔那35号墓（29）］、［阿斯塔那341号墓（2）］、［阿斯塔那29号墓（1）］等。

“冘”作“𡯁”似未见于别处，产生原因不明。“冗”为竖弯与横折弯调整产生的变体，“冖”与“𠂉一”为书写的变化，也为常见的转化，故而作“宂”。“旡”则为“𡯁”与“冗”相结合发生的变化。故其变体调整如下：

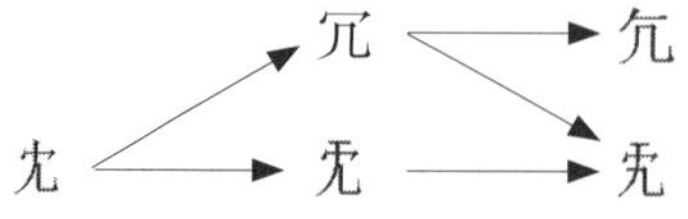

121. “瓜”作“爪”“爫”

如“瓠”作［阿斯塔那27号墓（8）］，“觚”作［阿斯塔那27号墓（9）］，“瓜”作［阿斯塔那150号墓（2）］，“瓢”作［阿斯塔那184号墓（10）］，“駈”作［阿斯塔那101号墓（1）］、［阿斯塔那337号墓（4）］，“孤”作［阿斯塔那5号墓（12）］、［阿斯塔那31号墓（32）］、［阿斯塔那43号墓（3）］，“狐”作［阿斯塔那42号墓（8）］等。

“瓜”小篆作，曲笔拉直则隶作“爪”，“爫”形的来源或是与汉代竖提或竖笔右侧常加“㇃”相关，文书中可见“外”作［哈拉和卓96号墓（3）］，此形亦产生于汉代。

122. “冃”作“罒”“冖”“宀”

如“冒”作［哈拉和卓91号墓（34）］，“帽”作［阿斯塔那517号墓（2）］，“冕”作［阿斯塔那27号墓（7）］，“最”作［阿斯塔那193号墓（1）］、［阿斯塔那507号墓（38）］等。

“冃”本承自小篆，文书中或省形作“冖”，“冖”“宀”为常见混同构件，故此处亦作“宀”。“冣”作“㝡”睡虎地秦隶中已见，此字源自《说文》中“最”“冣”两字，前者从“冃”，后者从“冂”，睡虎地秦隶中有“最”无“冣”，“最”从“冃”作，“冒”同此作，可见“冃”上已加点。早期汉隶从“冂”从“冃”者皆有，如马王堆帛书中“最”作，或作，但可以看到冂上加点者多见，“冣”则皆作，同从之“冠”亦皆首笔加点作，银雀山汉简中“冣”皆从加点之形作，而“冒”则仅作，可见早期隶书中两者已有混同，后世有的字形保持原构件不变，如“冒”“冠”等，有的则换用作“宀”，如“冣”，从换用与否的情况看，应该是与文字所代表的意义相关，与“帽”意义相关的仍从“冖”，意义抽象的“冣”则换用构件。

“罒”为“冃”形之变，将中间横笔变为“丷”形。两汉时期未有此混同，南北朝石刻中“冒”不作此形，但“最”或作（郭显墓志），敦煌文书中亦有作者。同从此构件的“曼”中则未有此类变化，因此，此形变当是为了避免上下横笔的大量重复，笔画安排能够错落变化所致。“曼”下部“目”已横置作“罒”，因此上部不再变化。

故各变体演化关系如下：

冃 → 冖 → 宀

冃 → 罒

123. “吉”作“吉”“告”

如“颉”作［阿斯塔那59号墓（2）］、［阿斯塔那59号墓（5）］，“结”作［阿斯塔那59号墓（1）］等。

“吉”本从“士”从“口”，文书中作“告”形当为横笔起笔处加弯折产生的变体形式。

124. “巴”作“巳”

如“把”作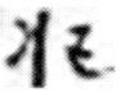［阿斯塔那23号墓（1）］。“巴”小篆作，早期汉隶即为从“巳”形之源，马王堆帛书中此字作，银雀山汉简中作。

125. “面”作“面”“靣”

如“面”作［阿斯塔那13号墓（1）］、［哈拉和卓99号墓（1）］。

126. “回”作“回”“囬”

“回”作［阿斯塔那363号墓（6）］、［阿斯塔那216号墓

(11)]。“迴”作[阿斯塔那222号墓(10)]、[阿斯塔那341号墓(2)]。

127. “川”作“川”“ル”“巛”“忄”“⺗”

如“川”作[阿斯塔那48号墓(14)]、[阿斯塔那337号墓(20)],“训”作[阿斯塔那524号墓(4)]、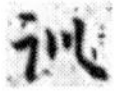[阿斯塔那150号墓(6)],“邕”作[阿斯塔那170号墓(4)]、[阿斯塔那88号墓(2)],“巡”作[阿斯塔那221号墓(3)]、[阿斯塔那35号墓(6)]、[阿斯塔那509号墓(33)],“顺”作[阿斯塔那169号墓(3)]、[阿斯塔那169号墓(5)]、[阿斯塔那48号墓(4)]、[阿斯塔那524号墓(3)]等。

“川”的变化也主要反映在笔画形态的调整中,左右笔画的缩短使其与“心”之变体“忄”相混,又进而作其另一变体“⺗”。

128. “隺”作“霍”

如“鹤”作[阿斯塔那509号墓(52)],“確”作[阿斯塔那230号墓(5)]。“隺”“霍”本形近,可看作形近混同,但两者的相混还经过一个重要的过渡状态,即“隺”作“寉”,此变化与“尢”变体作“宂”的调整相同,此类变化大概也发生在魏晋六朝时期。

129. “㕣”作“公”

如“铅”作[阿斯塔那43号墓(3)],“船”作[阿斯塔那230号墓(1)]。

“㕣”本从“口”从“水”,“八”形象水之形,下部“口”与“厶”形替换而作变体“公”。

130. “竹”作“竹”“艹”“䒑”“非”“业”“业”

如“筆”作[阿斯塔那170号墓(3)],“等”作[阿斯塔那

59号墓（2）］、［阿斯塔那59号墓（15）］、［哈拉和卓91号墓（3）］，“箱”作［哈拉和卓91号墓（4）］、［阿斯塔那150号墓（10）］，“答”作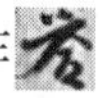［阿斯塔那230号墓（5）］，“第”作［阿斯塔那27号墓（8）］、［阿斯塔那508号墓（1）］，“篤”作［阿斯塔那330号墓（3）］，“笺”作［阿斯塔那524号墓（9）］等。

“竹”依篆形隶作“竹”或“艹”，其余各形皆为以“艹”形而进行调整产生的变体。

131. “甘”作“日”“甘”

如“甜”作［阿斯塔那140号墓（4）］，“甞”作［阿斯塔那90号墓（6）］，“甘”隶定古文作［阿斯塔那179号墓（3）］，“猒”作、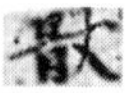［阿斯塔那27号墓（8）］等。

132、“于”作“丂”“亐”“兮”“丁”

《说文》：“亏，於也。象气之舒。亏，从“丂”从“一”。一者，其气平之也。”“丂，气欲舒出。勹上碍於一也。丂，古文以为亏（于）字，又以为巧字。”因此，“丂”与“亏（于）”字形近或同，从“亏（于）”与从“丂”同。从“丂”之字有“兮”“宁”“可”“考”“虧”“號”等字，这里一并考察。“兮”字作“”“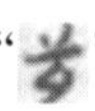”“”，后两形出自阿斯塔那363号墓（6），为唐景龙六年卜天寿抄孔氏本郑氏注《论语》中的形体，敦煌文书中皆作“”。“考”皆作“”，“丂”形全作“丁”形，敦煌文书中又作“考”，《干禄字书》：“考，上通下正。”“亏”上横笔或又调整作两点，隶与“兮”同。“虧”吐鲁番文书中即从“兮”而不从“亏”，“兮”形与单字同作“”。“號”已作简体写法“号”，《论语》郑氏注

之古写本中仍作“號”，构件“号”形与前“”同。“粤”字仅1例，构件“亏”作与“丁”同，敦煌文书作“丂”。“可”“宁”等字下“丂”形皆作“丁”形。“朽”字仅两例，一例作“朽”形，另一例仍为古写本写法作“”，敦煌文书则从“木”从“亏”作“”，或从“歹”从“丂”。“巧”字或从“丂”作“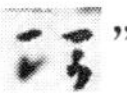”，或从“兮”作“”，敦煌文书皆作后者，《干禄字书》：“巧，上通，下正。”“誇”中“夸”或从“兮”作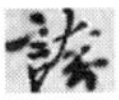［阿斯塔那509号墓（55）］，其余从“夸”之字，如“袴”“梓”“胯”等字则从“亏”或从“于”，如［阿斯塔那517号墓（2）］、［阿斯塔那205号墓（1）］、［阿斯塔那171号墓（2）］等。

此构件文书中作单字时可见其多作“于”，又或作“”“”。“于”和“”反映了“于”的两种常见变体。以“于”为构件的“汚”“盂”“夸”“胯”“誇”“袴”等字中“于”多作此二形。“”形出现在《论语》郑氏注古写本，传世文献此处作“于”，出自《论语·八佾》“君子之至于斯也，吾未尝不得见也”中之“于”，但从字形来看，我们认为，此字或为“于”之另一变体“兮”，或当为“乎”之变体。参考同文中“乎”字写法，下文三处“乎”皆作“”，一处“乎木铎”，“乎”当用作“呼”，一处“能行之者乎”，作语气词使用，第三处上文缺失，不知所用，考之传世文献《论语》中此处作“君子无终食之间违仁”，无此“乎”字。从第一处“乎”字形及用法来看，前文“君子之至于斯也”之“”或当为“呼”之省变，用作介词“乎”。上部“口”形为“呼”左部构件“口”，下部形体为前所述“”下部之形体，此字省略“”上部形体，又将构件“口”与下部构件“丂”位置重新调整，用作

“乎”字。《集韵》：“虖，古乎字。汉书凡乎皆作虖。”“呼通作虖。”

从战国文字来看，“于”多为“”形，为后世“于”之所本。战国六国文字及秦文字中皆作此形，汉代马王堆帛书中“于”作，又作“”，张家山汉简中与银雀山汉简中皆作“”，而居延新简中则同马王堆帛书，两形并存，汉代碑刻中亦同此。由此可以看出，“于”形来源于战国文字，战国文字字形写法与西周文字形体基本无异。而“”形则应来自秦代小篆的影响，小篆应是在战国秦隶的基础上对文字形体作了一定程度的修改。从前述汉代文献资料中所见“于”之形体表现，可见汉代文字既承继战国文字形体，又受到秦代小篆的规范作用。魏晋南北朝时期，两形依旧并存，但从字形的分布来看，魏晋时期，两形所占比例相当，进入南北朝时期，“于”形则占据了绝对性优势，仅有姚伯多兄弟造像碑、法雅与宗那邑等造塔记、寇凭墓志中作“”形，其余均作“于”形，吐鲁番出土文书中仅哈拉和卓91号墓（2）一处作“”，从时间来看作于公元408年，时属晋代，也与碑刻文字相符。可见，到南北朝时期之后单字中“于”形已经成为通行形体，唐代的碑刻文字中多有“”形，是拟古的写法。在手写文字中，“于”已取代“”。

但从以“于”为构件的文字形体看，构件“于”在不同的文字形体中表现出不同的发展态势，体现了构件发展的不平衡性。“平”中间一笔全做竖笔，“汙”字作又作，没有明显的时代界限。“乎”作“”“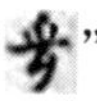”，又作“乎”“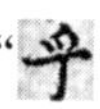”，显然属于两个不同系列的变体。从时间分布上亦体现出明显界限：在阿斯塔那169号墓（5）之后的字形中，“乎”全部作“乎”或“”，之前两种形体并存。阿斯塔那169号墓（5）之后的文献除前述阿斯塔那363号墓（6）唐景龙六年卜天寿抄孔氏本郑氏注《论语》

之外，另有一处为阿斯塔那134号墓（5）古写本隋薛道衡《典言》残卷，亦作形，可知“”“”为较早年代写法。“呼”除高昌延昌二十七年（公元587年）作“”外，其余皆作或“”。其余各字，由于所见例字数量有限，时间跨度小，因此无法清楚分析其形体分布，如“盂”全从“”，“宇”全部从“于”等，另外，“于”作为二级构件出现的以“夸”为构件的字中，两形并存，如、［阿斯塔那29号墓（1）］。

上述各字可见构件在不同字形中发展的不平衡，中间一笔或为直笔，或有弯折，或两形并存。但从整体发展趋势来看，“丂”或“亏”形更倾向于向笔画更为简便的“丁”形或“于”形转化，但在具体的文字形体又根据具体的情况和规则作出取舍，如在“考”“兮”“乎”“号”“寧”“巧”“朽”“粤”等字中分别体现出不同的形体选择，仔细考量，一个字由两个或两个以上的构件组成时，如果其中一个或几个构件形体复杂，那么另一构件就相对尽量较简，尤其是在上下结构的文字形体中，如“考”“寧”“粤”与“兮”“号”“巧”“朽”在形体选择上的对比。当然在选择中还有其他因素的考虑，如“可”及以“可”为构件的文字采用“丁”形或与其字形结构相关。因为字形的发展多是自然演变的结果，也是人们共同选择的结果，受多种可能性因素的影响，它并不是某一条强制性的规定在单一地发挥作用。

133. “朋”作“用”

“朋”作“用”为其隶变变体之一，此字小篆作，马王堆帛书作，“崩”银雀山汉简作、、，可见“朋”形系中间割裂形体而来，“用”形系合并中间竖笔而来，皆为其变体，文书中两形具备，如“朋”作［阿斯塔那48号墓（13）］或［阿斯塔那363号墓（6）］，“崩”作［阿斯塔那215号墓（6）］或［阿斯塔那43号墓（3）］，后者是在“朋”作“用”基础上的字内同化。

134. "直"作"直""直""直""直""直"

"直"作［哈拉和卓96号墓（17）］、［哈拉和卓91号墓（4）］、［阿斯塔那50号墓（4）］、［阿斯塔那376号墓（2）］，"值"作［哈拉和卓96号墓（10）］、［阿斯塔那105号墓（2）］，"植"作［阿斯塔那206号墓（12）］等。

"直"小篆作，依此则隶作"直"，后上之"十"形或调整作"亠"，底部折笔或拉直，或调整为"亠"而整个构件作"直""直"，此类形体汉隶中已经出现。由于"目""月"常相替换而又作"直"，"直"则是将"亠"又回复作"十"的进一步变体。其中底部作"亠"的变体形式或为"L"形之变，或为上下同化的原因，或者是相近形体类化的原因，"旦"汉代隶书中亦可见作"且"。

135. "旦"作"旦""且""口""旦"

如"旦"作［哈拉和卓38号墓（1）］、［阿斯塔那43号墓（2）］，"但"作［阿斯塔那48号墓（1）］、（阿斯塔那31号墓）、［阿斯塔那29号墓（7）］、［阿斯塔那509号墓（28）］、［阿斯塔那509号墓（52）］。

"且"形或当源自于金文形体，如颂簋作，颂壶作。"口""旦"则为从"日"之形的省略，此二形当并非为避讳而生。文书中从"口"形者最早见于阿斯塔那29号墓（7），此文书出自于公元685年，为唐睿宗李旦在位期间。

136. "禾"作"禾""示""示""礻""天"

如"秦"作［阿斯塔那150号墓（3）］、［阿斯塔那29号墓（12）］、［阿斯塔那230号墓（1）］。"稷"作［阿斯塔那332号墓

（13）］，“颖”作［阿斯塔那153号墓（3）］等。

“禾”“朩”仅为撇笔、横笔的调整，为常见变化，“朩”又调整作“示”，“礻”为“示”形的变体，文书中仅出现在“稷”“租”两字中，“租”中或可看作文字使用中的通假，“稷”从“礻”形则又可看作是意符的替换。作“天”仅出现在“颖”中，可看作是构件在左下方所产生的变体。故其演变当如下：

禾 → 朩 → 示 → 礻
禾 → 天

137. “穴”作“穴”“宀”“罒”

如“穿”作［阿斯塔那43号墓（3）］，“竊”作［哈拉和卓91号墓（2）］，“竇”作［阿斯塔那150号墓（3）］，“窸”作［阿斯塔那29号墓（19）］，“竈”作［阿斯塔那363号墓（6）］等。

“宀”为“穴”之省，亦多可看作意符替换；“穴”到“罒”形的变化与前述“雀”作“雀”、“尢”作“尢”的变化相类。

138. “疒”作“疒”“疒”“广”

如“疾”作［阿斯塔那191号墓（3）］、［哈拉和卓1号墓（4）］，“疝”作［阿斯塔那42号墓（12）］，“痫”作［阿斯塔那35号墓（6）］，“疥”作［阿斯塔那524号墓（5）］，“痛”作［阿斯塔那27号墓（8）］等。

各变体间当为笔画逐渐省略的关系。

139. “广”作“厂”“疒”“疒”

如“庾”作［阿斯塔那337号墓（20）］、［阿斯塔那88号墓（2）］，“店”作［阿斯塔那509号墓（40）］、［阿斯塔那509号墓

（52）]，“廢”作[阿斯塔那363号墓（6）]、[阿斯塔那187号墓（1）]等。

140. “㐺”作“乑”“㐺”“水”

“衆”作[阿斯塔那151号墓（11）]、[哈拉和卓33号墓（5）]、[阿斯塔那517号墓（12）]。

以上各形可见对“人”形的不同调整和组合，中将最右边的构件“人”调整为“乀”，附属于中部之竖笔，在此基础上将左部之“人”形调整为其另一变体“⺈”，则进一步在此基础上省笔作成字构件“水”。

141. “麥”作“麦”

文书中从“麥”之字皆从“麦”形。如“稜”作[阿斯塔那19号墓（5）]，“凌”作[哈拉和卓91号墓（3）]，“陵”作[阿斯塔那31号墓（1）]等。

“麦”为“麥”两点连成横笔之变体。

142. “卒”作“卒”“卆”

如“卒”作[哈拉和卓96号墓（3）]、[阿斯塔那313号墓（7）]，“醉”作[阿斯塔那524号墓（9）]。

从“卒”到“卆”当经历了中部“从”形调整为“八”形，进而“八”与上之“亠”连笔而重新组合作“卆”的发展过程。

143. “爯”作“爯”“再”“冄”

如“稱”作[阿斯塔那59号墓（6）]、[阿斯塔那209号墓（2）]、[阿斯塔那228号墓（5）]。

144. “再”作“爯”“再”“再”“再”“再”

如“再”作［阿斯塔那332号墓（9）］、［阿斯塔那332号墓（8）］、［阿斯塔那24号墓（4）］、［阿斯塔那332号墓（9）］、（阿斯塔那380号墓）等。

“再”“再”为“再”依据篆形产生的变体，“爯”“再”则显然受到了“爯”之影响而被同化，且这一时期又常有在“十”“丅”两侧增两点的现象，也是上述两变体产生的动因。“再”则当为“再”基础上由于“一”和“冖”转化而产生的变体。

145. “人”作“人”“𠂉”“ㄗ”“㇛”“卜”“⺊”“丷”等

如“企”作［哈拉和卓91号墓（2）］，“陷”作［哈拉和卓91号墓（8）］、［阿斯塔那151号墓（34）］，“負”作［哈拉和卓96号墓（12）］、［阿斯塔那223号墓（5）］，“及”作［阿斯塔那169号墓（6）］、［阿斯塔那337号墓（20）］，“矦”作［哈拉和卓99号墓（5）］、［阿斯塔那15号墓（12）］，“諂”作［阿斯塔那363号墓（6）］，前述“衆”作，“咎”作［阿斯塔那363号墓（6）］，“卧”作［阿斯塔那27号墓（7）］，“外”作［哈拉和卓96号墓（3）］，除此之外，在“臨”“亡”等以“人”为构件的字中，也因其所在位置的区别而产生了各类变体，如“臨”中作“人”，后又调整为“𠂉”，“亡”又调整为“亠”“二”“㇛”等。

“丷”则是“𠂉”之草写变体，“臽”亦或作［阿斯塔那31号墓（1）］，但“负”“及”中不作此。

146. “角”作“角”“⻆”

如“解”作［哈拉和卓96号墓（3）］、［阿斯塔那321号墓

（2）]，“懈”作[阿斯塔那169号墓（5）]，“斛”作[哈拉和卓91号墓（29）]、[阿斯塔那35号墓（14）]。

构件“角”，文书中作“角”或“⿱⺈田”，但单字不作“⿱⺈田”。“角”作“⿱⺈田”形，当是受到“鱼”的影响。此构件变体最早出现在“衡”字中，“衡”小篆作，“从‘角’从‘大’，行声”。睡虎地秦隶中或同此作，或隶变作，形中部形体与“鱼”形同，睡虎地秦隶中“鱼”作，故后“衡”多有从形者，如马王堆帛书中亦有，东汉碑刻中“衡”作（武荣碑）①。故可见“角”之变体“⿱⺈田”起于“衡”，与其下之构件“大”与“鱼”下之尾形相近相关，亦与此字中“角”所居上之方位相关。此变体产生后，进而影响到其他以此为构件的文字，如文书中“解”或亦从此形，如[哈拉和卓91号墓（9）]，“觸”敦煌文书中或作②等。

147.“雨”作“雨”“雨”“西”

如“雪”作[阿斯塔那59号墓（14）]，“漏”作[阿斯塔那42号墓（12）]，“霸”作[阿斯塔那305号墓（4）]等。

“霸”中“雨”南北朝时期隶作“西”，但从“雨”之字作此形仅出现在“霸”中。

148.“兩”作“兩”“兩”“兩”

如“两”作[阿斯塔那305号墓（1）]、[阿斯塔那520号墓（6）]、[阿斯塔那209号墓（13）]、[阿斯塔那506号墓

① 顾蔼吉：《隶辨》，中国书店，1982年，第253页。
② 黄征：《敦煌俗字典》，上海教育出版社，2005年，第59页。

（14）]，“雙”作[阿斯塔那517号墓（2）]。

149. “介”作“介”“分”

如“介”作[阿斯塔那193号墓（2）]，“界”作[阿斯塔那179号墓（3）]，“济”作[阿斯塔那524号墓（5）]。

150. “开”作“开”“井”

如“開”作[阿斯塔那524号墓（8）]、[阿斯塔那188号墓（14）]、[阿斯塔那20号墓（6）]等。

“开”小篆作，“开”当为直接承古文形体而来，“井”则为模糊其构意情况下与“井”混同产生的变体。

151. “井”作“井”“开”“并”

如“井”作[阿斯塔那20号墓（6）]，“荆”作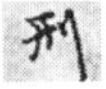[哈拉和卓91号墓（9）]，“耕”作[阿斯塔那134号墓（6）]等。

152. “厂”作“厂”“广”

如“歷”作[阿斯塔那100号墓（2）]、[阿斯塔那76号墓（24）]，“厭”作[阿斯塔那27号墓（8）]、[阿斯塔那524号墓（9）]、[阿斯塔那27号墓（9）]，“厚”作[阿斯塔那27号墓（7）]、[哈拉和卓90号墓（13）]，“仄”作[阿斯塔那43号墓（3）]，“源”作[哈拉和卓91号墓（2）]，“原”作[阿斯塔那151号墓（34）]，“壓”作[阿斯塔那29号墓（7）]等。

153. “开”作“开”“并”

如“研”作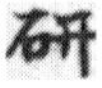[阿斯塔那76号墓（7）]、[阿斯塔那170号墓（3）]。

154. “冉”作“冊”“冄”

如“甯”本从“用”，又从“冉”形作“寗”，如［阿斯塔那42号墓（6）］、［阿斯塔那29号墓（20）］。

155. “声”作“声”“声”“吉”“声”

如“聲”作［阿斯塔那179号墓（3）］，“殼”作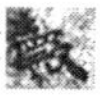［阿斯塔那1号墓（8）］、［阿斯塔那42号墓（1）］、［阿斯塔那169号墓（2）］、［阿斯塔那302号墓（1）］等。

“聲”小篆作，据篆形此构件当隶作“声”，省形则作“声”，改变笔画长短而为“吉”，横笔常调整为两点，且“十”形旁常加两点，故又作“声”。

156. “正”作“正”“缶”“㇄”

如“正”又作［阿斯塔那508号墓（1）］，此为武周新字，但此形与隶变阶段常见的“山”形、“止”形的替换当有着密切的联系，“正”下“止”形替换作“山”形，则与“缶”形仅一笔之别。“㇄”则是在改变构件书写笔画顺序的情况下进一步改变笔画形态及置向而产生的变体，如“延”又作［阿斯塔那19号墓（13）］。

157. “宀”作“宀”“冖”“冂”“勹”“丷”

如“富”作［阿斯塔那18号墓（1）］，“向”“襖”皆从“冂”形，“襖”又从“勹”形，“安”或作［阿斯塔那326号墓（7）］，“丷”形显然来自于对“冖”形的草写，与前述“深”中变化相同。但此变化仅出现于“安”中，应是与“两角女子”的认知使得此形得到使用者广泛认同的原因相关。文书中40多个从“宀”之字中仅“富”“室”“寫”“宜”四字出现作“冖”的情况，其中“宜”之形承秦隶本就作“冖”形，睡虎地秦隶中已作。“寫”在文书中皆从“冖”，

“富”多数从“冖”，“室”则偶作“冖”。此外，又有“案”或作［哈拉和卓91号墓（24）］。

158. “久”作“久”“夂”“又”“人”“乀”

如“久”作［哈拉和卓91号墓（1）］，“玖”作［阿斯塔那29号墓（10）］，汉代碑刻中此字或又作久（灵台碑），南北朝碑刻中亦有类此形者，文书中无此形。

“久”又或作“夂”，“玖”作［哈拉和卓39号墓（3）］、［阿斯塔那346号墓（1）］，后者与“玫”相混，但属偶然现象。

又如“畝”作［阿斯塔那35号墓（18）］、［阿斯塔那309号墓（1）］、［阿斯塔那239号墓（2）］、［阿斯塔那326号墓（3）］等。张家山汉简、居延新简中已见此字从“夂”“又”，东汉碑刻中有作“攵”者，三国吴简中则已从“乀”。

以上变体关系如下：

久 ——→ 夂 ——→ 攵
夂 ——→ 又 ——→ 乀

159. “叟”作“更”“叟”

如“嫂”作［阿斯塔那169号墓（6）］，“叟”小篆作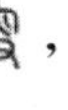，“更”作，两者本形近，隶变通过曲笔拉直，两笔连成一条直线皆可隶作“更”形。但在另一以此为构件的“瘦”中，则体现为不同的变体形式，如［阿斯塔那507号墓（34）］，此形为“叟”形中的“又”混同作“支”的进一步变体，不从“更”形应是避免与“疒”上之横笔重复。

160. “丘”作“丘”“业”

如“虚”本从丘，文书中有1例作［哈拉和卓91号墓（2）］，后则

皆混同作“业”，如［阿斯塔那134号墓（6）］。此字小篆作，马王堆帛书中作，银雀山汉简中作，可见“丘”隶体与“业”形相近，后世“丘”“业”成为此字的不同变体，隋唐碑刻中仍可见作“业”形者，但文书中“丘”字皆作“丘”形。

161. “离”作“萬”

此组仅出现在“竊”中，如［哈拉和卓91号墓（2）］。此混同当是因两构件的高度相似所致，“厶”形在文字下部常隶作“”，如下一组“离”“禹”的变化，又如“虫”的隶变以及“叀”在文书中或隶作“”亦属此类。

162. “离”作“离”“禹”“禹”

“離”在文书中从“离”或从“禹”作“離”，如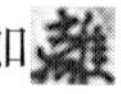［阿斯塔那225号墓（15）］、［阿斯塔那307号墓（2）］，两者亦为形变结果，后者东汉碑刻中即出现。文书中可见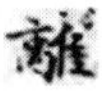［阿斯塔那169号墓（5）］，当为两者之中间过渡形体。由“离”而“禹”，当是在保证形体外部轮廓基本不变的情况下向成字构件过渡。

163. “卬”作“卬”“印”“币”

如以“卬”为构件的“迎”“仰”“抑”或又从“印”，如［阿斯塔那308号墓（1）］、［阿斯塔那225号墓（2）］、［阿斯塔那43号墓（3）］等。其原因正在于“匕”形混同作“亡”之变体“”，其相混状态从汉隶中就已开始。

又如“仰”或作［阿斯塔那15号墓（9）］、［阿斯塔那215号墓（3）］，“迎”作［阿斯塔那520号墓（2）］等。作“币”为“卬”左右构件连笔产生的变体，又由此而隶省为“巾”。

164. "叀"作"叀""甴"

如"專"作［阿斯塔那48号墓（2）］、［阿斯塔那31号墓（1）］，"叀"为将构件"叀"下部曲线拉直的变体，"甴"则为此形之省体。

165. "甫"作"甫""甫""叀""甶""甴"

如"辅"作［阿斯塔那506号墓（4）］、［阿斯塔那506号墓（5）］，"薄"作［阿斯塔那9号墓（1）］，"傅"作［阿斯塔那10号墓（2）］。

"甫"因居于文字上部而下部紧缩作"甶""甴"，作"叀"则是因"甶""甴"同为"叀"之隶省变体，"叀"又有变体"叀"所致。

166. "用"作"角""用"

"那"作［哈拉和卓96号墓（8）］、［阿斯塔那514号墓（1）］。

167. "𠂤"作"𠂤""阝""刂"

作"阝"为"𠂤"连笔所致，而作"刂"亦为"阝"形连笔的结果，"師"作［阿斯塔那320号墓（4）］、［阿斯塔那x2号墓（1）］、［阿斯塔那78号墓（9）］，"薛"作［阿斯塔那134号墓（5）］，"歸"作［哈拉和卓88号墓（1）］、［阿斯塔那171号墓（3）］，"追"作［阿斯塔那35号墓（27）］等。

168. "臣"作"臣""阝""刂"

"阝"亦为连笔所致，以线条约取"臣"之外部轮廓，忽略其内部构造而为"阝"，如"臧"作［阿斯塔那103号墓（1）］，"賢"作［阿斯塔那365号墓（5）］等。

169. “金”作“金”“纟”“亻”

偏旁“金”或又作“纟”“亻”，如“铜”又作、［阿斯塔那150号墓（8、9）］，“镇”作、［阿斯塔那509号墓（23）］，“银”作［阿斯塔那150号墓（7）］等；以上各字中“金”的草写形式与“纟”“亻”难以区分。

170. “夆”作“夆”“夆”“夆”

如“烽”从“夆”，文书中又作［阿斯塔那226号墓（10）］、［阿斯塔那226号墓（15）］等。“逢”作［阿斯塔那150号墓（16）］、［阿斯塔那61号墓（7）］。

171. “夅”作“夅”“夆”“条”

“降”本从“夅”，文书中作［阿斯塔那225号墓（22）］，又作［阿斯塔那170号墓（4）］，“绛”作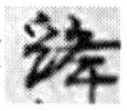［哈拉和卓99号墓（1）］。

“夅”末笔曲笔拉直作“夆”，“夆”与“夆”形近，因此“夅”“夆”因“夆”为媒介而相混。而“条”则为受“十”形两侧常加两点的规律而产生的变体。

172. “耳”作“耳”“身”

如“職”或又从“身”，如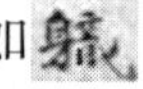［阿斯塔那169号墓（5）］，“聽”多从“耳”，或又从“身”，如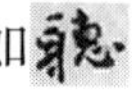［阿斯塔那509号墓（53）］，“聘”亦从“身”，如［阿斯塔那27号墓（7）］。

这种变体的产生，源于两形的接近，尤其到东汉碑刻中撇笔常与横笔相混，两形的区别仅为最后撇笔的有无。但我们看到两者的转化在文书中属于单向转化，从“身”之字并不作“耳”，且“耳”作“身”仅限于左右结构的形体中，并且在整字意义上亦与“身”有关联。

173. “丰”作“羊”“手”

如“邦”作［阿斯塔那363号墓（6）］，或作［阿斯塔那59号墓（22）］。

“邦”小篆作，左侧实为土中种树之形，此形当与“封”之左侧形体相同，后者后隶作“圭”，“邦”中则隶作“羊”“手”，此两形皆当为篆形的直接变体，前者将曲线隶为“䒑”，后者则拉直为横笔。

从以上所列构件及其变体的调整现象来看，构件变体的产生延续了早期隶变多向性和连续性的特征，其多向性除与其历史传承性相关外，还包括在楷化阶段对笔画及笔画组合的不同调整。

这里的历史传承性既指后世构件变体对古文字的传承来源不同，如“七”作“七”，又作“十”，分别来自小篆和甲金古文；也包括在隶书自身的隶变过程中，对古文字线条的不同改造方式所造成的不同变体的传承，如对“”“艸”等的隶变；而对笔画和笔画组合的不同调整同样能影响到不同构件变体的产生和发展。第二章“笔画系统分析”中我们可以看到，由于笔画形态的调整以及笔画关系的调整会引起构件的变化，甚至会造成不同构件的混同，如“彡”变体作“氵”、“支”变体作“友”等。通过对文书中构件变体产生过程的分析，我们发现，大量构件变体的产生是由与音义无涉的笔画及笔画组合体的规律性变化所引起，之所以称其为规律性，原因在于它们往往在不同的构件发展过程中有着相同的转化关系。这一内容，我们将其放在“构件混同中突破音义限制的形体混同”部分统一论述。除此之外，连笔草写也是导致不少构件变体产生的重要原因，如前述“刀”之变体作“ソ”等，而有一些连笔形式得以类推、发展而类似于符号代替，如“言”作“讠”本连笔而来，类推则“顧”作“顾”亦同此类。还有很大一部分变体的产生表面看体现为笔画层面的变化，但究其实质，变化的动因在于形近形体的影响，如“夆”作“夅”、“夅”又作“夆”、“耳”作“身”等，尤其是一些成字的高频构件影响尤甚，如

“禼”作“萬”、“仏”作“水”等。有的则受所处文字方位影响产生变体，如“甫”“吏”之变体“亩”、“禾”之变体作“天”等。

第二节　构件换用

构件换用是指异构字在保持其文字构字功能不变的前提下，意义相同相近相关的义符的换用或读音相同相近的声符的替换。

一、意符换用

文书共有换用意符44组，多上承前代之文字系统而来，分别为：

宀—穴　寸—又　攵—又　殳—又　力—刃

成—戈　攵—殳　力—刀　寸—刂　月—夕

禾—米　目—見　雚—萑　冫—氵　辶—廴

白—曰　萑—隺　厂—广　宀—冖　白—日

彳—亻　木—片　冖—穴　斗—升　缶—岳

刀—刃　萑—奞　萑—隹　犭—豸　犭—豕

口—言　隹—鳥　糸—巾　門—穴　戈—又

骨—身　革—韋　攵—力　口—欠　攵—戈

衤—巾　衤—革　斗—斤　日—光—火

文书中由以上44组意近构件所产生的异构字共有汉字一百多例，列举如下：

諎—唶　呵—诃　牢—窂　譏—譏　鞁—韍

叔—村　段—収　斂—歛　叙—敍　啓—啔—啓

散—㪔　收—収　整—整　斆—勡　數—數—數

翳—翳　鷄—雞　體—軆　幾—幾　尅—剋

科—秤　寑—寢　痦—窹　寐—寐　貇—狠

豹—犳　貓—猫　類—類　望—朢　耀—曜—燿

紙—帋　功—刅　劫—刼　劲—刭　斟—斟

疏—踈　稟—稟　窺—闚　睹—覩　料—斱—粁

舊—舊　歎—嘆　冰—氷　望—朢　斟—斱—斟

剪—剪　叔—村　契—㓞—契　迴—廻

罰—罸　役—伇　幾—戋

缺—缺　冥—寞　肫—豘　笵—范　儛—儛

室—室　晈—晈　皆—皆　治—冶　舊—售

廚—厨　厠—廁　往—住　徐—徐　德—徳

征—佂　徒—徒　行—行　得—得　徑—俓

歷—歴　繫—繋　況—况　源—源　閒—間

儀—儀　倚—倚　初—初　嘆—歎　仄—仄

明—眀　便—便　償—償　使—使　儒—儒

仰—仰　偃—偃　寫—冩　厚—厚　敢—敢

富—冨　睹—覩　曆—曆　稟—禀

如“舊”，《说文》中从“萑”，文书中各形则或又替换从“奞”，或从“雚”，或又省形从“隹”，如［阿斯塔那135号墓（1）］、［阿斯塔那151号墓（15）］、［阿斯塔那150号墓（12）］等。“奞”为“鸟张毛羽自奮也”，“雚”为“小爵”，与“舊”同从“萑”，“萑”为“鸱属”。从“隹”从“艹”，以上各形均与“萑”意义相关，且形体相近，故可替换。文书中又有作［阿斯塔那35号墓（19）］者，属“丄上”与“十卜”的常见替换；又如“韋”与“革”的替换，“鞁”作“鈒”；“糸”与“巾”替换，如“紙”作“帋”；如“幾”本从“戍”，文书中或从“戈”，如［阿斯塔那230号墓（12）］。又如“冰”本从“仌”，文书中又从“氵”，如［阿斯塔那19号墓（1）］，从“氵”在早期汉隶

中即已如此。“料”在文书中从“斤”，或又从“斗”，从“升”，如［阿斯塔那78号墓（21）］、［阿斯塔那506号墓（25）］、［阿斯塔那215号墓（7）］。又如“稟”本从“禾”，文书中“禾”替换作“米”，如［哈拉和卓98号墓（1）］、［阿斯塔那50号墓（4）］。“體”作［阿斯塔那13号墓（1）］，又作［阿斯塔那151号墓（34）］；“攵”和“力”替换如“敕”作“勅”，如［哈拉和卓96号墓（3）］；“整”同步替换作［阿斯塔那506号墓（2）］；“攵”和“戈”“又”替换如“啓”作［哈拉和卓91号墓（26）］、［阿斯塔那184号墓（9）］等。又如“殳”和“又”替换，如“段”作［阿斯塔那221号墓（8）］；“叔”从“又”，又从“寸”作［阿斯塔那153号墓（10）］；“類”又从“豕”作［阿斯塔那222号墓（11）］；“初”从“刀”或又从“刃”作［阿斯塔那223号墓（1）］；“收”从“攴”或又从“又”作［阿斯塔那507号墓（37）］等。

以上发生替换的44组意近构件中，我们发现，其中约有30组替换构件属于既意近同时又具有形体的密切联系。以上所列上面一大组即为此类，这一组或反映为本身构件的形近，如“月”与“夕”、“斗”与“升”等，或表现为构件笔画的增减，如“寸”与“刂”、“刀”与“刃”等，或反映为下层构件的增减，如“殳”与“又”、“目”与“見”、“戍”和“戈”等。从发生替换的缘由来看，我们认为，有的倾向于因义近而换形，如“白”与“曰”、“刀”和“刃”等，有的则显然倾向于形变而换用，如“禾”和“米”、“斗”和“升”等。

二、声符换用

文书中的音近声符共56对，分别为：

咼—骨　昜—㑥　弊—敝　匕—比　巩—功

化—花　壬—任　凶—匈　矢—失　重—童

晏—匽　雈—藋　客—各　句—苟　區—丘

夹—侠　干—旱　卦—圭　它—佗　者—煮

非—北　者—暑　畀—卑　弟—第　术—木

藋—萑　浦—捕　僉—念　盧—虚　户—后

末—木　白—百　夹—侠　君—羣　卬—印

令—今　每—母　乞—气　史—吏

悤—公　面—免　華—花　㔾—包　孚—包

妻—西　量—良　雋—夋　咼—瓜　句—居

盧—吕　隹—追　衍—僣　敏—敃　蔑—末

爿—庄　戴—失

以上所列上下两组可以看到上之39组皆为形音皆有联系，下之17组则纯为读音相近。

（一）单纯读音相近而改换

如“愆”本从“心”，衍声，文书中则从“僣”，省声，如［阿斯塔那19号墓（11）］；“愍”或改从“敏”，如［阿斯塔那151号墓（9）］，上部构件系“敏”之省形，以“母”代“每”。《敦煌俗字典》中将此字看作为避唐太宗之讳而产生的字形①，误，此字为换声旁俗字，文书中在唐太宗之前即已有此字，不当为避讳而生。“堆”从“隹”或又从“追”，如［阿斯塔那48号墓（13）］、［阿斯塔那134号

① 黄征：《敦煌俗字典》，上海教育出版社，2005年，第277页。

墓（3）]，但从文书中的情况看，前期皆作“堆”，阿斯塔那134号墓（3）之后除阿斯塔那137号墓（6）一处作“堆”属例外情况，其余各处皆作“塠”，又如“㴐”文书中从“口”从“免”，替换声符“面”为“免”，如[阿斯塔那4号墓（1）]；“勉”字在文书中亦同此将“免”“面”相互替换，如[阿斯塔那117号墓（11）]、[阿斯塔那36号墓（1）]，《尔雅》：“勔，勉也。”又如“驢”或改从“吕”作[阿斯塔那42号墓（8）]，“驹”从“勾”或从“居”，如[阿斯塔那142号墓（3）]、[阿斯塔那15号墓（16）]，“靴”在文书中从化声、从花声或从華声，如[阿斯塔那15号墓（1）]、[哈拉和卓48号墓（5）]、[阿斯塔那170号墓（1）]；“糧”又作[阿斯塔那78号墓（12）]；“鸨”又改从“包”作“鮑”，如[阿斯塔那337号墓（20）]。“襪”又作“袜”亦为此类。

（二）形音皆有联系而改换

“辈”替换声符“非”为“北”作“辈”，显然为音形皆近而换用。“鞏”在文书中或替换声符“巩”作“功”，“功”在文书中皆作“功”，“刀”为原构件“凡”之变体“几”之进一步形变结果，同从“巩”之“恐”中无此类变化。“悌”或又从“第”作[阿斯塔那524号墓（9）]。“祸”本从咼声，文书中或改从骨声，如[阿斯塔那169号墓（5）]。“狗”在文书中从“勾”或又从“苟”，如[哈拉和卓91号墓（18）]、[阿斯塔那134号墓（6）]，音同声符替换。“偃”文书中又改从“晏”，如[阿斯塔那116号墓（1）]。此字本从匽声，构件“匚”往往省作“L”，又省作“丨”，故将此构件中不成字之构件“晏”改为成字构件“晏”。“署”文书中或又作“暑”，可看作以“煮”代

“者”，同此，“煮”本从“火”，者声，文书中亦或作此形，如［阿斯塔那524号墓（4）］，则无疑为改换声符。“鼻”文书皆从“卑”作［阿斯塔那13号墓（1）］，声符“畀”替换为“卑”。“蒲”作［阿斯塔那10号墓（7）］；“蔽”作“蘗”，如［阿斯塔那517号墓（12）］；“牝”作“牝”，如［阿斯塔那337号墓（20）］；“耕”作［阿斯塔那151号墓（15）］；“飪”作“飪”，如［阿斯塔那27号墓（8）］；“柏”作［阿斯塔那363号墓（6）］；“使”作［阿斯塔那365号墓（4）］等。又如“牒”作、［阿斯塔那78号墓（5）］，此字《说文》从“片”，枼声，文书中或改从“葉”，“枼”“葉”本音同而后世“枼”字少见。“秣”从“禾”，末声，文书中改末为木，如［阿斯塔那153号墓（6）］，“木”“末”形音皆近。又如“狭”或作［阿斯塔那90号墓（6）］。“勸”中声符“雚”替换作“萑”，如［阿斯塔那363号墓（6）］，“觀”亦同此作［阿斯塔那15号墓（9）］。“量”下部本从“重”省，文书中补充笔画而为读音相近之整字构件“童”，如（阿斯塔那305号墓）。

“驅”早期篆隶中皆从區声，文书中皆改从丘声，“區”由于内部构件“品”常以笔画代替而或作两点的组合，如后世简体作“区”，如“軀”作［阿斯塔那29号墓（1）］，后又当作“**T**”而与“匚”组合为“丘”。北魏元恭墓志“區”作“**區**”，南朝梁章景造像记“軀”中亦作此形。

“讫”又作［阿斯塔那230号墓（28）］、［阿斯塔那509号墓（23）］。文书中“乙”又作“乚”，如［阿斯塔那524号墓（3）］，此或为前述竖弯到横折弯笔画调整的倒逆，文书中“乚”常加点，因而此处

类推亦作。

“驗”，文书又作“騐”，声符“僉”亦因“吅”文书中多替换作“丷”，可与上之“亼”形重组作“今”，下之“从”形亦与“灬”“小”常相替换，而“小”为“心”之变体，故可逆推而作“心”，上下结合而重组作“念”。

以上两类中，声符替换之后，有的体现为形体更为简单，如上述“辈”作“輩”、“驢”作“駋”等，特别是“靴”之三形变化，显然是声符形体的简化。但究其根本原因，推动声符改变的根本原因仍在于读音或形体的相近，如前述“驹”作“驦”、“㴐”作“晚”、“辈”作“輩”、“煮”“暑”作“𤈦”、“驢”作“駋”等，皆体现为换用表音更为准确的声符，“辈”“煮”等的变化本就与形体接近有关，而“㴐”作“晚”中“面”“免”本属相互替换例，并非一定为表音更准确。

从形音皆有联系的声符替换来看，有的替换声符与被替换声符体现为声符与整字的关系，如前述“化”与“花”、“壬”与“任”等；有的表现为形体本身的接近，如“北”和“非”、“末”和“木”、“木”和“术”；有的本身即为词形分化关系，如“史”和“吏”、“母”和“每”、“乞”和“气”等；还有的则体现了形体的逐渐演变过渡，如“僉”和“念”、“區”和“丘”、“乞”和“乙”、“户”和“后”等。因此，第四类我们也可以将其看作是构件的混同。

第三节　构件混同

构件混同指的是构件发展过程中其产生的某种变体形式与另一构件及其变体发生相混的现象。从发生混同的构件变体的产生来看，有的源自构件自身自然发展演进的结果，有的则是受到其他构件影响的产物。

有的著作将这类现象又称为构件的讹混，但我们注意到，构件的混同现象中一部分是由于临时的讹写或有意的混同，但还有大量的则由构件自身演化而来，更有不少成为习惯性的形近构件改换，这类改换似乎已经在文字的使用者中达成了共识而不能再看作“讹误”现象，故称为混同而不取“讹混”的说法。

构件的混同是文字发展过程中最为常见的现象，在隶变之初就已大量出现，赵平安先生在《隶变研究》中就秦汉隶书的发展已经列出了大量的混同构件[①]，黄德宽先生的《古汉字发展论》中则可见西周文字中已有“形近而讹”的现象，春秋战国文字因之[②]。

本书在对构件的分析过程中发现，吐鲁番出土文书中文字构件的混同往往与构件在隶变过程中产生变体的现象交织在一起，即一组异质构件会因其变体相同而混；而构件的混同或又不仅限于功能构件的混同，更与丧失功能的笔画组合体的相互替换现象相联系，如上一节所述，三种现象交织在一起，相互影响。

一、混同构件

前述构件变体部分可见构件因隶变的连续性而产生大量不同形式的变体，不同构件因具有相同的变体形式而产生混同。其中，有的构件之间为单向混同，有的则为一组构件变体之间相互混同。

（一）单向混同

复—夏：腹—；古—右：故—；支—友：伎—；

𠦝—卓：戟—；攴—支：數—；攴—文：收—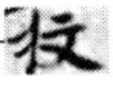；

亩—面：稟—；奂—耎：焕—；大—六：奪—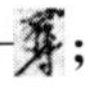；

歺—夕：粲—；夗—死：怨—；卯—币：聊—；

① 赵平安：《隶变研究》，河北大学出版社，2009年，第57-59页。

② 黄德宽：《古汉字发展论》，中华书局，第204、277页。

卯—夗：留—；丣—叩：留—；元—礻：寇—；
亾—匕：揭—；戈—土：贱—；戌—成：璣—；
菐—莫：璞—；木—小：柔—；心—牛：懷—；
木—土（士）：隸—；巾—市（巿）：帥—、；
彡—冫：彦—；彡—氵：须—；彡—小：珍—；
巫—亚：靈—；巫—至：誣—；爿—丬：將—；
刀—乃：勇—；二—工：竺—；虍—雨：處—；
火—小：遮—；土—工：涅—；攴—皮：瞽—；
嫁—天：戒—；卩—巳：卷—；卩—巴：邑—；
犬—工：器—；犬—丈：獻—；犬—扌：犯—；
巾—忄：歸—；大—土（士）：因— 達—；
心—扌：悔—；又—攵：雙—；又—人：堅—；
谷—去：卻—；犮—丈：黻—；屰—羊：逆—；
兆—北：逃—；缶—王：傜—；缶—去：陶—；
兔—免：纔—；氵—讠：酒—；彳—氵：得—；
彳—讠：得—；彳—丬：履—；朿—夹：刺—；
朿—束：刺—；朿—宋：策—；夲—六：奏—；
矢—扌：短—；白—日：魄—；厷—右：雄—；
工—乚：左—；七—十：切—；冘—冗：沈—；
瓜—爪：觚—；冃—罒：帽—；冃—冖：最—；
冃—宀：最—；吉—告：结—；巴—巳：把—；
川—忄：顺—；川—火：顺—；隺—霍：確—；
甘—日：猒—；丂—丁：考—；朋—用：崩—；
穴—雨：竈—；似—水：衆—；夌—麦：凌—；
介—分：界—；巩—刀—口：恐—，跫—；
夊—犬：夏—，瓊—，復—；舀—臼：滔—；

旡—元（无）：既—、；乞—乚：讫—；

巧—切：㬠—；户—石—后：妒—、；

隶—聿：棣—。

另外，偏旁化的“衤”与“礻”仅一点之别，故多易相混。文书中两者属单向混同，从“衤”之字多从“礻”，文书中充当左旁之构件“衣”共29字，皆有从“礻”者，如“袂”皆从“礻”，如［阿斯塔那206号墓（13）］，“褶”“衫”从“衤”或从“礻”，如［阿斯塔那170号墓（2）］、［阿斯塔那517号墓（2）］，［阿斯塔那2号墓（1）］、［阿斯塔那48号墓（1）］等。但从“礻”之字则仍皆从“礻”，或省略末之一点作礻，如“禄”，作［阿斯塔那61号墓（7）］、［阿斯塔那61号墓（7）］等。文书中充当左部构件的“示”共20字，无一例混同从“衤”者。两者的单向混同应是与构件形体求简的原则相关，且“衤”“礻”之末两点或一点处于整字最中间的部位，亦是整字中最易发生隶变的部位，对整字认知所起到的区别性功能也最低，故“衤”省作“礻”，“礻”省作“礻”。且从文书中从“衤”之字的情况看，早期此类字从“衤”或从“礻”，中后期则几近无从“衤”形者，皆混同作“礻”，可见中后期两形已完全混同，有的字中此形或又混作“禾”，如“衫”又作、［阿斯塔那15号墓（1）］，显然是在“礻”之基础上隶变而来。

又如“舀”和“臽”的混同，本源自“爫”与“⺈”的混同。文书中两者单向混同，但从南北朝隋唐碑刻以及敦煌文书来看，两者应为双向混同。

再如“死”作“㐅”仅出现在“葬”中，如［阿斯塔那216号墓（11）］。此形系将“死”左右构件分离并置于与“㐅”相类似的结构中时类化而产生的讹混。

“咠”和“肙”的混同从根本上说在于整体轮廓的接近以及内部构件的重新分化组合。“揖”小篆作，文书中作［阿斯塔那27号墓（7）］，

"胥"小篆作，文书中作［阿斯塔那189号墓（10）］。"咠"本从"耳"，"揖"中可见此构件隶变过程中发生分离，下部因与"月"相似而隶从"月"。"胥"中省笔作"肙"在早期汉隶中就已出现。同时正是因为这一混同，"壻"产生异体"聓"。此类又如"厭"本作"猒"，从"甘"从"肉"从"犬"，"甘"或隶作"日"，或又作"口"，"厭"中马王堆帛书中已有形，故文书中又将"口"混同作"厶"作［阿斯塔那524号墓（9）］，又因"肙"与"胥"形近而作［阿斯塔那509号墓（51）］，又混同从"咠"作［阿斯塔那27号墓（8）］，或又将中之折笔拉直作［阿斯塔那27号墓（8）］。

（二）相互混同

1. 攵—又

"攵""又"变体皆作"ナ"，脩—，右—

2. 彖—录

"彖"多通过拉直曲线而隶作"彔"，如"椽"作［哈拉和卓99号墓（7）］、［阿斯塔那308号墓（2）］，"掾"作［哈拉和卓91号墓（14）］，此类变体马王堆帛书中已见，如""，又由"""彔"而隶作"录"，如"缘"作［阿斯塔那184号墓（7）］。下部构件"豖"横下笔画组合，文书中多见隶作"水""氺"，"水""小"常见相替换，因而两形在共同隶作"录"的基础上，又产生了一系列共同的变体"尗""来""禾""系"等。

3. 豙—彖

两者皆产生变体"彔""豕""豙"而混同。

毅—、、，缘—，掾—

4. 爪—肉

两者皆作变体"爫"而混同。

受—，將—

5. 北—竹

三者皆作变体"䒑"而混同。

冀—，塔—、

6. 肉—月—丹—舟

四者皆作变体"月"而混同。

胡—，期—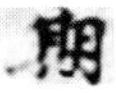，彤—，朕—

7. 肉—夕—爪—刀

三者皆隶省作"𠂊"。

將—、，望—、，滔—，召—

8. 夗—舛

皆隶作"死"而相混。

怨—，傑—

但两者中"夗"隶作"死"为其常见变体，"舛"则为仅见于"傑"的偶然变体。

9. 癶—北

两者皆可隶作"丗""䒑"而相混，"癶"亦隶作"北"。

發—、，乘—、，輩—

10. 癶—丣

两者皆可隶作"夕乀"而相混。

鄧—，留—

11. 氏—氐

两者皆隶作"氏""氐"而相混。

婚—，纸—，抵—，祇—

12. 㓗—罙

两者皆隶作“㓗”“𥥈”“𥥉”而相混。

深—、、，麴—、

13. 欠—⺀

两者皆作“欠”“⺀”“⺀”而相混。

款—，欲—；服—、，報—

14. 巳—欠—⺀

三者皆作“⺀”“⺀”而相混。

起—、

15. 䒑—堇

两者皆作“茔”“堇”而混同。

謹—、，對—、

16. 木—手—爿—牛

两者皆隶作“木”“扌”“丬”“牛”而混同。

校—，校—，梅—；拱—，把—，板—，損—；將—、、；物—，牽—

17. 丩—扌

扶—，折—；收—、

18. 水—心

两者皆可隶作“氺”“小”“⺌”而混同。

恭—、、

19. 彡—水

三者皆可隶作“小”“⺌”而混同。

珍—、，泰—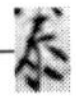，漆—

20. 牛—手

皆可隶作“丬”“牛”“扌”而混同。

牟—，犊—；攀—，拾—，提—

21. 刀—力

两者既可看作意符替换，同时两者又皆可隶作“力”“力”而混同。

初—，分—；男—、

22. 虍—声

两者皆可隶作“声”而相混。

處—，唐—

23. 北—廾

两者皆可隶作“ㄱㄑ”而混同。

乖—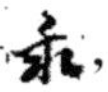，承—

24. 邑—阜—卩

“邑”“卩”两者皆可隶作“巳”“阝”“卩”而混同。

即—，卷—，邕—，耶—

25. 犬—犮

两者皆可隶作“叐”“犮”而相混。

突—，獸—，拔—，—

“犬”小篆作犬，“犮”作，两者形近，“犬”东汉碑刻中或隶作“友”“犮”，构件“犮”则或又作犬、叐、犮等形，叐、犮两形乃“犮”与“夭”混同之后产生的变体，东汉碑刻中可见“拔”作“抚”（张纳《功德叙》）者，叐、犮可看作是合取“夭”与“犮”产生的变体形式。因此，与“犮”相混的“犬”也类推作叐、犮。

26. 凡—几—丮—卂—瓦

以上构件皆作变体“凡”或“丸”而相混。

鞏—，讯—，處—，瓮—

27. 凡—几—瓦—九

以上构件皆作变体“几”而混同。

凯—，甑—，軌—

28. 卂—卒

两者皆作变体“卆”而混同。

讯—，醉—

29. 十—巾—心

三者皆隶作“忄”而混同。

帖—，博—，懷—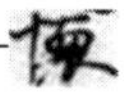

30. 心—火

两者皆作“火”“小”而混同。

恭—、，悔—，煮—，遮—

31. 谷—荅

两者皆隶作“谷”而相混。

浴—，塔—

32. 屰—丰

两者皆隶作“羊”“干”而混同。

闕—，朔—，邦—、

33. 啇—商

两者皆隶作“啇”“商”“商”而混同。

適—、，讁—，商—、

34. 段—叚

两者皆隶作“叚”“𣪊”“㪵”而混同。

段—、、，遐—、

35. 缶—壬

两者皆隶作“䍃”而混同。

遥—，淫—

36. 缶—垂

两者皆作“垂”“𡍮”而混同。

缺—，摇—，垂—、

37. 朿—来—桼

三者皆隶作“来”而相混。

勅—，膝—

38. 册—雨—

三者因轮廓相似而皆隶作“西”。

扁—，霸—，農—農—

39. 夨—夰—夫—矢

三者皆作“夫”而混同。

呉—，昊—，矦—

40. 夨—夫—矢

三者皆作“矢”而相混。

規—，呉—

41. 夲—夰—夭

三者皆作“天”而混同。

奏—，[illegible]—，族—

42. 左—厷—尤

三者皆作“尢”而相混。

肱—，左—，尤—

43. 尤—左

两者皆作“九”而相混。

左—，稽—

44. 竹—艸

两者皆隶作“卄”“丷”“卝”等一系列变体，同步隶变。

45. 疒—广—厂

三者互作。

46. 爯—再

两者皆作“爯”“[illegible]”而混同。

稱—、，再—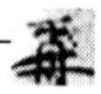、

47. 人—刀

两者皆作“𠂊”“⺈⺈”而混同。

及—、，詔—

48. 人—又

两者皆作“乀”而相混。

衆—，取—

49. 雨—两

两者皆作“雨”而混同。

漏—，兩—

50. 开—井—幵

三者皆作“开”而混。

開—，刑—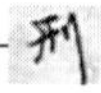，研—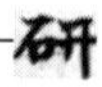

“井”“幵”又皆作“并”而混，如：研—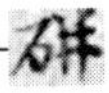，耕—

51. 冉—冄

两者皆作“冄”而相混。

稱—，寗—

52. 巠—至

两者皆可作“至”“𢀖”而相混。

逕—，娙—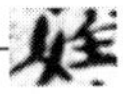

从文书中的情况看，一般构件“巠”混作“至”，从“至”之字除上述“娙”有一例混作“巠”外，其他字甚少发生此类情况，如“致”“桎”“轾”“室”“臺”等字。单字“至”则或作［哈拉和卓98号墓（1）］，或作［阿斯塔那514号墓（1）］，或作［阿斯塔那179号墓（3）］、［阿斯塔那506号墓（2）］，可见，此类混同一般单向发生，“娙”中发生的混同则说明形体在充当构件比单字时容易隶变。

从两形的历史发展来看，“至”在历时的发展中，或隶作“”，或隶作“”，后世多承之，仅如文书中单字“至”所发生的变化，或将箭之尾部隶作“一”与“厶”的组合，或将下部竖笔与“厶”形由相接变为相交。而“至”到“至”的变化，仅发生在三册之后的文书文字中，早期未见。“巠”在早期汉隶中即作、、等形，“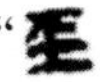”形首笔横与下之短撇连笔即成后世之“𢀖”，“ス”进一步连笔与“至”上部形近而混同。但从历代文字形体来看，“巠”混同作“至”在魏晋南北朝碑刻中未见，魏晋之前的碑刻及手写文字中亦均未见，文书中则最早见于北魏时期墓葬文书中，故可见两形混同首先出现于北魏时期的手写文字。

53. 㐱—尔

两者皆隶作“尒”“尓”而混同。

尔—、，参—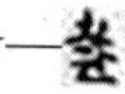，珍—

54. 䍃—㸒

两者因皆作“䍃”而相混。“缶”隶作“缶”形，汉隶中已经出现，文书中承此，如“傜”作［阿斯塔那509号墓（28）］，而“淫”亦作［阿斯塔那363号墓（6）］。从成因上看，应是“㸒”受“䍃”的同化而作此形，由于下级构件的形近而使得上级构件随之发生变化。

55. 夆—夅

烽—，降—

56. 大—犬—嫁

三者皆作变体“大”“犬”“友”而相混同。

驮—，唤—，然—，獸—，焕—

57. 大—火

两者互作，又皆作变体“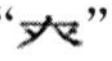”而混同。

美—，袴—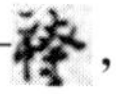，寮—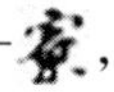，狄—

58. 大—廾

两者互作，又皆作变体“六”而混同。

契—，具—，戒—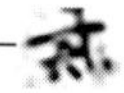，奮—

59. 禾—示

两者互作，且皆隶作变体“礻”“天”“禾”而相混。

祇—，款—，崇—，秦—、，稷—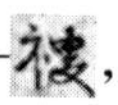，

颖—

充当偏旁的“禾”与“礻”形体本身差别甚微，短撇与点之写法常相混，故在南北朝碑刻中即已造成两形混同，文书中两形亦有相混，但手写文字中多属难以区分究竟从“禾”抑或从“礻”者，仅“稷”字有明确从

“礻”之形，如［阿斯塔那169号墓（5）］，而“租”则因此而混同作“祖”，如［阿斯塔那74号墓（2）］。但此二字中“稷”从“礻”或为其改换意符之变体，“社稷”常连用，“社”连义而及“稷”。“租”则或为通假，文书中“祖”亦多有用为“租”者，故两字难以区分。“示”与“禾”之相混亦由横笔与横撇笔不分，“禾”之竖笔多带钩且竖笔与横笔的相交与相接的隶变而形成。

60. 巳—己

祀—，記—，改—

61. 木—朮

床—，秫—

62. 角—鱼

鳏—，斛—

两者的混同在居延新简中即已出现，东汉碑刻中亦多见。但未见“角”作“鱼”者，两者皆为高频成字构件，从笔画繁简角度看，此亦当属文字的简化所致构件的混同。

63. 土—士

埜—，壯—

64. 爻—文—攵

攀—，悕—，吝—，教—，脩—

65. 山—止

仙—，步—

66. 又—乂

度—，艾—

67. 火—犬

狄—，然—

68. 巾—市—市—巿

四者皆作“市”而混同。

帥—，犻—，𠲍—，師—

其中，“師”“帥”两字本形近，右部构件皆混同作“市”而导致整字混同。

69. 户—尸

“尸”形多为来源于人形之“尸”以及与房屋之形相关之“尸”，文书中皆或与“户”相混。如“辟”又作［阿斯塔那170号墓（1）］，“屋”又作［阿斯塔那222号墓（13）］，“局”又作［阿斯塔那509号墓（55）］，“遍”作［阿斯塔那201号墓（2）］、［阿斯塔那29号墓（1）］，“雇”作［阿斯塔那140号墓（6）］等。

70. 夗—癶

两形相近而混，如“祭”作［阿斯塔那27号墓（6）］，此形经过［阿斯塔那363号墓（6）］的过渡，“癸”作［阿斯塔那173号墓（1）］等。

71. 王—玉

除用作偏旁变体的“玉”多已不加点外，其他位置亦有混同作“王”者，如“㽵”又作［阿斯塔那239号墓（2）］，而“王”亦有加点作“玉”者，如“皇”“閏”等字皆为此类。

72. 㓛—卭

两者因草写而混，如“尋”作［阿斯塔那78号墓（18）］，或作［阿斯塔那193号墓（2）］，“鞏”作［阿斯塔那376号墓（3）］，或作

［阿斯塔那239号墓（2）］。

73. 末—未

两者本靠笔画的长短对比关系来区分字形，文书中充当构件时常忽略此类区别而相混，如“韎”作［哈拉和卓91号墓（1）］，又作［阿斯塔那170号墓（3）］，“味”作［阿斯塔那27号墓（8）］，又作［阿斯塔那338号墓（11）］。但文书中两者单字不混。

74. 日—目—月

“簡”作，又作［阿斯塔那27号墓（8）］，“春”作［阿斯塔那24号墓（4）］，“眴”作［阿斯塔那363号墓（6）］，又如“竟”作［阿斯塔那326号墓（2）］，“音”下改从“日”为从“目”。“目”与“月”混同如“逍”又作［阿斯塔那27号墓（7）］；“日”和“月”混同如“明”作［阿斯塔那151号墓（11）］、［阿斯塔那302号墓（17）］。

三者当为形近混同，尽管具体文字中有因意义关系而产生的构件混同，如“間”本从“日”或从“月”，与文字意义发展相关联，但三者主要因笔画的增减、竖笔带钩不带钩的灵活以及撇、竖的调整而相混，且在如“竟”中，还出现了割裂式的构件混同，“日”本与“立”组成整字的直接构件，但此处混同为“目”，与下之“儿”重组作“見”。

75. 亻—彳

两者形近而混，如“役”作［阿斯塔那520号墓（2）］，“條”作［阿斯塔那331号墓（1）］，如“保”“脩”“便”“償”“僕”“侵”“儒”“使”“像”“偃”“仰”“儀”“倚”“俏”“修”等皆有作“彳”者。“得”“德”“行”“後”“徊”“径”“律”“徘”“徒”“往”“微”“徐”“徭”“征”等则皆有作“亻”者。可见两者属高频混同。以上，有的文字两形换用可看作意符换用，如“得”“德”“侵”等，有的则只能看作形近混同，如“保”“僕”“償”“儒”“像”等，因此，本组“构件混用”与“构件换用”两部分皆收入。

构件的混同现象中，有一部分仅仅是由于构件本身具有形体上的相近、相似关系而导致混同，如：

1. “勻”和“勺”

两者形近而混，如“均”皆作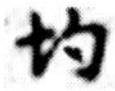［阿斯塔那222号墓（11）］，“筠”作［阿斯塔那105号墓（2）］。

2. “艮”和“良”

如“糧”换用声符作“粮”，又因形近而混作［阿斯塔那15号墓（4）］。文书中两者体现为单向混同。

3. “叉”与“又”

形近而混，如“钗”作［阿斯塔那151号墓（11）］，为单向混同，以高频构件相混同。

4. “禾”与“小”

如“秦”中或又作“小”，如［阿斯塔那508号墓（1）］，此类当属构件偶然的讹混，在文书中并不多见。

5. “朿”与“東”

“速”，文书中或改构件“朿”作“東”，如［阿斯塔那332号墓（9）］，此为形近讹误，故文书中仅偶见。

6. “予”和“矛”

两者形近而混，如“豫”作［阿斯塔那27号墓（8）］，“柔”作［阿斯塔那43号墓（3）］。

7.“麦”作“麦”

两构件仅一笔之差，形近而混，仅出现在“熬”，如［阿斯塔那517号墓（2）］中，为单向混同，可见成字构件对非成字构件的强大置换力。

8.“易”与“昜”

两者双向混同，如“锡”或作［阿斯塔那205号墓（1）］，“楊”或作［阿斯塔那22号墓（8）］。

9.“木”与“禾”

“禾”作“木”仅出现在两字，“歷”作［阿斯塔那223号墓（6）］，“曆”作［阿斯塔那501号墓（21）］。

10.“栗”和“粟”

如“慄”又从“粟”作［阿斯塔那363号墓（6）］，整体形近而忽略区别性特征相混，可见文字理据的弱化。

11.“冢”作“家”

两者形近而混，如“蒙”作［阿斯塔那169号墓（6）］、［阿斯塔那35号墓（6）］。

12.“分”作“乃”

文书中仅1例，从“分”之“盆”从“乃”作［阿斯塔那150号墓（7）］。

13.“卬”作“卯”

如“仰”又作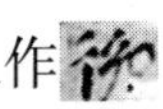［阿斯塔那34号墓（4）］。

此类混同往往为偶然的构件混同，往往只出现在个别文字使用者的书写或个别文字中，且一般情况下为单向混同。

还有不少构件是因两个构件形体之间本为整体和部分的关系，但在具体文字中其功能并不能起到相互替代的作用，因而也形成构件的混同，如：

1. “軎”与“車”

如“擊”作［哈拉和卓91号墓（7）］，“繫”作［阿斯塔那332号墓（9）］。

此组为单向混同，两者形近，也是以成字构件代替非成字构件。

2. “⺶”和“羔”

如“羹”或作［阿斯塔那193号墓（5）］，“恙”或作［阿斯塔那24号墓（6）］。

两者又可从整字角度看作构件的增减，但从两者互换角度看，则主要是整体部分的代换。

3. “辛”和“羊”

如“宰”作“𡨧”，如［阿斯塔那 13号墓（1）］，或又省作“宰”。

此组汉隶中已见，汉隶中“辛”多隶作“𨐋”，或又取高频构件“羊”而省略其余。文书中“宰”皆作“𡨧”。

4. “昜”作“𠃓”

如“場”又作“塲”，如［阿斯塔那341号墓（2）］，以整体代部分。

5. “辛”和“幸”

如“辨”作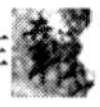［阿斯塔那59号墓（18）］。

6. “贝”和“页”

如“财”或作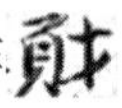［阿斯塔那365号墓（4）］，两者为形近而混。

7. “豕”和“彖”

“豕”与“彖”系部分、整体的替代关系，如“豚”作［阿斯塔那151号墓（1）］。

另外一些则是因构件部分相同或相似，且其在整个文字中所处位置相同相似而使得整个构件混同。如：

1. "殹"混同为"臥""臤"

如"醫"作[阿斯塔那151号墓(34)]、[阿斯塔那325号墓(3)]。

2. "臥"作"臤"

如"欖"又作[哈拉和卓39号墓(2)],"攬"又作[阿斯塔那31号墓(1)]。

以上两组混同皆因三者整体结构、轮廓以及在文字中所处位置都相同所致,而三者之间的混同趋向及比例又反映了构件混同往往是以形体的简化、高频、成字性为趋向,而"臤"在这一点上较前两者拥有绝对优势。

以上列举为文书中出现的部分构件混同现象,其中的复杂程度可见一斑,但从整体上看,构成混同关系的构件之间多有联系,许多形近构件的混同从根本上讲就是隶变不同路径选择的结果,如构件"白"作"日"形,即可以看作是将小篆上部"人"形拉直为一条直线的隶变形式;又如"扌""木""牛"等构件的混同,严格来讲是文字发展到行、楷、草阶段进一步调整的结果,仍是笔画形态不固定,与线条之间的相互关系不断调整的原因所致。如"塔"本从答声,文书中或又从"谷"作[阿斯塔那151号墓(8)],文书中"谷"多作"谷","竹"隶作"⺮",如"塔"作[阿斯塔那29号墓(1)],"⺮"又混同作"八"而成"谷";有的属草写的书写方式造成的构件混同,如"亻"与"氵""讠","吅"与"⺍""丷"等;有的因形近而通过笔画的调整来实现不同构件的相混,如"禾"与"示"等,还有的则与其他构件无关,仅是因自身形体笔画的变化而成,如"孺"从"需"或从禹,如[阿斯塔那222号墓(13)],从禹在东汉碑刻中已明确存在,如东汉冯孺人题记即作此[①]。《玉篇》:"禑,同襦,俗。"从"需"之字多或从禹,尧庙碑"濡"作,景北海

① 臧克和:《汉魏六朝隋唐五代字形表》,南方日报出版社,2011年,第467页。

碑阴“繻”作等[①]。可见此形东汉已成为构件“需”之异体，我们认为“焉”乃“需”之形变变体，上部由“雨”而为“亩”形，此与笔画的连断以及笔画相接相交的变化相关；下部由“而”而变“㓁”，则属形体的斜置变化。因此，以上所列表面上看来是构件的混同，但事实上很多就是由笔画及笔画组合相互间规律性的调整在发挥作用，如“癶”与“文”“攵”“夂”的混同，正是由于笔画组合的置向调整所致。

还有的其混同原因暂时难以考证，如“缶”混同为“音”，此组混同仅见于“鷄”中，如［阿斯塔那337号墓（20）］，当为偶然的混同，且从单纯的文字形体上难以找到混同的轨迹。

二、构件混同中突破音义限制的形体混同

我们虽将这一部分定名为构件的混同，但其中一些并不具有理据功能的形体，严格来讲，有的仅能算作笔画组合，因其在文字系统中具有强大的类推功能，造成了大量的构件混同。同时，我们也注意到，文书中形体间的混同，往往突破构件的范畴限制，而仅以形体本身为单位来进行相互的调整，如“秉”中构件“禾”下部与“小”同，因而文书中此字作［阿斯塔那27号墓（10）］，而“康”“黎”等字中“氺”形则因与“水”形相近而替换作“小”，“求”亦同此或作［阿斯塔那509号墓（23）］。“丗”“䒑”本为常见混同构件已如前所述，“乘”中“北”隶混作“丗”又进而作“䒑”，如（阿斯塔那233号墓）、［哈拉和卓90号墓（9）］，再如构件“且”又或如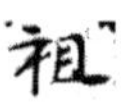［哈拉和卓96号墓（3）］、［阿斯塔那48号墓（1）］中等形，可见非构件性质的“冃”替换作“月”。再如“壹”上部之“士”形本非构件，文书中或替换作“土”，下之“豆”亦非构件而或混作

① 顾蔼吉：《隶辨》，中国书店，1982年，第82页。

“且”。此类替换在文书中大量存在，也进一步说明了文字理据的破坏程度之高，文字的使用者多以形体的组合而非以构件组合来认识文字。如：

1. “口（囗）”与“厶”

两者转化在汉隶中就已产生，顾蔼吉的《隶辨》中即已论及，“从‘口’从‘囗’之字或伪从‘厶’[①]，“如‘苟’作［哈拉和卓91号墓（15）］，“唯”作［阿斯塔那363号墓（6）］，“歡”作“歓”，如［阿斯塔那520号墓（5）］，“啚”文书中作“啚”，又作［阿斯塔那307号墓（4）］，“问”作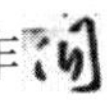［阿斯塔那507号墓（38）］，“悦”作［哈拉和卓91号墓（7）］，“绢”作［哈拉和卓99号墓（1）］，“能”作［阿斯塔那13号墓（1）］，“或”又作［阿斯塔那363号墓（6）］，“袁”作［阿斯塔那24号墓（9）］，“弘“作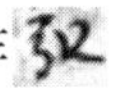［阿斯塔那169号墓（3）］，“雄”作［阿斯塔那337号墓（20）］等。

以上可见，文书中不仅构件“口”“囗”混同作变体“厶”，且构件“厶”亦作“口”形，如“弘”“雄”等字，更在不能够单独充当构件的“能”中亦有同类变化，又如前述从“丣”之“留”“坐”等字中均因构件“丣”隶作“吅”进而又隶作“厸”。

由上可见，两形相互转化，且其在文字中所处的位置对转化的影响不大，但当“口”充当文字下部构件时，则无一作“厶”者，如“苦”“告”“高”等文字，此当是与文字整体的稳定性相关联。而当“囗”充当文字外部构件时亦不发生混同，如“圖”“園”等，意在保证其外部整体轮廓。

2. “匕”形和“亾”形

文书中如“曷”中“亾”混同作“匕”，如“渴”作［阿斯塔那363

① 顾蔼吉：《隶辨》，中华书局，2009年，第227页。

号墓（6）]；“老”从“先”“人”之形无疑就是在将“匕”作“亾”的基础上重构理据而产生的变体，如[阿斯塔那48号墓（1）]；“貌”在文书中作“”或“”，显然是“匕”形与“（亾）”的混同。

处于隶变过程的汉字中，“匕”和“亡”是混同频率相当高的两个笔画组合形体。这一点，早在清代顾蔼吉的《隶辨》中已经针对汉代碑刻文字明确提出①，但二者缘何混同，混同的过程以及由此产生的对于汉字形体的影响则未有系统的探究。

“匕”和“亡”两个构件个体形体接近。甲金文中“匕”作，“亡”作，战国文字分别作、，小篆分别作、，“亾”与“匕”仅为增加一个捺笔和方位走向的区分。这种相似性为两者相互混同提供了可能，但两者的转换并不是仅因此一点而在一个时代的整个文字系统中得以完成。它是汉字发展到一个特定的阶段，某些文字之间相互影响而率先出现混同，进而扩展到整个文字系统的一个漫长的演化过程。这个特定的阶段即汉字的隶变阶段。隶变产生的根本原因是汉字由表示物象转化为表示词的音义，形式上则体现为线条化向笔画化的转变。隶变的最终结果实现了汉字形体与音义的直接统一，而隶变过程中形体则经过了多种变体共存、系统选择调整的复杂演变②。“匕”形、“亾”形的转化正是这一过程的体现。

我们认为，“匕”形向“亾”形转化，起于“食”字。“食”本为加盖的食器之形，上部为盖形，中部为食器盛物之处，下部为底座之形。小篆下部“匕”形系原字形中底座之形的线条化。

	甲骨文	金文	小篆
食	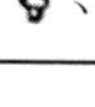、		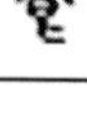

① 顾蔼吉：《隶辨》，中华书局，2009年，第214、235页。

② 王贵元：《汉字演化的动因和机制》，《语文研究》，2010年第3期。

到汉代碑刻中“食”已多作“”（孔躭神祠碑），作“”（郑固碑），下部“匕”形呈“亾”形。从现有出土文献资料来看，早在战国时期，这种变化即已产生，如：

食	（睡虎地·日甲45）（睡虎地·秦78）（睡虎地·法158）

这种变化进一步影响到以“食”为构件的文字，如：

養	（睡虎地·为吏27）、（睡虎地·秦113）、（睡虎地·语6）
餔	（睡虎地·日甲135）
飯	（睡虎地·为26）
飢	（睡虎地·为31）
餓	（睡虎地·日甲62背）

而在其他以“匕”形为构件的文字中，基本未见出现相同的变化，如“艮”“根”“老”“即”“既”“爵”“鄉”“疑”等。同时，即使是以“食”为构件的文字中，除了“食”居于整个字形下方的“養”字全部实现转化外，其他或如上述“餔”“飢”“餓”“飯”字例极少，或者仍然保持原有的形体不发生变化。我们注意到，在现有的战国文字中，此类变化只出现在睡虎地秦简中，其他出土材料中未见。而《睡虎地秦简文字编》“食”部下共收11个字，出现“匕”变“亡”情况的仅有5字，即上文提到的“養”“飯”“餔”“飢”“餓”，另外6字中“食”均为字形左边偏旁且全部未发生变化。由此可以看出，“匕”转换为“亡”是从战国末期秦系文字中“食”字首先开始的，并且这种变化最早出现在手书的简帛文字中，以睡虎地秦简为代表，进而这种变化扩展到以“食”为构件的文字。但这一时期还处于起步阶段，未能普遍。

而“食”字中“匕”形转化为“亾”形，应是受到了“艮”的影响。

“良”本为穴居两侧有孔或通道之形，

甲骨文	一期2510一期南南2·4
金文	（季良父盉）（季良父簠）
睡虎地秦隶	（语9）（日甲14）

据字形推证，战国时代“良”下部应为“亾”形，这一形体即为原孔道之形，而中部为原所居之穴形。如前所述，“食”字下部“匕”形则为原食器底座之形。两字中下部形体极为接近，特别是文字发展中原始的物象拉伸或断裂成为不能完整绘形的线条之后，文字的符号性进一步增强，原始的物象逐渐切割为几个文字构件的组合。为了尽量减少文字构件的数量以适应汉字学习和使用中简便高效的需求，形体相近的构件往往会走上合并的道路。发展到战国时代，“良”中部之穴形已经与“食”中部食器盛物之处形体极为接近，下部通道之形与底座之形也仅一笔之差。因此，“食”下部受到相近形体“良”的影响，“匕”形加一捺笔转化为“亾”形。

“食”受“良”的影响，下部“匕”形转化为“亾”，除了具备本身形体接近的条件之外，还可能有其他两方面因素的作用。一是“食”字除上述形体外，在以“食”为构件的战国文字中，出现了如（郭店·语丛3·55）、（郭店·缁衣33）、（玺汇0503）、（大府镐）等形体，这是在原来底座内加一横笔或斜笔。二是这一转化在“食”字中产生，却未出现在战国时代以“皀”为构件的“即”“既”“爵”“鄉”“卿”等文字中，我们认为是受“匕”形所处位置的限制。“匕”形在“食”字中处于右下方，具有充分的扩展空间。同时在原来底座右侧线条转化为一向左的斜笔之后，加一捺笔也有助于整个字形的稳定、美观。而上述以“皀”为构件的字，“皀”一般都处于左部或中部，“匕”形受右部形体的限制，再添加捺笔便显得繁复、累赘。这也正是为什么在战国末期文字中，“食”居下

部的“養”字全部实现“匕”到“亾”的转化，而“食”作左旁的文字则只有不到一半发生此类变化的原因。即使是受“食”字影响，后来以“食”为左旁的字曾出现过“匕”“亾”转换，但最终这类形体中这一转换遭到淘汰。因此，“匕”在“食”中所处位置及汉字形体整体要求美观稳定的要求也推动了这一转换的产生。

战国末期，首先在“食”字中实现了二者的转化之后，进而引起了相近形体的变化，如在汉代简帛文字和碑刻文字中，以“皀”为构件的“既”“即”“卿”“爵”“鄉”等，以“艮（）”为构件的“根”“银”等，“老”“疑”“颖”等字形中也出现了相应的变化。但值得注意的是，这一转换最终只是在一部分文字中偶然或者是暂时得以实现，很多情况下是变与不变两种形体并存，甚至包括战国晚期基本完成转化的“食”，在汉代也出现这种形体的回复。这种情况的出现，一方面是“食”字所发生的变化在相近的形体中产生了类推作用，因此使得转化的范围扩大；另一方面则很大程度上是秦代以小篆统一文字造成的。虽然汉代隶书已经成为通行的文字，但是经过秦代篆书的统一推行不可避免地会影响到隶书中来，使得这种转化在某些情况下又回归本体。这种多体并存的现象恰恰反映了汉字隶变中多途探索以寻求系统整体平衡的发展过程。在“匕”形到“亾”形的转化，再到进一步的选择过程中，我们认为，最终的选择依据主要是以“匕”形在整个字形中的位置为参照。如以“皀”为构件的字一般居左或居中，因而不加捺笔；“艮”及以“艮”为构件的字，一般居右，因而全部添加捺笔；“疑”“颖”中“亾”居左上方，也缺少拓展空间，因而保持“匕”形等。其中“皀”和“老”是例外，但它们选择了另外一种方式，即在其他“匕”形将下面一笔向上提，同时添加捺笔保持字形稳定的情况下，“皀”和“老”等则是顺应东汉中晚期隶书出现的一种普遍趋势：“收笔时迅速提笔，横画很容易出现尖端偏向上方的尾巴”[①]，通过下部的

① 裘锡圭：《文字学概要》，商务印书馆，2010年，第79页。

横画以及尖端向上的尾巴使字形达到稳定平衡。

“亾”形混同“匕”形之后，位于字形下方的“亾”形呈现“[illegible]”“[illegible]”两种形式。这两种变体形式的区别在于最后两笔撇捺的方位关系。这与由“衣”形下部隶变而来的“[illegible]”“[illegible]”形体类似。它们都是原有形体在隶变过程中产生的不同变体，不同笔画上下的相对位置不同。虽然“亾”形中一撇一捺的组合后来对应到“亾”字中的构件“人”，而“人”在古文字中即有和两种不同的方位关系，直到战国文字中，这两种不同的位置形式依旧存在，但从今天所见汉代简帛文字来看，汉代早期，“人”及以此为构件的字（包括“亡”字），一般都采用撇上捺下的形式，而“[illegible]”的出现频率则相当高。因此，不能认为这两种变体产生于“亾”字中的构件“人”字本身。“[illegible]”“[illegible]”应是源自于“良”下部走廊之形的不同变体，如（齐侯匜）、（晦堤尹欿鼎）即已呈现出不同形式。而在这两种变体的基础上，后来又衍生出一种新的变体，也即现在通行的“[illegible]”。“[illegible]”又是多方面因素共同作用的结果：一方面，由于文字发展过程中“匕”形和“亾”形转化范围的扩大，“亾”形逐渐脱离它所依附的单字而与“亡”字合流，二者在许多情况下呈现出同步发展的趋势。“[illegible]”“[illegible]”转化为“[illegible]”就是在“亾”的影响之下完成的。隶体阶段，汉字发生了剧烈的变化，“亾”上“人”形受隶变规律的影响，线条常拉伸为亠，同样的变化参见汉代碑刻中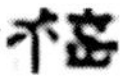、、等字；汉代碑刻中可见有形；马王堆汉墓帛书中“匃”作、，上部一点向左倾斜，向今天的“丿”过渡，中间一横向右下倾斜，接近捺画，下边一横向上提笔，其写法已经接近今天的“[illegible]”。另一方面，与“[illegible]”“[illegible]”形近的“衣”在同期的变体“[illegible]”“[illegible]”，由于“衣”做偏旁常处于字形左侧，伸展空间受到很大限制，因而最后两笔常缩短为相交的两点“[illegible]”，从而具备了重新调整两者相对位置作“[illegible]”的可能，而整个构件“衣”又将受此趋势同化而转化为“[illegible]”，也在一定程度上催化

了“𧘇”的产生。再次，“𠬝”中构件“又”在早期汉代简帛中已有变体作“ㄑ”“乀”形，“𠬝”作“𠬝”“𠬝”，这也对“𧘇”的出现产生一定影响。

由此，隶变中“匕”形与“亾”形的转化源于单字“食”与“良”形体的近似，由于隶变过程中线条的笔画化以及汉字表意功能的降低，这一转换逐渐脱离单字，转而成为构件“匕”和“亾”二者的转化。因此，这一转换所产生的形式变化，早期是受到所来源的单字形体“良”的影响，后期则是受到作为构件的“亾”及形近的“衣”“𠬝”的影响。

3. “匕”形与“工”形

如“老”作［阿斯塔那169号墓（2）］；“尼”作［阿斯塔那125号墓（5）］；“左”作［阿斯塔那22号墓（7）］；“差”或作［阿斯塔那501号墓（23）］；“曷”中“亾”形混同作“匕”后再混同作“工”等，如“遏”作［阿斯塔那88号墓（1）］。

前两者与“工”的混同由连笔草写引起，体现为改变笔画形态及笔画的组合关系，睡虎地秦简中“左”已有作者，马王堆帛书中承此作、者，但两汉时期上述构件并未相混，直到南北朝时期笔画调整，如前所述，因此笔画与竖弯相类，故隶作竖弯，而将起笔处向左的弯笔隶作点而附于竖弯右侧，才与“匕”相混。“匕”形也在这一时期改变笔画相互位置而隶作“乚”“乚”，亦与“工”之连笔之形相混。因此，此组混同发生在南北朝时期笔画的调整过程中而非两汉时期线条到笔画的调整中。

4. “冖”与“冂”

从笔画角度看事实上属于笔画长短的变化，“冂”到“冖”，如“綱”文书中或又作［阿斯塔那332号墓（9）］，右部构件“岡”本从“网”从“山”，“㐅”作“䒑”而作“岡”，“冂”作“冖”而为“𦊓”，“止”“山”混同而作“罡”。“剛”中此构件或又作“罡”，系属“止”“正”构件混同。又如“禍”作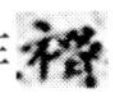［阿斯塔那169号墓（5）］，

"歸"作［阿斯塔那19号墓（13）］，又作［哈拉和卓88号墓（1）］，"商"或又作［阿斯塔那337号墓（20）］，"尚"又作［阿斯塔那22号墓（7）］等。

"冂"到"冖"在汉隶中已出现，"冂……亦作冖，……央等字从'之'。亦作'冖'，尢字从'之'……"①。两者本为隶变过程中因文字形体结构不同而产生的不同变体形式，汉代之后，则将其作为两个可以相互替换的笔画组合体在文字形体中互相转化。

5. "勹""冖""⺈""丷"

"勹"在文字上部混同作"冖"或"⺈"，如前述"鳥""麴""匈""包"等变体作"鳥""粂""宂""色"等；亦有相反的变化，"深"则由从"冖"形而改从"勹""⺈"。

此组混同中"勹"与"宀""冖""⺈"的混同显然主要是笔画形态的变化所致，其变化也主要发生在汉代隶变之后的笔画调整中，撇与点、横折"ㄱ"与横钩的调整促成了以上混同。同时，此时期钩的有无并存也是混同的成因之一，如"苞"作［阿斯塔那346号墓（1）］，无钩的形态适合向横钩的转化。从根本上讲，也是笔画长短的变化。与"丷"的混同则是以"⺈"为媒介的连笔草写的结果。

"勹""宀""冖"与"⺈""丷"多为单向混同，"⺈""丷"一般不作"勹"与"冖"。

6. "冂"与"勹"

如"襖"作［哈拉和卓96号墓（2）］，又作［哈拉和卓91号墓（1）］，又如"囱"向"匆"的转化，如文书中"總"作［阿斯塔那206号墓（12）］，亦应为"冂"形向"勹"形的调整。

"奥"本从"宀"，"囱"中此形则非独立构件，仅为"窗"之外框之形。

① 顾蔼吉：《隶辨》，中华书局，2009年，第215页。

7. “⺈”与“卩”

如前述从“欠”之“款”“欲”，文书中皆又从“卩”“𠬝”形，而从𠬝之“服”又从“欠”。两形呈互换的趋势，从形体上来看，两形显然是置向改变的结果。

8. “厂”与“冖”

如“被”又作（阿斯塔那233号墓），又如前述“聲”“縠”中构件“声”作“声”、“声”又作“声”；“爵”文书中作［阿斯塔那157号墓（1）］、［阿斯塔那363号墓（6）］，体现为“罒”与“冖”的转化，此形为隶古定字[①]。“爵”亦有从“罒”者，如［阿斯塔那524号墓（9）］，小篆此字作，从“罒”为其本形之直接隶变形式，后世“厂”与“冖”转化而从罒形，进而又从“冖”形。又如前述构件“虍”作“虍”亦为同类。

以上两形转化显然为长短笔画的变化。

9. “冖”与“一”

“冖”作“一”如前述构件“皮”变体又作“支”，即是在“厂”转化作“冖”的基础上又进一步转化作“一”的结果。又如“受”又作［阿斯塔那365号墓（5）］，显然为草写导致，但文书中亦有与此相反之调整现象，如“蔑”作［阿斯塔那27号墓（7）］，“茂”作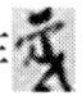［阿斯塔那230号墓（16）］，“再”作［阿斯塔那24号墓（4）］又作（阿斯塔那380号墓），“獸”又作［阿斯塔那332号墓（9）］等，亦为此类现象，当系反向类推而来，均为此类变化。

10. “冖”与“⺈”

两者因草写而混，如“富”作［阿斯塔那154号墓（10）］，又如前

① 黄征：《敦煌俗字典》，上海教育出版社，2005年，第216页。

述构件“尢”的变体作“冗”又作“冘”，又如“亢”之变体作“冗”又作“冘”。两者的转化当为书写变化引起。

11. “⺈”作“冖”

如前述“奂”之变体作“奐”，又如“免”又作［阿斯塔那222号墓（11）］，“赖”又作［阿斯塔那151号墓（35）］，皆为在楷变阶段将折笔拉直的现象。

12. “乞”和“乚”

“乾”本从“倝”从“乙”，文书将右部构件整体看作“乞”，故而混同而作“乚”，如［阿斯塔那5号墓（3）］。

13. “聑”与“[illegible]”

“聶”下部构件“聑”和“鼠”下之构件“[illegible]”皆因构件重新组合而作“冄”形，故两形相混。如［阿斯塔那48号墓（1）］、［阿斯塔那517号墓（8）］等。

14. “土（或士）”与“工”

如构件“害”在“割”中作“害”，或作“〓”。“害”本从“宀”从“口”，丰声，睡虎地秦隶中此字作，或又作，小篆同，早期汉隶皆作形，汉碑两形皆存，南北朝碑刻中亦从“土”，文书中作构件多混同从“工”，仅一例从“土”。“蓐”中构件“辰”作“辰”，中间构件“土”即出自于与“工”之相互混同；“舍”，文书中作［阿斯塔那13号墓（1）］，或作［阿斯塔那44号墓（10）］。“涅”小篆作，右下部构件作“土”，马王堆帛书中作，右下部构件从“壬”，张家山汉简中同此。后世多从小篆，或又混同从“工”，如文书中此字作［阿斯塔那29号墓（1）］，又作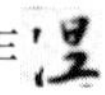［阿斯塔那201号墓（2）］。

两者为双向混同，但从发生混同的文字来看，首先，文书中以土及以工为部首的字并未出现此类混同，而在发生此类混同的文字中“土”形和“工”形则通常不与“工”“土”之音义发生关联，仅作为记号参与文字构形。其次，从两形在文字中所处方位看，多出于由两个以上构件构成的文字中且多处于中间构件位置，“涅”中虽不处中间位置，但亦为右下方，不属文字的中心位置。

15. “从”“火”“灬”“⺌”“八”“大”“一”

此组皆为常见的形体混同，文书中如“遮”作［阿斯塔那31号墓（2）］、［哈拉和卓33号墓（1）］、［阿斯塔那29号墓（7）］等，“蘇”中构件“鱼”，尾部构件形态体现为“火”，或又作［阿斯塔那42号墓（8）］、［阿斯塔那78号墓（10）］、［阿斯塔那506号墓（14）］、［阿斯塔那187号墓（6）］。又如“歳”作［哈拉和卓99号墓（3）］、［阿斯塔那88号墓（1）］、［阿斯塔那169号墓（1）］、［阿斯塔那326号墓（2）］，“寡”作［阿斯塔那43号墓（3）］、［阿斯塔那27号墓（8）］、［阿斯塔那192号墓（1）］，“斂”作［阿斯塔那170号墓（2）］，“極”作［阿斯塔那42号墓（12）］，“检”作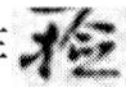［阿斯塔那35号墓（5）］、［阿斯塔那239号墓（2）］等。再如文书中从“心”之“恭”又从“火”亦为此类变化。

以上各形的调整又存在于非音义统一体的笔画组合中，如前述“魚”的各类变体均由此产生。

从其形成原因来看，主要当为笔画形态改变、连笔草写、笔画省略的产物，其中“火”与“⺌”既可看作是经由“火”而“灬”进而省变作“⺌”的演化过程，又可看作是“火”中间两笔合并为一笔的结果。文书中则又多作“从”，如［阿斯塔那514号墓（1）］。此变体较前述变体的

出现较晚，大概产生于南北朝时期，当是在“灬”形基础上笔画重组而成，而“庶”在文书中多改从“从”，当与其“屋下众”“众庶”之义相关，以“从”来表众人之义。

16. “山”与“止”

两者在文书中属双向混同关系，如“齿”本从“止”，文书中或改从“山”，如“龄”作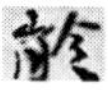［阿斯塔那23号墓（1）］；“仙”本从“山”，文书中或作［阿斯塔那169号墓（3）］。又如“步”本从“止”，或又作［哈拉和卓91号墓（42）］，“歳”从“止”，或又从“山”作（哈拉和卓96号墓），“正”作［阿斯塔那59号墓（12）］等。

另外，“山”和“止”两者的混同不限于构件的层面，亦包括笔画组合的层面，如“萄”中“缶”下本为“山”形，或又作［阿斯塔那509号墓（56）］；“凯”左上本为“山”形，亦或作［哈拉和卓90号墓（4）］，又如前述构件“垂”作“垂”又作“垂”等。

相混原因在于笔画的连写与笔画置向的变化。此类混同汉隶中亦已出现，“‘御’从‘卸’，或作御，……”[①]。但范围不广，到南北朝时期两形开始大量转化。

17. “一”“凵”“厶”

如“叀”之变体或又作“叀”，“壬”之变体作“王”，“垂”又作“垂”，“缶”之变体作“去”，“谷”之变体作“去”等皆为此类变化。

18. “匕”作“厶”

两者为改变笔画组合关系以及改撇为点而成的变体，如“鹿”中构件“比”常作“厶”，如［阿斯塔那171号墓（2）］。“能”中右下部

① 顾蔼吉：《隶辨》，中华书局，2009年，第214页。

构件亦有隶作“厶”者，正因如此，“能”右部构件上下结合而为简体之“长”，如［阿斯塔那363号墓（6）］。此类变化一般出现在“匕”形居文字下部位置的情况下，如“艮”作［阿斯塔那151号墓（15）］，“根”作［哈拉和卓90号墓（13）］，又作［阿斯塔那93号墓（9）］等。

19. “几”与“儿”或“八”

如“亮”作［阿斯塔那142号墓（3）］、［阿斯塔那x2号墓（3）］、［阿斯塔那189号墓（11）］等形。又如“兇”本从“儿”，文书作［阿斯塔那100号墓（2）］，“穴”作［阿斯塔那205号墓（1）］，又作［阿斯塔那509号墓（33）］，“冗”又作“宂”等。

三者混同皆因笔画调整而来，竖弯与捺以及竖弯起笔带弯即为三者混同的根本原因。

20. “艹”与“竹”“丗”“丗（或业）”“××”“⺮”“䒑”

“艹”与“竹”两构件因皆可隶作“艹”“䒑”而混，是最常见的构件混同，但此类转化又不仅限于这两个构件。

“艹”“䒑”又因形近而与“丗”“丗”“廿”形等相混，文书中“乘”作“乗”“乗”“乗”等形，如“乘”作［哈拉和卓91号墓（12）］，又作［哈拉和卓90号墓（9）］。这事实上属于“艹”到“艹”，再到“䒑”的转化的结果。“歡”又作［阿斯塔那19号墓（16）］，又如“喜”或又作“喜”，“革”或又作“草”“革”“单”等形。“革”作单，早期汉隶中即已出现，如银雀山汉简中作。又如“竹”亦作“业”“业”等形，“业”乃“业”形共用竖笔的变体。如“等”作［阿斯塔那59号墓（2）］又作［哈拉和卓96号墓（3）］，

“鄰”作［阿斯塔那151号墓（34）］等。

“业”与“龷”“艹”亦相混同，如“對”作［阿斯塔那24号墓（2）］、［阿斯塔那134号墓（3）］，“業”作［阿斯塔那29号墓（7）］、［哈拉和卓39号墓（3）］，“共”作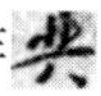［阿斯塔那221号墓（12）］、［阿斯塔那125号墓（2）］等。

“××”与“㐅㐅”亦与以上“䒑”等诸形相混同，如“网”作“罒”即由此而来，又如“爽”又作［阿斯塔那29号墓（6）］，或又省从“××”后变作［阿斯塔那206号墓（13）］。又如“度”，文书中作［阿斯塔那169号墓（5）］，又作［阿斯塔那23号墓（1）］，又如“從”作［哈拉和卓99号墓（4）］等。其相混原因也在于笔画的调整，“××”与“㐅㐅”改变置向则作“++”“丄丄”，笔画连接则与“䒑”同。

“卄”“䒑”又合并相同笔画而作“亠”“十”等，如“歡”又多隶作［阿斯塔那520号墓（5）］，“舊”作［阿斯塔那103号墓（2）］，“善”作［阿斯塔那13号墓（2）］，又作［阿斯塔那170号墓（3）］，“觀”作［哈拉和卓91号墓（2）］，“寛”作［阿斯塔那363号墓（6）］等。

21. “ㄊ”“𠂉”“一”“十”“亠”

如“德”早期隶书和小篆皆从“十”形，后隶变过程中则或从“亠”，如［哈拉和卓96号墓（8）］。“眞”上“匕”形，文书中本已隶作“亠”，如［哈拉和卓96号墓（1）］，又作［阿斯塔那169号墓（3）］。“哀”作［阿斯塔那524号墓（9）］、［阿斯塔那363号墓（6）］，“懷”或作［阿斯塔那151号墓（26）］，“喪”又作

［阿斯塔那222号墓（13）］，“侮”又作［阿斯塔那169号墓（5）］，“稟”作［哈拉和卓98号墓（1）］，又作［阿斯塔那50号墓（4）］，“檀”同此作［阿斯塔那206号墓（13）］。“韓”又作［阿斯塔那305号墓（3）］，又如“無”或作［阿斯塔那509号墓（23）］，“景”中构件“京”从“亠”形或又从“𠂇”作［阿斯塔那43号墓（3）］，“直”作［哈拉和卓96号墓（17）］，又作［阿斯塔那80号墓（3）］等。

此组混同显然属于不同笔画形态及相互位置关系调整的结果，隶变发生之初，线条隶为其中一种或两种构件形式，如“無”小篆作，隶作“亠”“𠂉”皆属直接隶变，后期又可通过点变竖笔而与横笔相交而为“十”，竖笔倾斜而为“𠂇”，“𠂉”中撇的位置调整至横笔下方则为“丆”。因此，隶变在不同的阶段可通过不同的方式进行。

此组混同属常见混同，在文字系统中又进一步造成了更高一级构件的混同，如上述“靣”与“面”混同。

22. “小”与“水”“氺”

“水”“氺”主要为笔画连断的区别，西汉居延新简“禄”中已有两者混同的字例，“小”则为前两者字形之省，字形趋简且为高频成字构件，因而混同频率极高。如“康”作［阿斯塔那150号墓（7）］，“黎”作［阿斯塔那29号墓（15）］，“求”作［阿斯塔那509号墓（23）］，“暴”作［阿斯塔那151号墓（34）］，“泰”作［阿斯塔那27号墓（7）］，“録”作［阿斯塔那188号墓（2）］，“绿”作［阿斯塔那206号墓（12）］，“禄”作［阿斯塔那61号墓（7）］。文书中又有反向替换“小”形为“水”“氺”的情况，如“秉”作［阿斯塔那27号墓

（10）］，“原”作［阿斯塔那524号墓（9）］等，可见此组为双向混同。

23. “⺌”和“小”

此组形近增减笔画而混，如“忝”作［阿斯塔那169号墓（5）］，“添”作［阿斯塔那76号墓（7）］，“漆”作［阿斯塔那506号墓（14）］，又作［阿斯塔那43号墓（3）］，“珍”作［阿斯塔那169号墓（6）］等。

可见两者为双向混同，且混同并不局限于功能意义合一的“⺌”“小”两构件，如“漆”下本从“水”，混同作“小”，又进而混同从“⺌”。

24. “又”与“乂”

形近而混，因笔画中折笔与直笔的变化而引起，究其根本，当为“又”的隶变形式其中一种“乂”与其他构件或笔画组合相混。

两者双向混同，“乂”形作“又”，如“艾”作［阿斯塔那22号墓（7）］，“跤”作［阿斯塔那337号墓（20）］，“凶”作［阿斯塔那27号墓（7）］，“网”作［阿斯塔那27号墓（9）］，“父”作［阿斯塔那44号墓（4）］等。“又”作“乂”则如“啜”又作［阿斯塔那509号墓（38）］，“度”作［阿斯塔那170号墓（2）］，“镬”作［哈拉和卓91号墓（22）］等。

25. “一”作“乚”

这一变化是指横笔往往在起笔之前有一个向上弯折而作“乚”，这一变化通常会将其看作对原有曲线的不同隶变结果，如“牛”作“牛”“⺧”的不同变体，但我们同时也注意到文书中有此类形式的笔画，往往皆不分作两笔而仅作相连接的“乚”形式。同时，在一些并无如“牛”一样的曲线改造作折笔可能性的文字形体中，也常存在着两者的相互调整关系，如“十”之变体亦作“忄”，“害”之变体作“害”，又作“害”，“求”又作［阿斯塔那31号墓（1）］，“通”又作［阿斯塔那31号墓（35）］，“勇”又作［阿斯塔那122号墓（4）］等。

26. “大”和“士”“工”

此组为隶变中将相对出现且相接的撇捺两笔拉直为横线产生的变体形式。

如“因”从“大”或从“士”、从“工”、从“コ”，从“大”是对小篆的直接隶定，小篆“大”乃古文字“nbsp;”形的讹变，早期汉隶皆从此形，“士”即此形的变体，张家山汉简中可见此形作“士”形者①，“工”为“士”之变，“コ”则为“工”之连笔之形。

“器”同此，本从“犬”，混同从“大”，进而作“工”，如［阿斯塔那363号墓（6）］。

又如“達”，此字小篆作，从“羍”从“辵”，隶书亦同此，或又将下级构件“大”隶作“土”，文书中或又作“逹”或“達”，如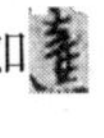［哈拉和卓91号墓（18）］、［阿斯塔那170号墓（4）］等。

27. “白”和“百”

如“柏”作［阿斯塔那320号墓（3）］，又作［阿斯塔那363号墓（6）］，“佰”常作“伯”，如［阿斯塔那501号墓（25）］。“宿”作［哈拉和卓91号墓（2）］，又作［阿斯塔那154号墓（8）］，“百”本属记号构件，因“白”“百”的习惯性替换而亦从“白”形。

① 臧克和：《汉魏六朝隋唐五代字形表》，南方日报出版社，2011年，第326页。

28. "六"与"大"

"六""大"乃是笔画连断发生的混同，如"奮"作［阿斯塔那151号墓（34）］，"奪"作［阿斯塔那209号墓（9）］等。"肉"作"宍"亦经此类变化，纹理之形"仌"或隶作"大"，如"因"，后又隶作"六"，乃为变形音化。

29. "弋"和"戈"

如"㪤"又作"数"，如［阿斯塔那24号墓（10）］、［阿斯塔那29号墓（10）］；"轼"作［阿斯塔那43号墓（3）］等。此为构件"弋"调整作"戈"，又有"民"作［阿斯塔那80号墓（1）］，"民"则本为象形，下部多为"弋"形，而又以"戈"相替换。

30. "北"和"丠""䒑""𠆢"

"冀"小篆作，上本从"北"，文书中作［阿斯塔那215号墓（6）］，改从"䒑"。此字马王堆帛书中作，可见上部"北"形与"丠"形相近，"丠"形为"丘"之变体，"丘""北"本形近，汉隶中已可见相混之例，如马王堆帛书中"丘"亦有作者。如前所述，"丠"与"䒑"常相混同。又如前述，"乘"亦本从"北"形，文书中作［哈拉和卓91号墓（12）］，又作［哈拉和卓90号墓（9）］，亦可见两形混同。

又有"𠆢"与"北"之混同，如"陸"本作、［阿斯塔那78号墓（11）］，文书中又作［阿斯塔那24号墓（2）］；"瞻"构件"言"上部本从"穴"，"穴"下"八"形文书又作"北"，如［阿斯塔那27号墓（7）］，"乖"下部"北"形变化变体作［阿斯塔那507号墓

（33）］。可见此二者为双向互换。

31. “𠂉”和“人”

两者为笔画置向变化的结果，如“珍”作［阿斯塔那169号墓（6）］，又作［阿斯塔那191号墓（1）］，“尔”作［阿斯塔那517号墓（2）］、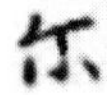［阿斯塔那43号墓（3）］。“旅”又作［阿斯塔那42号墓（5）］，“施”又作［哈拉和卓99号墓（6）］，“旋”作［哈拉和卓91号墓（2）］，“族”作［阿斯塔那151号墓（34）］。

32. “𠃌”作“㇌”

“勇”下构件“力”或讹作“乃”，如［阿斯塔那363号墓（6）］。又如“仞”或又作［哈拉和卓99号墓（1）］。“勢”在“咸阳太守刘玉墓志”中又作“㔟”[①]，亦为此类。

以上相混，“仞”中或可看作因两字音近而以整体“仍”相取代，又以原有之一点作为与“仍”字的区别性符号。修辞学中有以部分代整体之借代，文字学中亦有以部分代整体的省声、省形，此处则可看作以整体之“仍”来代替部分之“刃”的功能。而“勇”中“力”作“乃”则仍首先源自“力”被替换作形义皆近之构件“刀”，而笔画“𠃌”在文书中或又有另一变体形式作“㇌”，如文书中“崩”本从“朋”，“朋”变体作“用”，又写作［阿斯塔那215号墓（6）］，可见同一笔画的相同变体形式。

33. “卩”与“阝”

两者因形近而混，“阝”本源自部首“邑”及“阜”，此两部之字皆有作“卩”者，如“除”“陈”等或又作［阿斯塔那187号墓（22）］、

① 张涌泉：《汉语俗字研究》，商务印书馆，2010年，第142页。

［阿斯塔那61号墓（7）］，“郎”作［阿斯塔那116号墓（4、5）］等，皆可看作连笔所致。“卩”主要来自人形，或又混同作“阝”，如“却”作［阿斯塔那153号墓（6）］，“脚“作［阿斯塔那170号墓（1）］，“即”作［阿斯塔那73号墓（2）］，“節”作［阿斯塔那169号墓（5）］，“鄉“作［阿斯塔那140号墓（6）］，又作［阿斯塔那10号墓（10）］，“卿”又作［阿斯塔那169号墓（5）］等。“柳”本从声，右部汉代多隶作“卩”形，文书中或又作［阿斯塔那326号墓（8）］，“卯”亦或作［阿斯塔那10号墓（3）］。

考察文书中从“邑”之字，在“郑”“邵”“鄯”“那”“郎”“郭”“都”“鄧”“部”等“邑”充当右部构件的字中多出现了两形混同，但从同一个字中的出现频率来看则比例很低。

34. “九”“凡”“丮”“几”“刀”“口”“丸”“夕”

以上各形形近相混，如“軌”作［阿斯塔那331号墓（1）］、［阿斯塔那150号墓（4）］、［阿斯塔那15号墓（10）］等。“几”和“凡”混同，如“秃”作［阿斯塔那29号墓（20）］，“坑”作［阿斯塔那509号墓（53）］。“處”，早期文书中“几”或混同作“凡”，如［哈拉和卓91号墓（2）］。“九”“几”形近，汉隶中即已发生混同，“軌”，东汉碑刻中即有从“几”者，又与“丸”相混，“丸”形来自“丮”，顾蔼吉的《隶辨》：“丮，……隶省如上，变作，亦作、，与卂疾之卂相类，亦作丸，经典相承用此字。从‘丮’之字变作夙，或作，或作，或作，或作巩，伪从‘凡’。变作，亦作，亦作，亦作，伪从‘几’。亦作，孰亦作孰，伪从‘九’。”①“几，……亢本作亢，下象颈脈形，隶变伪与几同，非从‘几’也。从‘丮’从‘九’之字或伪从‘几’，见丮九字下。”②“九，……笔迹小异，亦作九、九。从九之字，軌或作軌，伪从几，究或作究，伪从丸。从‘丮’从‘久’之字或伪从‘九’，见丮久字下。”③可见，“九”“几”“丸”“丮”“凡”等形汉隶中即属常相混同的构件，其诱发原因自当为形体接近，通过笔画形体及组合关系的变化实现了不同构件的混同。

到文书中，这种混同在不同的文字中体现出了不同的形变趋势，单字“九”及“究”中构件基本从“九”形（仅单字中有不到1%的两例作丸。）“執”“熟”“孰”“藝”从丸或从“九”，“鞏”“恐”从“凡”或从“口”“刀”形，“势”或从“刃”。可见，这一时期构件变体已经在一定程度上加以整合，表意作用明显的构件“丮”一般仅作丸，或偶省作“九”；单字“九”及表音作用显著的“究”中仅作“九”；而在仅发挥表音作用的构件“巩”中，作为下级构件的“丮”则由“凡”进一步形变作距原形体差异更大的变体“口”“刀”，并被广泛接受。“鞏”“恐”两形中作此，与“丮”构意功能微弱有关，也与文字形体左右搭配的美观相关。“望”中“夕”又与“夕”“凡”“口”等相混同，文书中此字作望［哈拉和卓91号墓（17）］、望［哈拉和卓91号墓（22）］、望［阿斯塔那7号墓（1）］、望［阿斯塔那90号墓（6）］、望［阿斯塔那169号墓（6）］等形，可见“月”混同作“夕”之后，又导致此构件混同从“凡”“口”等。“几”形和“口”相混，如“殳”作殳［阿斯塔那365

① 顾蔼吉：《隶辨》，中国书店，1982年，第819页。
② 顾蔼吉：《隶辨》，中国书店，1982年，第949页。
③ 顾蔼吉：《隶辨》，中国书店，1982年，第954页。

号墓（4）］。混作“口”当为连笔所致，但文书中亦有反向替换的现象，如“尋”又作［阿斯塔那78号墓（18）］。

以上从“九”与“凡”“几”等混同发展到“凡”“夕”“口”“刀”等的混同，在不同的文字中有不同的变体选择，但从形体上皆可寻其联系。“凡”到“夕”改变了笔画走向，到“刀”则是“夕”之省形，“口”则为“几”之草写讹形。

35. “方”混作“扌”

“方”混作“扌”多出现于由小篆演化而来的构件中，源自于草写过程中将曲笔拉直为一条直线。文书中此构件亦有作“力”者，如［阿斯塔那138号墓（1）］，此类则是通过连笔形成的另一途径的笔画重组。“方”混同作“扌”，如“旅”作［阿斯塔那230号墓（12）］、［阿斯塔那101号墓（1）］，“遊”作［阿斯塔那509号墓（38）］，［阿斯塔那151号墓（34）］、［阿斯塔那22号墓（3）］，“於”作［阿斯塔那169号墓（5）］等。

36. “用”和“田”

“俻”本作“備”，小篆作，下部从“用”，故文书有作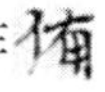［阿斯塔那170号墓（2）］，或又将“用”笔画紧缩作“田”，如［哈拉和卓91号墓（22）］、［阿斯塔那337号墓（20）］等。

与此相同的变化发生在构件“角”作变体“⻆”，“甫”的变体作“亩”的调整当中。

37. “口”“厶”“𠃋”“𠂊”“夕”“力”

“口”居于左下部位置时，常与“厶”混同后进一步隶变作“𠃋”“𠂊”“夕”“力”等形，如“哉”作［阿斯塔那169号墓（5）］、

［阿斯塔那50号墓（4）］、［阿斯塔那363号墓（6）］，“或”作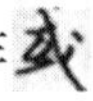［阿斯塔那346号墓（1）］、［阿斯塔那225号墓（16）］等。

“哉”此形，梁春胜归之为“𢦏”的繁化，盖为增构件“人”，援引裘锡圭先生观点，认为，此形本为“𢦏”，文句中多借作“哉”[①]。我们认为，此字或如上所述即为“哉”之变体，此形出现于西汉时期，同时期的“或”中并未出现相应的变化，但“國”中则可见此类变化，另外，“坐”本作㘴，上部构件如前所述隶从“吅”，“口”又隶作“厶”，再隶作“人”形，当同此处。或者又是前述“戍”作“戈”混同的一种倒逆。

这类笔画组合的变化也正是“盼”中构件“分”混同作“兮”，“詈”中“巧”混同作“切”的原因所在。如“盼”作［阿斯塔那363号墓（6）］，文书中单字“分”仅作［阿斯塔那61号墓（7）］，下部构件“刀”因连笔而与“兮”之下部相混，上部构件“八”亦因整个文字系统中“丶丿”与“丿丶”的习惯性调整而改换，又整体混作“兮”而加横笔；“丂”作“刀”仅出现于“詈”中，如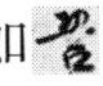［阿斯塔那188号墓（22）］，因“丂”下笔画“㇉”调整作“𠃌”，使得构件“丂”作“万”，进而调整作“刀”而与“工”构成成字构件“切”。同时，“工”之变体由“巧”而作“⼯”的转化也由此可以展示得更加清晰。

第四节　符号代替

关于文字中俗字的形成方式，向来还有一种类型属于符号代替，即以一些简单的符号来代替一个或几个复杂的构件，文书中归属此类者体现为以下6大类22小类：

① 梁春胜：《楷书部件演变研究》，2009年，复旦大学博士论文，第182页。

符号	所代形体	字例
、	厶	叁：［阿斯塔那35号墓（19）］
	幺	藥：［阿斯塔那29号墓（22）］
		斷：［阿斯塔那215号墓（7）］
		繼：［阿斯塔那27号墓（10）］
		關：［阿斯塔那325号墓（3）］
	口	單：［阿斯塔那509号墓（58）］；［阿斯塔那29号墓（1）］
		戰：［阿斯塔那35号墓（7）］
		嚴：［阿斯塔那35号墓（26）］；［阿斯塔那189号墓（8）］
		留：［阿斯塔那113号墓（1）］；［阿斯塔那116号墓（1）］
		撿：［阿斯塔那376号墓（3）］
		軀：［阿斯塔那29号墓（1）］
		劉：［哈拉和卓91号墓（26）］
		肅：［阿斯塔那43号墓（3）］
	彐	門：［阿斯塔那332号墓（8）］
		問：［阿斯塔那326号墓（7）］；［阿斯塔那5号墓（15）］
		閏：［阿斯塔那509号墓（31）］

符号	所代形体	字　例
〢	𦥑	與：［阿斯塔那337号墓（20）］
		興：［阿斯塔那150号墓（3）］
		學：［阿斯塔那151号墓（34）］
		覺：［阿斯塔那15号墓（10）］
		舉：［阿斯塔那4号墓（4）］；［阿斯塔那4号墓（2）］
	𠂤	師：［阿斯塔那206号墓（12）］
		歸：［阿斯塔那171号墓（3）］
	臣	監：［阿斯塔那20号墓（7）］
		賢：［阿斯塔那507号墓（38）］
		臨：［阿斯塔那29号墓（1）］
	[illegible]	段：［阿斯塔那42号墓（8）］
	片	牒：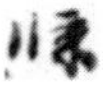［阿斯塔那346号墓（2）］
	巨	渠：［哈拉和卓1号墓（3）］
	臣	熙：［哈拉和卓99号墓（4）］
又	鳥	鳳：［阿斯塔那35号墓（14）］
	㸚	网：［阿斯塔那27号墓（9）］
一	敝	幣：［阿斯塔那327号墓（1）］
	止	歸：［阿斯塔那509号墓（23）］
	十	桼：［阿斯塔那152号墓（1）］
	鹿	麤：［哈拉和卓33号墓（5）］
	旡	蠶：［阿斯塔那22号墓（3）］
彡	頁	願：［哈拉和卓38号墓（2）］

符号	所代形体	字例
𠄌	隹	顧：［阿斯塔那206号墓（6）］
	言	課：［阿斯塔那206号墓（12）］

以上所举各例，除“鳳”中“鳥”作“又”以及“一”代替构件“敝”“鹿”“十”“止”可看作完全意义上的符号替代之外，其余各例皆可循其形体因草写而演变之轨迹，如以“丶”代替“厶”，是将“厶”省作“𠃋”，又进一步将笔画拉直简化作“丶”的结果；代替“口”则是“口”“厶”替换连锁反应；代替“幺”是将“幺”省作“厶”的连锁反应；“丣”替换作“夗”，又替换作“吅”，进而又以“丶”相替换；“臣”“𠂤”“𠂤”“片”“𦣝”“巨”“𠂤”等皆属将原构件中右部繁复笔画拉直为竖笔而作“‖”，如“𠂤”又作“阝”，如“師”作［阿斯塔那239号墓（2）］，“网”中或可看作内部构件省作“㐅”，又替换作“又”之结果。“願”中“頁”作“彡”则更是连笔所致。

关于符号“＝”，林志强的《古本〈尚书〉文字研究》中总结为三种不同的类型：一是表示字、词的重复。此说即指裘锡圭先生所指重文号；二是表示一个字中相同偏旁的重复。如“協”作“忄＝”，“姦”作“女＝”等；三是表示偏旁的省略。如“胃”作“罒”。①王贵元先生也提到过此类现象，马王堆帛书中有“糹＝”形，此字当为“𢇍”，此字“当为‘继’之异构字，从‘絲’从‘二’”②。

由文书中此形的使用情况看，共有“蠶”“麤”“棗”三字中出现了此类现象，三字中之“＝”皆可看作与下面构件共用横笔而重组作“三”来参与理据的构建。如“蠶”本从“䖵”，朁声，文书中则皆作“蚕”，可

① 林志强：《古本〈尚书〉文字研究》，中山大学出版社，2009年，第22-23页。
② 王贵元：《马王堆帛书汉字构形系统研究》，广西教育出版社，1999年，第85-86页。

看作从“虫”，三声，如［哈拉和卓99号墓（7）］，此字他处未见，《汉语大字典》亦未收录。此字从“䖵”，朁声，后世文字简化，形声皆有省略，或又作“蝅”“蚕”，《敦煌俗字典》即收“”[①]。而从文书中的情况来看，一者从“虫”之字“虫”多作“𧈧”形，如“虫”作［阿斯塔那151号墓（15）］，“螺”作［阿斯塔那230号墓（36）］，“蜱”作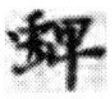［阿斯塔那170号墓（2）］，“融”作［阿斯塔那332号墓（10）］，“蝇”作［阿斯塔那232号墓（2）］等。故此形或当以“二”替代“兂兂”形，故此字呈“𧈧”形，进而从“虫”，三声作“𧈧”。又如“桒”作“示”，此字作“示”它处未见，《汉语大字典》虽有收录，却录同“麼”，引《龙龛手镜》为“麼”之俗字。此形的形成，当是将原先象桑树枝叶形之部分“卉”省为“二”，而下之“木”形隶作“朩”形，故可看作构件重新调整其组合层次从“三”从“小”，上部构件由表形功能转为表音功能。“木”隶作“朩”此处并非孤例，“保”在文书中作“保”，亦作“𠈃”，如［阿斯塔那154号墓（13）］，亦同此例。上部声符“三”与下部意符“木”共用横笔。又如“麤”作“麁”，“麤”文书中用同“粗”，此字本从“三鹿”之形，文书中改从“三”从“鹿”，省两“鹿”而以“二”来代替，又与“鹿”上“广”形中之横笔共用而亦组成“三”。

而如果仅是一个偏旁的省略，文书中更倾向于以“一”来代替，如“幣”“歸”。除此之外，文书中还有与此相逆的现象，如前述“逮”作“𨔣”，“鰥”作“鱞”，既可看作字内累增相同构件，又可看作省略符号的逆推结果。

① 黄征：《敦煌俗字典》，上海教育出版社，2005年，第36页。

第五节 小结

从文书中构件换用的情况分析，我们看到，绝大多数换用的意符、声符具有形体上的联系，这一比例在整个换用中达到了将近70%，可见形近的因素在这一时期的文字构成中起着主导性的因素，即便是以维持功能为前提的构件换用，也需要以形体的相近为线索推进。

同时，从构件换用和混同两者情况的结合来看，同样反映了这一时期构件变化中形体优先的原则，如“禾”与“耒”的替换，两者可看作是意符的换用，但我们在“藉”中仍可见“耒”替换作“禾”，尽管此处已出现在声符的位置，但仍类推替换；“元”与“衤”换用在“冠”中可体现为意符换用，但“寇”中亦可见同类换用而并不发生功能构建；“巩”与“（“功”之变体）”在“鞏”中替换可视作声符换用，但“尋”中亦发生逆向改换却并不能发挥构意的功能；“白”与“百”在“柏”中可看作声符替换，而在“宿”中依类改换则与构意无任何关联。而“构件混同”第二部分所涉及笔画组合的相互转换在这一时期文字发展中所发挥的重要作用更是摆脱了形体与功能结合的束缚。因此，以上种种均反映了吐鲁番出土文书文字时期，构件变化中对于构件形音义统一关系的颠覆，文字的使用者对整字的认识，很大程度上由功能构件的组合转化为记号构件的组合或笔画组合的组合。

第四章　整字系统分析

第一节　整字重构

整字重构是指整字在构件层面发生增加、减少、改换，从而使得文字形体重新进行构建组合。第三章构件换用、混同以及以符号代替构件等着意于探讨意近、音近及形近构件之间的相互改换和调整，实属构件本身形音义关系的范畴。但如从整字结构着眼，亦均应属整字重构的范围，但前文已述，此处不再赘述。本章整字重构包括重构理据、增加构件、减少构件、构件组合关系变化、字内同化与变体合取六个主要类型。

一、重构理据

重构理据指的是改变原有文字的构意或构造方式，或是将原有文字形体构件全部改换。

（一）改换意符

改换意符为文字变体常见的形成方式，张涌泉先生将此类型分为四类：意符意近换用；意符形近换用；改旁便写；改意符为声符。[①]以隶变发生之前的意符为出发点来考察其形体变化的类型，故其意符的功能在隶变之后或已丧失；本文这一部分则着眼于在意符构形功能不变的前提下，亦即隶变前后之构件皆可发挥其表义功能，在此基础上对其进行分类。

意符作为文字形体中反映概念意义的构件部分，多与其造字之初的本义相关，但文字发展的过程中却常会发生意符的改换。究其原因，除因意符意近而改换外，还当与两方面的因素相关。

① 张涌泉：《汉语俗字研究》，商务印书馆，2010年，第51—57页。

1. 与构意变化相关的意符改换

意义往往会随着社会的发展而发展，抑或自身词义系统内部词义的重心会发生调整、转移，或是使用者对概念理解、接受的着眼点不同皆可能引起文字形体的变化。

文书中约有38例，分别为：

祝—呪　葬—塟　臭—臰　導—噵　糞—菐

胭—㖶　館—舘　短—拉　偷—婨　齋—齋

牽—挛　風—凬　弔—吊　斛—九十　煩—憤

耕—畊　析—栿　寶—寳　冠—衬　總—摠

認—偲　翻—飜　豘—肫　牀—床　沉—抗

槃—盤　帬—裙　膝—刴　醎—鹹　辯—晉

國—国—圀　容—峇　職—軄　聘—娉

引—扚　鱻—鲜　雙—䨇

如“引”本“开弓也”，从“弓”“丨”，文书中或又作［阿斯塔那501号墓（30）］，从“弓”从“扌”，原有构形为象形式会意，象引弓之形，后者则以部首“扌”表示其意义类属，事实上仍反映的是抽象化的发展趋势。

“雙”则将从“又”从“二”“隹”之形的会意字，改为从“兩”从“隻”，如［阿斯塔那517号墓（2）］，“雙”的此类变化与前述“麤”的变化相类，两字从表层字形结构上看，变化前后均属会意结构，但若从其构字的深层来看，原有之形属以形会意，而后起之形“麁”“䨇”则显然是对原有字形的抽象，属以义会意，这也从一定程度上反映了文字发展的抽象化趋势。以上或皆可反映文书中以数字替代构件数量的现象。此字在文书中又作“隻”（参见第七章疑难字考释），也反映了“隹”形文书中逐渐分化为“亻”“圭”两形之后，文字使用者对于字形的抽象化省减。

如“糞”文书中从“米”从“田”从“土”，此字本“糞，棄除也。从‘廾’推𠦒棄釆也”，故本义当为扫除污秽之物，后世多引申指“污秽之物”，意义之中心由“扫除”转向“扫除之对象”，故体现在文字中则是将体现动作义的“廾”形替换作与名词义相关的构件“土”。

又如“祝”，文书中从“示”或又从“口”，如［阿斯塔那332号墓（10）］，原字形中右上部构件“口”本即表以口相祝之义，后世人或不能完全明了文字的构形意图，并在形声字大量存在且多为左形右声结构的情况下，将原为表意的构件“兄”视为表声构件，或仅为构形构件，而将左边构件“示”替换作“口”。这一替换，当然亦与“祝”词义范围的扩大相关，由单纯的祭祀之“祝”延伸至一般之祝。

“風”，文书中从“虫”或从“云”，《说文》中此字从“虫”，凡声，改从“云”当为同类事物相关联想的产物。

“臭”，《说文》：“禽走，臭而知其迹者，犬也。”本会犬鼻嗅气味之义，从“犬”从“自”，文书中或又改从“犬”为从“死”，如［哈拉和卓33号墓（2）］，反映了此字后世多转而偏指臭味的意义变化。

“葬”，文书中作“塟”或“埊”，《说文》：“易曰‘古之葬者，厚衣之以薪’。”反映的是古老的丧葬习俗，后世多以土葬，故改从“土”。

又如“弔”，文书中作“弔”，又作“吊”，此字“弔”形本从“弓”从“人”，会人持弓箭驱禽兽以吊護死者之义，后世则改土葬不需此形式，而改以口相慰问，故改弓之一部分为“口”来表示概念内涵的变化。

“馆”本从“食”，文书中多从“舍”，则是与其提供食宿之所、招待所的意义向一般的建筑场所的意义发展相关，“汉以后可用来指宏伟华丽的宫殿”，“唐宋以后，‘馆’字又用於教学的地方”[①]，意义重心发生转移，故在字形上亦得以体现，改由“舍”来表示其建筑物之义。

① 郭锡良等：《古代汉语》，商务印书馆，2013年，第107页。

又如“斛”本从“角”从“斗”，文书中改从“十”从“斗”，由“斛”的盛具与斗会意改为十斗为一斛的会意方式，如［阿斯塔那151号墓（1）］。

“導”在文书中又从“口”作“噵”，如［阿斯塔那169号墓（5）］，当为此字“引导”“开导”等义影响之下产生的变体，从“寸”着眼于其动词类属义的传达，从“口”则使其常用义表达更为准确。此形南北朝时期即已出现，如元茂墓志作。

“寶”本从“宀”从“玉”从“缶”从“贝”，文书中多改“缶”为“尔”，与“玉”合成“珍”，故改从“宀”从“珍”从“贝”。

“胭”本从“肉”，文书中“胭支（脂）”作“烟”。“認”又从“亻”作“偬”。皆改从“人”的角度来认识以上两词。

又如“沉”本从“水”，文书中或又从“手”作［阿斯塔那29号墓（1）］，从关注“沉”之环境转向意义的动作属性。

“辩”又作“㗊”，如［阿斯塔那188号墓（22）］。此字当为从“巧”从“言”之“辩”的变体。文书中“巧”多从“工”从“兮”，此字中变从“功”。

从以上改换意符的构件来看，亦多有因意符形体相近而发生替换，但两构件意义亦相近或相关，属形义皆近之意符替换，如：

“齋”文书中作“齋”或“粢”，后者当为“斎”之省。此字本从“示”从“齊”省，意符“示”替换作“米”，既有形体相近的原因，“示”在文字下部时常隶作“**禾**”，与“米”形相近，而“米”竖笔左右两小点多亦连笔作横；同时又与意义相关，“齋”或指斋饭素食，黍稷为常见斋饭，故改从“米”。

“牵”本从“牛”从“冖”形，玄声，文书中“牛”多被替换作“手”，如［阿斯塔那178号墓（2）］、［阿斯塔那43号墓（3）］。

“牛”“扌”属常见替换构件，但“牛”“手”替换则不多见。此处替换一者因为“牛”或隶作“扌”，如此字在文书中亦作［阿斯塔那4号墓（18）］，“扌”与偏旁化之“扌”相混，但“扌”并不出现在文字下部位置，故回归其本形“手”；二者“牽”虽源自牵牛之义，然后意义抽象为一般“牽”之动作，故从“手”亦可反映其意义之变化。

“析”在文书中或又作“斨”，如［阿斯塔那179号墓（3）］，“片”为半木之形，从“片”更加形象地反映词义。

“容”在文书中又或从“合”，如［阿斯塔那5号墓（18）］，乃从“容”之形的变体。“容”本从“宀”从“谷”，从“谷”意义抽象，徐铉认为取“屋与谷皆所以盛物”之义。从“合”亦同其容合之义，形体上当为“谷”之常见变体“谷”的省形。此二形作为“容”之异体辞书未收。《汉语大字典》收录“峇”形，则是将其作为“容”之异体，“峇，同‘容’。”①《玉篇》：“峇，合峇也。”《玉篇》：“容，容合也。”《广韵》：“容，容合，相当也。”“容”“峇”为后起字形，或当为“容”之分化字。

再如“烦”本从“火”从“頁”，“热頭痛也”，文书中或改从“忄”，如［阿斯塔那169号墓（6）］。热頭痛之义后世不多见，由此引申而来的烦躁、烦闷等成为其核心意义，词义转向心理层面，因此或改从“忄”。“火”与“忄”形本亦相近，故亦是形体演化的结果。

2. 受上下文语境影响的意符改换

还有一种似可看作特殊的改换意符，即受上下文语境的影响而改换意符，改换后的意符与文字本身意义没有关联，但与语境则相联系，如“攀”本从“手”，文书中或改从“衣”作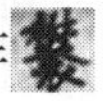［阿斯塔那151号墓（1）］，此形出自随葬衣物疏，“～天糸万万九千丈”。此形的出现类同张涌泉先生

① 徐中舒主编：《汉语大字典》，四川辞书出版社、湖北辞书出版社，1997年，第390页。

提到的“类化”现象，“类化”可以是受到上下文其他文字的影响而类化，亦可受到潜意识影响而类化，[①]此处当是受到潜意识中将此处作为衣物疏的心理影响而成之变体。“汗”文书中作“涆”，又或作“衦”，后者为涉下字“衫”而产生的变体。

（二）改变原有文字构造方式

改造原有文字构造方式文书中一般体现为形声与会意结构的改换，分为以下几种不同的演变方式：

1. 改换意符为声符

文书中共6例，分别为：

抑—抑　牀—床　粧—粧　豚—肫　華—花

蒭—䒜

如“豚”本从“肉”从“豕”，文书中或又作“肫”，改从“肉”，屯声，或从“犬”，屯声，如［阿斯塔那517号墓（2）］。“蒭”本从“艸”从“芻”，会意，下部构件“芻”隶作“丑”，“丑”既成字同时与“蒭”读音相近，故亦可起到表音作用，使整字变为形声构造。“雏”中同此，但单字“丑”有变体“丑”“丑”“丑”，而此二字中仅选择“丑”形，以保证原字基本轮廓不变。“抑”本会意，文书改“卬”为“印”，如［阿斯塔那43号墓（3）］，整字为形声结构。

2. 改换声符为意符

文书中此类文字共12例，分别为：

收—扠　豎—竪　觸—牶　窺—窺　醜—媿

妝—粧　卻—却　虧—虧　逃—逃—逃　牆—墻

斛—斗斗　斛

① 张涌泉：《汉语俗字研究》，商务印书馆，2010年，第63—69页。

如“竖”，《康熙字典》：“竪，俗豎字。”《正名要录》：“豎竪同。”“右正行者揩（楷），脚注稍讹。”“右依颜监《字样》甄录要用者，考定折衷，刊削纰缪。”吐鲁番文书中有“竪”无“豎”，敦煌文书、魏晋南北朝碑刻两形并存。考察各时期字形，从“立”之形起于魏晋之后，汉代无此形。“竪”当为重构理据之形体，《说文》：“豎，豎立也。从‘臤’，豆声。”可见“竪”乃改构意形声为会意，这与“臤”表意功能在此字中不明显相关，同时也与“豆”“立”两形接近有关。汉代碑刻“豎”中“豆”常省上之一横，使其构意功能弱化，为“立”的替换提供了机会。

又如前述“窥”本从“穴”（或从“门”）规声之形声字，或又改“规”为“视”，变为会意结构，如［阿斯塔那27号墓（9）］。从规到视，看似声符到意符的替换，起因却在于两字构件“夫”“示”两形形近而相替换。

“卻”本从“卩”，谷声。文书中皆作今之简体“却”，或替换“卩”为“阝”。替换“谷”为“去”从构意看是改声符为意符，取“去”之离开之义。从形体来看是渐变的演化过程，将“谷”上水流的部分连笔同“去”上之“大”形，下部“口”形与“厶”形乃常见替换构件。

再如“觸”，文书中或又作“𧢼”，《龙龛手镜》中“觧”为“觸”之或体，《玉篇》中“𧢼”为“觸”之古文，改从“角”、蜀声的形声结构为从“牛”从“角”的会意结构。

“逃”本从“辵”，兆声，文书中又改兆为外，从“辵”从“外”会意，如［阿斯塔那76号墓（4）］，从形体上看，两者也具有形体上的联系，“外”右部构件“卜”形与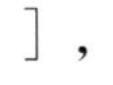［阿斯塔那61号墓（7）］中隶作“匕”形显然是隶变中笔画拉直与弯曲的不同隶变结果，而左边构件则显然是在形近的基础上受到成字且能表意构件“外”的催化作用而产生的连锁变化，此字在文书中或又作［阿斯塔那61号墓（7）］、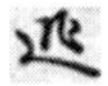［阿斯塔那

230号墓（9）]，改从兆声为从“北”会意。

“虧”在文书中作[阿斯塔那322号墓（2）]，声符“雐”替换作“虚”。

“牆”小篆本从“嗇”，爿声，文书中皆作[阿斯塔那44号墓（10）]，东汉碑刻中此字从“广”从“嗇”，作“廧”，替换声符“爿”为意符“广”，后又在此基础上累加意符“土”，此形多见于隋代及其之后的文字形体中，今之“墻”在此基础上省形而来。

“斛”本从“斗”，角声，文书或又作[哈拉和卓99号墓（5）]，会“百升”为一斛之义。《正名要录》：“，右字形虽别，音义是同。故而典者居上，今而要者居下。”此字又因“升”“斗”常相替换而作“𣂖”，《集韵》：“斛，或作𣂖。”《汉语大字典》据此，收“𣂖”未收“觓”。

3. 改换意符一部分为声符

文书中此类有2例：

肉—宍　曼—曼

“肉”文书中皆从“宀”从“六”作“宍”，此形当是“肉”形之笔画重组的结果。因“肉”充当构件皆已讹混同“月”单字则采取了另外的隶变途径，肉形轮廓与内部纹理之一、组合为常见构件“宀”，失去构意，剩余部分则隶作“六”，充当文字声符。东汉史晨后碑此字从“穴”从“大”，当为此字早期形体。

从“曼”之字文书中多从“曼”，改意符“目”之一部分与“又”组合成为声符“万”。

4. 改变声符的一部分充当意符

此类文字在文书中仅“遷”字1例，此字小篆本作，《说文》：“遷，登也。从辵声。”早期汉隶多从此，到居延新简中“䙴”上部构件已隶作“西”形。文书中或作［阿斯塔那517号墓（3）］，此形本自东汉碑刻，景北海碑阴中已有作[1]。声符“䙴”下部之构件改作“升”，当与其“升”“登”，从低处迁往高处之义相关，且后世“升迁”多连用。故可见原字形之声符本为不常见构件，后世被两个成字构件“西”“升”的组合所替代。但我们看到，“升”不单单是被替换为表意构件，同时在形体的演化上也有迹可循：系将“廾”形与下之人形笔画重新组合——将“廾”之左“丿”与“亻”共用，“亻”置于“廾”之左上侧而成。

5. 改换声符的部分构件与原有意符重组为新的意符

文书中亦仅“佞”1例。“佞”本从“女”，仁声，文书中作“倿”“侫”，如［阿斯塔那363号墓（6）］、［阿斯塔那27号墓（7）］，当为形体接近而将“二”替换作“立”“亡”，使得右部构件替换为成字构件“妾”“妄”。除此之外，从此两形又有意义上的考虑，“佞”表巧言谄媚，从“妾”与从“女”作用相同，此字又表示诈伪、虚妄之义，故从“妄”亦可起到表意作用。

以上“遷”“佞”两字，皆对原有文字直接构件进行重组，“遷”分解声符“䙴”为两构件，其中“升”直接参与理据建构，“西”则仅构形，在功能上则成为羡余构件。“佞”则是分化声符“仁”而将分化后的其中一部分构件与意符“女”重组为新的意符参与到理据的建构中来。

6. 改变意符的一部分与原声符重组为新的声符

文书中仅1例，“寤”本从“㝱”省，吾声，文书中作［阿斯塔那363号墓（6）］，改“爿”为“忄”，与声符“吾”结合为新的声符“悟”，既可表音又可表意，从“宀”从“悟”，悟声。

7. 文字构件在原有基础上变化，且文字的结构方式发生变化

文书中共3例，分别为：

---

① 顾蔼吉：《隶辨》，中华书局，2009年，第45页。

刃—⿰釒忍　老—老　斗—㪷

“老”由合体象形而为会意，文书中作［哈拉和卓38号墓（1）］，或又作［阿斯塔那517号墓（2）］号墓），会“先人”或“老人”之义。“刃”由指事而为形声，如［阿斯塔那507号墓（26）］，“斗”作“㪷”则由象形而为形声。

（三）全体改造

全体改造是指将原有文字构件形体全部改换，也分为两种不同的情况：

1. 构件全变，文字构造方式也发生变化

文书中共 6 例，分别为：

履—⿰革里　窺—⿵门視　體—躰　豚—㹠　野—埜

惡—惪

如“履”，文书中又作“⿰革里”，“履”本会意，从“尸”从“彳”从“舟”从“夂”，改为从“革”，里声的形声构字方式。“襪”本从“衣”，蔑声，文书中或又作“靺”，从“革”，末声。“豚”或又作“㹠”，如［阿斯塔那170号墓（2）］。又如“窺”本从“穴”，规声，文书中又或改从“穴”为从“门”，改从“规”为从“视”，如［哈拉和卓91号墓（2）］，不仅构件发生了变化，同时结构亦由形声而为会意。又如“體”从“骨”，豊声，文书中作“躰”，如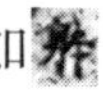［阿斯塔那184号墓（6）］，会本身之义。“惡”则截取反义词“德”之一半而来。

2. 构件全变，文字构造方式保持不变

文书中共6例，分别为：

灑—揌　帬—⿰衤羣　筋—觔　戲—戱　斛—⿰百升

達—⿺辶奞—⿺辶隺

“戲”篆隶形体基本一致，小篆作，睡虎地秦隶中作，从

“戈”，䖒声。但文书中此字改从“戈”为从“戊（或从‘戉’）”，改从“䖒”为从“虚”，如［阿斯塔那134号墓（6）］，故整字虽仍为形声结构，但构件皆已变化。此类变化东汉碑刻中已见，如樊敏碑作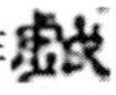，圉令赵君碑作等。“虚”“䖒”音近，故为声符替换。“戈”改为“戊”或“戉”当源自小篆形体的讹变，小篆中之线条“㇃”隶变中发生分离，上半部分隶作“ㄱ”，下部分则与构件“戈”组合而成“戊”形，又进一步隶变从形近或义近之“戉”“成”等形。以上两形由形体隶定中的讹变而来，但讹变形体亦可看作是形近构件替换或义近意符替换，不过这种替换却实实在在地反映了构意在使用者手中所遭到的破坏。

又如“達”，此字小篆作，从“辵”，羍声，隶书亦同此，或又将下级构件“大”隶作“土”，文书中或又作“遾”或“𨕖”，如［哈拉和卓91号墓（18）］、［阿斯塔那170号墓（4）］等。此形将构件“羊”替换作“隹”，出土文献中此形少见。《龙龛手镜》：“遾，《随函》音達。”《字汇补》：“遾，即達字。见《蜀郡蜀国造桥碑》，又见《释典》《随函》。”《隶释·高彪碑》：“敏遾义理，恢廓天地之道。”洪适注：“遾即達字。”又北魏佚名《僧令法师墓志》：“九典咸遾。”但不知此形起于何时，因何而生。敦煌文书中亦未见此形，文书中仅前述两座墓葬中作此形，后皆不作此，可见此形通行度不高。“達”作“遾”，依陆明君应是“達”在《说文》或体“达”的基础上重构理据从“進”、大声的变体，“大”隶作“土”或“士”。此形仅见于汉高彪碑与北魏石刻昭玄沙门大统僧令法师墓志①。

“帬”，文书中则或又作“䙊”，如［阿斯塔那113号墓（1）］，从“衣”，羣声。以上三例中，“襪”“豚”中两形完全没有任何关联，而

① 陆明君：《魏晋南北朝碑别字研究》，文化艺术出版社，2009年，第48页。

“窥”“䙆”中“规”与“视”、“君”与“羣”则显然是形近构件的替换。“筋”小篆作，从“竹”从“肉”从“力”，文书中或作“觔”，改从“角”从“力”。

“灑”作“揌”，字书中未见，两字异体关系本书第七章“疑难字考释”部分作出论述，作“揌”仍为形声构造形式。

从以上改变文字构造方式的重构文字理据各类型中，不难看出，其中有相当数量的属形体自身的历史演变现象，即新的形体与原形体之间是存在形体联系的，两者间是渐变而非突变。如“肉”作“宍”、“豎”作“竪”、“戲”作“戯”、“卻”作“却”、“抑”作“抑”、“老”作“老”、“收”作“扠”、“逃”作“迯”和“迯”、“佞”作“倿”和“倿”等如前所述，形体演变皆有迹可循。这也说明，这一部分文字变体理据重构是基于构件形体演变基础上的构意改变。在隶变过程中，重新造字绝对不是文字演变的主流，在原字基础上作出调整才是隶变的实质，这也是汉字得以保持其稳定性和历史传承性的根本原因之一。在这一点上，文字的发展与作为语言要素的语音、词汇的发展，以及语言的组织规则——语法的发展是相通的，既有少量的文字形体基本保持不变，亦有极少数形体产生巨变，然而更多的则体现为既有传承又有发展，既有区别又有联系，而绝大多数都有迹可循，同时也有规律可循。但另一方面，又由于汉字作为语言的外在载体，其构件本身并未能与词的两要素——音和义，构成固定的对应关系，同时也由于汉字的发展，绝大多数情况下是文字的使用者自发性又带有某种群体性行为，缺乏外在政府力量或权威学者对其进行专门的规范工作，因此其发展规律往往难以整齐划一。

二、增加构件

文书中构件增加分为以下几种情况：

（一）受形近文字的影响而增加构件

文书中共18例，分别为：

磔—磔　羌—羗　饗—饗　佾—佾　蔑—蔑

娉—娉　姨—姨　城—城　訊—訊

恙—恙　逸—逸　私—私—私　猷—猷

醬—醬　縹—縹　標—檦　偃—偃

如“蔑”，文书中作［阿斯塔那27号墓（7）］，增加构件“冖”，当是受到“薨”“夢”之影响产生的变体。严格来讲，是因为两字上部两构件完全相同，而文字整体结构相同，因而有此变化。因此，此形中原来构件“戍”左边构件“人”本作夕，亦被同化作“夕”形。又如构件“成”亦作此形，如“城”或作［阿斯塔那157号墓（4）］，“娉”作［阿斯塔那337号墓（20）］；又如“讯”，文书中或又作［阿斯塔那5号墓（17）］。此字本从“言”，卂声，“卂”与“九”“凡”形近相混，如［阿斯塔那152号墓（13）］，或又笔画断裂重组作“卆”，与“卒”之变体“卆”同，故改从“卆”。“羌”又作“羗”，当是受与其下部笔画组合形近之“鬼”“兔”等影响而增“厶”形。

下之一组则皆因文字中某一构件为另一整字中之下级构件而使得其在此一文字中以整体代替部分，如“羔”代“羊”、“奠”代“酋”、“勉”代“免”、“公”代“厶”等，皆使其原有之构意遭到破坏而丧失理据。仅其中“酱”小篆作，本从“酉”从“肉”，爿声，文书中上部受成字构件“將”之影响而增构件“寸”，如［阿斯塔那140号墓（4）］，使此字构意变为从“酉”，將声，重构了理据。另有“偃”增“宀”亦部分重构了理据。又有“缥”“標”等字皆增加构件“寸”，如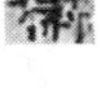［阿斯塔那169号墓（3）］、［阿斯塔那151号墓（23）］。东汉碑刻中“僄”已

增“寸”作“僄”（冯焕诏），此形据张涌泉先生对“鏢”字之考证[①]，类推当为“縹”“標”等增繁声符为“剽”，“刂”“寸”替换而为“縹”“標”。

（二）将省形声符补充完整

獎—奬

“奖”小篆作 ，从“将”声而省，早期隶书中同此，南北朝时期多改“丬夕”形为“将”，文书中同此作 [哈拉和卓91号墓（2）]。

（三）累增意符

共20例，分别为：

咳—嗽　吝—悋　名—佲　業—擛　殿—壂

憙—憘　墙—墻　旱—涆　梁—樑　舞—𢖍、儛

桃—𣜂　巢—樔　栗—㮚　韭—韮　帬—𧝑

冢—塚　泥—埿　勤—懃　凶—殈　暑—𤋮

如“舞”本合体象形字，文书中此字或又作“𢖍”“儛”，增加形旁“彳”“亻”。“𢖍”形在文书中用例或又可看作是涉上“俯”之形“ ”而增旁。又“泥”本从“氵”，文书中或增加意符“土”作“埿”。“暑”从“日”，者声，文书中或增“灬”作“𤋮”，如 [阿斯塔那169号墓（6）]，既可看作累增意符，亦可与“者”组合看作替换声符，使表音精确化。同此，“煮”本从“火”，者声，文书中亦或作此形，如 [阿斯塔那524号墓（4）]，则可看作改换声符。“殿”或又增意符“土”作“壂”，亦与其常用意义的变化相关。“凶”本象形，“象地穿，交陷其中也”，或又累增表意构件“歹”，如 [阿斯塔那151号墓（34）]。“巢”文书中又累增意符“木”作 [哈拉和卓91号墓（2）]。“帬”累

① 张涌泉：《汉语俗字研究》，商务印书馆，2010年，第184页。

增意符“礻”作［阿斯塔那517号墓（1）］。“栗”累增意符“木”作［阿斯塔那363号墓（6）］。“咳”，文书中累加意符“欠”，如［阿斯塔那338号墓（11）］，此处“咳嗽”连用，“嗽”省意符“欠”作，或可看作相邻意近构件移位。“吝”本从“口”，文声，文书中作“恡”，“宊”乃“吝”之笔画形态变化产生的变体，东汉熹平石经此字已作“咨”，“文”隶同“攵”，南北朝石刻亦同此，或又替换“口”为“厶”，吐鲁番文书之“宊”显然为“咨”之进一步变体，增“忄”则据其义而累增意符，徐铉“吝”下按“臣铉等曰，今俗别作‘悋’”。“梁”本从“木”从“水”，刃声，文书中或又累加“木”作［阿斯塔那509号墓（54）］。“勤”本从“力”，或又增“心”作“懃”。“刃”文书中作“鍃”，变指事为形声的造字方式，增构件“心”作声符“忍”，增“金”作意符。“名”从“夕”从“口”，文书中又增意符“亻”作［阿斯塔那154号墓（12）］，“桃”本从“木”，或又增“艹”作［阿斯塔那10号墓（7）］，“業”本从“丵”从“巾”，文书中增土作“”，如［阿斯塔那99号墓（3）］；“憙”增“忄”而作［阿斯塔那24号墓（6）］；“冢”本从“冂”从“豕”，文书增土而作［阿斯塔那29号墓（1）］，“旱”增“氵”作［阿斯塔那517号墓（12）］等。

在以上累增意符各例中，可见新增意符与原有构件关系各异，一者为累增相同意符，如“栗”“梁”等；一者在形声字基础上累增意义相关之构件，如“桃”“泥”“咳”“勤”“旱”等；或者在象形、会意、指事等基础上增加意符，如“名”“冢”“韭”“刃”等。累增相同意符一定程度上反映了原有意符因为在文字中的位置关系导致的表意功能弱化现象，偏旁化的构件其功能在文字使用者的认知当中往往与固定的位置相联系，当位置发生错位时，功能也会在认知体系中减弱甚至消失，这时就会促使人们在对应的位置增加偏旁。形声字累增意义相关意符多与人们对文字意义认知角度的不同或变化相联系，这一点与前述改换构件中第二类一致。在象形、会意、指事字基础上累加意符，一方面反映了隶变使得汉字中这些典型的表形表意字走向符号化的趋势，另一方面相应地符号化之后汉字形声化的趋势也就更加明显，虽然前述各字从本源上看皆为会意合成，但就增加的意符看多为形声字类表示意义类属而不表示具体意义，原有形体部分多整体转化为一个类记号的构件。

4. 涉上下文加构件

文书中共5例，分别为：

常—腨　黄—纉　鹿—鏕　羅—襬　返—恆

如“常”在阿斯塔那24号墓（6）中涉上之“膳”“勝”两字而增“月”作，原文“今二月仲春，不审阿婆體□何如，□损寝膳勝腨”。“鹿”又作［阿斯塔那151号墓（34）］，此系蒙上“钜”加“金”旁。“羅”涉下“褶”而加“衤”作［阿斯塔那169号墓（2）］，原文出自随葬衣物疏：“紫襬褶□□绫裙一具”；“黄”在阿斯塔那517号墓（1）中涉下“绫”加“糸”作，原文“纉绫裙一腰腰带具”。“返”涉下字“悔”而作［哈拉和卓99号墓（3）］，原文“二主先和後券，券成之後，各不得恆悔”。

5. 字内累增构件

分别为：

崩—蒯　逮—逮　鳏—鰥　慽—慼　装—裝

褒—褒　裹—褢

此说据黄征《敦煌俗字典》[①]，“崩”文书中亦作“蒯”，如［阿

① 黄征：《敦煌俗字典》，上海教育出版社，2005年，第15页“蒯”字条下。

斯塔那43号墓（3）]。此字当为“崩”下构件“朋”笔画共用作“用”的基础上累增相同构件的变体。黄征先生将此与“梁”作“樑”、“暴”作“曝”看作类似现象，但我们认为，两者累增部分功能不同，故将两者区分。

以上可见字内累增构件是指原字基础上累增某一相同构件，或又可指将构件某一部分复制，如“逮”，文书中作“逮”，或作“逹”，如[阿斯塔那509号墓（52）]、[哈拉和卓91号墓（2）]。此字小篆作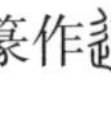，前者系小篆之形基础上增加横笔的变体，后者上部形体有所本，魏晋楼兰简纸文书中已有“逯”形①，将竖笔与上之“又”形相离，南北朝多承之，与“逯”字相混，《说文》：“逯，行谨逯逯也。”《广韵》：“逯，谨也。”《方言》：“逯，行也。”《玉篇》：“逯，众也。”“逹”形上部构件同“逯”，而将下之“氺”形替换作“非”形，不知所本，从其形体看，或是将原之“氺”形分离而成。文书中笔画多有共用现象，但分离笔画尚属罕见，我们亦将其看作字内累增。另外，“鳏”作“鰥”，“罪”的形成似也可看作同属字内累增构件而产生的变体。构件“戚”在文书中作“戚”，如“慽”作[阿斯塔那363号墓（6）]，“戚”本从构件“尗”，此处替换作“赤”，亦是将字形左右对称累增而成。又如“装”作“裝”、“裹”作“裹”、“褒”作“褒”等也当为同类现象，不同的是累增构件的部分形体。

另外，还有一些增加构件的文字变体其来源不明或难以确定。如“两”文书中或又作“兩”“兩”等。这种形体或可能是在汉代隶变规律的影响下产生的，“丷”是汉代隶变时期极其活跃的一个构件，大量形近的构件向这一形体靠拢、合流或者相互转化，如“亠”“メ”“屮”“竹”“艹”“艹”“双”等构件都存在这一变化轨迹；另外，增加构件也是这一时期文字隶变的一种方式，“丷”的活跃也使得一些文字在原字形的基础上添加

① 臧克和：《汉魏六朝隋唐五代字形表》，南方日报出版社，2013年，第1525页。

这一形体，如“果”又作“菓”，“顷”又作“頃”等①。因此，“㒳”在书写中上部“十”形易与“亠”相混而转化为“亠”，再由“亠”转化为“丷”即变为“兩”，更由于上述第二条规律作用转化为“兩”；或者完全仅受第二条规律作用由相反的途径转化而来，即直接加“丷”成“兩”，再笔画减省作“兩”。与“兩”的这一变化轨迹相同的还有“奥”，不同的是“奥”的变化出现在碑刻中。汉碑中“奥”作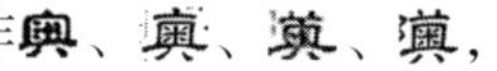，同样源于“丷”的高频使用和“亠”和“丷”的相互转换。

另外，《敦煌俗字典》中“满”字右部构件或亦作兩，而“满”上部“廿”形在隶变过程中常写作“艹”“丷”，这样“满”右部即作“兩”。如此，“兩”作此二形又或为受“满”之影响。

三、减少构件

（一）省略意符

文书中共11例，分别为：

術—术　靈—霝　荒—㠩　薑—畺　葉—枼

莖—巠　嗽—喇　德—悳　樂—臬　歸—帰

臺—臺

如“术”，文书中作“術”，或省“行”作“术”，如［阿斯塔那204号墓（5）］。“薑”作“畺”［阿斯塔那338号墓（11）］，与“疆”之初文相混；“流”省水旁而作“㠩”；“葉”作“枼”，如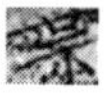［阿斯塔那365号墓（1）］，“葉”本为“枼”之增旁字，但从文字使用序列看，《说文》已分两者为二字，后世则当或借“枼”为“葉”，或看作“葉”之省形；“嗽”作［阿斯塔那338号墓（11）］；“樂”本合体象

① 覃继红：《〈长沙走马楼三国吴简·竹简〉俗字研究》，2009年，西南大学硕士论文，第10页。

形，文书中或又省作“臬”，如［阿斯塔那134号墓（6）］；如“臺”小篆作，《说文》：“从‘至’从‘之’从‘高’省。”文书中有变体作“臺”“臺”，省略意符“之”，而更加完善意符“高”，其原因自然与“臺”意义与“之”联系松散而“高”的特征显豁相关，同时也与隶变所导致的构件“之”在此字中的变体“士”与单字相去甚远无法表意有关。

（二）省略声符

文书中省略声符的文字共6例，分别为：

舊—雈　聽—聴　受—叐　學—斈　擧—㪯

卷—弓

如“擧”有变体作［阿斯塔那4号墓（12）］，省略声符“与”。“聽”文书中作“聽”，或作“聴”，后者省略声符“壬”。此形在早期汉隶中即已出现，如马王堆帛书中或作。“學”在文书中或作“斈”，如［阿斯塔那316号墓（3）］。此字本从“教”从“冂”，臼声，文书中因上部形体基本轮廓与“擧”相近而混同，故又作“學”，如［阿斯塔那19号墓（21）］，进而省略其中之构件“臼”。就“學”而言是省略声符，但同时“擧”亦同此省作“㪯”，故亦可看作形近形体的同化。又“受”或作［阿斯塔那221号墓（2）］，按照《说文》，此字从“𠬪”，舟省声，此形则为省略中部表声构件。“舊”从“雈”，臼声，文书中省“臼”作［阿斯塔那37号墓（1）］。“卷”从“卩”，𢍏声，“卩”依篆形隶定而作“㔾”[①]，点的位置移动则为“弓”。

（三）省略意符的一部分

文书中共15例，分别为：

---

① 张涌泉：《汉语俗字研究》，商务印书馆，2010年，第333页。

蓋—盖　齡—龄　樊—𬈊　奮—奋　獲—猚

擧—𫝀　邕—邕　盜—盗　婦—婦　胤—胤

歸—帰　羹—羹　處—𠁊　糶—籴　糴—粜

如“擧”变体有作[阿斯塔那4号墓（9）]、[阿斯塔那62号墓（5）]。“胤”本从“幺”，文书中或省作“厶”，如[阿斯塔那169号墓（3）]；“邕”从“邑”，文书中省口作[阿斯塔那88号墓（2）]；如“齡”本从“齿”，文书中或省“止”作“𠚕”，如[阿斯塔那90号墓（5）]、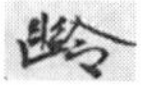[阿斯塔那517号墓（2）]。“羹”从“美”从“羔”，羔声，文书中或省“羔”为“⺶”，如[阿斯塔那193号墓（5）]。“邕”本从“川”从“邑”，文书中皆省“口”作[阿斯塔那170号墓（4）]。“婦”意符“帚”省“冖”形作[阿斯塔那365号墓（10）]。“盜”本从“次”从“皿”，文书中将“次”省略构件“人”，“𠂊”隶作“コ”而作[阿斯塔那135号墓（1）]，此形早有所本，马王堆帛书中已有。“歸”省意符“止”作、[阿斯塔那524号墓（9）]；“樊”本从“㸚”，文书中省“㸚”作[阿斯塔那506号墓（14）]；“處”从“虍”从“夂”从“几”，汉隶时起，“夂”与“几”即已结合作形，文书中，此形常作“処”“𠬢”形，此形又省作“夂”，如[阿斯塔那4号墓（12）]。“糴”本从“入”从“糧”，后省翟而作“籴”，亦可从“米”从“入”会意，如此字作[阿斯塔那4号墓（19）]，又作[阿斯塔那214号墓（2）]。“糶”作“粜”同此理。

（四）省略声符的一部分

文书中共36例，分别为：

靈—霊　嚴—嚴　韉—韀　覺—覚　欖—欖

海—海　侮—侮　臂—辟　帬—帬　腰—要

胸—胷　殹—殹　羹—羹　隨—随　愍—愍

婚—婚　還—還　褱—褱（“懷”、“壞”同此）　螽—蚤

稱—秤　譬—辟　織—䊸　憂—憂　鑁—鑁

踰—踰　麴—麴　贓—贓　襖—襖　獲—獲

如前述，“螽”作，省声符“冬”作“夂”。又如“婚”或省构件“日”作［阿斯塔那509号墓（56）］。“腰”，文书中或又作“要”，省略声符“要”之构件“女”。“譬”或作“辟”，省略声符“辟”之构件“口”，“臂”同此省“口”。“織”本从“糸”，戠声，文书中或又作［阿斯塔那179号墓（3）］，省声符之构件“日”。“隨”本从“辵”，隋声，文书中多作“随”，省略声符之部分构件“工（早期隶书多作‘土’）”。“襖”或又作［哈拉和卓91号墓（1）］，省声符“奥”之构件“大”。“覺”省臼作［阿斯塔那4号墓（11）］，“胸”文书中作“胷”，或作“胷”，亦可看作声符替换，但从实质上讲则是原有声符的省略，与“腰”作“要”同，在由左右结构转化为上下结构后为紧缩上下空间而省。“靈”省略声符“霝”之一部分作“霊”，如［阿斯塔那27号墓（9）］。“憂”在文书中或又作［阿斯塔那363号墓（6）］，省略声符“𢝊”之构件“心”。又如“袁”在文书中作［阿斯塔那320号墓（7）］，但此形从根本上看，是改造“袁”作“表”再到“耒”，进而到“耒”的结果，是一个逐渐的形体演变过程，而非直接的省略构件。又如文书中“乾”作“乹”“乹”“乹”“乹”“乾”“乾”等形，此字在《说文》中从乙声，“乹”“乹”“乹”“乹”可看作省略声符倝右部形体。又如“牽”，文书中或作“牵”，系将

其声符“玄”之下部形体省去。“牽”又作“奉”，此形当源自东汉碑刻（唐扶颂）[①]，将上部构件“玄”部分省略后与牵牛之縻形合成成字构件“去”。从“牽”的各类变体看，隶变主要集中在对其上部及中部构件的增减及重组上，从根本上讲，这两个构件已经基本上失去了构形理据功能，下部构件虽由“牛”而或改从“手”，但其变化始终未丧失其构意功能与构形轨迹。“每”小篆作，文书中多隶作“毎”“毎”“毎”，充当构件时大致同此，或又省略上部形体作“毋”“毌”，如“海”作［阿斯塔那326号墓（7）］，“悔”作［阿斯塔那135号墓（2）］等，省“每”为“母”，又如“愍”声符改从“敏”而作［阿斯塔那151号墓（9）］。从结果或可看作是形近构件的替换，但从其形成过程来看，则是通过笔画的逐步省略形成而非直接的替换。“獲”在文书中或作“獾”“獲”，如［阿斯塔那37号墓（1）］、［阿斯塔那330号墓（7）］，均属构件减少，前者省构件“又”，既可看作省略意符之一部分，亦可看作省略声符之一部分，后者又可看作形近义近意符之替换。“嚴”从吅声，文书中省“厰”中构件“厂”作［阿斯塔那321号墓（2）］；“鷴”省声符“薦”作“鳥”，如（阿斯塔那93号墓（6）号墓）；“麴”中声符“匊”省作“米”，如［阿斯塔那326号墓（5）］，“稱”省略声符“爪”作［阿斯塔那209号墓（2）］，“钁”声符“矍”省“隹”作［阿斯塔那15号墓（16）］，“覺”省略声符之一部分“爻”作［阿斯塔那15号墓（10）］。

（五）合并相同构件之省略

文书中共14例，分别为：

---

① 顾蔼吉：《隶辨》，中国书店，1982年，第175页。

竸—竟　册—卄　叁—叁—叁　器—吕

曹—曺　疊—昷　顯—顯　纍—累　蠹—蠢

蝨—蚤　帶—帯　傔—俥　璿—瑨　牽—牵

“竸”本从“誩”从“二人”，文书中作［阿斯塔那105号墓（2）］，此字本作竸，改从“二竞”并合并作“竟”，此形当是在“竸”形基础上进一步减少构件的结果，“竸”“竸”形近，且“竞”为成字构件，故在汉隶中即已作“竸”。“竟”在此形基础上合并相同构件，后之简体“竞”亦是此类隶变途径的产物，裘锡圭先生即持此说。[1]前述之“蝨”“處”之变化亦属此类，合并相同构件为一，“蝨”“蠹”本从“䖵”，文书中省从“虫”作［阿斯塔那332号墓（9）］、［阿斯塔那170号墓（1）］。张涌泉先生亦谈到此类现象，并指出，简体“蚕”的形成即沿此演变路径而来[2]。又如文书中“顯”左下部构件本为“絲”，文书中或合而为一，作［阿斯塔那169号墓（3）］。“爽”本从“㸚”，文书中或省作“㸚”，如［阿斯塔那206号墓（13）］。“叁”或直接省构件两“厶”作［阿斯塔那103号墓（10）］，“器”在文书中或作“㗊”如［阿斯塔那509号墓（8）］，进而左右合并构件作“吕”，如［阿斯塔那35号墓（4）］，“帶”本作［阿斯塔那326号墓（7）］，或又作［阿斯塔那507号墓（38）］，“傔”，文书中作［阿斯塔那222号墓（11）］，又作［阿斯塔那506号墓（14）］，构件“兼”下隶作“从”又合并构件作“人”。又如“册”作［阿斯塔那346号墓

---

① 张涌泉：《汉语俗字研究》，商务印书馆，2010年，第81页。
② 张涌泉：《汉语俗字研究》，商务印书馆，2010年，第81页。

（1）]，又作[阿斯塔那508号墓（1）]。

文书中还有四类现象与此相关，但却反映了不同的发展趋向，一类为前述“雙”“麤”“桑”的变化，采用的是以抽象的数字构件来取代具体的实物构件；一类为前述累增构件中累增相同意符的现象，如“栗”“梁”“巢”等，与此呈相反的发展趋势，一者趋向简化，而一者趋向繁化；另一类则为字内同化现象，即文字内部构件或笔画组合相互影响而同化为同一构件，亦与此处的隶变方式不同，一者减少字内相同构件，一者则为增加字内相同构件。还有一类如“聶”“鼠”等则是采用了笔画重新组合的方式，将两个相同构件组合成为一个新的构件。

四、构件组合关系的变化

构件组合关系的变化涵盖了三种不同的情况，前两者指在文字构件及构意不变的情况下，构件的相对位置关系发生变化，其中一种相对位置虽变，但文字形体整体结构不变，另外一种则整体文字形体结构随之发生变化；第三种则是在构件笔画发生变化的基础上导致整字的某一构件或不同构件间发生重组，又分为三种不同的类型：第一类指文字的一部分构件形体发生分化，另一部分构件则与分化出来的部分形体重新组合为新的构件，第二类是两个及两个以上的构件合并为一个全新的构件；第三类则是由一个构件分化为两个及两个以上的其他构件，我们称之为构件的重组。从功能的角度来看，第一和第二类属跨层构件笔画重新组合，第三类则为零层级构件笔画重新组合。

（一）构件相对位置变化不引起整字形体结构变化

如“戰”作[阿斯塔那35号墓（29）]，或作[阿斯塔那363号墓（6）]；“臧”本从“臣”从“戈”，爿声，文书中或又作[阿斯塔那151号墓（2）]、[阿斯塔那84号墓（3）]等，“臣”与“戈”共

用横笔，将构件“臣”与“戈”组合成为一个整体，而将构件“爿”分离开来；“哭”或上下构件分离作［阿斯塔那222号墓（13）］，或相互穿插而作［阿斯塔那13号墓（1）］。“蘇”中构件“鱼”“禾”位置常相调换，如［阿斯塔那307号墓（2）］、［哈拉和卓91号墓（13）］；“糞”文书中隶作壟，又进一步调整上下位置作（阿斯塔那80（1）号墓）。

可见此类大致包括两类情况，或如“戰”“哭”等对结构进行微调，或将两个或两个以上处于同一层级的构件位置相混调换，如上述“糞”“蘇”，又如“壐”作“璽”等。

（二）构件相对位置变化引起整字形体结构变化

如“莭”作“節”，“莲”作“蓮”，“蓬”作“逄”，“褥”或作“蓐”，“缛”作“”，“勋”作“勳”，“助”作“助”，或作“助”。“剑”作“劍”，或作“劒”。“懈”在文书中又作、［阿斯塔那316号墓（3）］，“舅”或为上下结构，或作左右结构，如［阿斯塔那332号墓（14）］、［阿斯塔那184号墓（9）］，“尅”又作“尅”，“海”文书中作“海”，又作“㴁”，如［阿斯塔那73号墓（2）］，“遲”作［阿斯塔那27号墓（7）］，或又作［阿斯塔那509号墓（4）］，“仰”又作、［阿斯塔那326号墓（5）］，“聖”文书中又或作“聖”，“極”文书中多作“極”“極”，调整为上下结构。“死”作“死”，或作“死”，如［阿斯塔那5号墓（7）］，“略”或又作畧，如［阿斯塔那363号墓（6）］，“微”在文书中或又将构件“山”置于其他三个构件之上，如［阿斯塔那216号墓（11）］，或又作“微”，如［阿斯塔那363号墓（6）］。以上形体当为受到以“山”为偏旁之字结构的影响，此类字往往可以在上下结构或左右结构之间相互转化，如“峨”“峰”“巖”“嶷”等字，特别是除构件“山”外剩余构件较为复杂的情况下，常常会采用与类似的上下结构，如“嶽”“巍”等；而以“亻”为偏旁的字则多为左右结构。

汉字分为独体字与合体字。独体字不存在构件的组合，因而也没有结构调整的问题。合体字结构从视觉形态构件与构件之间的位置关系来看，基本分为上下结构、左右结构、上中下结构、左中右结构、全包围结构、半包围结构、三包围结构以及某些特殊结构。其中，半包围又分为左上包围、左下包围、右上包围、右下包围，三包围又可以分上三包围、下三包围、左三包围。而从汉字的功能来看，则是通过构件的平面组合或层次组合来实现其表示音义的功能。平面组合要通过两个及两个以上构件一次性不分前后、主次集合而成，主要体现在会意字中，因此单纯的平面组合在汉字中仅占极少部分，绝大多数汉字表现为构件的层次组合。而不管是在平面组合还是层次组合的汉字结构，其构意最终都需要通过最上层的直接构件来得以体现，而直接构件则通过下级构件逐级生成。构件的这种逐级生成关系要求下级构件必须在相互位置上体现为聚合的形态才能更好地实现其生成功能，因此，汉字构件的位置关系往往能够直观地反映其功能，这也是汉字保持其构意的重要手段。

在汉字形体演化的过程中，汉字由表示物象向表示音义发展，其中一个重要的体现即为文字构件的定位[①]。发展到隶变的过程中，汉字已经完成了表示物象到表示音义的转化，汉字的发展则更多地体现为对已有构件的调整和探索，包括对汉字结构的探索。吐鲁番出土文书中汉字构件的位置关系调整主要体现为以下几种：

---

① 王贵元：《汉字形体演化的动因和机制》，《语文研究》，2010年第3期，第3页。

1. 上下结构变为左右结构

由于文字的组成往往是由几个构件组成的，同一汉字形体内部，构件与构件之间的位置关系是存在着差异的，因此这里所谓的上下结构既包括单个字形的上下结构，又包括字形内部某两个或几个构件间所形成的上下关系。

（1）单个字形上下结构调整为左右结构

“蓈”本从“艹”，郎声，文书中作［阿斯塔那204号墓（4、5）］；“哲”从“口”，折声，文书中或作［阿斯塔那154号墓（13）］、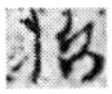［阿斯塔那15号墓（6）］；“嚴”作［哈拉和卓98号墓（2）］，又作［阿斯塔那321号墓（2）］；“誓”又作［阿斯塔那27号墓（9）］，“譬”又作［阿斯塔那169号墓（6）］；“智”又作［阿斯塔那170号墓（4）］，“臂”又作［阿斯塔那29号墓（1）］，“節”又作又［阿斯塔那27号墓（8）］，“爵”又作［阿斯塔那524号墓（9）］，“梁”又作［阿斯塔那59号墓（2）］，“赁”又作［阿斯塔那42号墓（4）］，“髮”又作［阿斯塔那43号墓（3）］，“髻”又作［阿斯塔那113号墓（1）］，“巍”又作［阿斯塔那42号墓（8）］，“悊”又作（阿斯塔那509号墓（20）；“染”又作［阿斯塔那509号墓（28）］，“舅”又作［阿斯塔那332号墓（14）］，“誓”又作［阿斯塔那27号墓（9）］，“譬”又作［阿斯塔那169号墓（6）］，“羣”又作“群”，“前”又作［阿斯塔那34号墓（5）］，“雍”又作［阿斯塔那151号墓（34）］，“貸”又作［阿斯塔那337号墓（20）］，“袋”又作［哈拉和卓48号墓（5）］等皆属此类。

（2）字形内部局部上下结构调整为左右结构

“潔”从“水”，絜声，“絜”从“糸”，“㓞”声，为上下结构，文书中或作［阿斯塔那27号墓（7）］，调整为左右结构；“袁”下“口”“𧘇”本为上下关系，文书中或作［阿斯塔那122号墓（4）］，从“袁”者多同此，如“遠”作［阿斯塔那184号墓（10）］。“愛”又作［阿斯塔那169号墓（5）］，将构件“心”由“夂”之上部调整至左部。

2. 左右结构变上下结构

这一类型的结构调整同样包括单个字形以及字形内部两个不同的层面。

（1）单字由左右结构调整为上下结构

“嘿”或作［阿斯塔那524号墓（5）］，“護”或作［哈拉和卓99号墓（3）］，“剑”又作［哈拉和卓98号墓（1）］，“即”作［阿斯塔那327号墓（1）］，“極”作［阿斯塔那169号墓（6）］，“期”或作［阿斯塔那27号墓（7）］，“穀”又作［阿斯塔那169号墓（1）］，“稽”作［阿斯塔那189号墓（5）］，“默”作［阿斯塔那35号墓（22）］，“點”又作［阿斯塔那193号墓（2）］，“黔”同此作［阿斯塔那134号墓（5）］，“懈”又作［阿斯塔那316号墓（3）］，“海”或作［阿斯塔那179号墓（3）］，“洎”又作［阿斯塔那179号墓（3）］，“满”作［阿斯塔那341号墓（2）］，又作［阿斯塔那169号墓（5）］，“攬”又作［阿斯塔那31号墓（1）］，“缛”又［阿斯塔那43号墓（3）］，“總”又作［阿斯塔那100号墓（2）］，“勳”又作［阿斯塔那184号墓（7）］，

“助”又作［阿斯塔那29号墓（1）］，“略”又作［阿斯塔那363号墓（6）］，“埍”又作“䏶”，“腰”作“䙈”，又作“䏿”，“燋”又作［阿斯塔那205号墓（1）］，“染”作［阿斯塔那27号墓（7）］等。

通过对以上各字例的分析，可见这一调整既可以发生在由三个以上构件组成的层次结构中，也可以发生在两个构件直接组合的平面结构中，如“即”“洎”“海”“助”等即属此类。

（2）字形内部由左右结构调整为上下结构

如“仰”又作［阿斯塔那326号墓（5）］，构件“卬”由左右结构调整为上下结构。

3. 左右构件位置调换

（1）单字左右构件位置调换

“朔”作［阿斯塔那179号墓（3）］，又作［阿斯塔那31号墓（1）］，“期”又作［阿斯塔那326号墓（1）］，“移”又作［阿斯塔那170号墓（2）］。

（2）单字内部左右构件位置调换

“蘇”作［哈拉和卓91号墓（13）］，又作［阿斯塔那91号墓（11）］。

4. 上下结构到包围结构

（1）单字上下构件调整为半包围

“盛”作［（阿斯塔那27号墓（7）］，“感”作［阿斯塔那509号墓（13）］。

（2）单字内部上下构件调整为包围

“蓴”作［阿斯塔那2号墓（1）］，又作［哈拉和卓99号墓

（1）]，“深”作[哈拉和卓91号墓（37）]。

从以上各字例看，发生这一类型调整的文字多有其内在的一致性，其上部构件形体本身具有向下与向左右延展的可能性，如“辱”上部构件“厂”，“盛”“感”中的形体“戊”，事实上，前述上下结构转为左右结构的“貸”“袋”中构件“代”等皆如此类。“深”属于单字内部直接构件的下级构件间结构的调整，上部构件本不具有以上所述特征，但文书中通过构件的替换实现了结构的转换，因此，此字结构的调整是伴随着构件的改换进行的。

5. 包围结构到上下结构

此类除“達”又作[阿斯塔那48号墓（13）]为单字结构调整外，其余皆为下级构件的调整，“綱”又作“絽”，“兜”作[阿斯塔那80号墓（3）]，“麴”作[哈拉和卓98号墓（1）]；“商”作[阿斯塔那337号墓（20）]等。

与由上下结构到包围结构相比，此类结构调整多涉构件改换，如“兜”下替换作“皃”，“麴”中与“深”相反，由“勹”替换为“冖”，“商”则由“冂”替换为“冖”。

6. 包围结构到左右结构

“尅”作[阿斯塔那316号墓（3）]，又作[哈拉和卓91号墓（12）]，“冠”又作[阿斯塔那27号墓（8）]，“寇”作[阿斯塔那27号墓（7）]等。

此类可见，最后一笔皆为同一笔画“乚”，故此类调整的根源在笔画的变化：由竖弯（或竖弯钩）转化为竖笔。

7. 左中右结构到上下结构

（1）单字由左中右结构调整为上下结构

“微”作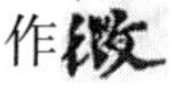[阿斯塔那169号墓（6）]，又作[阿斯塔那193号墓

（6）］，“徽”又作［阿斯塔那20号墓（2）］。

（2）单字内部左中右构件调整为上下关系

“鸞”作［阿斯塔那43号墓（3）］，“戀”作［阿斯塔那90号墓（6）］，“攣”作［阿斯塔那193号墓（2）］，“變”作［阿斯塔那27号墓（7）］等。

8. 上中下构件位置调整

“裹”又作［阿斯塔那206号墓（13）］，“衰”作［阿斯塔那524号墓（9）］，“装”作［阿斯塔那184号墓（9）］，又如“喪”又作［阿斯塔那173号墓（1）］。

以上三字皆出现在以“衣”为构件的字形中，“衣”古形本身存在鲜明的包孕特征，因此往往体现为上中下的结构，但隶变之后形体符号化，古形“衣”上下分离的形式需要组合在一起才能更好地发挥其构形功能，故而体现为如上述“裹”“衰”中的变化，“装”则与此相反，是对前两者结构的一种仿拟。

9. 内外构件位置调整

仅出现在“庭”中，作［阿斯塔那221号墓（3）］。

10. 三包围结构到半包围结构

“匡”作［阿斯塔那346（1）号墓］。

此字结构变化与构件“匚”的变化相关，文书中构件“匚”或隶作“乚”，与“辵”形相混，或在此基础上将上之一横隶作丶。

11. 上中下结构到左右结构

“爵”又作［阿斯塔那524号墓（9）］。

除此之外，还有一些比较特殊的现象，如“幼”，文书中既作左右结构，如［阿斯塔那365号墓（2）（3）］，又作［阿斯塔那35号墓

（7）]，呈现为上下结构。从其根源来看，上下结构源自隶书，如包山简作，马王堆帛书中作，银雀山汉简中作，一脉相承；小篆则为左右结构。另外又如“死”，文书中作[阿斯塔那4号墓（23）]、[阿斯塔那509号墓（33）]、[阿斯塔那206号墓（10）]等形，其差异主要体现在构件间相离与相接关系的不同。此字早期篆隶字形中本皆为左右相离结构，如马王堆帛书中作，文书中或将“歹”之横笔延伸，与人形相接。

从文书所见字形看，结构调整主要出现在上下到左右、左右到上下的变化中，其次为左右结构中构件位置的调换，其余各类则多出现在个别有具体特征的文字当中。这是与汉字本身以左右、上下结构为主的特征相关联，汉字多为形声结构，在隶变的过程中逐渐在上形下声、上声下形、左形右声、右形左声的结构框架下产生了上、下、左、右各方的诸多偏旁变体，而这些偏旁变体从发展的角度来看处于文字系统中新的变异，因此更容易成为人们书写调整的焦点。

认知语言学认为，人类语言表达中存在“焦点”，亦即“心理焦点”，也就是表达上，人们会把想要凸显的概念作为句子的主语，而把不太凸显的概念作为宾语；功能语言学则将句子中韵律凸显的部分——句重音，作为句子的焦点，相较认知语言学的“心理焦点”，功能语言学称之为“自然焦点”。无论心理焦点还是自然焦点，都反映了人们在语言表达的过程中会通过外在形式将内心的焦点传达于外。文字也是如此，作为音义结合体——词的载体，其焦点本应为构件与整字所代表音、义要素的契合。古文字阶段，汉字形体表形、表意性强，同一构件在不同文字结构中处于不同位置时其形体基本保持不变，这就保证了形体与其功能之间的相对一致性。处于隶变过程中的汉字则因为形体符号性增强、变体形式的增加导致其焦点内外发生错位，且正如许慎所说“今虽有尉律，不课，小学不修，莫達其说久矣”，文字的使用者难以在对形音义的把握之间达到一定的契合，这就使得人们对文字关注的焦点向多样化发展，旧质要素无法掌握，那么就转向对新信息的关注，这当然是与心理上的好新求变相关联的。一是新信息其中一种就是隶变过程中新产生的偏旁变体。偏旁变体本就是据其结构位置产生的一种构件形体，其形体与结构方位的结合对人们的认知形成了新的冲击和吸引，这就促使人们在构建和书写文字时将焦点置于这种变体的形与位的达成上，因此在前述结构调整部分，我们看到“嘿”“誓”“庭”“匡”“節”“憂”“嚴”等字皆因对“灬”“扌”“廴”“卩”“忄”“攵”等变体的凸显而产生结构变化，这一因素成为了这一时期结构调整的主要原因；二是对成字构件的追求也是结构调整的原因之一。“即”“潔”两字调整为“曰”与“巾”、“氵”“素”与“刃”的结合即为此类；三是文字演变过程中所形成的构件替换的扩散也会导致文字结构的变化，如“深”“麴”“商”等字；四是单纯的求变心理，如左右构件的平移多为此类，“移”作“多禾”，“衣”上下两部分结合分离的变化亦属此类。除此之外，文字结构的稳定、美观也是结构调整的影响因素之一，如“憂”之调整除了构件偏旁化的因素作用外，于其拥挤的纵向排列的构件中抽出一个构件与下之构件平列，可以增加结构的稳定性。“死”原本的左右结构可以看到其与汉字方块结构明显不符，于是通过左边横笔的拉长促使其上部达到平稳，整字结构得以美化。“袋”“盛”等则通过调整使得字形空间得以紧缩。

文字功能的实现要通过构件的组合来完成，从视觉角度看，汉字是构件在同一平面上的组合，区域安排的聚合、离散直接地影响着人们对汉字构件间组合关系的认知。因此，汉字结构的调整导致汉字的布局发生变化，同时也使得汉字功能的实现受到影响。平面组合的汉字因为一次性合成一般不受位置变动的影响，如“海”“幼”“死”等，但也有例外，如果在结构调整的同时，因为结构变化随之带来笔画的变化进而造成构件的改换，那么文字整体的功能必然发生变化，如“冠”“寇”，又如“匡”字调整为从“廴”从“主”的组合，其功能完全消失；或者结构调整使得新字形与文字系统中的其他文字发生讹混，功能也将受损。此类文书中未见，但如“含”与“吟”、“啼”与“啻”等即为此类。

层次结构的汉字则部分因构件的位置调整而使得内部层次发生变化，从而功能表达也受到影响。因此，层次结构的结构调整功能实现表现为两种不同的情况：一是功能保持不变：①汉字结构由直接构件的组合来实现，因此只要直接构件形体不发生变化，就不影响功能的表达，如“舅”，由直接构件“臼”“男”组合而成，调整后虽然相对位置发生了变化，但其从“男”、臼声的音义组合不会发生改变。又如“装”“裹”“懈”等。②直接构件如果为平面组合，且结构调整之后下级构件中的任一构件皆不与另一直接构件发生空间上的直观组合，那么整字功能也将不变，如“蘇”中“稣”虽构件左右调整，但两者皆不与“艹”发生整合，其从“艹”、稣声的功能组合亦可不变。二是功能发生变化：即直接构件下级构件间的组合关系遭到破坏，功能随之丧失，①构成直接构件的下级构件的一部分与另一直接构件聚合，而与原先组合中的构件分隔，如“庭”作将直接构件“廷”的下级构件“廴”与“壬”拆分至“广”内外两侧，示音功能消失。“嘿”“满”“攬”等皆是此类，通过改变方位上的布局，凸显了“灬”“艹”“见”等偏旁，同时也使得直接构件整体性被分解，构件功能弱化甚至消失。②直接构件下一级构件中某一部分形体发生变化，带动直接构件发生变化，自然功能也发生变化，“皃”本从“”从“皃”省作，使得原有构件“”变化作“兒”，整字从“白”从“兒”，理据消失。又如“深”作，“綱”作“綖”等亦属此类。

从文书中的情况看，发生结构调整的文字中有百分之七十以上的形体功能弱化或丧失，也从一个角度反映了这一时期汉字探索过程中构形功能意识的淡漠，这严重伤害了文字的理据性，也决定了绝大多数文字变体无法得以广泛认同和久远流传。

（三）构件重组

第一种类型我们称之为构件分化重组，文书中此类型文字共42例，分别为：

蓋—盖　荆—刜　菁—菁　著（箸）—着　楮—楮

牽—𤙔　肅—肃　弔—吊　即—卽、昂　值—值、值

顧—頋　麴—麹　寡—寡　斷—断　繼—继

婿—聟　對—對　深—深　袁—表、衣　匡—逛

陰—陰　勇—勇、勇　出—出　苦—昔、昔　勝—勝、滕

某—某　缵—缵　表—表　論—論　倫—倫

糞—奎　本—夲　熬—熬　典—典　侯—侯

壹—壹　兜—皃　榦—榦　修—佟　貳—貳

顧—顾　娥—娥

如“對”，《说文》中作，或作，从“丵”从“寸”从“口”或从“士”，文书中此字皆从“士”（讹混从“土”）不从“口”，构件“丵”分离为两个部分，上部“业”形隶变作“廾”“䒑”“业”“卝”等构件，下部构件隶作“厶”或“口”，故整字右部构件作“䒕”“䒕”“䒕”“堇”“堇”“堇”，从以上变体可见，“丵”重新分割形体的目的是使得右部构件向高频构件转换，当中部构件作“厶”的情况下，上部构件一定作最下一笔为“一”，以使右部构件出现成字构件“至”；作“口”形时则有常见构件“堇”“堇”“堇”产生，此类构件与“勤”字左部构件的变体相合。

“深”下级构件“罙”，此构件在《说文》中本为“突”，从“穴”从“火”从“求”省，小篆作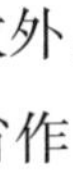，睡虎地秦隶“深”作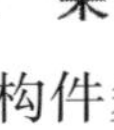，又作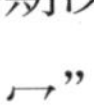、。可见秦隶中除与小篆保持一致外，又或隶变从“宊”或“宊”。早期汉隶中皆从“穴”，东汉碑刻中或省作“罙”形[①]，文书中此构件多从“冖”形，仅一例从“宀”形。从汉隶的情况看，“穴”下部构件或承小篆，或承汉隶从

① 顾蔼吉：《隶辨》，中华书局，2009年，第77页。参见谯敏碑。

“木”或从“术”，或将“术”形隶作“朩”，文书中承此作［阿斯塔那184号墓（10）］，上之两点与“穴”之两点重复，或又省作［阿斯塔那507号墓（33）］，或重新组合构件作“罙”，文书中承此而隶变作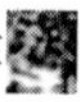［哈拉和卓91号墓（37）］、［阿斯塔那307号墓（5）］，前者整体组合成为成字构件“匊”，后者则省“宀”为“冖”。

“袁”，汉代隶变中将“叀”之省形“士”与“厶”组合成成字构件“去”，汉代之后的文字中，或将“厶”形替换作“口”，或又将此构件在文字“袁”中变形并重新组合，与下部“𧘇”形重组作“氺”“𣱵”等形。

“匡”小篆作，本从“匚”，㞷声。马王堆帛书中作、，或已改从王声，东汉碑刻中亦从王声。文书中此字则改从“辶”从“主”，作［阿斯塔那35号墓（19）］、［阿斯塔那31号墓（34）］，可见，隶变过程中两构件重新组合，将“匚”分隔两部分，“乚”之部分与“辶”之草写相合，横笔部分因与“丶”常相替换的规律而与构件“王”组合为成字构件“主”，但重新组合的结果是文字的构意尽失。

“苦”，文书中或又作“昔”“告”，如［阿斯塔那239号墓（2）］、［阿斯塔那509号墓（41）］，显然是将其上部构件“卄”与下部构件“古”之首笔一横组合为新的构件“丗”或“𠀍”，下部构件则省作另一成字构件“口”。

“陰”本从“阜”从“今”从“云”，“今”隶书或作“亽”“今”，此类变体与下之构件“云”结合，将其竖笔上下拉长，上至“亼”中横笔而下连接“云”之两横，故而形成常见构件“㐱”，而“陰”也重组为从“阝”从“人”从“㐱”之形。文书中构件“陰”或又多作隂，既可看作是构件“今”笔画的部分省略，亦可看作“今”与“云”共用笔画的产物。“隂”之使用频率高于“陰”，此形的高频使用则反映了人们对“陰”意义认知的关注点在于“云”，故而“陰”中“云”可部分地体现文字的构形理据——构意，而从“阝”从“人”则保证了文字形体的历史传承性。

“勇”本从“力”，甬声，小篆作，早期隶书中或隶省从“力”，用声，如马王堆帛书中此字作。文书中此字或又作［阿斯塔那48号墓（24）］、［阿斯塔那27号墓（8）］、［阿斯塔那520号墓（5）］等形，以上变体可见此字将原字形中声符“甬”的下级构件“用”变形作“田”，与下部构件“力”整合作成字构件“男”。此类变化亦当与意义相关，源于“勇”与“男”在人们的思维中相关联，这一变化早在汉隶中已经出现，如汉袁良碑已从“男”。

“勝”本从“力”，朕声，文书中此字作“勝”或作“𠢐”，如［阿斯塔那15号墓（10）］、［阿斯塔那35号墓（30）］。可见，此字变体将构件“朕”右下之撇捺与下之构件“力”的替换变体“刀”重新组合作成字构件“分”作“勝”，后一变体则是在“勝”草写形式的基础上加一短撇而成新的成字构件“豕”。“出”本从“屮”从“凵”，文书中或隶同今形“出”，或重组两构件作“出”，如［哈拉和卓96号墓（6）］、［哈拉和卓91号墓（3）］，后者当为“出”形调整笔画形态之变体。

“某”本从“甘”从“木”，文书中或重新组合从“甘”从“小”，如［阿斯塔那169号墓（6）］，这与“木”在文书中多隶作“朩”的变化相关。

又如“缵”作［哈拉和卓90号墓（13）］，将右上部构件“兟”曲笔拉直作“夫夫”，左右构件合并重组而为“卄”与“灬”之组合。

“表”，文书中或又作“裱”，如［阿斯塔那4号墓（1）］，此字从形式上看是在“表”的基础上受上部“亠”之影响而下部累增此形，其实质则是明确“表”之意符为“衣”，特别是在上部“亠”与中部构件“毛”组

合作“主”形甚至“⺷”之后，文字构意丧失，下之“𧘇”形失去意义的依托，故加此形而明其义。

“論”中右部构件本从“亼”从“冊”作“侖”，文书中重组从“人”从“needed”，或从“覀”，如、［阿斯塔那363号墓（6）］、［阿斯塔那151号墓（34）］；从“扁”之字中构件“冊”亦作此形，如“翩”作［阿斯塔那43号墓（3）］、［阿斯塔那27号墓（7）］，或可看作“扁”受到构件“侖”之影响而作此形。

“糞”将上部构件“米”与中部构件“田”的一部分组合成为成字构件“番”，故将剩余构件替换作“土”，从“土”，番声。

“娥”本从我声，因“戈”形常作变体“戋”而分化出“扌”，此形增繁为形近之成字构件“禾”，如［阿斯塔那332号墓（9）］。

“熬”在文书中作［阿斯塔那517号墓（2）］、［阿斯塔那76号墓（7）］两形，后者显然直接来自小篆，构件“敖”从“出”从“放”。后又将“放”下级构件“方”分化出来，与构件“出”合并而成“𡴆”，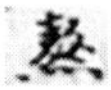形正是在此基础上受成字构件影响讹变而来。“修”本从“彡”，攸声，文书中或作［阿斯塔那341号墓（6）］，“彡”之变体与“攸”之下层构件“攵”重组为“冬”。

第二类则体现为构件合并，文书中此类共25例，分别为：

遲—遅　迎—迊　仰—仰　解—觧　篡—𥮒

豐—豊　能—䏻　聶—𦗝　鼠—鼡　毅—𣪊

菜—菜　處—虗　冥—㝠　參—叅　臨—瞼

竟—竟　牖—牗　農—農—䢉　興—興—興

害—害—害（“犗”同此）　顯—顕　濕—湿

如“處”中“夂”“几”重新组合作“処”“夗”形，如［阿斯塔那

125号墓（3）]、[阿斯塔那230号墓（4）]等。又如“興”文书中多有变体作“興”或“興”，此二形后者可看作前者形体之省，亦可看作是“興”形之省。“興”在东汉乙瑛碑中即已出现，“同”作“冃”当是形体的省略，亦符合隶变中内部构件优先于外部构件隶变的原则。但从历代形体演进来看，“興”源于“興”较为可靠，文书之前的资料未见“興”与“興”之中间状态“興”，反而“興”可看作是两者的过渡状态。“興”形显然是“興”形基础上将构件“臼”与“冃”重新组合成为一个整体的结果，敦煌文书中有“**興**”[①]形，可以为证。“菜”中构件“采”本从“爪”从“木”，或又合并作“釆”。“臨”右部本从“人”从“品”，文书中将其合并为构件“僉”如[哈拉和卓48号墓（2）]。“冥”从“冖”从“日”从“六”，文书中构件重组作[阿斯塔那27号墓（8）]，“日”和“六”组合作“具”。“參”上部三个“厶”经省略后重组作“幺”如[阿斯塔那103号墓（1）]。“牖”本从“片”从“户”从“甫”，文书中将“户”“甫”合并而为成字构件“庯”，如[阿斯塔那27号墓（8）]、[阿斯塔那27号墓（10）]。

第三类体现为构件的分化，文书中共有37例，分别为：

乎—乎　呼—呼　瑾—瑾　謹—謹　過—過、過

逮—逮　遷—遷　爽—爽　卒—卒　讯—誶

粹—粹　悪—悪　弗—弗　朿—朿　未—未

集—集　我—我　肅—肅　醉—醉　淵—渕、渊

義—義　鐏—鐏　隷—隷、隷　兼—兼、兼（傔、謙）

黽—黽、黽（蠅、繩、竈）　講—講　夷—夷

如“夷”本从“大”从“弓”，文书中作“”“”“”等形，

① 黄征：《敦煌俗字典》，上海教育出版社，2005年，第458页。

此类形体魏晋之前未见，南北朝碑刻中始出现。构件“大”与“弓”在此类变体中均已变化且笔画重新组合作其他构件。“弓”之变化与“弔”中相类，上部或仍作コ，或变作“口”形，下部则变作𠃌，“弗”字同此作［阿斯塔那27号墓（9）］。“大”下部撇、捺则或保持不变，或与“冖”相结合，向成字构件“成”形靠拢。又如“未”作［阿斯塔那188号墓（19）］，“末”作［阿斯塔那22号墓（4）］，“兼”作［阿斯塔那169号墓（5）］，“谦”作［阿斯塔那509号墓（23）］，将构件“兼”分化重组为“䒑”“⿻田一”“灬”三者的组合。“爽”作［阿斯塔那223号墓（3）］，将原先之构件“大”分化为“亠”“大”两个构件。“呼”右部构件“乎”文书中多分离作“爫”和“丁”两个高频构件。又如“我”，文书中分化形体为［阿斯塔那524号墓（9）］。部分笔画组合为高频构件的现象，如“淵”，文书中作［哈拉和卓91号墓（27）］、［阿斯塔那27号墓（7）］、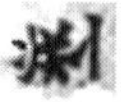［阿斯塔那85号墓（1）］等变体。“𣶒”本为独体象形，笔画形态及组合关系发生变化，演化成“⿰示刂”“⿰关刂”。从其演化动因来看，当是与其本身形体笔画及笔画形态复杂有关，“𣶒”本不属常见构件，且笔画复杂，故隶变过程中将其笔画变化和重新组合，向高频构件“示”“关”“刂”靠近，故有上述变体。今之简体“渊”，文书中未见，但敦煌文书中已有此形，南北朝碑刻中亦有此形，同为此类向高频构件靠近的变化。“𣶒”作“⿰关刂”，既是笔画变化的结果，同时也在一定程度上受到形近之“肅”之影响，文书中“肅”多作“”，构件“𣶒”与“聿”之竖笔组合成“⿰关刂”。从“关”从“刂”之“淵”为文书中之通行字形，六朝隋唐时期同此，但最终简化字作“渊”而不取此形，其区别就在于“渊”不仅实现了向高频构件的转化，且保证了原字的形体轮廓。这恰恰反映了文字演进过程中，不管是自然还是人为强制的选择，往往将形体隶变的

部位限制在文字的内部，而尽量保持形体的外部轮廓不发生变化。又如构件“隹”，文书中早期多作“隹”，亦有同今之形体“隹”，其演化路径在文书中皆可见：隹—隹—隹—隹，如“集”作［阿斯塔那35号墓（3）］、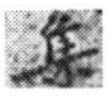［阿斯塔那506号墓（33）］、［阿斯塔那48号墓（18）］、［阿斯塔那225号墓（21）］等形。从其形变路径来看，是通过构件内部笔画重新组合，将原来的整体构件变为常见构件“亻”形与“圭”形的组合。“蝇”小篆作，从“虫”从“黾”，文书中此字作［阿斯塔那232号墓（2）］，可见构件“黾”作“黾”，“绳”同从“黾”，文书中隶作“黾”，可见此构件通过笔画的合并、重组将独体“黾”分隔成为两个高频构件“曰（或罒）”与“电”的组合。“隸”中构件“又”隶作“又”或“人”形，下之形则因与“米”形相近而混从“米”。“木”因处于文字上部而隶作“士”，如［哈拉和卓91号墓（2）］、［阿斯塔那337号墓（20）］。

构件的重组不仅使整字形体发生了变化，而且也使得原文字构件层级发生变化，同时也正是因此类变化导致的构件层级变化必将严重影响文字理据，故其接受范围必将受到一定条件的限制，如“荆”，或将一级构件“艹”与“刑”之下级构件“开”形合并为新的构件“并”作“荆”，“蓋”中“艹”与“盍”之构件“去”形合并作高频构件“⺷”，整字作“盖”，这也是简体“盖”形成的方式。但与此对照，后世“荆”未采用“荆”形则反映了汉字隶变的选择性以及条件性原则，“荆”仍多以“艹”义为中心范畴，故仍保留，而“盖”字得以沿用则是由于其用法后多并不与“艹”义相关，故体现在文字形体中舍弃了构件“艹”。又如“専”，文书中早期多作“専”，为汉魏六朝承自小篆的“専”形之变体，其形变方式为将构件“厶”向下位移，取代构件“寸”中“丶”，由此，构件“厶”由直接构件“叀”的一部分转而成为下部构件的一部分，但一方面此类重新组合破坏了原有的理据，另一方面“⺕”形破坏了常见的成字构件

“寸”，而其本身又非常见也非成字构件，故后来在文书中遭到淘汰，被“専”“專”所取代。

五、字内同化

字内同化是指某一构件受到同一文字内部其他构件的同化影响而产生的形体变化。从文书中的情况看，字内同化又分为构件整体同化与部分同化两种类型。

（一）构件整体同化

构件整体同化文书中出现在12个文字中，分别为：

處—處　鞏—鞏　需—需（“孺”“繻”“儒”“襦”）

顛—顛　禁—禁　願—願　纔—纔

晌—晌　婦—婦

“處”中构件“夂”与“几”，从汉隶中起，后者即已受前者的同化作用，两者隶作[1]，文书中同此，如［阿斯塔那363号墓（6）］。“鞏”有变体作“鞏”，如［阿斯塔那151号墓（11）］等。此形当为“鞏”之变体“鞏”的进一步形变，“工”被构件“口”同化。构件“需”上下形体轮廓本相近，故上部“雨”受“而”之同化整体作“需”，如“孺”“繻”“儒”“襦”等皆从此形。“颠”或作［阿斯塔那363号墓（6）］，亦属形近构件内部同化。“禁”本从“示”，林声，文书或作［阿斯塔那230号墓（18）］，从“三木”，将“示”同化作“木”，但首先“木”“示”在文书中形近，其次文书中可见被同化的“木”竖笔始终带钩，保持着“示”中的形态。“願”从“頁”，原声，左边构件受右边构件“页”之同化而作［阿斯塔那24号墓（4）］，“纔”在文书中从“毚”作［阿斯塔那43号墓（3）］，《说文》中此字本从“毚”，

---

① 陈松长：《马王堆简帛文字编》，文物出版社，2001年，第571页。

“毚”从“㲋”从“兔”，早期文献中此字多用作“纔”。睡虎地秦隶中有“毚”无“纔”，“毚”作，从“二兔”，当属字内同化。马王堆帛书中、银雀山汉简中等皆从此，张家山汉简中有“纔”作“纔”形。又如“眴”本旬声，内部构件“日”受意符“目”之同化而作［阿斯塔那363号墓（6）］，“婦”右下部构件“巾”受意符“女”之同化而作［阿斯塔那365号墓（8）］。

从以上各例不难看出，即便是字内同化，被同化的构件与同化之后的形体之间大多具有形体相似的特征，这也正是这一类型字内同化发生的前提条件。

（二）构件部分同化

构件部分同化共有9个字，分别为：

商—啇　融—融　府—府　聖—垩　讁—讁

齒—齒（“齒”“亂”“齡”“齠”）

构件部分同化指同一文字内部一个构件受另一构件影响而在部分笔画或笔画组合上产生了相同的变化。如“齒”，文书中常作“齒”，省原字形口形之右外框，查此形来源，当是受上部声符“止”之影响，“止”常连笔作“止”，受其外部轮廓之形同化作用，下部“㐫”亦省笔，如［阿斯塔那188号墓（19）］、［阿斯塔那205号墓（1）］、［阿斯塔那509号墓（54）］、［阿斯塔那509号墓（54）］等，后省“止”之“㐫”亦受此类推而作“㐫”，如［阿斯塔那517号墓（2）］。“聖”在文书中或又似作“垩”“垩”“垩”等形，如、、［哈拉和卓91号墓（2）］。以上形体系将“耳口”隶变作“耳口”“耳口”，进而字内同化或同作“日”，或同作“口”，或又隶作成字构件“明”。“融”本从“鬲”从“虫”，文书中作［阿斯塔那332号墓（10）］，构件下之“丫”形受右部构件同化

而改作"垂"。"广"在"府"中，常隶作"𠂉"形，如［阿斯塔那169号墓（6）］、［阿斯塔那221号墓（14）］，可看作受声符"付"中构件"亻"之同化而呈此形，在从"广"之其他字中皆不作此形，可见变体的选择性。另外，此形的产生，或又与"應""膺""鷹"等字中的"广"形相关。此三字小篆本从"丬广"形，早期汉隶从"爿广"形，后省形多讹作"广"。此三字隶变中多将"广"之一撇省略而替换以内部构件"亻"，如文书中作［阿斯塔那301号墓（2）］、［阿斯塔那170号墓（4）］、［阿斯塔那506号墓（1）］等，与上之"府"中之形同，且"鷹"亦有作［阿斯塔那337号墓（20）］者，似是受此三字影响。但是对比两者，则有一定的区别，从"广"之字仅"府"出现此类变体，这说明"广"内有"亻"乃此类形体出现的必要条件，但从"鷹"类字历时形体来看，则是先出现"鷹"类形体，并且此类形体一直占主导地位，才进而产生"鷹"形，且"鷹"形并不多见。故我们认为，两类形体虽隶变形式相同，但产生之初则属各自发展，产生之后则互相影响。又如"譎"，文书中或作［阿斯塔那326号墓（5）］，可见构件"商"上部内部同化作"啇"。

六、变体合取

文书中还有一类特殊的现象，将同一构件或同一文字不同变体各取一部分组合成为新的变体形式，我们称之为变体合取。此类现象并不多见，文书中仅见于8例文字，分别为：

摇—搖　缺—缺　仰—仰　舊—舊　奸—奸

析—析　垣—垣　莊—莊

"垂"合取"缶"替换作"垂"之上部"垂"形与"缶"下部之曲线"凵"之变体"厶"，如"摇"作［阿斯塔那13号墓（1）］；"垂"则合取"垂"与"缶"下部"山"形变体"止"形而来，如［阿斯塔那524

号墓（9）]。“帇”形则合取自“卬”之左部构件作“K”与“卬”整体作变体“币”，如[阿斯塔那326号墓（5）]。又如“舊”本从“萑”从“臼”，文书中作[阿斯塔那5号墓（9）]，这一形体合取[阿斯塔那239号墓（2）]及其变体[阿斯塔那151号墓（15）]两形而来。又如“奸”作[阿斯塔那305号墓（4）]当为合取“奸”“姦”两形而成。“析”在文书中或作[哈拉和卓91号墓（2）]、[阿斯塔那179号墓（3）]，两形皆可看作合取对方与“析”形而来。“垣”又作[阿斯塔那326号墓（2）]，此形当如“福”中“畐”作“畐”，“亘”上横笔亦加“丿”，又下加“亘”而成。“莊”文书中作“疰”“庄”“荘”等形，可见“荘”形则是“莊”“疰”两形合取的产物。

七、小结

从以上整字重构，包括第二章构件换用、构件混同以及符号代替的种种情况，不难发现，吐鲁番出土文书中文字整体体现出极强的记号化特征，主要反映为：①构件混同现象严重，构件突破音义的限制而多有混用；②原本无音无义的笔画组合在文字形体变异中常发挥重要的驱动作用；③同一构件重新拆分为不能体现构意的组合体；④不同层级的构件重新组合、分化为不能体现构意的组合体；⑤一些看似符合理据的声符、意符替换与调整往往是以形体的联系为前提而发生的；⑥以上各类记号化的形式在整个文书文字系统中常呈现类推或类化的趋势。

但同时，文字的理据性仍然发挥着重要的作用，如构件换用虽多体现为形体相近关系，但其中大部分存在着历史的传承关系，亦即这些换用构件经过历史沉淀而来，是得到人们潜意识认同的具有相同功能的构件，故可换用；又如重构理据中的某些意符、声符的变化以形体变化为前提，但形体的变化多仅仅提供了最终结果的可能性，理据性则是结果得以实现的必要条件。

吐鲁番出土文书文字由于以上所述笔画、构件各个层级所发生的调整，不仅使得单个文字产生了大量变体，其中一部分成为后世简化字之源，同时也出现了字际关系的某些变化。

第二节　混同字

1. 符—苻　著—箸

“符”与“苻”、“著”与“箸”，由于“⺮”与“艹”皆可隶作“丷”而发生讹混。

2. 元—无

“元”与“无”在文书中均可作“无”，如“元”亦作[阿斯塔那188号墓（14）]，显然两形讹混在于“元”的笔画“一”与“丿”由相接而相交。

3. 土—士

文书中“土”与“士”上下两横的长短变化没有区别文字的功能，“土”多末笔加“丶”，但亦有不加“丶”者，如[阿斯塔那206号墓（12）]，“士”亦作此形，如[阿斯塔那101号墓（1）]，两字仅靠形体难以区分。充当构件亦是如此，如“吉”作[阿斯塔那35号墓（29）]，“壮”作[阿斯塔那346号墓（1）]、[阿斯塔那151号墓（34）]，“志”作[阿斯塔那88号墓（2）]，“壹”作[哈拉和卓99号墓（4）]、[阿斯塔那365号墓（4）]。“壮”中皆从“土”，甚而从“土”的隶变而加“丶”，“壹”则于前期的哈拉和卓99号墓、阿斯塔那308号墓、阿斯塔那153号墓、阿斯塔那365号墓中明显从“土”，且无加“丶”之形变，其余字形中仍从“士”形。

4. 輕—轾　經—绖　經—径　經—侄

构件“巠”与“至”的单向混同，导致“輕”混作“轾”，“經”混作“绖”。“纟”与“彳”“亻”的混同，导致“經”混作“径”，如［阿斯塔那125号墓（3）］、［阿斯塔那363号墓（2）］、［阿斯塔那341号墓（5）］。又“巠”混作“至”、“纟”混作“亻”，使得“經”混作“侄”，如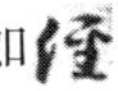［阿斯塔那225号墓（9）］、［阿斯塔那230号墓（4）］。但“經”“侄”二字在文书中对当时的人们不会造成太大的认知混淆，今之“侄”义，文书中用“姪”形，《说文》中无“侄”字，金文有此字，但后世字书、辞书此字皆不表今之“侄”义。《广雅·释诂一》：“侄，坚也。”《玉篇》：“侄，牢也，坚也。”《集韵》：“侄，依也。”唐慧琳《一切经音义》：“侄，癡皃也。”传世文献中亦甚少“侄”形。

5. 亭—亨

“亭”文书中多作“亭”，或又作“亨”，如［阿斯塔那78号墓（16）］，前一文书作“赤亭烽”，可见此处亦为“亭”。形与“亨”字相混，“亨”亦作此，如［阿斯塔那201号墓（1）］。“亭”混作“亨”，源自“冖”形连笔草写作“一”，又与下之构件“丁”共用笔画所致。

6. 左—尢

如“尢”作［阿斯塔那222号墓（11）］，原文为“奉判：劫财傷……害，～所难……”。“就”中可见构件“尢”，如［阿斯塔那326号墓（7）］、［阿斯塔那44号墓（10）］等。敦煌文书中单字

“尤”亦作、、、[1]，以上各形与“左”之［阿斯塔那99号墓（3）］、［阿斯塔那34号墓（4）］、［阿斯塔那85号墓（1）］等形难以区分。《敦煌俗字典》中认为：“俗字‘尤其’之‘尤’多可无‘丶’，（‘尢’与‘尤’）二字区别须以上下文文意作为判断依据。”[2]但从文书中及《敦煌俗字典》所收字情况看，“尤”皆带点，或演化为短撇。“尤”“左”相混原因在于：“尤”上之“丶”下移，这类变化大致出现在魏晋南北朝时期，文书中构件“尤”点全部居横笔之下；“左”之构件“工”替换作“匕”形，这一变化也是出现在魏晋南北朝时期，替换的发生则源于汉隶将“工”连笔作“乙”，进而改变上之横笔与下之弯笔的左右组合关系。

7. 差—羌

“工”在“差”中的表现同“左”，“匕”“乚”形似可看作“工”在右下方的方位变体。从“工”到“匕”形除形体演进的可能性外，或还受到形体结构类似的“老”之影响，另外，当“工”下之竖笔与横笔连成一笔“L”后，隶变中此笔画右侧常加短撇，故“工”将上之短横从左侧移至右侧而成“匕”形。而“羌”亦或受“L”加短撇（或“丶”）的影响而与“差”相混。如“差”，文书中作［哈拉和卓96号墓（3）］、［哈拉和卓91号墓（8）］等，“羌”，文书中无此形，敦煌文书中作“”[3]，与此相类。

8. 烦—顺—慎

三字皆可作“慎”形而混。“烦”因构件“火”作左部偏旁连笔之形“”，而与“忄”之连笔“忄”仅一点之别而混，“顺”中构件“川”在左

① 黄征：《敦煌俗字典》，上海教育出版社，2005年，第509－510页。
② 黄征：《敦煌俗字典》，上海教育出版社，2005年，第509页。
③ 黄征：《敦煌俗字典》，上海教育出版社，2005年，第321页。

部位置时左右连笔变点而同“忄”，“慎”中“真”则“十”作“一”形而混作“頁”，故“烦”有作［阿斯塔那169号墓（6）］，“顺”有作［阿斯塔那169号墓（5）］，“慎”有作［阿斯塔那222号墓（11）］者。

故司马迁《报任安书》中“教以～於接物”，《文选》作“顺”，而《汉书》作“慎”，当为两字相混之例。

9．屯—毛

“屯”在文书中一般作“乇”，又或作“乇”，如［阿斯塔那509号墓（6）］；“毛”中则因首笔作撇与作横以及与竖笔相交、相接的变化而与“屯”之“乇”形相混，如［阿斯塔那178号墓（2）］。从文书中的使用情况看，“屯”以“乇”形为主，且此前的历代文献资料中“乇”形均属罕见，仅北魏胡屯进墓志作此形①，文书中此形或用于水渠名“城东四里～亭渠”，或用于人名“～娑海君”之中；“毛”字亦首笔多作撇，且一般竖笔不与首笔交叉，文书中“乇”形出自人名“阿～”，故文书中此形归属当存疑。又《汉语大字典》有“乇”与此相似，《改併四声篇海》引《俗字背篇》：“乇，乇郎，碑名。會驗書无此乇字，蛮人呼参为乇，其乇郎神，元本三郎神也。”又《字汇》：“乇，乇郎神，即三郎神也。”又用于地名“乇陽”，《字汇》：“乇，蛮人乡谈转声为山也。又乇陽镇，在沂州费县。”

10．癸—祭

两字上部构件因形近相互影响作“癶”或“夂”，下部形体“癸”本从《说文》籀文从“矢”，后世多隶作“夫”“天”等形，文书中“癸”“祭”皆作“祭”形，此形多作“祭”字，偶作“癸”，或可看作形近而讹之形。但“矢”“示”本读音相近，或亦可看作替换。

① 臧克和主编：《汉魏六朝隋唐五代字形表》，南方日报出版社，2011年，第7页。

11. 佾—胤

“佾”与“胤”，文书中皆作“佾”，如阿斯塔那363号墓（6）“八佾舞于庭”作，“胤”亦作此，如［阿斯塔那169号墓（3）］。“佾”作此形当为形近音近而伪，此字小篆作佾，从“人”从“㑋”。“胤”小篆作，《说文》：“从肉从八……从幺……”此字战国文字与此稍异，中山圆壶作。故汉代隶书中或承小篆作“胤”，或将战国文字与小篆形体结合改构件“八”作“儿”“行”，前者如[1]（刘熊碑），后者可参照西汉武威汉简[2]。同时，三国时期亦将构件“幺”隶省作“厶”形，如（魏孔羡碑）[3]。以上构件变体相互组合便形成文书中之文字变体“佾”“佾”。值得注意的是，唐代碑刻中“佾”均作“佾”（或替换“亻”作“彳”），构件“㑋”同前述战国文字“胤”之中之形。“介”古文字形体亦类同此类，作或作。故“㑋”“胤”两字从“八”或为形体讹变，甲骨金文中附于人体表面之物形往往以小点描画（要以与小点形态相似为前提），如上述“介”中表示甲片连缀之形，“裘”作、等，“衰”作等，故此，“胤”中点或亦当为毛发之形，表骨肉毛发承继先代之义。

12. 吉—告

“吉”与“告”，文书中有时相混，其原因有二：其一，“告”从“牛”从“口”，构件“牛”在此字中或作“丰”形，如马王堆帛书中此字作，后世此字尽量采用变体“⺧”已与“吉”相区分，但因其首笔多为连笔书写，故常似横笔，如文书中有作［阿斯塔那76号墓（5）］，敦煌文

① 顾蔼吉：《隶辨》，中国书店，1982年，第557页。
② 臧克和：《汉魏六朝隋唐五代字形表》，南方日报出版社，2011年，第27页。
③ 顾蔼吉：《隶辨》，中国书店，1982年，第557页。

书中此字亦作[1]。其二，“吉”从“士”从“口”，但构件“士”上下两横笔之长短对比在文书中并不具有区别文字的功能，此字作［阿斯塔那42号墓（2）］，亦作［阿斯塔那4号墓（5）］，而文书中“吉”多从“土”形，作此形则易与“告”相混，如［阿斯塔那507号墓（37）］、［阿斯塔那206号墓（12）］。“颉”同此，作［阿斯塔那59号墓（2）］，或又作［阿斯塔那59号墓（5）］。

13. 矢—失

“矢”与“失”或相混，“矢”作“矢”或作“失”，如［阿斯塔那524号墓（9）］。

14. 失—夫

文书中“失”多作“失”，或又作“夫”，如［阿斯塔那509号墓（41）］，但此类情况一般仅出现在草写的情况之下。

15. 段—叚—般

文书中“段”作段、段、段、殿，左边构件或草写作“Ⅱ”，“殳”又作“旻”“𠬝”等形，或又替换作“又”，如［阿斯塔那103号墓（4）］、［阿斯塔那517号墓（2）］、［阿斯塔那23号墓（1）］、［阿斯塔那501号墓（14）］、［阿斯塔那35号墓（19）］等。作“段”“段”“段”等与“叚”相混。文书中仅一例单字“叚”，且形体模糊，但充当构件的“叚”出现在“霞”“假”“遐”等字中，均与以上诸形无别，如［阿斯塔那23号墓（1）］、［阿斯塔那48号墓（2）］、［阿斯塔那507号墓（33）］、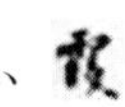［阿斯塔那43号墓（3）］等，可见两

[1] 黄征：《敦煌俗字典》，上海教育出版社，2005年，第127页。

形相混。小篆“叚”作，与此不同；又或体作，当承自此。此形承自古文字形，战国金文中此字有作[①]，隶书承此，睡虎地秦隶中即已作，马王堆帛书中作、。“段”金文作，小篆作，马王堆帛书中作，篆隶形同，亦与“叚”形相近，后世因之。

以上两字又难与“殷”区分。文书中仅一例之“叚”作［哈拉和卓96号墓（2）］，左边构件与“殷”相近。“段”在阿斯塔那15号墓（1）作，亦与“殷”之形近，系将左部构件变体“𠂤”末笔与前之一笔连笔向下作竖笔。文书中“殷”左边构件作、、、等形，此字小篆作，从“身”从“殳”，甲骨文金文同此，如盂鼎作，保卣作，[②]银雀山汉隶中作，可见将古文字“身”之隆起腹部之形隶作三横笔，与“段”“叚”相近，又马王堆帛书中“段”作，用作“殷”：“～之无道。”[③]后世此字多承篆形，以隆起之腹形“ヨ”或“身”中之“ㄉ”笔与上述两字相区分，如上述“殷”之形，又如南北朝碑刻中此字作（元恪贵华王普贤墓志）、（王桢墓志）等。但敦煌文书中“段”亦作：“其身碎裂为数千～。”[④]此形与文书中之［阿斯塔那151号墓（34）］相同，文书用于人名，隶定为“段”。又哈拉和卓96号墓（2）有形，出现于随葬衣物疏：“随身所有衣物，人不得仞（認）名，仞（認）名须桃劵華（花）生、～鸡子雏……”文书隶定作“叚”。此处亦难确定此形为“叚”“段”或是“殷”。北魏郭显墓志中作，用于人名“適～”，此

① 方述鑫等：《甲骨金文字典》，巴蜀书社，1993年，第235页。
② 方述鑫等：《甲骨金文字典》，巴蜀书社，1993年，第605页。
③ 陈松长：《马王堆简帛文字编》，文物出版社，2001年，第122页。
④ 黄征：《敦煌俗字典》，上海教育出版社，2005年，第93页。

字“墓志汇编作段，校注以为殷的俗字”[①]。

16. 合—令

“合”连笔草写又与“令”讹混，如文书中“合”又作［阿斯塔那91号墓（15）］、［阿斯塔那302号墓（12）］等。

17. 臼—臽

“臼”在文书中又作［阿斯塔那2号墓（1）］、［阿斯塔那31号墓（1）］，皆用于文书中随葬衣物疏中之常见物件“踏～囊”，此形与“臽”相混。

18. 辦—辨

因“力”“刀”可相互替换而相混，文书中两字皆可从“力”或从“丬”，如哈拉和卓91号墓（22）“傗辦”中，“辦”作“”，阿斯塔那509号墓（52）“被问依實谨辨（辩）”中，“辨”作[②]。

19. 谇—讯

如前所述，“卒”“卂”通过不同的方式皆隶为“卆”，故致两字相混。

20. 永—示

“永”由于“丶”与“横”的替换、“亅”隶作“丅”、“水”替换作“小”而与“示”相混，如［阿斯塔那31号墓（1）］，原文出自随葬衣物疏中习见之表述：“侍（持）修五戒，専修十善，宜向（享）遐令（龄），永保难老。”

21. 弔—矛—予

“弔”由于逆笔的关系多隶变作“吊”“弔”“矛”，如［阿斯塔那116号墓（1）］，原文出自衣物疏：“昊天不吊，今于此月四日奄

① 张颖慧：《魏晋南北朝石刻文字编》“殷”字下，2012年，中国人民大学博士论文。

② 此处或可认为此字仍从“刀”之变体“”，而不从“力”。

丧盛年……”又如[阿斯塔那370号墓（1）]同此等，又“コ”与“マ”多替换，故“予”“矛”又多受其影响而亦作此类形体，如“予”作[阿斯塔那27号墓（7）]，与“弔”相混。

22. 支—犮—友

三字皆有隶作“犮”者，原因正在于“丶”作为饰笔经常出现在文字形体中，作为笔画位置极不固定，且笔画组合“十”或又可改变笔画形态作“𠂇”。如“友”作[阿斯塔那363号墓（6）]，“支”作[阿斯塔那517号墓（3）]，此处用于人名之姓氏“支忠子”。“犮”作[阿斯塔那151号墓（23）]，此处通作“髮”。

23. 世—廿

“世”作[阿斯塔那201号墓（2）]、[阿斯塔那363号墓（6）]，与“廿”相混。但从形体出现时间来看，以上“世”的形体出现较晚，同时代“廿”多作“卄”形，即便偶作“廿”形，从具体笔画来看，“世”的书写笔顺为：一—七—廿；“廿”则为：一—十—卄—廿。可见两形或稍有差别。

24. 古—右

如前所述，“右”长撇缩短或作[阿斯塔那346号墓（1）]，“古”中竖笔作短撇而与“右”相混，如哈拉和卓91号墓（2）中“上～之时”作。

25. 再—爯

“爯”小篆作，“再”作，两者形近，区别仅在上部两点的有无，文书中两字相混，“再”作[阿斯塔那332号墓（10）]，亦作[阿斯塔那24号墓（4）]，“爯”作为构件在“稱”中亦[阿斯塔那514号墓（1）]、[阿斯塔那188号墓（22）]两形并存。

26. 豐—豊

两字在战国文字中不混，郭店楚简中“豊”作或，“豐”包山简作，早期汉隶相混，如马王堆帛书中此字作、，已与“豊”不分。文书中“豐”皆作“豊”。

27. 枚—牧

横笔起笔处或有向上的弯折这一笔画特征使得“木”混作“牛”，文书“枚”又作［阿斯塔那48号墓（2）］，原文为“鸡鸣枕一枚”。

28. 求—術

前者因“氺”形与“小”的替换而作［阿斯塔那103号墓（4）］，而“術”亦因省形而作“术”，两者相混。

29. 枚—收

文书中两字皆因构件替换而从“扌”（或从“木”）从“又”，如“枚”又作［哈拉和卓90号墓（13）］，“收”亦作［阿斯塔那363号墓（1）］。

30. 疋—匹—延

“疋”“匹”两字本一形之分化，文书中两形混而不分，又因“延”之构件“廴”连笔作“乚”，“匹”“疋”中“乚”“人”亦隶作“乚”，上部“正”“下”连笔皆作“⺊”“⺊”而相混，如“疋”“匹”作［阿斯塔那34号墓（4）］、［阿斯塔那506号墓（24）］，“延”作［阿斯塔那19号墓（13）］，原文“延引不还，……”。

31. 烏—鳥—焉

“烏”或作（阿斯塔那188号墓（22）、［阿斯塔那9号墓（1）］，“鳥”或作、［哈拉和卓91号墓（2）］，两者相混。

“鳥”多作［阿斯塔那332号墓（9）］，或又因“”部分笔画横折调整为横钩而与首笔撇组成“”，进而整字与“鳥”上述形体相混。

“鳥”又作、［阿斯塔那42号墓（8）］，“焉”亦或作［阿斯塔那50号墓（4）］、［阿斯塔那337号墓（20）］，两者相混。前者系将“”形省略而作横撇，后者则是将上之“正”形连笔作“”，又与下部结合而导致与“鳥”相混。

32. 曰—日

睡虎地秦隶中“曰”作“”，到西汉居延新简中“皆”中构件“”已演变作“曰”，从“曰”之字中“曰”也部分地变作“曰”，如“曾”“昌”等字，但还有部分仍作“”，如“會”等。因此，这一时期应处于两种形体的过渡时期，也是线条向笔画转变的重要时期，是笔画形成及笔顺调整的关键阶段。而“日”的发展如下，“”“”（睡虎地秦简），“”“”（马王堆帛书），“”“”（银雀山汉简），在形体上与前述“曰”的形体相似，但写法存在明显的区别，如“昌”从“日”从“曰”，睡虎地秦隶中作“”，马王堆帛书中作“”，银雀山汉简中作“”。不过两者形体已有混同，如“昌”在睡虎地秦简中又作“”，但属极个别情况。直到居延新简，如前所述，“曰”的写法开始大量地产生质的变化，逐渐与“日”的形体混同。而“日”与“曰”并未能像现代字形一般产生分别，这种状况在文书中依然保持。如“曰”常作［阿斯塔那222号墓（13）］，与“日”无差别。

魏晋时期的碑刻文字中，“曰”与“日”在一部分碑中形体有分别：如正始石经《尚书》中“曰”作“”，徐君妻管洛墓碑中作“”，上部横笔半开。但同时期的另一部分碑刻中则与“日”同，如孙氏碑、临辟雍碑、吕望表等皆同“日”。正始石经中“曰”当为篆书“曰”的摹写，其他碑志中则当为拟古的写法，并非文字的实际写法。另文书中仅哈拉和卓

91号墓（2）作、、，上部皆呈半封口状态，或反映了这一时期“曰”与“日”的区分状态。

33. 貌—狠

两字因“貌”或作“狠”而与“狠”相混。“貌”在文书中作“皃”“狠”“狛”“貊”，《说文》：“皃，颂仪也。从人，白象人面形。……貌，皃或从页，豹省声。貌，籀文皃从豹省。”可见，“狛”“貊”当为籀文貌的基础上“犬”与“豸”、“皀”与“皃”替换的结果，而“狠”则是以上两形通过“皀”“艮”替换的形近变体。

34. 濕—漯

文书中“濕”作［阿斯塔那153号墓（6）］，原文“若树干～不得近破……”。“漯”同此作［阿斯塔那313号墓（1）］，此处通作“耀”。前者因右下部相同构件合并以及与左上部构件组合为成字构件的要求而讹作“累”，与“漯”相混。

35. 戊—成

文书中两字皆或作“庋”而相混。“戊”小篆作戊，文书中将内之短横与“戈”中之撇笔组合而为横撇，故多作［哈拉和卓88号墓（2）］。此形本与“成”存在着一撇有无的区别，但由于“戈”形文书中撇或可省略，上之点位置不定，因此两形或都可作“庋”，如“成”或作［阿斯塔那137号墓（5）］，“戊”或作［阿斯塔那507号墓（14）］，原文“戊～歳十二月卅日……”。

36. 舉—鼠

两字皆作“举”“举”而相混，如“舉”作［阿斯塔那191号墓（1）］、［阿斯塔那4号墓（2）］，“鼠”作（阿斯塔那517号墓（8）、［阿斯塔那5号墓（15）］。前者因构件的省略而作以上两形，

后者则因下部构件的合并而与之混同。

第二节　文书中所见之现代简化字及简化偏旁

一、现代简化字

1. “举”

“舉”省略声符“与”作［阿斯塔那4号墓（12）］、［阿斯塔那321号墓（1）］，或省略“臼”之右部形体作［阿斯塔那4号墓（4）］，进而将上部构件形体连笔草写则为今之“举”，如［阿斯塔那4号墓（2）］。

2. “奋”

“奮”在文书中已出现简体“奋”，如［阿斯塔那78号墓（5）］，此前文字资料未见，文书中此字又作“奞”，故此简体当为直接省略构件“隹”而来。这也大大提前了《简化字溯源》中关于“奋”形“最早见于清朝刊行的《岭南逸史》”[①]的时间。

3. “剑”“单”

“劍”中构件“吅”替换作“⺌”，“从”替换作“灬”，再连笔为“一”，“刃”“刂”替换，即简化之“剑”。“單”同此，简化作“单”，如［阿斯塔那206号墓（13）］，再进一步简化作“单”，如［阿斯塔那29号墓（1）］。

4. “夹”

文书中“夾”已作今之简体“夹”，此二形的转换源于“从”与

① 张书岩等：《简化字溯源》，语文出版社，1997年，第55页。

“䒑”的转化。

5. “尧”

“堯”本从“垚”，此字或构件重组作“堯”，又因“卄”“䒑”替换而作“尧”，如［阿斯塔那134号墓（5）］，又因“兀”之上部形体“土”与居上部之“戈”形变体相类而替换作成字构件“戈”。

6. “刘”“齐”

“劉”简化作“刘”，文书中未见简化字形体，但可见此字简化之依据。“劉”之变体、［阿斯塔那61号墓（7）］、［阿斯塔那125号墓（5）］、［阿斯塔那35号墓（26）］等，可循此字简化之踪迹。或“丣”之变体“八”连笔作“厶”，与下“金”上之“人”形结合而为“文”；或“劉”之变体“劉”进一步作“劉”再作“刘”而来。与之相似的“齊”及其简化字“齐”，文书中亦可见其简化依据。文书中此字作“齊”，或作“斉”“斊”，可见其由“斉”再“齐”的简化过程。“齊”到“斉”“斊”的演变，此字小篆作，隶书基本同此，东汉碑刻中此字作[1]（脩尧廟碑）、[2]（景北海碑陰）等，可见“亣”到“文”乃形体部分省略之后笔画重新组合而成成字构件“文”，文书中此字作为构件出现在“剂”字中或作［阿斯塔那507号墓（1）］，亦可见此形演化过程。但真正作“文”最早应出现在魏晋时期，魏晋楼兰简纸文书中有作“斉”[3]，“冃”到“月”“耳”乃形近而误，亦是以成字构件代替不成字构件。简化作“斉”“斊”，文书中在单字中出现频率并不高，大量出现是在以此为构件的“剂”“济”等字中。

“劉”之作“刘”、“齊”之作“齐”皆省略其形体的一部分构件，亦

① 顾藹吉：《隶辨》，中国书店出版社，1982年，第107页。
② 顾藹吉：《隶辨》，中国书店出版社，1982年，第96页。
③ 臧克和主编：《汉魏六朝隋唐五代字形表》，南方日报出版社，2011年，第1813页。

以“文”代替其形体中较复杂的部分，但与其本来形体的联系均有迹可循。

7. “门”

“門”文书中作“門”，或作“门”“门”，可见隶变过程中以“丶”来代替门扇之形，后右之点与右边竖笔连笔则为今之“门”。

8. “爱”

“爱”早期篆隶形同，作，文书中作［阿斯塔那169号墓（3）］，亦作“㤅”，如［阿斯塔那169号墓（5）］，将“心”写作其偏旁变体“忄”且改换构件位置，后“忄”又连笔作“”，如［哈拉和卓90号墓（13）］，今之简体“爱”当是在此形基础上产生的变体。

9. “吊”

“弔”本从“弓”从“人”，小篆作，“吊”乃后起之形。两者之间变化的机制就在于上述ㄣ向冖的转化，原因为两形的转化当如下，弔—弔、吊—吊，第一阶段的变化在于，前述形体笔画组合自身的调整，第二阶段的变化，则一方面源自于形体的接近，另一方面也有意义影响的因素发挥作用，“弔”字义项“吊唁”先秦之后已成为其常用、基础义项，与“口”有着密切的关系，因此以“口”代替“コ”，事实上是对字形进行了某种程度不完全意义上的理据重构。之所以说是不完全意义上的，在于下部构件“巾”无法参与理据构建，我们认为“巾”形得以在字形调整中保存，实质在于以常见构件代替了不常见构件，而整个文字的构意已完全可以由“口”来得到鲜明的体现，从而也就卸掉了下部构件表意的任务。而当同样的变化由到“冖”发生在“弗”字中时，却最终被淘汰，其原因恰恰与“吊”字中相对应：一是调整之后未能形成常见构件；二是“弗”字变体不能很好地体现构意；三是调整之后构件数量反而增加。因此，相同的构件在调整过程中往往产生相同的调整方式，但调整最终是否被文字系统所采纳，还须结合文字的个体差异加以考量。

10. “肯”

“肯”在文书中作“肯”，如［阿斯塔那88号墓（2）］，“肯”本作“肎”，篆隶同此，从“肉”从“冎”省，如马王堆帛书中作，文书中形体当为从“冎”而省“冂”形，如西汉马圈湾简牍、东汉候粟君所责寇恩事汉简中皆可见此字增加构件“⊢”或“人”①，当是由从“骨”之“冖”形转而受“骨”影响而增形所致，故后世多作“肯”，如文书中作［阿斯塔那43号墓（3）］，后世“肯”则是此形进一步形变的结果。“冖”文书中或隶作“﹂”，如“受”又作［阿斯塔那305号墓（3）］，此当为以上从“弓”之变的逆推。故上部构件形与常见构件“止”同，故隶作“肯”。

11. “属”

“屬”小篆作，从“尾”，蜀声，后构件重新组合，“毛”与“蜀”重新组合为成字构件“禹”，此字中构件“虫”形之下部在秦隶中即已混同“厶”形，故此字中“毛”与“蜀”经过属—属—属的形变过程而逐渐向“属”发展。演化过程中，经过了笔画的连断调整—尾部笔画、笔画共用—表尾部的横笔与“罒”横笔共用、构件共用—“虫”中“口”与“罒”之外廓共用、笔画省略—“罒”中竖笔之省、构件替换—“勹”与“冂”混用等调整，其最终目的都是为了使两构件整合为一个较简且成字构件。

12. “继”“断”

“繼”“斷”二字共同构件“𢇍”后世隶作“𢆻”，文书中可见两者的中间过渡形体［阿斯塔那215号墓（7）］。“幺”形隶省作点则作此形，“丷”形与“米”形近，故而增笔作“米”。文书中已有简体之“断”，如［阿斯塔那99号墓（3）］。

① 臧克和主编：《汉魏六朝隋唐五代字形表》，南方日报出版社，2011年，第853页。

13. “数”

“數”小篆作，文书中左部构件多隶作“婁”或“婁”，其中“口”形连笔书写多作“丶丿”，故而上部构件整体隶作“米”，但文书中暂未见简化字“数”。

14. “监”“临”“贤”“坚”

“監”“臨”“賢”“堅”等：其共有构件“臣”在简化字中皆作“刂”，文书中“監”已有“监”形，如［阿斯塔那61号墓（7）］，“賢”亦有作“贤”，如［阿斯塔那507号墓（38）］，其余两字尚未出现。“堅”当已有，但文书中字例较少，故而未见，“臨”形中当后起，其原因在于“臣”所处位置与其他三字不同所致。“刂”亦为“臣”之草写变体，文书中可见大量此构件作“阝”者，如［阿斯塔那31号墓（1）］、［阿斯塔那140号墓（4）］、［阿斯塔那363号墓（6）］、［阿斯塔那308号墓（2）］等，右部曲笔拉直即为“刂”。

15. “绿”

“綠”之简化作“绿”，源自文书中多见“彑”形通过曲笔拉直而作“ヨ”而来。

16. “长”

从“長”之字，文书中此形下部多由“𠄌”替换作“匕”之变体“厶”形，上部三横则作“丨”“一”或“丿”笔，如“長”作［阿斯塔那224号墓（1）］、［阿斯塔那326号墓（6）］，“張”作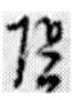［阿斯塔那193号墓（3）］等，即为后世“长”形体所本。

17. “渊”

“淵”字如前所述，构件“㴊”自身内部笔画拉直作点作“⺌”即与“米”形近，与“斷”情况同，又受到“肅”中“𣶒”直接隶作“㭊”之影响而作简体“渊”。

18. “肃”

“肅”在文书隶作“粛”的基础上省形作“肃”。

19. “杂”

“雜”经由“雑”进而省作“杂”，从“众”到“九”当是在“从”与“八”替换及连笔规律的支配下产生变体“九”，当经过了如下的演化过程：众—六—九，文书中可见其发展轨迹，如［哈拉和卓99号墓（1）］、［阿斯塔那15号墓（16）］等。

20. “备”

“備”今之简体作“备”，由“俻”形简化而来，文书中可大致呈现由“備”到“俻”的转化过程，文书中多见“廿”与“丷”之替换，故“備”又作［阿斯塔那76号墓（7）］、［阿斯塔那225号墓（8）］，可见两点连笔而与“夂”相似，进而作［哈拉和卓91号墓（22）］，或作［阿斯塔那222号墓（13）］，下部“田”乃笔画紧缩而替换原有之“用”。

21. “亩”

“畝”简体作“亩”，文书中已见作此形，如［阿斯塔那93号墓（7）］，可见系直接省略右部构件而来。这也提前了关于此形“最早见于1935年《手头字第一期字汇》”[①]的说法。

22. “陆”

“陸”之简体作“陆”，文书中无此形，但有作［哈拉和卓39号墓（2）］者，当为“陆”之前身，文书中“厶”形与“凵”形为常见的构件替换，如“陶”本从“缶”，文书中或作［阿斯塔那62号墓（6）］，

① 张书岩等：《简化字溯源》，语文出版社，1997年，第71页。

隶同“去”。从“陸”到“陆”，当为析取其右部构件上下两部分而省略中间部分的结果，文书中可见此字多作［阿斯塔那24号墓（2）］，下部“土”同单字多加饰笔“丶”，连笔而下部形同“厶”，省略中部“北”及横笔而与上部构件“土”结合而为“去”。

23. “随”

“隨”之简体作“随”，此形文书中已见，如［哈拉和卓96号墓（1）］，本从隋得声，显然是省略右中部构件“工”作成字构件“有”而来。

24. “铁”

“鐵”之简化字“铁”，文书中已见，如［哈拉和卓91号墓（34）］。此形当为声符改换的产物。《说文》中“鐵”天结切，“跌”从“足”，失声，徒结切。“失”“结”同属质部。

25. “侯”

《说文》：“矦，春饗所射矦也。从人从厂，象张布，矢在其下。”文书中此字作、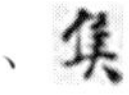、、、等形。可见文书中除以“夫”（偶有作“六”）代替构件“矢”之外，从“人”从“厂”虽仍能寻找到痕迹，但两构件的笔画关系却处在变动不居的状态之中，也可以帮助我们看到从“矦”到今之简体“侯”演化之轨迹：“人”之撇画与“厂”之撇画（变竖画）结合作“亻”，剩余笔画结合作“コ”或“⊥”。这一变化既是笔画重新组合的结果，同时又受到了“矦”文字意义发展的推动作用。《说文》中“矦”之本义后世已不常用，“诸侯”成为其常用义项，隶属人之范畴，故而推动字形向“亻”发展。春秋金文中此字多仅从“厂”从“矢”，无构件“人”，因此战国时期添加构件“人”大概已是与“诸侯”之义显豁相关，到后世隶书特别是魏晋之后，隶变程度的增强使得“矦”上部构件表“人”的功能减弱，因此再次重组“亻”来凸显其意义。但这仅仅是一定程度上的促进作用，事实上，“矦”中笔画重组的现象也发生在类似字形，如

“隹”中，因此还应与偏旁化的“亻”的高频率使用相关。

26. “叁”

“叄”之简化字作“叁”，系将两“厶”形简化作横折撇，进而作点，如［阿斯塔那5号墓（6）］、［阿斯塔那35号墓（29）］，再将左右两点连成横线而作［阿斯塔那509号墓（23）］。

27. “乌”

“烏”之简化字“乌”，文书中可见，如、［阿斯塔那35号墓（3）］，系忽略文字内部笔画而保留形体轮廓而产生的变体。

28. “丝”

文书中已作“丝”，如［阿斯塔那230号墓（1）］，又作［阿斯塔那29号墓（1）］、［阿斯塔那43号墓（3）］等形，可见下部又“小”形而“灬”进而连笔作“一”的演化轨迹。

29. “顾”

“顧”在文书中皆作“顾”，如［阿斯塔那206号墓（6）］、［阿斯塔那27号墓（8）］。从以上两形可见此形形成亦属构件重组及草写的结果：“户”繁体作“戶”，“コ”形与外框分离而与“隹”之草写“L”组合而为“㔾”或“巳”。

30. “庄”

文书中作“疰”“庄”“莊”“庄”等形。可见，由于“艹”“亠”和“疒”“广”两组构件替换而产生的由“莊”而“疰”“庄”再到“庄”的简化轨迹。“莊”形则是“莊”“疰”两形合取的产物。

31. “旧”

“舊”之简化字作“旧”，文书中未见此形，但此字下部声符“臼”文书中已作［阿斯塔那15号墓（16）］，“舊”中也作此形，如［阿斯塔那506号墓（33）］。

32. “争”

“爭”文书中已或作简化字形“争”，如［阿斯塔那363号墓（6）］，此形经由［阿斯塔那169号墓（5）］形过渡而来，“罒”到“罒”，再到“⺈”即为其上部演化轨迹。

33. “床”

“牀”在文书中已见其简化字形“床”，“木”或加点作“朮”，如［阿斯塔那150号墓（6）］。此字来源《简化字溯源》：“它的‘爿’旁先讹变为‘疒’旁；后来大概因为‘疒’不吉利，再变为‘广’旁的。”[①]我们基本同意此说法，从文书中的情况看，此字又写作［阿斯塔那134号墓（6）］，从“疒”之常见变体“疒”，可见两形联系。且“爿”“疒”本当为一形之分化，故本不为讹，可看作是两形之替换，后省作“广”，文书中亦可见为常见之替换。

34. “术”

“術”之简化字形“术”，文书中已见，阿斯塔那204号墓（5）作，此形省略意符“行”而来。

35. “币”

“幣”之简化字“币”，文书中已见，如［阿斯塔那327号墓（1）］，如前所述，为以撇笔来代替声符“敝”简化而来。

36. “躯”

“軀”之简化字“躯”已见于文书中，如［阿斯塔那29号墓（1）］，当是以两点对“品”进行代替的结果。

37. “学”“觉”

“學”完整意义上之简化字“学”，文书中并未出现，仅出现其过渡

① 张书岩等：《简化字溯源》，语文出版社，1997年，第46页。

性形体［阿斯塔那151号墓（34）］，系原字省略构件“爻”的基础上进一步以“ıı”形分别取代“臼”形之左右手而来；今之简化字形“学”是笔画进一步省减的结果。“覺”文书中已作“觉”，如［阿斯塔那15号墓（12）］。

38. “法”

“灋”在文书中皆作简化字“法”，显然系省略构件“廌”而来。此形承《说文》篆文异体字而来。

39. “热”

“熱”在文书中已或作［阿斯塔那215号墓（7）］，此字本从“埶”，文书中“坴”混作“幸”，又讹作“扌”。

40. “盐”

“鹽”之简化字“盐”并未出现，但文书中此字又作［阿斯塔那507号墓（12）］，后世之“盐”显然是在此形基础上省略中部构件而来。文书中此形改换声符的部分构件为意符“土”，原之意符“鹵”则隶为记号构件。

41. “开”

“開”在文书中已作简化字形“开”，如［阿斯塔那524号墓（8）］，此形显然因“開”省减构件而来。

42. “关”

“關”之简化字形文书中还未出现，但此字已作“関”，如［阿斯塔那16号墓（2）］，以点来代替构件“幺”，由于下部构件重新组合而作“关”。今之“关”当与“开”同为省略构件而来。

二、偏旁之简化

1. “言”

文书中早期已见作“讠”，如［阿斯塔那1号墓（5）］、［阿斯

塔那1号墓（6）］、［哈拉和卓96号墓（3）］，可见“言”之偏旁化及简化轨迹：言—訁—讠—讠。

2. “糸”

上部连笔作“𠂉”，下部“小”形亦作“⺍”，再连笔为一横则为“纟”。文书中体现了“𠂉”形由“幺”发展而来之轨迹，如［阿斯塔那59号墓（2）］、［阿斯塔那59号墓（5）］。

3. “金”

完全偏旁化之“钅”尚未出现，但可见其形成趋势，原因亦为连笔草写，上之“人”形改变笔画置向作“𠂉”，下部连笔而省则为“钅”。文书中此偏旁一度草写作“亻”形，如“钱”作［阿斯塔那501号墓（25）］、“银”作［阿斯塔那4号墓（17）］等。但此形与“亻”相混，故后世不用。

4. “門”

如前在符号代替中所述，文书中“門”以点画代替“門”形而作“门”，进而将右部点画与竖笔连笔而为今之“门”。

5. “戋”

构件“戔”文书中已多见作“戋”者，上之竖笔与下之卧钩由断而连则为简化之“戋”。“戈”隶从“土”形则由于其所处位置居于上部故将下笔卧钩与撇分别作竖笔、横笔所致，“戈”中点画文书中常省略。

6. “圣”

从“巠”之字的简化，如“經”作“经”，如［阿斯塔那517号墓（2）］，此变化经过了［哈拉和卓96号墓（3）］、［阿斯塔那62号墓（5）］的中间状态，顶端横笔下三曲笔草写作点，中间一点与下部“土”之竖笔相连而为竖，左边之点又与首笔横连笔而为横折撇，从而演化为简化之“圣”。

第四节　分化字

分化字指的是，在词义发展过程中，由于原字承担义项的不断增加而导致其表意功能繁重，故利用新的字形来分化其某些义项的现象。分化字字形有的后世专门为某一义项而造，有的则来自于原字本身的隶变变体或异体字；有的分化字产生之初便独立分化了原字的某些义项，有的则与原字共用于某些义项一段时间后才发生分化。

1. 園—薗

文书中有“園”“薗”两形，《说文》有“園”无“薗”，《说文》：“園，所以树果也。从囗袁声。”“薗”字大概产生于南北朝时期，元飏墓志即有此形。后世《篇海》：“薗，与園义同。”《字汇》：“薗，同園。”大抵认为二字异体。从文书中的情况来看，三册之前的文书中见“薗”未见“園”，三册之后两字并行；从意义分布情况看，“薗”主要用于表示果园、菜园之义，偶或用于“居住薗宅”，后者则仅用于“居住園宅”。因此，我们认为，两字古今字无疑，“薗”最初产生是主要为了分担“園”之本义——果园、菜园，故累加意符“艹”。后来的使用过程中，“薗”的使用范围逐渐扩大，使用频率亦逐渐高于“園”。

2. 气—乞

“乞”，文书中作“乞”，亦作［阿斯塔那302号墓（14）］，又或作“乞”“乞”，如［阿斯塔那1号墓（11）］、［阿斯塔那59号墓（19）］等。此二形皆源自“气”之变体，于省吾先生认为：“甲骨文之三即今气字，俗作乞。”[①]《说文》中有“气”无“乞”，“气”本

① 于省吾：《甲骨文字释林》，商务印书馆，2010年，第79页。

云气之气，后者当为前者之减笔变形字，东汉碑刻中亦作乞（鲁峻碑）、乞（张纳功德叙）、乞（樊敏碑）等，显然仍用“气”字之形，“讫”“迄”等字同此。“紇”作“紇”，如紇［阿斯塔那29号墓（7）］，“乞”形之变同“乾”中。从文书中情况来看，“气”之变体皆作“乞”，而“云气”之义皆以“氣”来表示。

3. 沈—沉

《说文》中有“沈”无“沉”，“沉”为“沈”之本义及引申义基础上的后起分化字，“沈”后则多表其假借义。两形如前所述，通过竖弯与横折弯的调整分化成功。

4. 齋—𪗉

“齋”在文书中或作“𪗉”，此字后世疑与“𪗋”字相混。“𪗋”，《说文》：“稷也。从禾，亝（齊）声。”又“秶”为此字之说文或体。又或改从“米”，《集韵》：“𪗋，或作粢。”《玉篇》：“𪗋，黍稷在器曰𪗋，亦作粢。”乃指黍稷實之以器之义。《广韵》：“𪗋，祭饭。”“𪗋”亦本有谷子与祭饭之义，祭饭之义同“齋”义。从“禾”从“米”常多替换，故“𪗉”亦当为“𪗋”之异体。从传世文献的使用来看，“𪗋”之异体“粢”“秶”后世多专指其谷子之义，因此，我们认为“𪗉”当分担其祭饭之义，故“𪗉”既是“齋”之异体，又是“𪗋”之分化字，两字因义同形近而混同，故后世“𪗋”字不见。

从文书中形体来看，无论是笔画、构件或是整字，其具体形态往往多源自传承而非仅出现于吐鲁番出土文书阶段，因此，我们在以上三章对吐鲁番出土文书文字笔画系统、构件系统及整字的归纳研究中，包括了文书中所有传承字及变异字，而在具体的分析过程中，又兼及各级要素的历时演变问题。

第五章　吐鲁番出土文书文字特征

第一节　文字形体的时代性

吐鲁番出土文书文字具有使用地域集中而历史长久的特点，能够忠实反映文字在一个较为封闭的区域内历时发展的过程。现有关于隶变后汉字的研究主要集中在汉字的不同变体以及隶变规律的探讨，鲜有关注这一时段汉字的阶段性变化。从吐鲁番出土文书实际用字情况来看，有为数不少的汉字体现出鲜明的阶段性特征。其中，“兵”“两”“祭”“身”等字形体的这一特征尤为值得关注。

1. “兵”

“兵”字在文书中阿斯塔那524号墓（9）及其之前全部作“兵”，在阿斯塔那48号墓（5）及其之后全部作“兵”，两个时间段中间仅有阿斯塔那520号墓（3）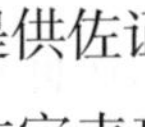一字因模糊而难以判断属于两形中的哪一形体，而在阿斯塔那48号墓（5）之后的文书中，阿斯塔那151号墓（34）中两处“兵”的形体皆作“兵”，似与分期不合，但这些皆出自于十六国古写本《晋阳秋》，并不是当时文字形体的实际反映，反而恰恰可以归入前一阶段文字，进一步为文字分期提供佐证。

与文书文字表现出来的情况一致，在碑刻文字中，南北朝时期邓艾祠堂墓碑作“兵”，北魏元弼墓志之后作“兵”。

《说文》：“兵，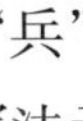，械也。从廾持斤，并力之貌。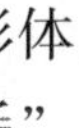，古文兵，从人廾干。，籀文。”“兵”字有篆文、古文、籀文三种形体，文书中后期所用“兵”形源自小篆写法无疑，对于前期所用之形体“兵”，清代顾蔼吉认

为此字形是“碑从古文而笔迹小异”[①]。但从早期秦汉隶书中“兵”的用字情况来看，这三种出土文献中使用的应源自籀文形体而非古文形体，同时也正是后世“兵”形之所由来。“兵”的出现、发展、定形当是一个逐渐演化的过程，且这一过程可以在以上出土资料中清晰地寻找其轨迹。此字在睡虎地秦简中作、等形，汉代马王堆帛书中作、等形，银雀山汉简中作、等形。从这一系列字形可以看出，籀文“兵”形在早期隶书中属于通行字形。此形与小篆相合，二者区别仅在于构件“斤”上或“斤”下多出一横笔，此笔当为饰笔，庚壶此字作[②]，中之两横皆为饰笔，金文中“戒”下也有“二”做饰笔的形体，中山王壶作[③]，“與”，中山王鼎作[④]，同为此类现象。隶书中“兵”饰笔省为一横，承战国文字而又如马王堆帛书所见，产生了和两种变体，两者区别也仅在于构件“斤”的写法不同。事实上，这种区别在战国文字中即已存在，如“新”作（新郪虎符），又作（秦陶1214）[⑤]，仅在于线条的弯折与平直不同，构意并无区别。到汉隶之中，承曲笔而来的“兵”或仍直接承古文字形作，或采取将曲线断为两笔的方式隶作形，此二形皆与同时期构件“尸”之写法相混，且较之承直笔而来的形笔画繁复，同时在早期汉隶中形已成为构件“斤”之通行形体，马王堆帛书8个斤部字以及“近”“折”“析”等字中，仅“新”“折”“近”偶或有承形者，其余皆不作此形，银雀山汉简皆从形，张家山汉简仅“新”中仍有形。后世“兵”字出于字形美观的考虑，同时由于处于文字形体下部的“𠘧（廾）”隶变中大都与上部形

① 顾蔼吉：《隶辨》，中国书店出版社，1982年，第63页。
② 方述鑫等：《甲骨金文字典》，巴蜀书社，1993年，第208页。
③ 方述鑫等：《甲骨金文字典》，巴蜀书社，1993年，第207页。
④ 方述鑫等：《甲骨金文字典》，巴蜀书社，1993年，第211页。
⑤ 汤馀惠：《战国文字编》，福建人民出版社，2005年，第927页。

体黏合在一起，因此“斤”下作饰笔之一横在下部“六”形黏合趋势的要求下逐渐向上提升，这在前述银雀山汉简中的形体已有体现。而在这一时期的“斤”及以“斤”为构件的文字中，“斤”已经呈现出由“斤”而“斤”的趋势，如“折”作，“所”作，“斲”作等，故“兵”字在此基础上又出于整齐、美观的需要将三横中上面两横长度作了调整即呈“兵”形。而从以上所列“折”“所”“斲”等字形体来看，“斤”之外部轮廓亦已由线条隶变而为“亻”形，与充当左部偏旁之“人”相重合，这也正是后世误以为此形从“人”从“廾”从“干”原因之所在。

2. “兩”

“兩”字在阿斯塔那170号墓（2）及其之前皆作“㒳”或“㒳”，在阿斯塔那335号墓（1）及其之后此两形完全消失，皆作“兩”或“兩”。

“兩”字的“兩”形直接源自古文字形，“兩”形系隶变中竖笔出头的结果，这一形体未见于秦以前的文字材料，但在汉代碑刻文字中已经出现，魏晋南北朝隋唐时期沿用，《干禄字书》：“两，上俗下正。”而“㒳”和“㒳”形则未见于汉代碑刻文字，包括在魏晋南北朝碑刻文字中均未见此形，但见于敦煌屯戍汉简、武威医简等汉简中，包括长沙走马楼三国吴简、敦煌文献以及吐鲁番出土文书的早期均可见这一形体，却又在吐鲁番出土文书中阿斯塔那335号墓之后突然消失不见。由此可见，“㒳”和“㒳”形也产生于汉代隶变过程中，但主要见于手书文字，其原因当是碑刻文字多取庄重、正式，故多从小篆取形，手写文字则用途、内容甚广，民间性、通俗性更强，故形体变化更为丰富。

3. “祭”

“祭”字在阿斯塔那169号墓（5）及其之前皆作“祭”，而在阿斯塔那363号墓（6）及其之后则作“祭”和“祭”。

“祭”字汉简文字中未见“祭”形，魏晋南北朝石刻中仅有“祭”或“祭”形，且西晋荀岳墓志、左棻墓志及北魏早期的郑道昭论经书诗中皆作“祭”，而之后的郑义上碑、卢令媛墓志、元仙墓志则皆作“祭”，无“祭”形。但在东汉碑刻以及走马楼三国吴简、汉晋流简纸等中，“蔡”“察”“際”等字中此构件既作“祭”，又已出现“祭”形，但仍无“祭”形。到北魏石刻文字中，“蔡”字中则已出现“祭”形，“察”字中则在晋代石刻中即已出现了“祭”形，且与“祭”形并存。吐鲁番出土文书中，除单字“祭”随时间推移而字形出现分期外，在以“祭”为构件的“察”“蔡”“際”等字中，前期形体中无“祭”形，与单字基本保持一致。

由此可以推知，第一，形体以单字身份出现和以构件身份出现时比较，后者会更优先发生变化，其原因自然是由其在整个文字形体中所发挥功能的强弱不同而引起的；第二，从形体产生的先后关系来看，“祭”不同形体产生当循以下顺序：祭—祭—祭—祭。“祭”“祭”两形当出现于两汉以后的文字形体中，产生之初其流传度远远不及“祭”形，但逐渐后来居上，在后期的手写文字中，“祭”“祭”渐渐占据主要地位。

从其产生的原因来讲，一是受到相近形体的影响。“祭”的上部构件“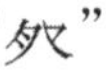”与构件“癶”形近，从构意上两者分别为“”与“又”的组合以及两只相背的“止”形的组合，早期汉简中“”多从“肉”从“攴”，东汉简帛与碑刻中多改从“又”，多作、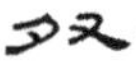等形，而“癶”则多作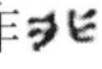、、等形，可见两形在两汉时期基本区分清晰；但这两个在汉代基本实现了线条向笔画转化的构件，由于其内部形体结构、外部轮廓以及笔画的相似，到了魏晋时期又进一步对字形笔画进行改造。随着形中一部分形体笔画重新组合，连笔隶变作癶，两者形体更为接近。二是石刻文字载体和刻写方式的作用。两者的相混最早出现在石刻文字而非书写文字中，这与文字石刻的方式息息相关。由于刻写的难度大，耗时长，因此往往在保留文字形体一定区别度的基础上，尽可能地减少笔画数，降低笔画的弯折变化出现的频率，这就使得通过减少左部构件的一“丿”一点和拉直右部构件的折笔作“丿”向“癶”转化，而则有时减少右部构

件的一“丿”向“ㄡ”靠拢，两者逐渐混同，而整字则主要依靠文字的下部构件来区分形体。这也体现了隶变过程中构件整合，降低构件数量的发展需求。另外，魏晋时期的石刻文字中，以“祭”为构件的“察”“際”等字多有变化，而“祭”一般保持不变。这一现象恰恰说明隶变中的汉字一方面尽可能实行简化原则和系统性原则，减少笔画数量和构件数量；另一方面则坚持区别性原则，最大限度地努力保持着文字间的区别度。整字的构件增多，字形中构件发生变化的概率也就相应地增大，因此在“祭”中一般不发生变化的构件到了“蔡”“際”等字形中就发生了变化。

4. “身”

“身”字在阿斯塔那169号墓（5）之前全作“”“”，阿斯塔那153号墓（6）之后一点逐渐消失作“身”。考察相关文献中“身”字形体，魏晋南北朝石刻文字中，仅北魏元保洛墓志中有且全作“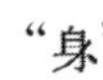”形，同时期及此前此后碑刻中不见此形。楼兰残纸文书中作“身”，也作“”，敦煌文书中也有此形。汉代碑刻景君碑中已有类似形体“”，北凉沮渠安周墓作“”。

“身”小篆作“”，睡虎地秦隶中作“”“”，与篆书的区别在于“人”的写法不同以及最后一笔的拉直与否。早期简帛如银雀山汉简、马王堆帛书中基本承秦隶，“人”形上部逐渐与中部胎孕之形融为一体，且“丿”有左移的趋势。

从“身”字不同形体的使用情况分析，“”中一点当为了保持字形结构稳定而作的调整。魏晋南北朝石刻中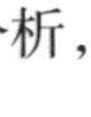、、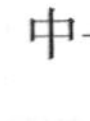等形就是在此形基础上进一步的发展，这三种形体甚至将中间竖画分割断裂成两笔，而将最后一笔横画与撇画连成一笔，更凸显了最后一点（或短捺）稳定字形的作用。吐鲁番出土文书中早期也多作此形，但以中间竖画不断裂为常，又体现为、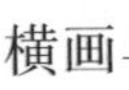、、、等几种形体。前四种形体是在前述形体基础上的各种变

体，而右侧则由一点变作两点，结合楼兰残纸文书中的写法身可以推知，右侧两点当为配合左侧横撇的笔画而产生。

从上述“身”的各种隶变形式不难发现，保证文字形体结构的稳定是文字演变发展中的重要原则，在最后一笔横画与撇画呈现不同的位置关系时，文字右侧也相应地采用不同的形式与之配合，使字形整体达到平衡。

5. “負”

此字在阿斯塔那204号墓（1）之前全作“負”，阿斯塔那4号墓（9）之后全部作“貟”，区别在于上部构件“人”字两笔的上下相对位置不同。汉碑中，两种形体同时并存，有时上部“人”形又隶变从“力”。

顾蔼吉论及：“人，《说文》作人，象臂胫形，隶变如上（人），亦作人，或作乁，与几羽字相混，字在左者或作刀，与说文同。亦作刀，或变作亻，亦作亻，经典相承用此字亦作亻，或作亻、亻，攸、脩、條字皆从亻，……伪从彳。弔亦从亻，或省作弔。字在上者作⺈，危、侯、色、急、臽、奂、负等字从之，负或作貟，伪从力，及亦从𠂆，变作及，与乃字相混。亦作𠆢，或作亠，饰、饬、临、监等字从之。”①

从上述分析“人”在碑刻中的各种隶变形体看，其关键仍在于两笔的上下位置关系或前后书写顺序不同。睡虎地秦简中，“人”及以“人”为构件的字大致保持一致，多采用撇上捺下之形，但也有例外，如“欠”及以“欠”为构件的字以及“候”等字中则为撇下捺上。另外，居于文字上部的“人”形常撇捺起笔处相连，如“负”“及”“矦”“臽”等字，也有撇上捺下的写法并行。这种状况一致延续到早期汉简当中，因为受到小篆的影响，撇下捺上的形式有所增加，但所占比例仍远远低于撇上捺下的形式。从魏晋南北朝的碑刻文字来看，“负”中人也采用撇上捺下的形式，但在“危”中两种形式并存，而“及”字则全面采用后一种形式。

① 顾蔼吉：《隶辨》，中国书店出版社，1982年，第887页。

从构件“人”的发展来看，两笔的相对位置作为一个系统一直处于调整统一状态，整体处于向其中一种逐渐靠拢的趋势，但其中又不可避免地受到外在因素的影响，这些因素既包括政治力量要求的以小篆统一文字，也包括构件所处的外部环境——文字结构形式的要求。

从“危”“色”“急”“臽”“侯”字在出土文献材料中的实际书写形式来看，到魏晋南北朝隋唐时期，已基本采用了撇上捺下的形体。吐鲁番出土文书文字中，除以“臽”为构件的“陷”字在哈拉和卓91号墓（8）中采用撇下捺上的形式外，均呈现撇上捺下的形式，这也体现了向此形式统一发展的趋势。但唯独“负”字在这一时期出现了逆向的发展过程，上部的“人”不仅采用撇下捺上的相对位置，更在捺笔末加钩，体现为“刀”的形体。

6．“右”

“右”在文书中早期多作形，保持“丿”笔的早期隶书形态，到阿斯塔那22号墓之后逐渐向今之“丿”转化；作为构件的“右”也体现出相对一致的变化，如“祐”“若”，可见其早期作［哈拉和卓99号墓（1）］、（阿斯塔那39号墓）等；“有”“友”同此，也体现了大致的发展趋势，早期多作弯曲的线条，后期则多拉直；“死”中构件“匕”形早期未带钩，如［哈拉和卓91号墓（2）］，后期皆带钩。构件“九”同此，单字“九”及“究”中“九”哈拉和卓91号墓及其之前皆无钩，后期或有或无。

7．“鞏”

文书中“鞏”仅早期从构件“凡”（作凡形），后此构件皆隶变作“口”“刀”等形。“處”同此，早期或多从“凡”或“凡”者，后不见从此形者。

8．“興”

文书中“興”变体作“興”“興”“興”“興”“興”等形，从文书中的情况看，以公元645年阿斯塔那150号墓为界，此前皆作“興”“興”两形，后则作“興”“興”“興”三形，《正名要录》：“興興，右正行者揩（楷），脚注稍讹。”“右依颜监《字样》甄录要用者，考定折衷，考削纰缪。”分析各形特征，从形体演进来看，“興”“興”当为“興”“興”之后续变体，故文书中出现时间与演变序列的违逆当反映了这一时段对字形所进行的人为的规范工作。

9. “將”

“將”中“爿”作“丬”“丬”“丬”“丬”“丬”“扌”等形，文书中可见早期多作“丬”，中后期则多作“丬”“丬”“丬”等形。

10. “契”

文书中从“廾”或从“大”，且阿斯塔那4号墓（4）之前皆从“廾”不从“大”，之后则两形并存，这与南北朝碑刻所见“契”皆从“廾”之现象相吻合[①]。这一转变当是受到《说文》部首系统性的影响，也反映了当时以《说文》规范文字的倾向。

11. “留”“劉”

“留”“劉”等字中“丣”有由不同隶定形式产生的变体“夗”“丛”“卯”等，亦有“丛”“卯”之后续变体“丷”或“八”“小”等。从文书中出现的情况看，阿斯塔那48号墓（1）之前未见“留”从“夗”形者，“劉”中则更晚，在中后期才出现。

12. “恐”

“恐”在文书中仅哈拉和卓3号墓一例作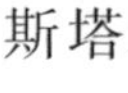，其余字例皆改从“凡”为从“口”。

13. “孔”“乱”

此字在阿斯塔那302号墓之前皆作“孔”形，后则“孔”“孔”两形并存，且以“孔”形为多见。而与此笔画相似的“礼”“乱”也体现出几近

① 张颖慧：《魏晋南北朝石刻文字编》第10卷“契”字，2012年，中国人民大学博士论文。

相同的变化趋势，文书中阿斯塔那134号墓之前除一例古写本疑作“礼”形外，皆为“礼”，后则皆作“礼”；“乱”中相同的情况则以阿斯塔那337号墓为前后分界线。

14. “直”“真”

“直”在文书中作“直”“直”“直”“直”“直”等形，阿斯塔那80号墓（3）前上部皆作“亠”，无作“十”者，后两形并存。“真”则除哈拉和卓96号墓及哈拉和卓91号墓从“亠”形外皆从“十”形。

15. “無”

“無”之简体“无”早期多作“旡”形，如阿斯塔那62号墓（1）作，哈拉和卓90号墓（13）作、，后则无此形。从“無”“无”两者的使用情况看，前期、中期两形并存，且后者略占多数；后期则绝大多数情况下用“無”形，仅有两例写作“无”形，其中一例出自唐景龙四年卜天寿抄孔氏本郑氏注《论语》，此本中其余各处均作“無”，仅此处不同，且此字为漏写后补；另一例出自人名“张～價”。

16. “堆”

《正名要录》：“堆塠，古而典者居上，今而要者居下。”文书中此字两形具备，阿斯塔那302号墓（15）及其之前皆作“堆”，阿斯塔那134号墓（3）及其之后除阿斯塔那137号墓（6）之外皆作“塠”。阿斯塔那137号墓（6）中此字作，形体模糊，或当作“垍”，为“塠”之省形。

17. “量”

此字在文书中有变体“量”，从阿斯塔那305号墓（1）到阿斯塔那2号墓（1）的文书中皆作此形，哈拉和卓99号墓（1）之后则皆从“重”之省。阿斯塔那305号墓约出自前秦建元二十年，公元384年，阿斯塔那2号墓出自北凉缘禾六年，公元437年。哈拉和卓99号墓（1）出自北凉建平六年，公元442年[①]。参考魏晋南北朝石刻文字，情况大致如此，三国魏黄初元年，公元220年的孔羡碑及西晋元康五年，公元295年的《荀岳墓志》皆作“量”，从梁中大通元年，公元529年的章景造像记始皆从“重”。

18. “母”

“母”内本作上下两点，隶变过程中连作一笔，作“毌”或作“毋”“毋”，与“毋”字不分。此类变化在秦隶中即已出现，如睡虎地秦隶中两字皆作形，“母”又作。文书中仅开始的哈拉和卓96号墓（6）中作“母”形，其余各形皆将两点连作一笔，以此为构件的文字中亦几不见两点之形，可见这一时期的文书中连笔之形为通用形体。

19. “出”

“出”在文书中作“出”，又作“出”。“出”形此前少见，仅北魏姚伯多供养碑作此，元彬墓志与此形相类，隋代萧瑾墓志、赵朗墓志等作“凷”亦与此相类。文书中“出”“出”两形分期明显，哈拉和卓90号墓之前一律皆作“出”，阿斯塔那320号墓之后的文献中则绝大多数作“出”，“出”形偶或出现，频率极低。时间处于两墓之间的阿斯塔那524号墓由于图片显示问题无法确认是否皆属“出”形。哈拉和卓90号墓文书中有明确纪年的文书出自公元482年，阿斯塔那320号墓所出纪年文书则出自公元611年。

20. “解”

“解”之构件“角”文书中从“角”或从“⻆”，从“⻆”形者仅存在于最早期的哈拉和卓96号墓、阿斯塔那62号墓、哈拉和卓91号墓三座墓葬中，后世则仅一例见于阿斯塔那151号墓（34），但此文书为古写本《晋阳秋》残卷，其后其余各墓文书则皆从“角”形。以此为构件的“懈”字中作此形者仅出自阿斯塔那169号墓（5）一例，此文书亦为古写本《孝经》。

① 据柳洪亮《吐鲁番出土文书中“建平”“承平”纪年索隐——北凉且渠无讳退据敦煌、高昌有关史实》一文推断，建平六年当为公元442年，《西域研究》，1995年第1期。

“斛”中同此。

21. “欲”“款”

构件“欠”在“欲”“款”两字中作“欠”或作“[illegible]”“[illegible]”。“[illegible]”“[illegible]”仅出现在阿斯塔那13号墓（2）之前的文书中，阿斯塔那170号墓（1）之后皆作“欠”。“款”文书中作“款”或作“欵”，前者仅出现在最早期的阿斯塔那62号墓中，之后的文书中皆作“欵”。

22. “履”

“履”在文书中又有异体“[illegible]”，在哈拉和卓99号墓（1）及之前的文书中皆作“[illegible]”，阿斯塔那524号墓（9）及其之后的文书中则皆作“履”及其变体。

23. “鞭”

“鞭”中构件“便”本从“亻”从“丙”从“叉”，文书中哈拉和卓91号墓（9）及其之前此字“丙”与“叉”尚未结合为一个整体，如［阿斯塔那305号墓（3）］、［哈拉和卓91号墓（9）］，阿斯塔那22号墓（1）之后则作今之“便”形，如［阿斯塔那22号墓（1）］。

24. “恶”

“恶”在文书中作“恴”或作“悪”，阿斯塔那169号墓（6）及之前的文书中皆作“恴”，阿斯塔那332号墓（9）及之后的文书中则皆作“悪”。两者之间的文书中最早一处为哈拉和卓1号墓（7）作，文书中依原形隶定，从文书中情况看，“德”无作此形者，故此处当为“恶”之变体。另有四处隶定为“恶”字者，其中阿斯塔那337号墓（20）作，但此处文书系《急就章》古注本；阿斯塔那134号墓（2）作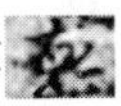，阿斯塔那x2号墓（2）作，此二处出自同一人名：“赵～人”；阿斯塔那151号墓（25）在四处文书中时间当最早，作，用于人名“窦～奴”。“”

形显然是“悳”形之分割构件的变体。黄征先生认为，敦煌文书中“此形（悳）主要存在於早期写本”[①]，当与吐鲁番文书中情况相同。裘锡圭先生认为：“以‘悳’为‘惡’有可能在东汉时代就已经开始了。”“南北朝时代‘惡’字比较常见的俗体是‘恶’。……东汉碑刻上又有作‘𢙣’的‘惡’字……这两种‘惡’字的上半既有可能是‘亞’的讹形，也有可能是‘悳’所从的‘’的讹形。”[②]，推论前提是南北朝时期“惡”已明确作“悳”，“悳”为“德”之左部构件，“德”为“惡”之对立面，去“德”之“彳”以表“惡”，属变体造字之方式。而东汉碑刻中已有“惡”作“𢙣”者，“德”在东汉碑刻中已有“德”作“德”者。我们认为，“惡”作“悳”，其演变过程受到自身形体隶变和“德”字影响双重因素的作用，“德”“惡”两字本音近义相关。从两字不同历史时期的形体看，“惡”在居延新简中已作“悳”形[③]，此时“德”并没有“恶”形，故此形当是在“惡”自身形体讹变的基础上产生的变体，马王堆帛书中此字或作、等形，银雀山汉简中作等，“亞”形当是先隶作“”，再作“”，再进而加点作“”。前两者属于文字形体自身内部的隶变，加点之变化则是受文字系统的整体影响。隶变过程中“亠”“一”往往相互替换，这种替换的源起在于对一些曲线的隶定形式不同，而一旦替换产生之后，就扩展到整个文字系统，即便与文字自身形体无涉，依旧可以受此规律的影响，如“旦”或又作“𠀃”。而在“惡”字中，除受此规律影响外，则更因为“”上部两横笔重复，加点更可使形体富于变化、更美观。而“德”右部构件亦在自身形体隶变的过程中，产生了“悳”“恶”等变体，与“惡”之变体及其相似，又因为两字在音义上之关联，故在形体简化原则的基础上，将三者在

① 黄征：《敦煌俗字典》，上海教育出版社，2005年，第100页。

② 裘锡圭：《文字学概要》，商务印书馆，2010年，第140页。

③ 臧克和：《汉魏六朝隋唐五代字形表》，南方日报出版社，2011年，第962页。

“悪”“悪”“悪”等形上相统一，这个过程当是在南北朝时期完成，我们看到魏晋楼兰简纸文书中“惡”仍有作“悪”者[①]。

25. “尅”

“尅”在文书中作“尅”或作“尅”，如［阿斯塔那151号墓（34）］、［阿斯塔那363号墓（6）］，两形前后有分期：“尅”出现在阿斯塔那169号墓（6）及其之前的文书中，阿斯塔那316号墓（3）及之后的阿斯塔那363号墓（6）则均作“尅”。阿斯塔那151号墓（34）虽出现在阿斯塔那316号墓之后，但其内容为古写本《晋阳秋》，故其两处皆作“尅”形，亦与此分期一致。

26. “聖”

“聖”在最初的文书中又作“垩”“垩”“垩”等形，后皆作“聖”，我们认为，前三形或为其所属的哈拉和卓96号墓、哈拉和卓91号墓的个体特征，此三形它处几不见。又如“鳥”别处多作“鳥”，哈拉和卓91号墓则作、。

27. “離”

“離”在文书中从“离”或从“禹”，阿斯塔那171号墓（2）及其之前皆从“禹”，阿斯塔那24号墓（4）及其之后皆从“离”。从形体演变讲，从“禹”当为从“离”之变，从文书中的情况看，这一地区前期变体“”取代“離”成为通行形体，后当是经过文字形体的规范措施而将形体重新恢复其正体“離”。

28. “外”

此字在文书中形体主要体现在“外”与“外”两形的区别，前者直接来自于小篆形体，后者则来自于东汉隶书。此字中构件“卜”在早期汉隶中或又作“匕”形，如马王堆帛书中此字作。故东汉碑刻中或仍作“匕”形，

① 臧克和：《汉魏六朝隋唐五代字形表》，南方日报出版社，2011年，第962页。

如苍山元嘉题记中作“𬺺”，或又从“匕”形之变进一步作“𡖋”形，如史晨後碑[①]。文书中两形呈阶段性分布，阿斯塔那307号墓（4）之前的文书中，除阿斯塔那169号墓文书（6）之外皆作“𡖋”，阿斯塔那15号墓（16）之后则皆作“外”[②]，而阿斯塔那169号墓文书（6）则出自高昌书仪，纪年不详，但其与古写本《孝经》写在同一张纸的正反两面。

29. “夜”

此字在文书中哈拉和卓91号墓、阿斯塔那524号墓中皆作“𡖍”，之后的文书中则皆作“夜”。形体上看，两形是在汉隶基础上进一步产生的不同变体，原因在于对于左下部笔画的隶变形式不同，一者变为“夂”，一者变为“亻”，区别即在于中间一笔的折与直的不同。哈拉和卓91号墓出自十六国西凉、北凉时期，从此字不同时期形体看，北魏碑刻皆作“夜”[③]，而前秦邓艾祠碑中则作“𡖍”[④]，故此形当通行于北魏之前。阿斯塔那524号墓中此形则是出自东晋义熙写本《毛诗郑笺》残卷，时间上与此相合，故可知此形的通行时间，到北魏则以“夜”为通行字形。

30. “愛”

此字在文书中哈拉和卓90号墓（13）及阿斯塔那169号墓（5）中皆作“𢟪”及其变体，其余则皆作“愛”。哈拉和卓90号墓文书约出自于阚氏高昌时期，阿斯塔那169号墓虽出现较晚，但阿斯塔那169号墓（5）所出则为古写本《孝经》，故时代当在其他文书之前。从两形的区别来看，“爫”形与“𠂉”形的区别是对原有“𡗜”形不同的隶变形式，在将折笔拉直作“𡗜”的情况下，又将下之横笔断裂成为两点，一者向高频构件“爫”靠拢，一者则保持“𠂉”形不变；下部构件的区别则在于“心”与“夂”构件位置的调换，以及由此导致的“心”之偏旁变体“忄”的出现。

① 臧克和：《汉魏六朝隋唐五代字形表》，南方日报出版社，2011年，第391页。
② 其中阿斯塔那103号墓（19）、阿斯塔那302号墓（19）两形形体模糊，不好确定除外。
③ 张颖慧：《魏晋南北朝石刻文字编》，2012年，中国人民大学博士论文。
④ 臧克和：《汉魏六朝隋唐五代字形表》，南方日报出版社，2011年，第154页。

31. “勑”

此字在文书中作“勑”“𦓝”“𠡠”，哈拉和卓98号墓（1）及其之前的文书中皆作“𦓝”“𠡠”，阿斯塔那122号墓（1）及其之后的文书中则皆作“勑”。以上三形皆来自汉隶，与小篆形体不同，从形体演变看，“𦓝”“𠡠”当为“勑”之变体。

32. “豚”

此字在阿斯塔那205号墓（1）及其之前皆作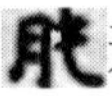形（仅一例从“犭”从“屯”），之后的阿斯塔那151号墓（1）、阿斯塔那27号墓（7）皆作“豚”。

33. “儁”

此字在文书中阿斯塔那191号墓（1）之前皆作“儁”，如［阿斯塔那365号墓（2）（3）］，右下部构件“乃”无疑是原构件“冂”之形变，既是由成字高频构件的变化，又是复杂笔画向较简笔画的转化。阿斯塔那101号墓（1）及其之后则作“俊”，如［阿斯塔那506号墓（22）］。

34. “永”

“永”在文书中前期多作“𣱵”“永”“示”“朩”等形，中后期则多作“永”或“汞”，此字形体体现为、到再到三类形体的变化过程，阿斯塔那88号墓（2）之前为第一阶段，阿斯塔那90号墓（4）到阿斯塔那92号墓（3）为第二阶段，阿斯塔那206号墓（12）之后则为第三阶段。第三阶段中阿斯塔那119号墓（1）中此字皆体现为第二阶段的形体形式，作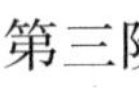、、、、等形，此墓葬中仅出土此文书一件，且无纪年，《吐鲁番出土文书》编者“据文书内容推测，当为唐开元以前文书”，故“列于开元墓葬前”①。可见此文书时间不祥。单从文字形体判

① 唐长孺主编：《吐鲁番出土文书》第4册，文物出版社，1992年，第1页。

断，此文书编排偏后，当在阿斯塔那90号墓（4）之后、阿斯塔那206号墓（12）之前。

35. “歸”

此字在前期阿斯塔那171号墓（3）及其之前省略构件“止”，后则不省，多作［阿斯塔那27号墓（7）］、［阿斯塔那222号墓（13）］。

36. “陸”

此字在前期多作，阿斯塔那319号墓（1）出现的写法，到阿斯塔那206号墓（13）两形并存，且仍以从“北”之形为主。从哈拉和卓39号墓开始此字皆作“陸”。

37. “疊”

此字在阿斯塔那311号墓（1）前除阿斯塔那310号墓（1）外皆作“畳”，阿斯塔那327号墓（1）后包括之前的阿斯塔那310号墓（1）则皆作“疊”。此字收《说文》晶部，“从晶从宜，亡新以为疊从三日太盛，改为三田”。阿斯塔那310号墓（1）为高昌缺名衣物疏，出土仅此一件文书，此墓还出土“赵顯曹”墓砖，无确切的纪年，《吐鲁番出土文书》“据墓葬形制和同出文物推知本墓为麴氏高昌时期”①。麴氏高昌建国于北凉承平十八年（公元460年），贞观十四年（公元640年）灭亡。从上述文字的分期情况来看，此文书当是在麴氏高昌唐代时期。

38. “牒”

此字在阿斯塔那302号墓（14）前皆作“牒”，阿斯塔那507号墓（28）之后多作“[illegible]”，或两形并存。

39. “鹽”

阿斯塔那48号墓（14）前为“鹽”，如［哈拉和卓98号墓（1）］，阿斯塔那302号墓（1）之后为“塩”，如［阿斯塔那76号墓（7）］。此

① 唐长孺主编：《吐鲁番出土文书》第1册，文物出版社，1992年，第460页。

字本从“鹵”，監声，或又省形改从“土”。

40.　“具”

此字可见前中后不同时期呈现［阿斯塔那305号墓（3）］、［阿斯塔那48号墓（3）］、［阿斯塔那230号墓（35）］三种不同的状态，早期下部仅从“大”，晚期仅从“丌”，中间则两形并存或呈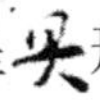形。三者没有截然的界限，但却清晰地反映了形体演变的轨迹，同时也反映了一种变体逐步取代另一种变体的发展过程。

41.　“疾”

文书中“疾”作“疾”“疾”“疾”三形，“疾”为“疾”之常见变体，阿斯塔那151号墓（34）之前，除阿斯塔那169号墓（7）高昌书仪一例作“疾”外，其余皆作“疾”。后则皆作“疾”“疾”。

42.　“乎”

文书中“乎”作“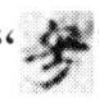”“”，又作“乎”“”，属于两个不同系列的变体。从时间分布上亦体现出明显界限：在哈拉和卓91号墓（2）（公元408年）之前“乎”作，在此之后的文书中“乎”绝大多数作“乎”或“”，又有前述两种形体并存，但其文字皆非当时文字形体。哈拉和卓91号墓（2）之后的文书除阿斯塔那363号墓（6）唐景龙六年卜天寿抄孔氏本郑氏注《论语》之外，另有两处，一为阿斯塔那169号墓出土古写本《孝经》，一为阿斯塔那134号墓（5）古写本隋薛道衡《典言》残卷。此三处后两处皆作形，《论语》郑氏注“”“乎”并存，由此可知“”“”为较早年代写法。

43.　“奏”

文书中下部构件从“天”或从“六”，阿斯塔那24号墓（2）及其之前皆从“六”，阿斯塔那507号墓（36）及其之后则皆从“天”。以往各处文献资料未见此字从“六”之形。

44. “邦”

此字左部从“丰”或从“羊”，文书中阿斯塔那59号墓（22）及哈拉和卓91号墓（2）皆从“羊”，后皆从“丰”。

45. “才”

构件“才”最后一笔与中间竖笔多为交叉关系，多作“扌”，或又作“扌”，单字“才”基本同此。从笔画的走向来看，横下左右走向的笔画逐渐由横画向斜笔转化，最终发展到如今之“丿”。如最早的哈拉和卓91号墓（2）作、等，后则阿斯塔那206号墓（11）作，阿斯塔那35号墓（19）作，阿斯塔那509号墓（33）作等。完全写作今之“才”形，文书中仅四册两例，可见此形产生较晚，且吐鲁番文书时代使用还没有普遍。

46. “實”

文书中作“實”，或作“實”。敦煌文书同此。从文书中字形的分布来看，阿斯塔那233号墓之前作“實”，阿斯塔那50号墓（5）之后全部作“實”。魏晋南北朝碑刻文字中两形之间也呈现出分期的格局：西晋时期的墓志中此字作“實”，如徐义墓志作、张朗墓志作等，北魏之后的碑刻文字则作“實”（或有“實”的其他变体），如吊比干文则作、元诱妻冯氏墓志作等。从早期隶书看，秦隶中即有两种形体的分别，睡虎地秦隶中有作“”，又有作“”，马王堆帛书中作“”，又作“”，银雀山汉简中作“”，又作“”“”，张家山汉简中作“實”，又作“實”，居延新简、汉晋流简纸中皆有“實”“實”“實”等形，可见三形当时并行。“實”本从“宀”从“贯”，但从字形的隶变来看，早期汉隶中已失去其构意，马王堆帛书中单字“贯”形未变，与“實”中“贯”形不同步，可证构件“贯”已被视为两个构件的组合，整字则由从“宀”从“贯”的两分组合转为从“宀”从“毌”（或“田”或“尹”）的三分组

合，构件由层次组合转为平面组合关系。丧失了构意的“贯”形也因此而获得了形变的可能性，而同属一个层次的三个构件中中间的构件成为高频变化构件，一与其所处文字中部位置有关，二与其他两个构件相比，“宀”“贝”均属基本常见构件，而“毌”构字能力较弱，三则是“毌”形本身从书写的角度而言，作为两折笔的组合，书写具有一定难度。因此“實”中将其隶变为形近且较高频的构件“田”或“尹”。

47. “靴”

从文书中看，“韡”阿斯塔那122号墓（1、2）之前皆作此形，哈拉和卓48号墓（5）之后则作“靴”或“鞾”。两者之间有阿斯塔那15号墓（1）作，文书中排列在作形的阿斯塔那151号墓（23）之前，但从其时间来看，前者当在公元637到641年之间，后者当在高昌重光元年，即公元620年，故后者时间在前，故与文字的时代性序列相合，即在重光元年之前皆作“韡”，公元641年之后则从“花”或“化”。

48. “専”

此字在阿斯塔那520号墓（1）之前多作“𠬝”，或作“専”，阿斯塔那370号墓（1）之后皆作“専”。

49. “惠”

哈拉和卓91号墓、哈拉和卓99号墓中皆作“𢝊”，后则多作“恵”。

50. “制”

此字在阿斯塔那151号墓（34）前皆作“制”，如阿斯塔那316号墓（3）作，哈拉和卓39号墓（6）及其之后则皆作“制”，将首笔作“乚”。此字小篆作，前述两形反映的是两种不同的隶变形式，前者直接按篆体隶定首笔，后者则将第二处弯笔直接拉直，与“牛”之隶变形式相同。

51. “面”

此字哈拉和卓99号墓（1）及其之前作“面”，或作“靣”，后则皆作

“面”。

52. “靈”

此字在文书中作“靈”“霝”“靈”“霊”，阿斯塔那44号墓（8）及其之前作“靈”“霝”两形，后者系前者在省略构件的基础上字内同化的结果，阿斯塔那222号墓（13）及其之后则作“靈”“霊”。

53. “槃”

此字在文书从“木”或从“皿”，阿斯塔那29号墓（1）及其之前皆从“木”，阿斯塔那230号墓（36）及其之后则从“皿”。

54. “帬”

此字在阿斯塔那169号墓（2）及之前皆作“帬”，阿斯塔那335号墓（1）后则改从“衤”作“裙”或“襌”，阿斯塔那335号墓（1）之后文书中仅阿斯塔那313号墓（1）作“帬”，但从文书本身时间来看，阿斯塔那313号墓（1）时间约为公元548年，而阿斯塔那335号墓文书（1）则为公元592年，故而符合时代序列。

55. “款”

文书中仅阿斯塔那62号墓作“款”，之后包括从阿斯塔那15号墓（16）开始的所有可见的“款”皆作“欵”形。

从以上文书中文字的时代性来看，以上各例时代性的体现各异。从形体差异的角度有的体现为笔画层面的差异，如“制”“才”“永”“面”“身”“負”“右”“夜”等字，有的则体现为构件层面的差异，如“韡”“豚”“恐”“出”“儁”“愛”等字；从时代区分的角度，有的体现为不同阶段之间形体截然分开，如“兵”“負”“兩”“鹽”“韡”“離”“豚”等，有的则体现为不同形体之间的逐渐过渡，如“身”“無”“出”“永”“陸”“具”等。我们认为，以上时代性特征，有的反映了文字形体演进的自然序列，有的则当属人为的规范调整。

第四章“整字重构”部分体现了这一时期文字的记号化和随意性特征，但从此节文字形体时代性的具体表现来看，我们不难发现，文字的理据性和规范性与以上特征是并肩同行的。当文字脱离规范，不能够很好地反映其理据时，一定会引起文字功能的弱化和文字使用的混乱，这时就必然会产生对汉字的人为规范，这种规范可以是群体自发性，也可来自政府强制性，自发性反映为向规范形体的逐渐过渡，而强制性则多反映为形体的突变。

第二节　文字形体的历史传承性

文字的自然发展是一个连续、渐变的过程，在不人为施加外力作用的情况下，文字多承前代而略有变化，所承文字形体时代或地域不同，则在形体上体现为不同的变体。

一、来源于秦隶

如“艻”中“力”或又作“𠃌”，睡虎地秦隶中，构件“力”作、、，如“劳”作，“劾”作，“勝”作等，上述“𠃌”无疑源自于变体。但睡虎地秦隶中此构件在何种文字形体中作何变体形式则没有明显的界限，往往同一文字或同一结构形体中几种变体并存，如“勝”又作、。但吐鲁番文书中之“𠃌”形或又当为受到相近之“方”形的影响而来。

文书中从“虎”之形皆承秦隶“虍”下构件作“巾”形，不从“几”，睡虎地秦隶中“虎”作，，早期汉隶承之，如马王堆帛书中作等。小篆作，从“几”形。

“隸”文书中作或，此二形皆当承秦隶而来，睡虎地秦隶中此字作、，构件“木”已隶作土形，即为后世“士”之所本；“隶”亦隶作

“又”与“米”，后世又隶“又”为“人”或“入”形。

“逆”在文书中皆作“逹”，睡虎地秦隶中此字作、，小篆作，可见“逆”从小篆，“逹”从早期隶书，形后世多承隶而加一横作“逹”，可见隶变之始即倾向于向高频成字构件的靠拢。

“並”在文书中作“並”又作“并”，两形在秦隶中皆已出现，《说文》小篆分作两字，前者作，“倂也”，后者作，“相從也，从从幵声。一曰从持二为并”。从睡虎地秦隶中的形体看，两形本一字，前者从二立会意，后者则从“从”从“二”，会两人相并立之义。

“怪”在文书中皆从“忄”从“在”，如[阿斯塔那363号墓（6）]，小篆此字作，秦隶作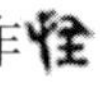，后世文字多承秦隶形体。

文书中“免”或又作[阿斯塔那222号墓（11）]，《说文》无此字，魏三体石经“免”古文作，篆文作，从“宀”从“人”。文书中此字形体皆来自秦隶，睡虎地秦隶中此字作又作、，马王堆帛书中承此作、、等。可见三体石经中古文及篆文形体来自秦隶之变。与之形近之“兔”后世亦有此类变化，文书中“兔”不作此形，敦煌文书中则有作、[1]等形者，均系“”形或又写作“”，后者将折笔（或弯折的线条）拉直，改变形体置向而成。

“奮”“奪”小篆皆从“奞”，文书中此二字中则又作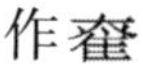、，“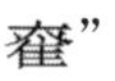”当源自“”形，“”形则源于秦隶，睡虎地秦隶中“奮”作，“奪”作或。从以上形体可见“”形当是将构件“大”隶作“六”所致，但其前提是将“大”与“隹”的笔画重组，构件“大”虽隶作“六”，但其上之“亠”又与“隹”上之“”形组合为“大”形，故

① 黄征：《敦煌俗字典》，上海教育出版社，2005年，第410页。

在构意上仍保留了从大之意。到早期汉隶中，又在此基础上将原之构意与“奞”形叠加，故成“奪”形，如银雀山汉简中“奪”或又作。

“刺”在文书中多作“剌”，仅最晚之一例作“刺”。“剌”直接源自秦隶，睡虎地秦隶中此字作。后者则当承自小篆，或亦可看作源自构件“朿”在秦隶中之另一变体，如“棘”“棗”睡虎地秦隶中作、等，这一形体后世又多隶作成字构件“来”。文书中从“朿”之字所从之变体各不相同，如上述“剌”从“夹”或从“朿（讹作“束”）”，如［阿斯塔那62号墓（6）］、［阿斯塔那29号墓（7）］，“棘”“棗”从“来”形，如［阿斯塔那524号墓（9）］、（阿斯塔那233号墓），“策”从“宋”作［哈拉和卓91号墓（2）］等，单字则仅作“束”。可见同一构件在不同文字中发展得不平衡，但此构件所展现的不平衡又与其所处的文字形体位置没有直接的关联，反映了文字形体发展演变的约定俗成性。“棗”在文书中又变从二“来”形为从“夹”从“来”，如（阿斯塔那233号墓）、［阿斯塔那524号墓（2）］，从“夹”既是同一构件在“刺”中之构件变体，又当是变体“来”在上部位置产生的变体形式。

文书中构件“喬”皆作“高”，此字在《说文》中作，从“夭”从“高”省，与此不同。文书中此形源自秦汉隶书，睡虎地秦隶中“骄”作、，马王堆帛书中作、等形，可见此构件作“髙”或“高”，后世或将“髙”形上部隶作成字构件“右”。“高”“喬”音义皆近，但皆属构字能力较强的构件，因此在构字过程中则易造成整字的相混，如两形相混，则“桥”“槁”相混，故我们看到，文书中从“喬”之字并不以“高”来代替，而作“髙”形来区别。

“爵”承秦隶，从“艮”不从“皀”，小篆从“皀”作，文书中此字基本作，另有“𠬪”作者，或又作左右结构。从字形的历时发展来看，睡虎地秦隶中作、、、、、、等形，非常鲜明地体现了上中下三部分构件中，中部构件灵活多样的隶变形式，马王堆帛书中作、、、等，可见早期汉隶中即已产生“严”“罒”两形，同时上部构件也已开始向常见构件“爪”发展。而“严”“罒”向“冖”的演变恰恰是在此基础上发生，其机制应是受到了“受”“舜”等相关文字形体的影响。同时由于睡虎地秦隶中将“㿝”形写作，故后世隶书此形有隶作者，又隶作，进一步隶作整字构件“㿝”，故此字又有改从“㿝”为从“㿝”者。

“爭”在阿斯塔那365号墓（4）中作，“爭”上部“爫”作“白”，此变体承自秦隶，睡虎地秦隶中“爭”作，“爫”作“日”形，汉隶承之，银雀山汉简中作或作，后者已向“白”形接近。值得注意的是，睡虎地秦隶中从“爫”之字中，除“爭”之外，“受”“爰”皆有此类变化，但亦有作爪，如“爰”作。马王堆帛书中“爭”仍从秦隶，银雀山汉简中“爭”除上述两形外，亦作、，则显然为“白”形的进一步隶变，可见早期汉隶中“爭”仍从秦隶，其余从“爪”之字则或同此，或从“爪”之篆形。因此，文书中仅“爭”中“爫”或作“白”形，其余则完全消失。可见，文字形体演变的进程与其来源有着密切关系。

前述“缘”作［哈拉和卓91号墓（66）］，亦源自秦隶，睡虎地秦隶中此字作，上部“彑”形已隶同“彐”。

“切”本从“刀”，七声，文书中“七”作“十”，如［阿斯塔那170号墓（2）］，承“七”之秦隶形体。

二、源自六国文字

文书中“弊”皆作“弊”，如［阿斯塔那307号墓（4）］。“㡀”作“尚”，源于战国时代，货系中有“㡀”字即作“”（货系1350）、“”（货系1372）①，另楚帛书与三晋古钱币中又有“”作“”“”②，当为今之“弊”。

“卅”在文书中作“丗”“丗”“丗”“卅”等形，如［阿斯塔那1号墓（5）］、［哈拉和卓39号墓（8）］、［阿斯塔那204号墓（1）］、［阿斯塔那206号墓（13）］，此字小篆作，来自战国秦系文字，石鼓文此字作③。文书诸形中“丗”形来自古文字形，战国六国文字中此字多作此形，如（卅五年鼎）、（卅三年鄭令劍）等，“丗”则来自早期汉隶，马王堆帛书中仍作，银雀山汉简中则已作，此形可看作是“卅”之笔画曲直变化的变体，亦可看作是从“廿”从“十”的理据重构字形，“丗”则显然是“丗”形之位移变体，两形皆为“廿”“十”合文。“卅”形晚出，当是以上形体的进一步改曲为直的变体，从理据上则回复其本有之“三十为卅”的构意，三“十”合文。

三、来自《说文》或体

“射”，《说文》小篆作，从“身”从“矢”，或又从“寸”作，文书中皆作“射”。

“虧”在文书中从“兮”，如［阿斯塔那322号墓（2）］，《说

① 汤馀惠：《战国文字编》，福建人民出版社，2005年，第547页。
② 汤馀惠：《战国文字编》，福建人民出版社，2005年，第164页。
③ 汤馀惠：《战国文字编》，福建人民出版社，2005年，第134页。

文》：“，气损也。从亏，雐声。，虧或从兮。”

“鸨”在文书中作“”，《说文》：“鸨，鳥也。……，鸨或从包。”

“觸”在文书中或又作“䚗”，《龙龛手镜》：“觕”为“觸”之或体，《玉篇》：“䚗”为“觸”之古文。

“靈”在文书中哈拉和卓91号墓（2）作，此字本作“霝”，金文、小篆皆增“玉”而作，又《说文》或体从“巫”作“靈”。

四、源自《说文》古文

“衡”在文书中作“衡”或作“”［阿斯塔那179号墓（3）］，此字小篆作，《说文》：“，古文衡如此。”形将小篆“角”之形结合入古文，且将下部构件“大”隶变作“六”。

“上”在文书中或作［阿斯塔那179号墓（3）］，《说文》：“丄，高也。此古文上。”此形与上述之皆出自唐写《尚书》孔氏传。

文书中“禮”多作“礼”。《说文》：“禮，……从示从豊，豊亦声。，古文禮。”

“饱”在文书中或又从“孚”作“餑”，此形源自《说文》古文，《字汇》：“餑，古文饱字。”《正字通》：“餑，舊注古文饱字。按《说文》古从孚，……今伪作孚，非。”

“家”或作“冡”，如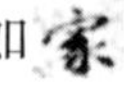［阿斯塔那169号墓（5）］、［阿斯塔那15号墓（8）］等，此形来自《说文》古文。居延汉简中“家”多作“冡”形。

五、来自早期汉隶

文书中“臼”到“旧”“旧”等形的变化，最早出现于银雀山汉简中，率先在“兒“中出现，银雀山汉简中“兒”作，但此形后来的汉隶中几乎不见，魏晋南北朝时期才大量出现。

“嚴”本从“吅”，厰声，文书中多于“吅”中多一竖笔，如［哈拉和卓98号墓（2）］，此笔秦隶及小篆中皆无，但可见马王堆帛书中作、，银雀山汉简中作等，皆可见此笔之源。我们认为，此笔或源于“厂”与“广”形之替换，后点调整为竖笔。

文书中“嗣”或作“嗣”，此形最早可追溯至居延新简，简中作“嗣”①，武威简中又将此形进一步作“嗣”，此形左部构件与“扁”相近，故又讹作从“扁”，故东汉碑刻中又或作②（郭辅碑），南北朝时期进而重新调整，隶变作“嗣”，上之一横显然为“户”上之短横。吐鲁番文书中此字不再从“扁”，仅作“嗣”“嗣”两形。

“遲”在文书中从“辶”从“犀”，此字在《说文》中小篆作，籀文作。文书中形体直接承自早期汉隶，居延新简中此字构件“犀”已从“尸”从“羊”③。但此形亦为篆形之变，“尸”下本为两部分构件，尾毛与“牛”之形，形体较繁，故将尾毛之形省减为“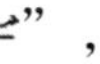”，与下部构件组成高频构件“羊”，既符合向高频构件靠拢的原则，又因处于文字形体的最内部位置而保证了整个文字的外部轮廓不发生变化。

“德”在文书中皆无今之文字中“心”上之一横，此字小篆作，今之“德”当源自小篆。早期汉隶则无此笔，如马王堆帛书中此字作或，银雀山汉简中同此，后世多从此形。

---

① 臧克和：《汉魏六朝隋唐五代字形表》，南方日报出版社，2011年，第312页。
② 顾蔼吉：《隶辨》，中国书店出版社，1982年，第501页。
③ 臧克和：《汉魏六朝隋唐五代字形表》，南方日报出版社，2011年，第1540页。

“哉”小篆从“𢦏”从“口”，早期隶书如马王堆帛书、张家山汉简中皆仅作𢦏形，居延新简中则在𢦏形之左下加“力”形，后世多承此，或又隶作形近之“夕”“刀”“乡”“力”等形，如文书中作［阿斯塔那169号墓（5）］、［阿斯塔那363号墓（6）］、［阿斯塔那363号墓（6）］、［阿斯塔那27号墓（8）］等形。汉隶中之“力”形事实上亦与构意从“口”相合，与隶变过程中“口”与“厶”之替换规律密切相关，其演化过程中当如下：

口—厶—乡（乡）—力

故与此形近之“或”文书中亦有此类变化，如［阿斯塔那225号墓（16）］。

“缁”在文书中作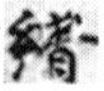［阿斯塔那90号墓（6）］，此字小篆作，马王堆帛书中作，可见字形承早期隶书而来。

“旦”在文书中或于横上加点作［哈拉和卓33号墓（1）］，此形源自早期汉隶，如马王堆帛书中作，张家山汉简、居延新简等汉简中皆作此形。

“咎”小篆作，本从“人”形，睡虎地秦简、马王堆帛书中皆从此，居延新简以及武威汉简中已有省作“丶”形者[①]，文书中承此作［阿斯塔那506号墓（2）］。

“霸”本从“雨”从“革”从“月”，文书中下部从“朔”，如［阿斯塔那305号墓（4）］，此类变化既有形体的相近，又当为意义相关所致。这一变化在马王堆帛书、银雀山汉简中还未出现，在居延新简中已替换从“朔”。

① 臧克和：《汉魏六朝隋唐五代字形表》，南方日报出版社，2011年，第292页。

六、来源于东汉碑刻文字

"工"在文书中或作"工"，如［哈拉和卓96号墓（3）］。早期隶书及小篆皆不作此形，东汉碑刻中有（郙阁颂），又作（曹全碑）[①]。此形多出现于东汉魏晋时期，如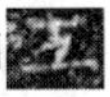（李苞开通阁道题记）、（临辟雍碑），南北朝时期偶见，文书中仅上述哈拉和卓96号墓（3）一例作此，出自北凉玄始十二年（公元423年），后皆作"工"。

"匹"本从"匸"从"八"，八亦声。文书中或改从"八"为从"小"，如［阿斯塔那59号墓（1）］、［哈拉和卓99号墓（1）］等，此形源自汉碑。东汉武荣碑已作"𠥰"，魏晋南北朝承之。此形的出现，当是在汉隶匸上横笔与"八"之撇笔连笔作"㇆"，且竖笔右边有由捺而转化的"丶"的情况下，受竖笔一边有点情况下另一边亦加点来实现对称的规律的影响，左边加"丶"，故成构件"小"。

七、来源于汉代之后文字形体

"鼠"在文书中下部构件皆作"卆"形，此形初现于三国吴简中，此前的文字形体秦汉隶书皆与小篆形体相同，作"鼠"，东汉碑刻文字此构件又作"𦔮"，"𦔮"形当是秦汉篆隶之形的省略，而省略的动因则是向高频成字构件"耳"靠近。而文书中之"卆"形则采取的是另一种隶变途径：将中间的横笔由断而连。

又如"館"从"食"或从"舍"，南北朝时期开始，此字从"舍"，如［阿斯塔那506号墓（14）］。

八、源自《说文》其他文字形体

此指两形本为两字，后其中一字音义皆失，而形体用作另一文字。

---

① 顾蔼吉：《隶辨》，中国书店出版社，1982年，第10页。

如“憂”，文书中作“憂”，又或作“𢝊”，前者来自《说文》“和之行也”之“憂”，后者则源自“愁也”之“㥑”，构件重组，“頁”下两点与“心”之间增笔而成成字构件“念”，如［哈拉和卓96号墓（10）］，《正字通》：“𢝊，㥑字之伪，……”

又如“凶”作“凶”，或又作“兇”，《说文》中“凶”“兇”本为两字，前者“恶也”，后者“扰恐也”，后“兇”多用作“凶”，《干禄字书》：“兇凶，上通下正。”

“願”在文书中作［阿斯塔那号墓15（10）］、［阿斯塔那169号墓（6）］，此字小篆作，“願”从秦隶中就已借用“顯”字，睡虎地秦隶中作，此字小篆作，汉隶承之，马王堆帛书中作、、、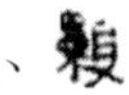等形，可见仍借用“顯”而不作“願”。马王堆帛书中形已可见此字经构件重组成为文书中形所本，而形则进一步省形而为形所本。

“豚”如前所述作“肫”，系改换意符为声符的结果，此形，《说文·肉部》：“肫，面頯也。从肉屯声。”可见两字相混。

九、源自隶古定字

文书中“厥”或作［阿斯塔那179号墓（3）］，“禹”作［阿斯塔那179号墓（3）］，“戰”作［阿斯塔那179号墓（3）］，“甘”作［阿斯塔那179号墓（3）］，“誓”作［阿斯塔那179号墓（3）］，“洎”作［阿斯塔那179号墓（3）］，“搜”作［阿斯塔那179号墓（3）］，“華”作［阿斯塔那179号墓（3）］，以上各形为隶古定字，均出自唐写《尚书》孔氏传《禹贡》《甘誓》残卷。其中“戰”“洎”两字与敦煌俗字相比，前者敦煌作，后者作，可见字形的相互联系，后者基

本相同，前者则体现为构件“山”与“止”、“开”与“井”的替换。

文书中各字变体众多，同一文字往往多种来源并存，如“専”，文书中此字作専、叀、專、専等形。此字小篆与隶书中形体有别，小篆作，隶书则作（马王堆帛书），汉碑中两形俱存，魏晋南北朝承之，文书中“専”显然承小篆形体而稍有构件位移及笔画共用的变化，“專”则同承小篆而将“厶”形笔画重新组合作“一丶”，“叀”形亦源于小篆而直接承“専”却有所省略。故此三形同出一源。但“専”则直接承自早期汉隶。此几形从形体来看应有不同来源，但从其在文书中不同时间段的形体分布来看，则应属于一个历史的演变序列。文书中早期多作“専”（仅一例作“叀”），后则分作“専”“專”二形，到后期则多作“専”。“奪”文书中作“奪”亦作“奪”，前者来源于小篆，后者来源于秦汉隶书，睡虎地秦简中此字作，马王堆帛书中作。“坐”在文书中作“坐”“㘸”“坐”“坐”“坐”等形，不同变体分别来自于篆隶形体及《说文》古文，小篆秦隶从“丣”从“土”作，说文古文从二“人”从“土”作。汉隶皆从秦隶，“丣”或隶变作“吅”“㐺”。魏晋南北朝碑刻中篆隶古文并存，如（曹真残碑）、（口熊造像记）、（李超墓志）等，或将不同变体糅合作（封魔奴墓志）。文书中同此，如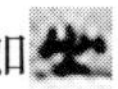［哈拉和卓91号墓（27）］、［哈拉和卓48号墓（1）］、［阿斯塔那15号墓（8）］、［阿斯塔那332号墓（8）］、［阿斯塔那184号墓（6）］、［阿斯塔那27号墓（8）］等形。可见手写文字中连笔又将“厶”省作“𠃊”，再省作“丶”。“巠”，《说文》：“水脈也。从川在一下。一，地也。”小篆作，从“一”从“川”省声。古文不省作。文书中从“巠”之字或承小篆省声作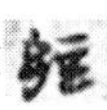［哈拉和卓96号墓（3）］、［阿斯塔那517号墓（2）］等，或承古文作［阿斯塔那24号墓（10）］、［阿斯塔那10号墓

（16）]。从数量看，前者占绝对优势。“高”在文书中作“高”，或作“高”，前者源自小篆，后者源自秦隶，睡虎地秦简此字作，与此相对应，“臺”在文书中作“臺”“臺”，或作“臺”“臺”“臺”等。可见前二者源自秦隶，而后者承小篆而有所变化。后者从“之”从“高”省从“至”，因形变幅度较大，故“之”“高”已很大程度上失去表意功能，故中间竖笔向下延伸，向常见构件“”靠近，或省略“口”形。省略“口”形亦反映在不考虑构意的情况下，中部往往是最容易发生隶变的部位。“量”在文书中作“量”“量”“量”“量”等形，又作“量”，此字小篆作，《说文》古文作，包山简同此作、[1]，故可见“量”“量”分别来自小篆与古文。“量”“量”二形则当是对小篆与古文中“日”“口”下曲线“”隶定的不同结果，“量”“量”直接隶定作“一”，此二形则隶定作“”。“量”“量”二形汉代不见，魏晋南北朝时期始出现。汉隶或将小篆从“重”改从“童”，但其前提在于“童”本亦从“重”。早期汉隶中或多从“童”之省，如银雀山汉简中作、等，后则或直接从童，如东汉祝睦碑中即作“量”。“微”在文书中作“微”，或作“微”“微”“微”等形，“微”来自《说文》小篆，小篆此字作，后三形则源自早期隶书，此字在马王堆帛书中作、、等形，银雀山汉简中作、等，可见“微”“微”为上述形体之继承，“微”则为“微”之进一步隶变。但从两类形体来看，本就为隶变过程中相似形体间的讹混，“几”与“凡”“夕”“夕”“彐”等形常相混。“焉”作[阿斯塔那31号墓（32）]或[阿斯塔那27号墓（9）]，两形皆源自小篆，而[哈拉和卓98号墓（1）]则源自秦汉隶书，此字在睡虎地秦简中作

① 李守奎：《楚文字编》，华东师范大学出版社，2003年，第506页。

，马王堆帛书中作，上部构件皆从正。“乎”在文书中作［哈拉和卓91号墓（2）］或［阿斯塔那524号墓（9）］，后者源自汉隶，前者源自小篆。“井”在文书中或作［阿斯塔那59号墓（8）］，后期皆无“、”，此字小篆作，睡虎地秦简中“穽”作，战国文字中“井”作（侯马盟书），甲骨文金文中两形并存，可见文书中加点与不加点之“井”皆承自古文字。

另外，文书中还有一部分文字变体其来源存在争议，如构件“巩”中原构件“丮”在文书中作“凡”或作“口”，从历时形体来看，“口”形当为汉隶之变体，如睡虎地秦简中此字皆类形，马王堆帛书中此字有作者，可见“丮”右侧一笔的变化，马王堆帛书中形体“丮”与“口”形相似，可为后世“口”形之源。但东汉碑刻中并未见构件“巩”作“㺬”者，到南北朝时期才见此变体，故此形之源或当为“丮”之变体“几”连笔草写的结果。

“凡”在文书中或作［阿斯塔那532号墓（1）］，以此为构件的“鞏”“恐”亦有作此形者，如［阿斯塔那22号墓（1）］、（哈拉和卓3号墓）。加短撇在居延汉简中已见，此一撇作一“、”，汉碑中未见此形，不明此形之所本。可能由以下两条途径之一而来：其一，此字在战国文字中作（睡虎地），又作（帛书乙）、（郭店·语叢1·48）①，此一撇或源自六国文字下之一撇。其二，早期隶书中“丸”与“凡”形近，如前所述，《隶辨》已提到两者充当构件常相混。马王堆帛书中“丸”作，“凡”作，“凡”或受“丸”撇出头的影响而加短撇。

“巫”及“诬”本从“工”，文书中作“巫”，又作“垩”，如

① 汤馀惠：《战国文字编》，福建人民出版社，2005年，第877页。

[阿斯塔那27号墓（7）]，“诬”则作“誣”，如[阿斯塔那230号墓（5）]。从形式上看，以上形体是在原形体基础上于中间多一横作“王”形或作“𡈼”形。从其来源看，则有两种可能性：其一，自身形体隶变的直接结果。“巫”小篆作，或又可隶作“坙”，东魏王令媛墓志即作此，此前未见此形。或文书中“从”常隶作“业”，“丷”又常作“八”，故沿此路径“巫”亦可隶作“至”。再进一步将“巫”“至”不同变体之形结合则为“巠”形。其二，受“坐”之影响。将构件重新组合，将横下之形体看作一个整体，此形与“坐”相似，故直接加一笔作“坐”。其三，受形近之“巠”的影响。构件“巠”多作变体“至”。“巠”“坙”与“巠”“至”皆相近，故从“巠”到“至”当是受“巠”之影响无疑，“至”为此形的常见变体。

除此之外，还有部分变体来源不明，如“尺”，文书中多作“尺”，又或作“尺”，如[阿斯塔那23号墓（1）]、[阿斯塔那151号墓（23）]等。从表现形式来看，两者属于笔画的增减。从形体的演变来看，“尺”为前代形体之继承，“尺”则此前各时期字形中未见①。睡虎地秦简中有作，或可成为此字源起但早期汉隶中不见。因此，此形或是受到“報”“服”等中构件“”的影响产生的变体。此构件在文书中作“”或作“”，前者形与“尺”相近，故将其另一变体之形影响渗透至“尺”字而作“尺”形。文字形体中的这种相互作用类似于词义引申中同义词之间的同步引申方式。此二构件的发展又与构件“欠”的发展演变相关联，“欠”小篆作，睡虎地秦简中多作、等形，马王堆帛书中作、、、、等形，银雀山汉简中作、、、、等形，可见早期汉隶承秦隶而有变化，部分变体逐渐与“尺”接近，但仍为上下分离的两部分的组

① 臧克和：《汉魏六朝隋唐五代字形表》，南方日报出版社，2011年，第441页《司马遵業墓志》中“尺”字迹模糊，或作此形。

合。这一时期的“尺”则或作，或作[1]，作后者则同“欠”，同时期，从“𠬝”之“服”作、、、等形[2]，可见三形接近。故后世文字演变中三个构件相互影响，如文书中“服”作、［阿斯塔那524号墓（9）］、［阿斯塔那169号墓（5）］、［阿斯塔那363号墓（6）］等形，可见或受之同化作用；“欲”作［哈拉和卓96号墓（11）］、［阿斯塔那62号墓（6）］、［阿斯塔那13号墓（2）］等，“款”作［阿斯塔那62号墓（2）］、［阿斯塔那62号墓（3）］等。

又如“款”，文书中或从“⿱士示”，或从“⿱匕示”“⿱上示”，上之“匕”形或又作“上”形，如［阿斯塔那507号墓（21）］、［阿斯塔那230号墓（9）］等。从⿱士示到⿱匕示、⿱上示的变化，当是出现在由东汉到南北朝这一时段，东汉碑刻中“示”上构件仍作“士”或“木”，来自小篆或《说文》古文，南北朝碑刻中已作后两形。另一同从此构件的“隸”字亦有此类变化，如敦煌文书中此字作、[3]等。这一变化不知源起为何，但产生此类变化后则与“疑”“颖”左部构件相混。“隸”“款”左部构件“柰”本从“木”从“示”或从“出”从“示”，马王堆帛书中“款”隶作、，上部构件或与“之”或“止”相近，后世或由此隶作与此相近之“匕”形或“上”形。又敦煌文书中“𤅷”作[4]，或可作为以上猜测的佐证，“山”“止”“亾”“匕”等形隶变中常相替换，如“齿”隶变中常改从“止”为从“山”，“缶”下“山”形或又作“止”形，或为此形演变途径。银雀山汉简中“柰”已或作，下部构件“示”已讹

① 骈宇骞：《银雀山汉简文字编》，文物出版社，2001年，第292页。
② 骈宇骞：《银雀山汉简文字编》，文物出版社，2001年，第293页。
③ 黄征：《敦煌俗字典》，上海教育出版社，2005年，第240页。
④ 黄征：《敦煌俗字典》，上海教育出版社，2005年，第241页。

混作“禾”，其所处位置与下部构件皆与“颖”相同，故上部构件受其同化而为“匕”亦有可能。另外，从“龺”之“朝”“戟”“乾”等字南北朝碑刻中皆出现了替换从“卓”的现象，文书中亦有此类现象，如“戟”作［阿斯塔那204号墓（4、5）］，“乾”作［阿斯塔那100号墓（1）］等。此类替换在南北朝以前的文字中未见，不知来源为何。“癸”在文书中或作“卒”，如［阿斯塔那138号墓］附录，亦不知其来源为何。文书中亦有“癸”作“癸”者，居延新简中此字有作“桊”①形者，或与此形相关。又如“幹”作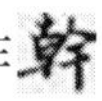［阿斯塔那35号墓（19）］又作“榦”，如［阿斯塔那209号墓（2）］，“翰”同此作［阿斯塔那509号墓（54）］，“榦”作［阿斯塔那337号墓（20）］，此构件转向成字构件“本”。以上三字中所加横笔不知源起为何。“䩼”又作“鞼”，如［阿斯塔那29号墓（1）］，它处未见。“再”作［阿斯塔那380号墓（3）］，或为“一”形与“冖”的替换，文书中“冖”草写作“一”者可见，但未见反向替换者。“受”多作“受”，或又作［阿斯塔那10号墓（7）］，显然为“受”形之省，但不知此省形之源起。文书中“受”或又作［阿斯塔那90号墓号墓（4）］，上部隶省作“十”，又调整作“⺊”，或为此形形变轨迹。与此相关的又有“索”，此字在文书中或作［阿斯塔那365号墓（4）］，“十”左右加两点，与上述“爫”之变体同，“凄”与此同，作［阿斯塔那169号墓（6）］。此处“十”“⺊”之变，前述“朝”“隸”等字中之变化亦或与此相关。“賀”本从“匈”，文书或又作［阿斯塔那42号墓（12）］，可见

① 臧克和：《汉魏六朝隋唐五代字形表》，南方日报出版社，2011年，第1123页。

“勹”与“冖”的替换，但下部构件变化待考。“侵”作［阿斯塔那125号墓（6）］，于左右构件间增一竖笔，亦不明其源起。“演”作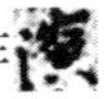［阿斯塔那509号墓（22）］，单字“寅”亦作［阿斯塔那507号墓（37）］，横线替换作两点，文书中可见在封闭的结构内部两点连成一横线的情况，如“黑”“曾”等，但类此将横线分作两点的情况少见。又如文书中“袴”或作、［阿斯塔那29号墓（1）］，构件“大”上之两点来源不易确定，或源自“大”与“亣”的混同，或源自构件“亏”与“兮”的变体合取。

第三节　文字变体的选择性

我们发现，文书中同一构件的不同变体在不同文字形体中的出现并不完全一致，有的变体仅出现在某些或某类文字形体中，而在其他文字中则采用另一变体，我们称之为文字变体的选择性。

如构件“爪”作“爫”或作“⺥”“尒”等形，在“采”及以此为构件的“菜”“彩”“採”“綵”等字中，作“爫”，或作“⺥”，作后者时，下部构件“木”竖笔往往不出头。在“受”“授”“爯”“稱”“援”等字中，多作“⺥”“尒”，其中“稱”“爯”中“爪”下构件多作“冄”形，故可见“爪”采用何种变体与所处文字相关。下部构件为竖笔则多作“爫”以避免与下部构件粘连，下部构件为横笔则不存在此类问题故多作“⺥”“尒”。又如文书中“菜”从“卄”“丬卜”而不从“䒑”，与下部构件“采”首笔笔画形态相关，避免两个相似笔画的重合、粘连。

构件“臼”变体作“𠁣”“旧”“山”“田”“䒑”等，但在不同的文字中变体的选择不同，作为上部构件的文字中，如“兒”“舉”“鼠”中有变体作“䒑”，而“臽”“陷”“寫”“舊”等字中则不见此类变体，自当与“⺍”形出现在下部构件中不符合汉字结构稳定的需求有关。“舅”中虽处上部却亦不作“⺍”，当与“臼”在此字中明显所起的表音作用相关。“兒”“舉”“鼠”三字中虽皆有作“⺍”形者，但仅“舉”承此形而为此字简体，亦与整字形体相关。“兒“若承此形则与“光”相混，故不采用；“鼠”若承此形，则亦与“举”形易混，文书中“鼠”多作［阿斯塔那330号墓（4）］，故而淘汰。因此，此三字虽遵循构件系统均作过相应的探索，但受文字区别性的约束而有所取舍，在“鼠”“兒”中舍弃变体“⺍”。同理，“舉”与“與”“興”同从“舁”且形体结构相似，“舉”在文书中有变体省略声符“与”，但在后两字中未见此类变化，原因亦在于保证文字之间的区别特征，“舉”出现此类变化在于它与后两字可以通过下部构件“手”进行区分，而后两字仅可依靠各字声符区分，故不可省。

构件“彡”，文书中作“彡”，或作ミ、ミ、乁等形，彡、ミ、乁等形出现在充当右部构件的“彩”“形”“彫”“影”等字中，而变体则出现于充当下部构件的“彦”“修”“穆”等字中，绝不相混，显然是不同的方位变体，后者受空间局限而省。

“工”在单字及充当“红”“江”之构件时或作“工”，而在“贡”“功”“差”等字中则不作此形，仍然是由其所处位置所决定，后三字中“工”之上下扩展空间皆受限制，即便是处于左边构件位置的“功”中，此构件亦因其偏旁化的趋势而使得文字以右部为重，故“工”扩展空间紧缩，而右部构件“刀”绝不作偏旁化之“刂”。

“刀”“力”“刃”作为构件可相替换，文书中从“刀”之字仅“初”替换从“力”或从“刃”，又进而替换从“勺”，“剪”替换从“力”，“剑”替换从“刃”，其他从“刀”之字中则几不见此类替换。各有其内在原因可作解释：“刀”作右部构件的文字中，因此构件已经偏旁化，而“力”“刃”不具有此类功能，故多不替换。这一点在“别”中体现尤为明显，“别”本从“冎”从“刀”，文书阶段左边构件已讹作从“口”从“刀”，或从“⺈”，或从“力”，但右边构件“刂”不变，原因正在于此。“剑”从“刃”则属历史传承，汉隶中大量从“刃”者，反而从“刀”者少见，究其根本应是与此字表意与“锋刃”凸显的特征有关。“剪”字则因此构件位于下部故空间上不受偏旁化限制。而“初”是一个从“衣”从“刀”之较特殊的文字，此字造字之初与两构件意义皆相关，但其后世字义经抽象化而与两构件均脱离了关联，故在隶变过程中两构件均发生了替换，“衤”替换作“礻”，“刀”替换作“力”“刃”，如［阿斯塔那61号墓（7）］、［阿斯塔那20号墓（7）］，又在从“力”之变体基础上将内部之短撇改作“丶”而成成字构件“勺”，如［阿斯塔那154号墓（2）］。

“口”常替换作“㔾”“凵”，已如前所述，但此替换仅局限于此类“口”处于文字的上部位置①。此种隶变源起于汉晋时期，汉晋流简纸中已见“兄”作“兄”②，大量出现发展在南北朝时期，这一时期在“兄”“克”“兒”“兜”等字中皆出现了此类变化③。

“又”隶变中或替换作“ㄑ”，但这一替换多出现在构件“又”的左边为竖笔的情况下，如“取”，文书中又多作“耴”，“娶”“趣”中同此；“𠬝”在文书中多作“𠬝”“𠬝”，如“服”“報”作［阿斯塔那222号墓（13）］、［阿斯塔那76号墓（18）］、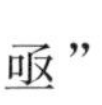［阿斯塔那5号墓（17）］、［阿斯塔那187号墓（6）］；“亟”亦作“亟”，如“極”作［阿斯塔那363号墓（6）］。与此相类似，“哭”中右上部

① “兄”中或可看作构件“儿”与“兀”替换，与“兒”中同，“兒”亦作“皃”等。
② 臧克和：《汉魏六朝隋唐五代字形表》，南方日报出版社，2011年，第143页。
③ 臧克和：《汉魏六朝隋唐五代字形表》，南方日报出版社，2011年，第143－148页。

之构件“口”替换作“厶”，由于其左部为“大”中竖撇之竖笔，故受此影响，“厶”又作“㇛”，又进而隶作“人”形，如［阿斯塔那363号墓（6）］、［阿斯塔那184号墓（10）］。此变体或又不仅限于此，“又”在文字右侧时也往往隶作“㇛”，如“叙”作［阿斯塔那320号墓（6）］，“堅”作［阿斯塔那517号墓（2）］，但相对前述文字形体出现频率大大降低，而在其他位置则不作此形。此变体系“又”形连笔而来，其前提条件是由左边构件末笔与“又”整体连笔而成。

“羽”在“習”“翼”“翟”等构件处上部中作“彐”，而在单字及处文字右部、下部位置时则作“羽”，如“習”作［阿斯塔那151号墓（34）］，“翁”作［阿斯塔那363号墓（6）］，“翔”作［阿斯塔那27号墓（8）］，可见形体笔画变化的区别。

选择性还体现在文书中相似形体选择不同的隶变形式，如“元”“无”形近，且文书中“元”或讹混作“无”形。但“无”或变体作“九”，“元”则无此变体。分析其原因，应与不同文字自身构意功能的强弱有关。“元”源自古文字形体，构意明晰，且其下级构件均为常见构件，故其形体会相对稳定，隶变尺度被限定在一个较小的范围之内；“无”则本即来自“無”之草写，构意全失，类同新造字形，故可较大幅度地隶变，且尽量向高频构件的方向转化。可见，构意的强弱应是维持汉字形体稳定的重要因素。

综合分析文字变体的选择性现象，变体的选择多与以下因素相关：

1. 受文字中构件间的关系影响。如前述“盖”“著”等字，“艹”之变体“䒑”得以采用，正是由于其与下部构件形成高频构件“兰”。又如“笺”中“竹”或隶作“䒑”，与下之“戈”变体“土”组合为“兰”，如［阿斯塔那524号墓（9）］。

2. 受到构件在文字中所处方位的影响。如“自”“臣”“巨”皆因隶作

“阝”，进而将弯曲的线条拉直而为“刂”，如“贤”作［阿斯塔那221号墓（14）］；“渠”作［阿斯塔那10号墓（17）］等。但“𠂤”位于字形下部绝不作“刂”，如“遣”，在“追”中亦不作此形，究其原因，“遣”中两竖笔下部位置不符合字形稳定的要求，“追”中此构件处于整个结构的重心位置，因此也不作此形。

构件的偏旁变体亦属此类情况。构件“辰”在文字中处于下部时作辰、㫳、辰，作为“辱”的构件出现时除上述三类变体外又作“厌”形，显然与其所处位置相关。又如“厷”由于构件“厶”与“匕”及“口”的相混替换而作变体“右”及“尢”，文书中从“厷”之“雄”采用变体“右”，如［阿斯塔那337号墓（20）］，而“肱”则采用变体“尢”，如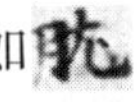［阿斯塔那27号墓（8）］。两者的不同选择显然是因此构件在文字中的不同位置引起。参考两字历史文字形体，“肱”中或又采用变体“右”，但“雄”绝不采用“尢”形，更可证左边构件空间限制了向右延展类的笔画在此部位出现的可能性。

3. 整字形体中构件变体形式的选择往往又与构件的搭配相关。汉字逐渐走向成熟过程中，书法作为一门艺术对于汉字结构形态提出了稳固、美观、协调等要求。书法不仅仅对笔画形态有特殊的审美要求，同时体现在汉字构件组合的和谐上。如“華”“荒”“茭”“薦”等字中，如果“艹”隶变作“䒑”，则整字笔画重复，影响形体美观，故不选用。

4. 与维持文字功能相关。如“口”与“厶”的替换在以“厶”为构件的“始”中绝不出现，当是因替换后则声符变成另一成字构件“吕”，丧失表音功能，故而避免。又如“竹”或又隶混从“艹”，但亦有不混的现象。文书中竹部之字皆从“竹”者包括“筆”“箇”“管”“箭”“籠”“筐”“篇”“竺”等字，各字所表意义皆与“竹”有着明确关联，故而构件保持不变以维持其表意功能。

第四节　文字形体发展的类推性

类推性是指文字变体的形成多数并非一步完成，也并非孤立完成，要受到多种隶变规律关联作用和多种相关隶变现象的影响来逐步实现，这种隶变的逐步推衍即为文字形体发展的类推性。

一、正向类推

“减”本从“冫”，咸声，文书中作［阿斯塔那44号墓（6）］，两点附于“咸”，与“疒”之相近，因而又类推而同“疒”之变体“广”，如［阿斯塔那191号墓（3）］。“藉”“籍”二级构件本为“耒”，因文书中“耒”“禾”意义相关而常替换，故而在此两字中也发生替换，如［阿斯塔那239号墓（2）］。因前述“弔”与“予”“矛”常相混，而“弔”与“弓”形近，故从“予”之“舒”文书中又类推而替换从“弓”。再如前述从“肻”到“肯”的变化，即为正向类推。

二、逆向类推

“灬”连笔草写作“一”，故文书中从“一”之字又往往反向类推作“灬”，如“亟”下本为“一”形，文书中或又隶作“灬”，如［阿斯塔那363号墓（6）］。但同为相似形体的“丞”则不作此类变化，应是为保持与“烝”字的区别度。

文书中两点常连笔作一横或一竖，此规律或又反向类推，如“冒”本从“冃”，文书中作［哈拉和卓91号墓（34）］。

“死”在文书中或又作“死”“歹乚”，大概源自于“乚”常作“匕”的逆向类推，如“孔”或又作“孔”，“乱”又作“乱”，“充”又作“充”，

“悦”作“悦”等，故此处又将“匕”反推作“乚”。

“艾”下构件“乂”又作“又”，如艾［阿斯塔那22号墓（7）］，文书中“又”多作“乂”，乃为构件自身隶变笔画曲直的变化，但“乂”形与构件“乂”同，故从“乂”之“艾”亦逆推从“又”。“凶”同此，“乂”形或又作“又”，如凶［阿斯塔那27号墓（7）］。

“恭”本从“心”，隶变作“⺗”，又省作“小”，与“火”之变体“灬”同，故“恭”又逆推从“火”，如恭［阿斯塔那59号墓（2）］；又如“衡”本从“行”从“角”从“大”，因构件“大”常作为“火”之变体出现，故又逆推而作“火”，进而作其变体“灬”，与上之“角”的变体“鱼”结合而为成字构件“鱼”，如衡［阿斯塔那15号墓（10）］，敦煌文书又作衡。

“又”在文字中常替换作“攵”，故“脩”中又逆向类推作脩［阿斯塔那169号墓（6）］、脩［阿斯塔那23号墓（1）］，右部构件通过重组变为高频构件“有”，但文字理据消失。但此类变化不出现在结构及构件相同的“修”中，则体现了高频构件支配下的变体选择性。而“随”本不从“攵”形，隶省作“随”后，又替换作“攵”之变体作“⺈”，如随［阿斯塔那29号墓（12）］。

单字“害”中下部构件“吉”形或替换作“告”，如害［阿斯塔那169号墓（5）］，其原因当为讹混。由于隶定方式的不同，“告”在文书中作“告”或作“吉”，故此处“害”虽不从“告”，但“宀”下构件隶变整体作“吉”形，故又逆向讹混作“告”。

“坑”中构件“亢”因点画与撇的调整及位移而作坑［阿斯塔那226号墓（19）］，此形与“冗”形近，故又逆推作坑［阿斯塔那509号墓（58）］。

“能”，文书中或作［阿斯塔那13号墓（1）］，此形由［阿斯塔那222号墓（13）］逆推而来。本上“能”形中“匕”分别隶作“上”“厶”两形后重新组合为成字构件“长”的结果，又逆推为“长”之繁体“長”。

构件“尊”，文书中或又作“蓴”，如［阿斯塔那507号墓（26）］，“尊”本从“酉”从“寸”，金文讹“酉”为“酋”，因此“酋”本为一个整体构件，但在这一变体中则分离为两个构件，这是受到“丷”与“艹”替换的逆推作用而产生的变体。

“匹”中构件“⼕”横笔之下部分，文书中多隶同“辶”之草写“⻎”，又逆推加“丶”从“辶”，如［阿斯塔那509号墓（23）］、［阿斯塔那34号墓（4）］。

“陰”通过构件重组产生新的构件“镸”，之后又循“镸”之隶变，在“陰”中同步产生变体作“隂”，如［阿斯塔那42号墓（12）］。

三、连锁类推

如“茂”下构件“戊”或作“戍”“戉”“氏”等形。文书中“茂”又作［阿斯塔那230号墓（16）］，此形则是“戊”混作“戍”基础上的受到从“戍”之字“蔑”之影响进而产生的变体，文书中“蔑”受“薨”“夢”等之影响在“戍”上增加构件“冖”，这种变化被整体对应到变体从“戍”的“茂”中，再进一步笔画横共用产生前述变体。

又如“因”，文书中或又作“囙”“国”“囙”，从“大”与从“土”的区别在于对线条笔画化的方式不同，从“工”则源于“土”和“工”的替换，从“コ”则是“工”连笔草写的结果。

“歳”本从“步”，文书中下部隶作形近之“小”，文书中又进而替换作“火”“大”“灬”等。

“脩”，文书中作［阿斯塔那48号墓（2）］、［阿斯塔那327号墓（1）］、［阿斯塔那169号墓（5）］、［阿斯塔那31号墓（1）］，可见此字受成字构件“有”影响从[行有]到侑、[彳有]，再受形近文字“随”影响而发展到迶的轨迹。

四、相关类推

如“卅”本作“丗”“丗”，文书中隶作“卅”，会“三十”之义，“廿”本作“廿”，与“丗”之构意相同，文书中后期“廿”又多作“卄”形，如［阿斯塔那206号墓（12）］，既可以看作“廿”之草写变体，也可看作是“卅”之类推变体。

“慽”或作“[彳戚]”，如［阿斯塔那363号墓（6）］。此形在“慽”作［阿斯塔那363号墓（6）］基础上产生，在构件“土”与“戈”共用横画的基础上，由于“厂”形与“广”常相替换，故受“广”或作“𠆢”之影响亦作变体“𠆢”，后则又以“彳”替换“亻”。同类变化如“冠”作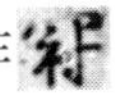［阿斯塔那332号墓（13）］，本与其服饰类意义相关，又有“尅”作［阿斯塔那169号墓（6）］，“寇”作［阿斯塔那27号墓（7）］，皆因相同文字结构、相同笔画形态而产生同样的隶变形式。

事物的发展都有其内在同一性，这一点体现在字形演变和意义引申中非常贴切，此处文字形体发展的类推性与意义引申中的相关引申、同步引申、链条式引申等引申方式正可相对应。

第五节　文字形体的区别性

文字作为音义的符号载体，应尽量保证其形体与音义的对应性，才能够尽量避免文字使用中的讹混现象。隶变过程中，由于文字形体的发展具有其自发性、随意性，且往往形体脱离音义的束缚而自由演变，故而在吐鲁番文书文字中出现了不少的讹混字，已如前所述。尽管如此，文书文字在维护文字的区别性方面仍然体现出了一些鲜明的特征。

“貌”在文书中常作“狠”，本与文字之区别原则不符，但从文字的使用来看，虽然东汉《说文》即已收录“狠，犬鬭声。从犬艮声”，此后“狠”字在文献资料中出现频率极低，尤其是在出土文献资料中基本未见此字，《汉魏六朝隋唐五代字形表》中未收此字，足见此字使用不广，故而“貌”可在一定时段内采用“狠”为其变体。如前所述，“貌”作“狠”本源自“”“”，此二形本与“狼”形更近，但“狼”属常见高频字形，故用“狠”而不用“狼”为“貌”之变体。又如“厶”与“口”本常见替换构件，但在“允”中“厶”绝不替换作“口”，以保持文字的区别性，避免与“兄”相混。

又如“主”，此字在文书中作、、、、等形，形体结构与构件组成不存在大的变化，但还是可以在笔画及笔画组合方面体现出以下几点特征：一是“丶”或作横；二是三横的长短对比不同，早期往往首横较长，后逐渐向上下长中间短或下边长过渡；三是以“亠”和“土”为两个书写单位。“”形当为讹写形体。此字本为火烛之形，睡虎地秦简中作，马王堆帛书作、等形，银雀山汉简中作、等，可见马王堆帛书中已将烛台之线条拉直为横线，“土”形为其底座之形，故后世文字书写多以烛台烛火为一个书写单位，底座为另一单位。

“主”今作为构件出现在“注”“住”“柱”“往”等文字中，但从其文书中的形体表现看，“往”与其他三字不同。在前三字中同单字“主”，“往”中则体现为形，“主”上之“丶”在“往”中与中间竖笔为一笔。敦煌文书及魏晋南北朝碑刻同此，构件或又作、。两者区别的原

因当为构件来源不同，构意不同。《说文》：“往，之也。从彳㞷声。”㞷本“往”之初形，从“之”（或“止”）从“土”，甲骨文作，后世增“彳”或“辵”，为累增义符。睡虎地秦简中已隶作，可见与“主”之区别。马王堆帛书、银雀山汉简等汉隶中隶作。可见早期汉隶中“主”“㞷”两构件即已明确区分。两形的区分，避免了以之为构件的文字的相混。一为“枉”“狂”与“柱”。今之“枉”，《说文》中从“木”从“㞷”，马王堆帛书中作，银雀山汉简中作，东汉碑刻中，此字作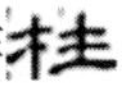（曹全碑）、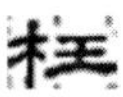（议郎元賓碑），三国魏曹真残碑仍作。文书中皆作“枉”。可见汉碑中变从为从“王”，两者之变既是形近替换，又属音近声符替换，同时避免了“枉”“柱”两字之相混。“狂”变化同“枉”。二为“住”与“往”两字。文书中可见“往”常更换构件“彳”作“亻”，为常见的构件替换。但“住”“往”两字不相混，正在于前者作形，后者作、、，可见两者之区别，亦可见笔画在区分不同文字中的重要作用。南北朝隋唐时期，文字连笔现象众多，但在此二字、二构件中则避免连笔而致的混同，恰恰反映出在隶变降低了字形构意的情况下，人们对于某些汉字的构字理据仍然在一定程度上能够有所了解，特别是对一些形体易混的汉字尽量保证其形体的区别性原则，保持其笔画区别的自觉性。但也正因为两者形体的接近以及对当时两个文字形体区别关系不够了解，今人在校释古代文字资料时常对两者关系解释不清。“住”的产生较晚，应是在魏晋之后，故此之前不存在相混的问题，之后则多有厘定不清的问题。《汉魏六朝隋唐五代字形表》“住”下北魏王昌墓志、东魏比邱道匠记、元仲英墓志、隋宋玉艷墓志中皆当为“往”。

与此相关的还有“生”，文书中“生”多同今之形，在以“生”为构件的“性”“姓”“牲”“隆”“産”中，基本同此，仅“姓”“隆”中有作

"𡈼"者。敦煌文书中单字作"生"或作"𡈼"。睡虎地秦简中此字作，马王堆帛书中作、、、等，银雀山汉简中作、、，可见早期隶书中"生"即与"㞢"形体相类，但亦分化出不同的变体。整个汉隶时期多形并存，且可见首笔横带弯折者与横始终保持为一笔，绝不分离，即便碑刻中也无例外。魏晋南北朝时期，碑刻文字所见数量上已完全以类为主。从形体表现来看，仍两形并存，但从笔画特征来看，魏晋时期，首笔仍作，撇笔完全未能从横笔中分化出来，南北朝时期逐渐分化为两笔，文书中情况亦同此。

从上面所述，可见"生""㞢"形体有相混，但由于后者一般仅作为构件出现在"往"中，而前者在"彳""亻"部无字，故不造成文字相混，因此，"𡈼"可作为两构件变体长期并存。但"生"汉代已有其他变体，两构件在读音、意义皆有区别，前者在文字系统中属高频文字及构件的情况下，整个文字系统最终仍遵循了区别性原则来分化两者。

可见，文字形体的区别性既是吐鲁番文书文字的特征，又是文字变体遵循选择性的前提条件。文字形体的区别性在文书中主要体现为以下几个方面：

1. 当文字由两个构件组合而成时，为保持文字的区别性，那么往往拒绝两个构件同时发生巨大的变化，这也是隶变过程中文字保持其历史传承性所必须遵循的规则之一。

如"艹"与"䒑""++""亠"常相换用，"++"为"艹"之前期形态，是笔画断连的变体，"艹"与"䒑"当属笔画形态以及笔画组合方式变化而形成的变体关系，而与"亠"则属形近构件讹混。故文书中"芳"变体作"芳"而不作"方"，在下部构件出现变体的情况下，尽量拒绝上部构件同时出现变体，否则很有可能将出现整个文字混同的现象。

"求"首笔多有折笔与直笔之区分，而末笔多有有点与无点之分，下之“氺”形多与“小”相替换，“求”中同此，但在替换的情况下则保持折笔或保持末笔加点，以此而与“木”相区分，如［阿斯塔那103号墓（4）］、［阿斯塔那230号墓（9）］。又如“山”“止”虽常相替换，但“祉”中“止”绝不作“山”。

2. 形体作为单字出现与作为构件出现时发生形变的概率相比大大降低。

如“名”，文书中出现变体“名”，如哈拉和卓99号墓（4）作，阿斯塔那140号墓（4）作，以“名”为构件的“茗”也有变体作［哈拉和卓91号墓（12）］，而单字“夕”则绝不作“ク”。又如“丹”作为单字与充当构件时，前者仍作“丹”，后者在“彤”“青”等字中形成变体“月”。“麵”本从“麦”从“面”，文书中“面”或替换作形近之“囬”，如［哈拉和卓33号墓（1）］，此形看作前者之形近讹体，但单字的“面”绝无此类变化。“兔”作为单字时绝不与“免”相混，充当构件则常替换作“免”，如“逸”从“免”，“䨲”亦从二“免”。“育”在“徹”中作“青”，单字则不作此。“末”与“未”本形近构件，单字中两者绝不相混，通过上下横笔的长短对比来区分文字，但在“鞢”中充当构件时则或替换“末”为“未”，如［阿斯塔那170号墓（3）］。“旦”在“但”中充当构件时往往将“日”讹作“口”，单字则无此类变化。“无”作为构件隶同“无”“元”“天”等，单字不作此形。“厶”在“私”中常作“么”形，如［阿斯塔那321号墓（3）］，但“厶”作为单字仅作“厶”形。“生”作为单字出现皆作“生”（仅一例作“生”），而在以此为构件的“性”“性”等字中则作“生”“主”两形。“每”多隶作“每”“毎”“毎”，充当构件时大致同此，或又省略上部形体作“毋”“毌”，但单字“每”绝不作“毋”；又如“乞”充当构件时又

或作“乚”或“⺄”，如“讫”作［阿斯塔那230号墓（28）］、［阿斯塔那509号墓（23）］。但作为单字的“乞”绝不作此，避免较强的隶变程度以保证文字形体的相对稳定。“术”文书中作“術”或省“行”作“朮”，作“術”时省略构件“术”中之“丶”，作“术”形则不省。

以上两点，王贵元先生在研究马王堆帛书文字时已有论述：“就形体上说，作为单字时，其形体是唯一的识别成分，变化上会受到一定的限制；作为直接构件时，形体已不是唯一识别成分，形体上的限制有所降低；而作为间接构件时，其形体只是直接构件的一部分。如此，功能和形体两方面共同作用，决定了同一形体作为单字时变化最小，而作为间接构件时变化最大的特征。”①可见为整个隶变过程之共同规律。

3. 隶变中往往优先保证形体轮廓不变，中部或内部构件优先隶变或隶变程度高。这一点也与早期隶变相同，赵平安先生曾总结隶变基本规律认为，“拿隶变后的字与隶变前的字比较，大多数很容易看出在形体上的相互联系。这是因为在隶变时，它们都保留了原字的框架轮廓或特征部位”，“隶变过程中，字形变化最突出的部分往往是字的中部，……这是因为字的中部的变化对字的框架轮廓影响不大的缘故”②。

如“過”，文书中变体众多，但其“辶冎”的外部轮廓几乎始终保持不变，除阿斯塔那326号墓（1）中将构件“咼”之上部变作形近之高频构件“丙”外，其余皆为将“咼”之内部形体或省略，或将“┳”形作“┏”“人”“┣”等，但“冎”之外形不变。构件“戔”，文书中常隶作“戋”，又进而作“戋”，亦始终保持其上下左右基本轮廓的不变。又如前述“肅”亦仅对其“丿丨”内部形体进行调整，但此外廓则保持不变。“齊”同此。“還”，小篆作，构件“睘”从“罒”从“袁”。文书中“還”中或将“袁”之上部构件“叀”整体省略作“遝”，并在此基础上

① 王贵元：《马王堆帛书汉字构形系统研究》，广西教育出版社，1999年，第68页。
② 赵平安：《隶变研究》，河北大学出版社，2009年，第52页。

隶变作“還”“遝”等，或省略“叀”形上之“十”形作還，既通过上下构件不变保证了基本轮廓的不变，又保证了文字形体的简化，同时还依旧维持着成字构件的组合方式。“善”文书中省形作“善”“善”，将中部笔画省略，上下形体则保持不变；“邕”作“邕”亦如此类。“颜”多将其内部构件“彡”隶变作“⺀”“乚”“ㄴ”等形，其余部位则保持不变。文书中“寧”作“寍”“寜”“寕”“寧”“寗”“甯”等形。敦煌文书中又作“”“寗”等形。《说文》：“寧，愿词也。从丂寍声。”从所见“寧”字形体来看，此形隶变中形变部位基本集中在中部构件“心”，这与汉字构件形变规律相合，对文字整体认知不造成大的影响。又如“瓊”作［阿斯塔那169号墓（3）］，“牽”作［阿斯塔那4号墓（18）］，“憙”作［阿斯塔那48号墓（22）］，“盡”作［阿斯塔那519号墓（2）］，“曇”作［（阿斯塔那169号墓（3）］，“商”作［阿斯塔那48号墓（13）］等皆是在保持其外部形态的前提下对内部构件或变形、或省减来展开其隶变过程。

第六节　文字发展的不平衡性

文字发展的不平衡性体现在以下几个方面：

一、同一构件发展的不平衡性

与前述构件变体的选择性相对应，同一构件在不同的文字中体现为或同或异的变体形式，其原因有的可作分析解释，有的则仅为约定俗成。如“左”和“右”，东汉隶书中两字已皆从“又”，但在早期文书字形中可见两字差别，后者明显保持“又”之汉隶写法，而前者则多已作楷书笔画。

构件"聿"在"肃"与"書""畫""晝""隸""筆"及单字"聿"中隶变形式不同，"聿"在"肅"中体现出与其他文字中皆不相同的隶变形式——中间竖笔不出头，或仅至"⺕"形之下，如［阿斯塔那27号墓（8）］、［阿斯塔那43号墓（3）］等。这一形式在东汉碑刻中即已大量出现，应是与此字上下构件方位及结合关系相关，"肅"在《说文》从"聿"从"𣶒"，上下结构，与"書""畫""晝"等上下结构的字不同，"肅"中"聿"虽同处于文字上部，但其竖笔向下的伸展并未像前述文字一样受到限制，而是与下部构件"𣶒"重新组合而发生新的形变，如文书中"肅"下部"川"内隶变作"米""氺"等高频构件，因此可见竖笔在此字中的组合关系发生了变化，重心由"聿"转移到构件"𣶒"中，这也正是"肅"中此构件隶变形式与其他几个字不同的原因所在。其他几个字中构件"聿"虽有形变，但与整字中其他构件保持独立。"高"变体作"高"或"髙"，而以后者占绝大多数，文书中从"高"之"臺"中两形并存，而"亭""享""亨"仅从"髙"形作"亭""享""亨"，"京""景""就"等字则多从"高"形隶省作"亩"，偶或从小篆改"曰"形为"口"形。可见从整体从"高"之字来看，文书中多承早期汉隶形体，在不同文字中又体现出了隶变程度的不平衡，但从具体每个字所从的形体来看，又表现出了相对一致的隶变形式，单字本就比构件更加稳定，故单字"高"多承早期汉隶之形不变；"亭""享""亨""烹"等字本即从"高"之上部之形，且下部有横笔作为"冂"之依托，故亦多承汉"髙"；从"京"之字则因为下部隶作"小"之形，"冂"下部缺少横笔的依托，故而将此形调整，隶作封闭的"曰"形；"臺"中或从"髙"形则是如前所述，为与上部构件重新结合成为常见构件而作出的选择。"户"作为单字皆作"戶"，或仅上之一点作短横，但皆不省，与单字"尸"相区别。但构件"户"在"房""扁"中表现出不同的形式，前者中同单字"戶"，后者则多作"尸"，偶或作"户""戸"，或又将上之短横移至下方作“戸”，如“遍”作［阿斯塔那201号墓（2）］，“偏”作［阿斯塔那43号墓（3）］等。参考其他文字资料中从“户”之字，此类变化多仅出现于“扁”及以此为构件的文字中，且在之前的文字资料中并不多见。东汉碑刻中“篇”或作𥲀（北海相景君铭），其他皆从“戶”形。此处当是“扁”居于文字下方产生的变体，后世文字或承之，而将此形渗透扩展到所有从“扁”之字。构件“𠫓”本为倒“子”之形，文书中“育”中仍作“𠫓”，“流”中作“𠫓”或作“云”，“徹”中则作“去”。构件“悳”在“德”中作“㥁”或作“悪”，且有明显的时间分期，但同从此之“聽”文书中则皆从“㥁”，无变体“悪”。构件“谷”在“容”“俗”“欲”“卻”等字中体现出不同的隶变形式，前三字都从“谷”“⿱八合”“⿱八合”，“卻”已作“却”，“容”或又从“合”“令”。“卻”从“去”重构了理据，故而得以沿用。“容”当是在隶从“谷”“⿱八合”的基础上又因与“合”义相关而省形从“合”，从“令”乃“合”形之变，如文书中“合”亦作［阿斯塔那302号墓（12）］。文书中构件“矢”居于构件左边位置时多作“矢”形，如“短”“矫”“知”等字。但在“短”中“矢”又混作“扌”，如［阿斯塔那135号墓（1）］，但在同类其他字中则无此类变化。这一差异当是源自文字的历史传承，“短”作“拞”在东汉碑刻中已经出现，逢盛碑作此形，顾蔼吉按：“《广韵》‘拞同短’。古文《尚书》作拞。”[①]后世承之。可见，此形当是古文《尚书》形体之影响下得以历史传承。“屰”在“逆”中隶作“羊”，而在“朔”中则皆隶作“干”，将直接隶定之形省两点，而在“邦”中则又常增两点作“⿰羊阝”。构件“畐”或作“𠫤”，“福”“塸”“愊”“逼”皆有此类变化，但“富”则不作此。“畐”又或作“畠”，但仅出现在“富”中，不见于以上三字。“承”与“丞”中“了”形同为“人”形，但两字的形体发展

① 顾蔼吉：《隶辨》，中华书局，2009年，第101页。

不同，前者上部早期作“”“”，如［阿斯塔那99号墓（3）］、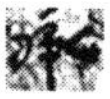［哈拉和卓96号墓（11）］、［哈拉和卓91号墓（28）］，后期才作［阿斯塔那193号墓（6）］、［阿斯塔那43号墓（1）］，后者则直接作“”。“耒”在“耕”“藉”中替换作“禾”，但在“誄”中则不替换，可见对其构形功能的保持。“犮”单字作［阿斯塔那151号墓（23）］，在“拔”“跋”中则作［阿斯塔那43号墓（3）］，“髮”中同此，与“彡”共用撇作（阿斯塔那305号墓）。“事”中“⺕”形中部横笔不通出，如、［阿斯塔那509号墓（56）］，“⺕”同此，从“聿”之字中则横笔通出，如“肅”“書”“筆”等。

二、文字的讹混现象与文字的区别性特征同时共存

这两点前文已有论述，这里不再赘述。这两种看似矛盾的现象恰恰反映了文字系统的成熟完善，不能够仅仅依靠系统自身的自然发展，还需要系统之外人为的规范。如“土”加一点从其产生来看当为区别性笔画，但此类形式在文字系统中大量出现时则失去了其区别功能，产生了笔画的羡余现象和文字的讹混现象，这就需要对文字系统重新进行整体观照，作出全局性的调整。

三、文字形体繁化与简化的趋势共存

简化是汉字发展的整体趋势，但文字发展同时受到多种因素的影响和制约，因而有时简化原则会让位于其他原则而导致字形的繁化。仅以构件的替换为例，文书中如果“衤”多向“礻”单向替换反映了简化的趋势，那么“亻”向“彳”多呈单向替换则刚好与此相反。又如“菐”多替换作“業”，“詹”与“坴”中两点隶作“北”，“狗”作“猗”，“堆”作

“塠”等亦属繁化。

四、某些构件的偏旁化过程还没有彻底完成

如“衣”作为左部构件在文书中多作“衤”，或替换作“礻”，但在某些文字，如“褶”中或又作、［阿斯塔那335号墓（1）］，可见仍作“衣”形；“糸”作为左部偏旁，有的作“纟”，有的仍作“糸”，或又作“糹”，如“绀”作［哈拉和卓96号墓（2）］、［阿斯塔那2号墓（1）］。“月”在文字下部时首笔仍有作撇者，如“胃”作［阿斯塔那337号墓（20）］。“火”在文字下部多作“灬”，或又作“火”，如“熟”或又作“⿱孰火”，如［阿斯塔那363号墓（6）］，“煮”又作［阿斯塔那338号墓（11）］。“示”偏旁化过程没有完成，主要体现在偏旁“礻”或竖笔带钩，如“福”作［阿斯塔那509号墓（28）］、［阿斯塔那169号墓（6）］等。又如“支”和“攵”两形并存，如“微”作［阿斯塔那524号墓（9）］，又作［阿斯塔那169号墓（6）］。

第七节　文字形体发展的多向性

隶变发展的多向性是指同一构件或同一文字形体在隶变过程中并不总是连锁式的发展演变，还可能是采取不同的隶变方式，使形体朝着不同的形式发展。

这种多向性既体现在隶变发生之初，也可以在隶变发展过程中的某一个环节发生，如“力”古文形体隶变作“力”，或作“𠃌”，文书中作

“力”，或作“𠃌”，如“虏”作［阿斯塔那506号墓（1）］，“勇”作［阿斯塔那27号墓（8）］，但从文书中情况看，“𠃌”仅出现在构件居下部的文字中，处右部位置的“力”不作此，原因亦当与其左右结构中构件的让就相关。作为常见的构件“力”在文字形体中其表意功能已经常态化，此类构件一般在形体比例中属于避让的一方，故采用形体较简之“力”形。“勃”在文书中作［哈拉和卓90号墓（13）］、［阿斯塔那27号墓（7）］，此字小篆作，后世隶书作“勃”或作“㪍”，或又将“丷”讹混作“爫”，如敦煌文书中此字作、①。此二形当为小篆形体的不同隶变形式，区别在于笔画的连断不同。后一形体与后世“敦”之异体相同，文书中“敦”尚不作此，故两形不相混。后世“勃”不作“㪍”则概与区别字形相关。“勇”中构件“甬”的上部构件“マ”文书中作“マ”，或作“丷”“𠂆”，“通”中同此。“マ”“𠂆”当源自此形不同的隶变形式，而“丷”则为“𠂆”之进一步变体。“留”在文书中作［阿斯塔那227号墓（1）］、［哈拉和卓98号墓（1）］，分别从“吅”形与“夗”形，另有“留”之变体畄、畄、畄。此字本从“丣”，从“卯”从“一”。故从“丣”之字多省从“卯”，如睡虎地秦隶中“留”作，“卯”作、、等形，“坐”亦本作“畱”，从“土”从“畱”省，睡虎地秦隶作、、等形。可见文书中构件变体“吅”形与“夗”形当来自于对“卯”的不同隶变形式，后世“吅”“厸”替换，多源自“口”“厶”两形相近，此字中似可仍看作是“卯”的不同隶变形式。马王堆帛书中“留”字已作、、等形。“绛”在文书中作“绛”，又作“绛”，前者为小篆形体之直接隶变，后者则是将曲笔拉直而成之变体。

---

① 黄征：《敦煌俗字典》，上海教育出版社，2005年，第29页。

“無”作“無”，或作“橆”，从笔画形式看，两形属不同笔画及笔画组合形式的变化，但参考古文形体，则可知是对正面“人”形头臂部分的不同隶变方式。构件“高”或作“髙”形，如“臺”作“臺”或“𡈽”，表面看属于笔画的增减，但实际上来源于对高亭之顶的不同隶变形式；又如“景”中构件“京”，文书中作“京”“亰”“京”，亦属此类。再如构件“畐”或又作“畗”“畐”，即与此相类。“及”在文书中作“及”，或又作“及”，后者仅存在于早期文书中，后来消失，两者区别在于对“人”的隶变形式不同，“负”中同此。“姓”小篆作，文书中作［阿斯塔那509号墓（52）］，或作［阿斯塔那506号墓（3）］，两形构件“生”存在首笔弯折与直笔的差异，“性”中同此。从小篆形体不难看出，差异的来源正在于隶变形式不同。“甫”小篆作，后世形体中“丶”或有或无，既可看作笔画的增减，亦可看作不同的隶变形式，无点为曲笔拉直的隶变，有点则为曲笔弯折之处隶作“丶”画。“求”同此，小篆，文书中早期多作［阿斯塔那170号墓（2）］，首笔起笔处有弯折而末笔多不加点，亦为小篆形体曲线的一种隶定形式，中后期则多隶作直线而于末笔加点，则为另一形式之隶变。文书中“乾”作“乹”“乹”“乹”“乹”“乾”“乾”等形，“乙”“乚”可看作是构件“乙”的不同变体，东汉碑刻中“乾”中两形皆备，如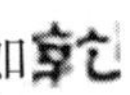（衡方碑）、（魏孔羡碑），又作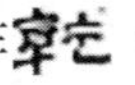（孔龢碑）。从以上三形可以看出构件“乙”在小篆“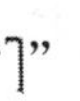”的基础上不同的隶定方式——“乙”属直接隶定，“乚”将上部曲线拉直，“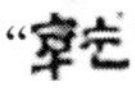”形中此构件是在“乙”的基础上将上部横笔位移产生，由此也可见，笔画“乚”后世多加一“丶”作“乚”乃是“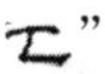”形进一步位移的结果。“乾”形后多将右部构件看作一个整体成字构件“乞”，故其隶变形式亦多与“乞”字趋势一致。构件“牛”在文书中或作

“丰”，如“牟”作［阿斯塔那29号墓（1）］，“牵”作［阿斯塔那4号墓（18）］，“解”作［阿斯塔那321号墓（2）］。“牛”作“牛”或“丰”形的原因在于隶变方式的不同，此字小篆作，前者将曲笔先隶变作“ㄥ”，再断裂而为“𠂉”，后者则直接将曲笔拉直为横笔。“牛”与“扌”“丬”“木”等构件相混亦与此相关。构件“殳”又作“旻”“夂”“旻”“夊”“彐”“旻”等形，或又替换作“攵”“又”。“殳”“夂”“旻”乃“殳”形直接隶定之不同形式，“旻”“旻”当为“殳”连笔草写之进一步变体，“彐”显然为“夂”改变置向之变体，“夊”更是草写变体，“攵”既可看作是与“殳”义近替换，亦可看作是“殳”之变体“夊”进一步的演变，“又”则是义近替换，也是“殳”之省形。“曹”在文书中作“曹”，或作“𣍘”，此字本从“𣗥”从“曰”，以上两形的区别在于对构件“𣗥”采取的隶变方式不同，前者采取的是将二“東”笔画共用进行合并的方式，后者则采取了省略其中一个构件的方式。“匹”从“匸”，汉代隶书中多按照原形隶定，基本同今之“匸”。但在后世的文字隶变过程中，则发生了不同的变化，一者与“辶”之草写形式相混，一者则笔画断裂作“人”形，故文书中作［阿斯塔那370号墓（1）］、［阿斯塔那506号墓（23）］等。《广雅·质韵》：“匹，俗作疋。”《字汇补·疋部》：“匹，匹、疋二字自汉已通用矣。”上述隶变可见“匹”“疋”二字相混的轨迹，当然这也离不开“匹”上横笔与“八”中撇笔连笔且改捺笔为横笔的隶变。又如前述“沉”源自“沈”之分化，从文书中字形来看，“沉”作［阿斯塔那35号墓（29）］，又作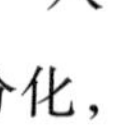［阿斯塔那524号墓（9）］，通过与“沈”字形体相比较可以看到，两形分别从不同的角度进行分化，通过笔画形态以及构件相对位置调整产生，则通过增加区别性笔画“一”产生。“手”的两个变体在同一文字中并存，如“攀”作［阿斯塔

那170号墓（2）]，又作[阿斯塔那170号墓（1）]。又如“過”作[哈拉和卓91号墓（2）]、[阿斯塔那169号墓（1）]、[阿斯塔那301号墓（3）]、[阿斯塔那179号墓（2）]、[阿斯塔那509号墓（28）]等形，可见，其在对上部“冂”形内部笔画改造过程中所采用的各类隶变方式。

第六章　吐鲁番文书文字变体产生的原因

第一节　文字系统的自身调整

一、形近形体的同化

与形近构件的混同相区别，形近形体的同化指两个或几个形体相似的构件往往受到其中某一构件中某一部分形体特征的影响而产生相同的变化，这类变化在隶变早期就已经出现，有时候甚至体现为结构相似的文字形体的局部同化，相互渗透，如“爵”，东汉碑刻作（杨著碑），顾蔼吉按：“《说文》‘鬱’下从彡，与爵异。诸碑鬱作，皆从寸，爵或从彡，相混无别。”[①]说明了两字的相互影响，碑刻可见“爵”亦作（夏承碑），从与“鬯”形近而混，又构件所处结构位置与“鬱”中相类，故与“寸”整体类化，变“寸”为“彡”。

文书中此类现象如“回”作为单字或构件皆作“回”或“囬”，前者形体来源于小篆，后者则与“面”有关。“面”在文书中作“面”或“面”，如［哈拉和卓99号墓（1）］、［阿斯塔那13号墓（1）］。此字小篆作，早期隶书隶定常作“囬”“囬”，与“回”差别甚小。东汉隶书中则在此形之上分离出“”，通过此形即可以清晰区别两字，故后之两字“口”形内往往发生同化而不再作区分。“流”中作“”产生于汉隶，东汉碑刻中多见，当是受到成字构件“不”之影响而产生的

① 顾蔼吉：《隶辨》，中国书店出版社，1982年，第707页。

变体。东汉碑刻“流”作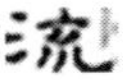（鲁峻碑）、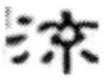（尹宙碑）、（郯令景君阙铭）、（尧庙碑）[1]等，顾蔼吉下按：“《玉篇》‘’，古文流。”[2]碑刻中“不”亦多与“流”中诸变体形同，如（尧庙碑）、（郙阁颂）、（北海相景君铭）等。可见由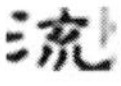到具备了向变体“不”转化的条件，进而受到成字构件“不”的影响而省首笔之“丶”，在后世的发展中，或直接作“不”，或将省“丶”渗透到“㐬”而作“𠫓”，如［阿斯塔那524号墓（2）］、［阿斯塔那509号墓（58）］等。又如构件“𠬝”在文书中多隶作“卪”或“𠬛”，如“報”“服”，后又或竖笔加钩作“𠬝”“𠬝”等形，如［阿斯塔那187号墓（6）］、［阿斯塔那27号墓（7）］等，当是受到这一时期已使用频率相当高的“”“”形之同化作用。“永”又作［阿斯塔那90号墓（4）］，中间笔画隶与“承”“丞”同，受形近形体的影响。“良”在文书中或又作［阿斯塔那153号墓（3）］，显然是与“艮”发生类同反应。后者因或位于文字结构左部而作“𠂤”形，“良”因此而作单字不受空间影响亦作此形。“𢁅”作［阿斯塔那15号墓（16）］，“蔑”作［阿斯塔那27号墓（7）］，可见，在“夷”中“㇉”隶同“冖”之后因与“蔑”下部形近而发生的类同反应。“覺”作［阿斯塔那15号墓（7）］，“學”作［阿斯塔那316号墓（3）］，两者上部本并不从“与”而从“臼”从“爻”，应是受上部结构相同的“與”的同化从“臼”从“与”，进而省减构件而产生的变体。“脩”本从“肉”，攸声，由于“攵”形省减而作“𠂉”，与下部构件结合作“有”，如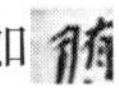［阿斯塔那23号墓（1）］，此形将原有之理据解散，而

① 顾蔼吉：《隶辨》，中国书店出版社，1982年，第286页。
② 顾蔼吉：《隶辨》，中国书店出版社，1982年，第286页。

将重组的构件“有”作为其形体的焦点，发挥表音作用。“脩”隶作，此形形体结构皆与“隨”之变体“随”相类，因而“脩”又作［阿斯塔那31号墓（1）］，“隨”又或受“脩”之影响而作［阿斯塔那209号墓（13）］。“頓”本从“屯”，文书中或又作、、［阿斯塔那332号墓（8）］，可见前两形末笔的弯折应是受“长”的同化而增，又因“厶”形在文书中常又替换作“口”形，故又作。又如“礫”本从桀得声，文书中作、［阿斯塔那13号墓（1）］，它处未见此字，不知所本，当为讹字。此形或可看作字内同化而加构件“木”；或更可看作在连笔情况下“桀”上部构件形同从“文”从“木”，与“樊”之上部变体形近，如“樊”作［阿斯塔那152号墓（3）］，故加“木”讹混从“樊”之上部构件之形。

“景”在文书中又作“景”“景”，这一形体最早目前可见出自于银雀山汉简，作、等形，张家山汉简亦同此。此字小篆作，从“日”不从“口”。此类变化仅出现在“量”中，因此我们暂时认为是受到形体相近的“量”之同化作用。这一推断还有下述形体作为佐证：敦煌文书中此字又作[①]，南北朝碑刻中又作（僧晕造像记）、（姚伯多兄弟造像碑），作同“量”之作“量”“量”。从“白”可看作是形近义近之构件替换，但我们认为其中或应有从“臼”之过渡阶段。从“臼”皆因“量”形之“口”与“日”相近，又与“臼”之变体相近，故又反方向类推从“臼”。故此演化路径当为：

景、景—景—㬌—㬌

“量”在文书中同此作［阿斯塔那216号墓（4）］、［阿斯塔

① 黄征：《敦煌俗字典》，上海教育出版社，2005年，第204页。

那35号墓（5）］等形，“量”形当来自小篆，“量”当是来自大篆，与“量”“量”之区别当在于对线条“凵”的隶变方式不同，前两者隶作“乚”，后者则拉直为一横。

“豚”本从“豕”，文书中或隶作“彖”，如［阿斯塔那151号墓（1）］，这一变体的产生当源自“豕”下部笔画常隶与“氺”同，则整个构件与“录”下同，故又受“录”之影响而增笔作“彖”。“臨”右下增加构件“一”“灬”，如［阿斯塔那48号墓（14）］、［哈拉和卓48号墓（2）］，此隶变形式当是受到“僉”的影响所致。“豹”本从“豸”，文书中或作［哈拉和卓91号墓（36）］，显然是构件“豸”在受形义皆近之“豕”的影响而作“豙”，与之形义皆近之“犭”也类推而加撇捺，此构件早期汉隶中就已经出现。从“犭”之字亦有此类变化，如“狭”又作［阿斯塔那90号墓（6）］。“袁”下因构件“口”作“厶”，又位移而作［阿斯塔那122号墓（4）］，进而隶从成字构件“水”作［阿斯塔那320号墓（7）］，与此皆为上下结构的“眔”，因其下部构件与此形近，故也隶作“氺”或“水”，如［哈拉和卓33号墓（5）］、［阿斯塔那517号墓（3）］。“還”亦同此变化，如［哈拉和卓99号墓（5）］、［阿斯塔那19号墓（13）］，或又重组作“永”，如［哈拉和卓99号墓（4）］。构件“睘”“褱”中构件“罒”或隶作“血”，此隶变当是受到“眔”之影响。文书中“睘”“褱”中“罒”下之形往往隶与“眔”下同，如“還”作［阿斯塔那151号墓（5）］、［阿斯塔那22号墓（9）］、［哈拉和卓99号墓（5）］等，可见相近形体之间的相互作用，但从文书中的情况来看，从“睘”之字上部变从“血”者甚少，其原因当与“睘”本身为高频表音构件，且需要以此与“眔”相区别而发挥其表音功能相关。又如“淫”作［阿斯塔那363号墓（6）］，此字右部构件本从“𡈼”，𡈼从“爪”从“壬”，文书中隶变形式源自形近构件“䍃”，因前述“缶”的隶变形式有作“𠙻”“王”，故此处亦受同化而隶从“𠙻”。

二、高频构件的影响

高频构件指文字构件系统中出现频率较高、构字能力较强的构件，从文书中的情况来看，包括不成字构件和成字构件两种形式。文书文字往往通过笔画与构件的调整使得原有笔画组合或构件向高频构件转化，这反映了系统本身求简的需求。隶变造成了理据的弱化，理据的弱化使得许多构件成为记号，汉字识记与书写难度加大，这种情况下就要求尽可能地简化字形构成单位，这种简化包括形体的简化和数量的简化，高频构件很大程度上就是数量简化需求的产物。“构形成分不发生改变的皆是常见构件，而构形成分发生改变的皆是构字能力低、一般只出现在一个字形上的成分，这说明这种形变并非是讹误，而是系统作用下的有意改造，因为就一个系统来说，只因一个字而多出一个构形成分是不经济、不科学的，正因如此，构件的改造遵循的是类化的原则，即把不常见的构形成分改造成形体近似的常见构件。”①这是王贵元先生对汉字词符化过程中构件改造规律的总结，“词符化是汉字构形系统古今发展的全方位转换方式。词符化既是对旧系统的改造过程，也是新系统的建立过程”②。词符化的这一规律既适用于旧系统的改造和新系统的建立，同时也适应于新系统的调整改造。

（一）高频不成字构件

“笺”在文书中从“戋”从“𦍌”，如［阿斯塔那524号墓（9）］，在“戋”作“𢦔”、“𥫗”与“䒑”替换的基础上，组成高频构

① 王贵元：《汉字形体结构的体系性转换》，《语文研究》，2014年第1期。
② 王贵元：《汉字形体结构的体系性转换》，《语文研究》，2014年第1期。

件“𦍌”。“尅”在文书中变体作“尅”又作“尅”，后一变体的出现显示了“衣”这一高频构件的强大作用，文书中大量上“亠”下“𧘇”中部加其他构件的结构，此处“十”与“亠”相类，变体“尅”下部形体又部分地具备了向“𧘇”发展的趋势，故受此类影响。又如“旅”本从“从”二“人”之形，文书中此字往往从“方𠂉”从“衣”，如［阿斯塔那42号墓（5）］、［阿斯塔那363号墓（6）］。此形源自篆隶之中构件重组、高频构件“衣”之影响以及文字系统的整体调整三方面综合因素作用。早期篆隶形体中，“方𠂉”上之“人”形与下之二“人”之形组合似篆隶之“衣”字，如小篆此字作，秦隶作，故早期汉隶中常将右部构件重新组合作成字构件“衣”，如马王堆帛书中作，已完全隶作“衣”，东汉碑刻中多作“旅”，南北朝碑刻中则或承此形，或作“旅”“旅”。由此发展过程可见，此形是在“旅”的基础上加“人”形或“𠂉”形而来，其动因当是整个文字系统对从“方𠂉”之字的约束、规范作用。“段”左部构件文书中常隶作“镸”，如［阿斯塔那4号墓（1）］，甚至直接作“長”，如、［阿斯塔那23号墓（1）］，因其上部形体与构件“镸”之上部形体相同，且后者为高频构件。与“段”形近之构件“叚”亦多作此，如［阿斯塔那23号墓（1）］。“谷”或又隶作“㕣”，如“欲”作［阿斯塔那507号墓（38）］，在改变“八”形相对方位关系以及将“人”形连笔作横的基础上将“谷”之水流之形隶作高频构件“厶”。“或”本从“戈”从“一”从“口”，文书中“口”因与“厶”形的替换，而与下之构件“一”组合而为常见的高频形体“𠫔”“厼”，如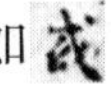［阿斯塔那332号墓（14）］、［阿斯塔那363号墓（6）］，亦可见构件变体的选择性。“一”本与“灬”“小”皆可替换，但此处择“小”而不择“灬”，显然是与上部构件的整体结合相关。又如“菩”或作［哈拉和卓96号

墓（6）]，将“丶”调整作横，进而上下结合也作高频构件“𦍌”。

（二）成字构件

如“禍”作［阿斯塔那169号墓（5）］，既可看作声符替换，亦有字形演化的轨迹。两者的替换皆因两构件上部形体一致，部分的相同引起整体构件的混同，最终以成字构件取代不成字构件。这类变化与陆明君先生在《魏晋南北朝碑别字研究》中提到的“仿佛性代换”现象[①]相类。文书中可见一部分由于替换双方部分形体相同而引起整体替换，如“齒”中表形部分“𠚕”上部构件“止”的字内同化作用而改上下分隔的结构为左右分隔的结构作“𠚕”，如［阿斯塔那188号墓（19）］，或又进一步隶作成字构件“幽”，如“齡”作［阿斯塔那517号墓（2）］。“愍”左上构件本为“民”，文书中或又变作“𠃊”，与右部构件“攵”合成成字构件“改”，如［阿斯塔那43号墓（3）］，本为避讳而更改字形，但其前提是两者形近，外部轮廓相似。“顯”如前所述，在合并相同构件的基础上隶作“顯”，又受到成字构件的作用而将左上部构件“日”之加竖笔作“田”，整个左部构件作“累”，如［阿斯塔那169号墓（5）］。“船”本从“鉛”省声，文书中改从“公”得声，作“舩”，如［阿斯塔那230号墓（1）］，《广韵》：“舩同船。”“口”“厶”替换成成字构件“公”。“族”文书中从“㫃”从“天”（“矢”之变体），或从“方”从“矣”（“矣”之变体），如阿斯塔那216号墓（1）作，后者亦为受到成字构件“矣”的影响而产生的变体。“天”在文书中是“矢”处于其他构件下部时的构件变体，与上之“人”形结合则与“矣”形近，故隶作此形。构件“至”隶变作“𡉀”又进一步拉直线条作“全”，上部为高频构件“人”。“徹”中间上部本为倒“子”之形，与“去”形近，且后者

① 陆明君：《魏晋南北朝碑别字研究》，文化艺术出版社，2009年，第132页。

为成字构件，故文书中又作［阿斯塔那363号墓（6）］。此形南北朝时期即已产生，如（封魔奴墓志）。又如“確”“鹤”本皆从“隺”，文书中改从“霍”作［阿斯塔那230号墓（5）］、［阿斯塔那509号墓（52）］。“隺”虽也曾为成字构件，但不具有高频性，故替换为“霍”。“虧”“戲”左部构件都替换作“虚”亦如此类。又如“龍”作［阿斯塔那223号墓（1）］，右部构件草写为成字构件“尤”；“辄”小篆本作輒，右侧隶作“乚”，“乚”又隶作“〈”，“〈”“又”替换而使得此构件与中部构件“耳”结合为成字构件“取”，如［阿斯塔那509号墓（33）］。

一部分由于被替换构件为替换构件形体的一部分，或是替换构件为被替换构件的一部分而替换，如“隨”本从隋得声，隶省作“随”，后世承之，原因正在于“隋”虽为成字声符，但到东汉隶书中，由于调换构件位置，此构件被“辶”从中间分隔，故其表音功能减弱甚至消失，故将其右部构件加以调整而为更为简洁之成字构件“有”。“量”本从“重”省，文书中或又改从“童”，改省声为从成字构件。又如“囊”作［哈拉和卓99号墓（1）］，增加“亠”使得下部整体作成字构件“襄”。“戒”中“廾”多作“六”形，如［阿斯塔那29号墓（1）］、［阿斯塔那169号墓（1）］，或又隶变为成字构件“六”，如［阿斯塔那370号墓（1）］。“竈”作［阿斯塔那363号墓（6）］，将构件“黽”替换为“黾”之变体“黽”。“偃”作［阿斯塔那170号墓（3）］、［阿斯塔那184号墓（10）］等，皆可见替换为成字构件“晏”。又如“擊”又将“軎”混作成字构件“車”而作［阿斯塔那509号墓（24）］。又如“步”下倒“止”之形与“少”形近而增点作“少”，如［阿斯塔那74号墓（2）］。“善”形本从“羊”从“言”，因“言”在此字中之变体不成字，故而将其省形而为成字构件“口”，如［阿斯塔那365号墓（4）］。“臧”本从“戈”从“臣”，爿声，文书中将“爿”之竖笔与“戈”之横笔组合而为常见构件“厂”，故将“爿”左部笔画省略而作［阿斯塔那18号墓（1）］。

“𧘇”形常受高频构件“衣”之同化，既可看作字内累增构件，亦可看作仿佛性代换。如“哀”在文书中作［阿斯塔那50号墓（4）］、［阿斯塔那363号墓（6）］，或又调整构件位置作［阿斯塔那363号墓（6）］。“褒”作［阿斯塔那50号墓（4）］，“表”作［阿斯塔那4号墓（1）］，“裹”作［阿斯塔那228号墓（1）］，“衰”作［阿斯塔那27号墓（7）］，“装”作［阿斯塔那184号墓（9）］等皆为此类；又如“粜”本从“出”从“米”，文书中或从“出”从“籴”作［阿斯塔那506号墓（5）］，当是文字演化中形义皆相关联想的结果。

还有一部分则是将不成字构件或复杂构件通过内部分化组合以及某种小幅变形而替换为成字构件，如“靈”本从“巫”，霝声，文书中通过构件的省略与替换，将“巫”和“霝”下之“吅”改造成为成字构件“並”，如［阿斯塔那222号墓（13）］。“靈”的这一变体，涉及了构件“从”与“䒑”、“吅”与“丷”的替换，涉及构件“㗊”的省略作“吅”等规律的支配。文书中此字又从“雨”从“器”，如［阿斯塔那50号墓（4）］，或又省形作［阿斯塔那142号墓（4）］，《干禄字书》：“䨩靈，上俗下正。”此形当是经过了从“靈”到“霊”再到“䨩”到“䨩”的发展过程，综合运用了省略构件、“从”与“吅”替换、“吅”与“工”调整构件等隶变方式，最终形成成字构件“器”。“膝”本当为从“肉”，漆省声，

文书中作［阿斯塔那169号墓（5）］，从“肉”从“来”。从“来”为“桼”形之变，由于“夫”与“夹”形相近，且“从”常相替换作“八”或“丷”，“小”与“氺”为常见构件替换，故此字又逆向类推作“膝”或“膝”，又“小”之两点与上之撇捺笔画共用作“脥”，以上演变过程可以文书中“漆”之形作［阿斯塔那43号墓（3）］、敦煌文书“漆”作、[1]等相佐证。“策”在文书中改从“束”为常见成字构件“宋”，如［阿斯塔那27号墓（7）］，两者既形近，且笔画的上下调整重新组合即可实现。“篡”在文书中作［阿斯塔那151号墓（34）］，从“其”从“厶”，当经过“从”与“丷”、“大”与“六”的替换以及构件“目”与上下“丷”“六”共用横笔而组成成字构件“其”，通过构件的重新组合，减少了构件的数量。“遷”在文书中有变体“逻”，如［阿斯塔那184号墓（10）］。此形系将下部之“人”形与中部构件“廾”之变体“大”中撇捺重新组合而成成字构件“令”的结果。汉碑中已出现其雏形，如（衡方碑）[2]，系古文字形的直接隶变，魏晋南北朝碑刻中则进一步将“西”下之构件“大”横笔下移作点而成成字构件“令”，从而使两个构件合成一个高频构件。“解”在文书中或作“觧”，此形本由构件“刀”作变体“丷”、“牛”之变体作“丰”组合成“觧”而来，如［阿斯塔那332号墓（13）］，此形与“羊”接近而后者为高频成字构件，故又隶从“羊”。“解”又或作“觪”“觪”，如［哈拉和卓91号墓（9）］、［阿斯塔那321号墓（2）］等。此形由于“刀”又或作变体“𠂊”，与“人”形变体相混，故又逆向将“刀”变为“人”形。“殷”左部构件“𠂆”或隶作高频构件“白”与“廾”之组合，或隶作“㫃”。“德”在文书中或

① 黄征：《敦煌俗字典》，上海教育出版社，2005年，第312页。
② 顾蔼吉：《隶辨》，中国书店出版社，1982年，第178页。

又作“德”，此形当遵循由“德”到“德”，再到“德”，最后省笔作“德”的发展路径，而这一变化既是构件重新组合的过程，同时亦是受成字构件“西”之影响。“亟”在以“㇄”代替构件“又”隶变作“亟”的基础上，受成字构件“豖”的影响，又进一步隶作“亟”（“豖”常省撇笔作“豖”，如“家”或作家［阿斯塔那42号墓（4）］，如極［阿斯塔那363号墓（6）］。“夷”中构件“弓”同在“弔”“弗”“弟”等字中之变化而作“弓”形，使得下之“冖”形与构件“大”之撇捺组成“大”形，与文书中“成”之轮廓相近，故又多与撇下加“丁”形，隶同成字构件“成”之下部之形，如“夷”作夷［阿斯塔那27号墓（9）］、“羠”作羠［阿斯塔那15号墓（16）］等。又如“竊”，《说文》：“从穴从米，禼廿皆声。廿，古文疾。禼，古文偰。”“禼”充当声符，但此字久已不用，表音功能基本丧失，且属不常见构件，因此常隶作它形。文书中此构件又作“萬”，敦煌文书中又作“禺”，《正名要录》：“竊竊，右正行者揩（楷），脚注稍讹。”“禼”“禺”“萬”三者属形近构件替换，“禼”中“凶”早期隶书中作⊗，整个构件便隶作形近之“禺”或“萬”，以常见的成字构件替代低频构件。又如构件“堇”“革”多将竖笔贯通的形体隶为相接之形，当是将一个整体的构件重新调整为两个高频构件的组合，前者多从“艹”从“口”从“土”作“堇”，后者从“艹”从“口”从“十”作“革”。故“堇”的此类变体常随“土”之变体加“丶”。又如以“齊”为构件的字作“斉”，将整字分化为两个成字构件的组合。“典”本从“册”从“廾”，或隶从“曲”从“八”作典［阿斯塔那167号墓（1）］。“娥”作娥［阿斯塔那332号墓（9）］，“義”作義［哈拉和卓99号墓（4）］，皆因“戈”采用变体“戈”，使得零层级构件“我”分化为两部分，因此左边构件受形近之成字构件“禾”的影响而隶变。“羲”作羲［阿斯塔那76号墓（8）］，隶作成字构件“秀”与“戈”的组合。“熬”本作熬［阿斯塔那

76号墓（7）］，文书中或又重新组合作［阿斯塔那517号墓（2）］。“過”作［阿斯塔那169号墓（1）］、［阿斯塔那326号墓（1）］，亦是将“咼”分化为高频构件与成字构件的组合。又如“構”将右上部构件隶作成字构件“世”，如［阿斯塔那171号墓（2）］。

三、连笔草写

赵平安先生认为：“草书的方法是隶变方法的延续和发展，到了隶变后期，高度发展的草书方法反过来又作用于隶变过程。”[①]草书作为一种字体，西汉后期就已经产生，吐鲁番出土文书时期，草写的方式更是反作用于文字的演变，如“死”，文书中常作“死”，本为连笔草写“歹”作“歺”，后成为相对固定的笔画结合。“吅”替换作“⺍”，如“戰”作［阿斯塔那35号墓（29）］，“劒”之简体“剑”，这一简体的形成还需要有另一草写的变化，即“从”隶变作“灬”又连笔作“一”。“迎”中构件“卬”常连笔作“币”，又作“币”“巾”等形，如［阿斯塔那151号墓（15）］、［阿斯塔那317号墓（3）］、［阿斯塔那4号墓（2）］，但单字绝不混作“币”或“巾”。构件“欠”或连笔草写作“久”，如“次”作［哈拉和卓99号墓（3）］，“欲”或作［阿斯塔那507号墓（38）］，“歡”作［阿斯塔那337号墓（13）］。“厶”形往往与下之笔画连笔作“乡”，如“後”作［哈拉和卓99号墓（3）］，“允”作［阿斯塔那510号墓（1）］。又如“卒”又变体作［哈拉和卓96号墓（3）］，从“九”从“十”，构件亦同此，如“粹”作［阿斯塔那43号墓（3）］，是在从“九”的基础上“九”“丸”替换的结果。“卒”到

① 赵平安：《隶变研究》，河北大学出版社，2009年，第24页。

“卆”则如前“雜”字中所述同为连笔草写所致。草写的过程也是曲笔、折笔拉直的过程，如“爲”作［阿斯塔那222号墓（13）］、［阿斯塔那225号墓（2）］、［阿斯塔那35号墓（28）］，反映了简化字“为”的形成。

可见，草写的方法促使大量的简化字因此产生，不同文字因此讹混，许多构件因此发生混同、换用的现象。

四、文字结构的影响

同一构件在文字结构的不同位置出现时，其变体形式往往有别。隶变使得汉字的重心不再集中于中线，而移至水平面上，且由于笔画的运用而使汉字变为方块结构[①]。因此，如何将同处一个水平面上的几个构件合理、美观地安排在一个方块结构当中，就需要几个组成构件之间相互作出一定的调整、配合，这点在文书当中主要体现为一系列方位变体的出现。如“刀”在文书中作“刀”“刂”“亅”“力”“丷”等形，单字只作“刀”，位于文字右部时多作“刂”“亅”，位于文字中部作“刂”“亅”“力”，处于下部则仅作“刀”，或偶作“力”，位于上部时作“力”“丷”。“刂”“亅”皆为“刀”形的直接变体，将右之弯笔拉直所致。“力”形源自汉隶中充当构件的“刀”中两笔的相对位置在某些字形中发生了变化，由左下右上的位置关系变为左上右下，如马王堆帛书中“则”作，又作，“刑”作，又作等，后者即为后世变体“力”之源。“丷”则是“力”之连笔草写产生的变体。以上变体的分布情况可反映出，变体形态仍主要与其在不同方位以及与其他构件的相对空间大小相关，处于右部的构件“刀”由于本身笔画简单，因而多数情况下被限制于一个相对较小的空间，故多采用变体“刂”“亅”。构件“矢”在文书中作单字或处于文字左部时，多作“矢”形，

① 赵平安：《隶变研究》，河北大学出版社，2009年，第63页。

如［阿斯塔那27号墓（7）］、［阿斯塔那193号墓（2）］、［阿斯塔那363号墓（6）］等；而当处于其他构件下方时则多隶作“夫”“天”“夫”等形，如［阿斯塔那151号墓（34）］、［阿斯塔那524号墓（9）］、［阿斯塔那524号墓（9）］、［阿斯塔那27号墓（8）］等。

事实上，构件的形态不仅与其方位有关，还与具体文字中其他构件的形态相关联，如“切”绝不从上述二形而从“刀”形，其原因自然与其左边构件一样形体简单有关；又如“初”亦因其左部构件“衣”已经偏旁化作“衤”，“衤”本占据较小空间，故此字亦从“刀”形不从“刂”“刂”。而处于上部的“刀”则是构件合并的结果，撇上曲笔下的变体“力”已与同时代之“人”之变体“𠆢”相类而合并。又如“丣”之变体作“夗”或作“夘”，作“𠂎”或作“卯”，“夗”“𠂎”出现在居上部构件中的文字“留”“劉”等字中，而“夘”“卯”则出现于居右部构件的“柳”中。文书中“劉”作［阿斯塔那517号墓（3）］、［阿斯塔那48号墓（22）］、［阿斯塔那99号墓（3）］、［阿斯塔那151号墓（32）］、［阿斯塔那91号墓（11）］等形，此字本从“刀”从“金”从“丣”，文书中此字构件“丣”除同“留”中一样隶定作“夗”“厶”外，亦作变体“丷”或“八”“小”。此三类变体当是“丣”变体“吅”的连笔草写变体“⺌”“丷”的类推，“丣”位于构件“金”之两旁，并不易产生连笔变体。“八”“小”则既是改变变体“丷”“⺌”笔画形态、方位的结果，同时也是在具体文字形体中为实现形体的美观、协调而产生的进一步变体，此字下为“金”，为与下之形体“人”避免重复，故改变形态来使字形各部分错落有致。构件“工”在“左”“差”一类居右下方的文字中常隶变作“匕”形，而在其他方位不作此形，如在“工”“贡”“巧”“功”“式”“巩”“巠”“巫”“诬”等

字中均无此类变化。除“鞏”中字内同化作“口”外，“工”“贡”“巧”“功”“式”各字中均仅作“工”形，仅有因居上部与居左部时下之一笔作横笔与作提笔的区别。

另外，书法上为保持形体的稳定、美观、对称等也往往促使笔画、构件及整字结构进行调整，如笔画“乛”处于文字或构件中心位置时，往往会隶作“丅”，如“录”作［阿斯塔那59号墓（2）］，“永”作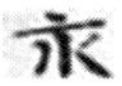［阿斯塔那365号墓（4）］，“詠”作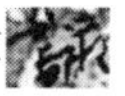［阿斯塔那90号墓（8）］，横笔的拉长皆为求整体文字结构的对称。构件“戈”居形体上部时作“土”，如“錢”作［阿斯塔那320号墓（1）］、［阿斯塔那15号墓（4）］，显然是为了字形的稳定。又如“子”居于文字上方时，也由于稳定性问题而产生形变，如“孟”作［哈拉和卓99号墓（5）］、［阿斯塔那154号墓（4）］、［阿斯塔那206号墓（12）］，就是将影响稳定的竖笔省略或调整为横笔。又如前述在竖笔两旁往往采取增笔方式而分别作两点的变化，有一部分也与此相关，如“匹”又作［阿斯塔那59号墓（5）］。

五、文字形体发展的经济性原则

文字形体发展的经济性原则一方面体现为要求文字形体的简化，另一方面又要保证满足文字形体的区别性，不与其他字相混以及文字表音表意的准确性等需求。如前所述“辈”作“輩”、“驢”作“駔”等，皆为此类。“豚”作“肫”亦为此类，“肫”，《说文》虽收此字，“面頯也”，但此字后世多不用，故不会引起文字相混。“廿”或作“卄”，字形简化且满足构意，“卄”形虽与构件“卄”相同，但不会引起文字的相混。前述“貌”作“狠”情况与“肫”同。

经济性原则还体现为将失去构形功能的构件化繁为简，如“遞”，《说文》：“遞，更易也。从辵，虒声。”但后世“虒”构形功能极弱，几乎不见此形，且本身形体较复杂，而“虎”为高频构件，因此在“虎”汉代隶变作“帍”的基础上，将“虒”替换作“帍”。文书中变体即在此基础上产生，多为笔画形态及笔画连断的细微变化，如［阿斯塔那222号墓（11）］、［阿斯塔那341号墓（2）］。值得注意的是，文书中单字及构件“虎”已均与此形有区别。

第二节　文字所承载的音义的发展

隶变虽然使得汉字的理据遭到严重的破坏，但从隶变的种种现象来看，事实上，绝大多数的隶变是在使用者不了解构字理据的情况下发生的，而并非对理据有意破坏。因此，当汉字记载的音义随着时代、社会发生变化的时候，人们也往往会在文字构成上作出相应的调整，前述构件的变化中不少即属此类，如“龔”从“土”、“弔”从“口”、“辈”从“北”等皆是如此。受上下文语境影响而改换或增加意符的现象则更是这一原因的延伸。

第三节　社会政治因素

一、政权的动荡决定了文字使用的混乱

整体而言，吐鲁番出土文书从其时间跨度上来看，历经东晋到盛唐时期，经过了高昌郡时期、高昌国时期及唐西州时期，政权的更迭、政治上的不稳定必然不能保证文字使用的稳定、规范。从整个时期来看，我国历史经过了魏晋南北朝的动荡、混乱，统治者忙于政权的争夺而无暇顾及文化，政治上的纷争又导致了区域之间的交流被阻断，且文字本身处在由隶而楷的过

渡阶段，缺乏统一规范的情况下必然导致产生大量的文字变体。隋代虽然经历了短暂的中央集权时期，但很快改朝换代，进入唐代，政治上的统一才促使文字逐渐地走向规范。大量字样书，如《正名要录》《干禄字书》《五经字样》《九经字样》等都起到了一定的遏制文字书写混乱的作用，但由于缺乏政府的强制规范措施，由来已久且使用范围广泛的文字混乱现象并没有得到彻底的扭转。

二、某些特殊的文字现象也与当时特定的社会、政治因素相关

（一）武周新字

武周新字是在武则天统治期间，专门为18个汉字新造形体。在这18个新造字中，吐鲁番出土文书中“證”“聖”“载”“天”“地”“日”“月”“臣”“人”“授”“正”“國”“初”“年”这14个字中均出现了新造字形。

在这14个文字的形体中，“日”“人”“臣”“正”“天”5个字无变体，“證”“國”“地”“聖”“月”“年”6个字则在武周新字基础上进一步产生了变体形式，如“證”，阿斯塔那508号墓（2）作，阿斯塔那35号墓（23）作，阿斯塔那222号墓（3）作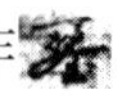，形体与历史书志中所记载之形不同，显然为之省形。书志记载此字为“永”“主”“人”“王”4个构件的组合，文书中下部从“人”从“王”作“全”，中上部改为“𣹳”，其演变在于“永”这一时期有变体作“𣱳”，将“水”形上之“亠”拉长并与“水”分化为两个构件，覆盖于“水”及“主”形之上，又由于构件的常见替换而将“亠”替换作“䒑”。“年”在文书中作“𠡦”，或作“𠡦”，或又将中心竖线位置断裂而作“𠡦”；“聖”多作“𨲢”，或又作“⿱髟舌”，后者显然是前者之变体，以常见构件“髟”代替“镸”与“舌”之组合；“地”本从“山”“水”“土”，文书中或将“山”“水”两构件黏合重组作成字构件“求”，如阿斯塔那509号墓

（3）作；“國”本从“口”从“八”从“方”，文书中亦将构件重组作“囶”，如阿斯塔那100号墓（2）作；“月”字各书志记载有两形，一者作“囝”，一者作“㉤”；文书中以上两形皆存，“囝”或作“㉆”，我们认为，“㉆”乃“㉤”之变体，文书中“㉤”内部多有变体，如［阿斯塔那501号墓（12）］、［阿斯塔那501号墓（10）］、［阿斯塔那35号墓（19）］等，形当为“㉤”“㉆”两形之过渡状态。另外，文书中“月”又作“匨”，如［阿斯塔那100号墓（2）］，此形《集韵》中记载为“生”之武周新字之形，《宣和书谱》中又记此形为“匩”，从文书中则可见“匩”为“匨”之讹变，如阿斯塔那225号墓（3）此字作，出自“至其～十七日”。故可见此字为“月”，文书中“生”不作此形。其余三字“载”“授”“初”文书中字形模糊，不作论述。

（二）避讳字

避讳由来已久，体现在文字形体中即为避君主、帝王或者尊长名字而在文字使用中改用他字或改造文字原有形体。改造文字原有形体所形成的字形即为避讳字。吐鲁番文书中如“世”，贞观之前多作“世”，之后则形体改易，作［阿斯塔那201号墓（2）］、［阿斯塔那40号墓（11）］、［阿斯塔那363号墓（6）］、［阿斯塔那27号墓（10）］等形。从“世”之字亦多有改易，多以“云”相代替，如“牒”作［阿斯塔那225号墓（15）］、“葉”作［阿斯塔那509号墓（23）］，“緤”作［阿斯塔那35号墓（14）］、“堞”作［阿斯塔那100号墓（2）］等。从文书中的情况来看，以“云”代“世”也并非随意替代，文书中“緤”早在哈拉和卓90号墓中已作，可见“厶”形为“世”之草写之形，后世当则循此，以此为构件的成字“云”代“世”。

文书中有“绁”字，则改从“世”为从“也”，作［阿斯塔那363号墓（6）］，此字从“也”不从“云”，可见即便避讳字中改写字形也要根据不同的文字形体结构作出相应的选择。“民”文书中缺笔作［阿斯塔那134号墓（6）］、［阿斯塔那27号墓（8）］，从“民”之“愍”作［阿斯塔那43号墓（3）］等亦当为此类。

三、文字规范工作的影响

文字的群众性决定了文字发展的渐变性，它们不可能在自然演进状态下发生剧烈的突变，必然会经历两种或几种形体同时共存、此消彼涨的过程。这样，文书文字的时代性特征便多是与此相悖，特别是有某些文字在上承隶书的情况下又回归《说文》小篆形体，此类现象当是受到文字规范工作影响的结果。如从“欠”之“次”“欲”“款”等字与从“𠬝”之“報”“服”文书早期都隶作“𠬝”或“𠬝”，但后来在从“欠”之字中则回归本形，后者则仍从“𠬝”“𠬝”，可见文字系统以部首为基础的规范作用。

又如前述文字的时代性特征中所举大量的文字分界出现在南北朝时期，据记载，北魏的江式“撰集字书，号曰《古今文字》，凡四十卷，大体依许氏《说文》为本，上篆下隶”，应该对当时文字的规范起到了一定的作用。《魏书》卷四《世祖纪上》：“（始光）二年春……初造新字千馀，诏曰：‘在昔帝轩，创制造物，乃命仓颉因鸟兽之跡以立文字。自兹以降，随时改作，故篆隶草楷，並行於世。然經歷久遠，传习多失其真，故令文体错谬，会義不愜，非所以示軌则於来世也。孔子曰：名不正则事不成。此之谓矣！今制定文字世所用者，颁下远近，永为楷式。’”[①]虽史书记载不详，但或可作为前述文字分期原因探求之源。唐代字样书的出现虽然未能彻底改变文字使用混乱的现象，但毫无疑问也会对此起到一定的遏制作用。

---

① （北齐）魏收：《魏书》第一册，中华书局，1974年，第70页。

第四节　文字使用者因素

一、文字使用者的文字把握水平的影响

纸张成为用于文字书写的载体之后，文字使用者的范围大大扩展，但因去古已久，即便是东汉许慎时期，人们对于文字构意已经不甚了了，魏晋南北朝时期更甚于此，文字的使用者更多是在不明构意的情况下根据自己的想法、认识对文字进行改易。吐鲁番出土文书为墓葬文书，文书所涉及内容包含随葬衣物疏、公文文书、籍帐文书、契约文书、私人书信、古书抄本等各个方面。从文书的内容即可看出文书的书写者当来自社会的各个阶层，不同阶层对于文字的把握水平各有差异，特别是其中大量文书，如籍帐、契约、书信、衣物疏等主要供民间私人之用，因而随意性更为明显。大量的文字只求形似而不求准确，这必然导致大量文字变体的的产生。

二、文字使用者的文字书写心理的影响

（一）求简心理的影响

如前所述，对于文字使用者而言，文字系统越简洁，把握起来就越容易，这也是文字简化的整体趋势和要求的反映。文字简洁性的实现本应以表音表意为前提，但由于文字使用者往往仅以个人的实用为目的，且对文字形体的历史来源了解甚少，因此简化大大脱离了音义的束缚而单纯在形体的层面上进行调整，追求文字由尽量少而常见的构件组合而成，这也正是文书文字大量改变笔画组合关系、构件组合关系来合成高频构件的原因之所在。

（二）联想心理的影响

联想、想象是人类共同且常见的思维方式，汉字的产生过程以及词义、语法的发展演变过程中无不与此相关，文字的发展过程也是如此。认知科

学中的经验主义认为："（1）思维是不能脱离形体的。人类认知结构来自人体的经验，并以人的感知、动觉、物质和社会的经验为基础，对直接概念和基本范畴以及意象图式进行组织和建构。（2）思维具有想象性。间接的概念是运用隐喻、转喻思维方式的结果，并以此超越外部世界的直接映像或表征。……（3）语言符号不是对应于客观的外部世界，而是与认知参与下形成的概念结构相一致。意义与推理也是基于以上概念结构与认知模式。""经验主义承认客观存在的现实性，但认为对客观世界的认识不是来自与外在实体的对应，而是来自对现实世界的经验。"①基于此，可见文字使用者学习和使用的过程中充斥着思维的作用，而思维由于想象、经验的不确定性作用使得语言符号，此处可看作语言载体——文字并不能够完全对应于其实体形式，而要随着思维的发展——想象、联想和经验的发展而发展。

"人的理性本质上是想象的、隐喻的。隐喻是人们理解不能直接理解的事物的重要工具之一，……"②这恰恰解释了在文字构意在随着时代发展而逐步弱化以及在特定的使用群体中认识不清的情况下，人们尝试着用自己可以理解、记忆和解释的方式去书写文字形体的现象，体现为前述各级文字单位的种种变化。"人的大脑不是无限容量的数据库，而是具有创造力的，其创造力就在于它能借助于已知的事物和已有的语言形式认知和命名新的事物，这种能力不仅是靠学习得来的，而是认知能力发展的结果。"③"按照完形知觉理论，知觉分局部知觉和整体知觉，而局部知觉最终要落实到整体。有关试验进一步证明整体（完形）知觉大于部分之和，而且感知整体比感知部分来得容易，心理学将对整体的感知叫作完形感知；完形感知对信息的组织具有一定的规律。"④这些规律包括相似原则、接近原则、顺接原则、突显原则⑤。如以成字构件代替不成字构件即为整体知觉的典型，而相

① 赵艳芳：《认知语言学概论》，上海外语教育出版社，2001年，第33页。
② 赵艳芳：《认知语言学概论》，上海外语教育出版社，2001年，第34页。
③ 赵艳芳：《认知语言学概论》，上海外语教育出版社，2001年，第96页。
④ 赵艳芳：《认知语言学概论》，上海外语教育出版社，2001年，第97页。
⑤ 赵艳芳：《认知语言学概论》，上海外语教育出版社，2001年，第98、99页。

似形体的影响体现了接近原则，涉上下文而增加构件则体现了相似原则，字内同化以及变体合取以及前述相似形体影响、涉上下文增加构件均是相关原则的体现，均源自使用者在“对新信息进行处理时必须使其与已有的旧信息发生关联，即寻找关联，以取得进一步的新信息”[①]的处理方式。构件、笔画组合的混同替换现象以及类推现象反映了顺接的原则和推理的原则，而认知中的“推理不是关于命题‘真’或‘假’的逻辑判断，也不是脱离形体的抽象符号之间的逻辑运算，而是以人对客观世界的经验和认知模式为基础的。”[②]因此，许多我们从理据上讲并不具有变化可能性的现象，恰恰在文字的发展过程中大量出现，事实上，就是实际使用过程中某些撇开理据所形成的替换已经成为现实中的认知经验，从而得到人们的认同的结果。如文书中“貌”本从“豹”省声，故“豸”本为声符，后世不明构意，故联想到“豸”“犭”为义近之替换构件，故改从“犭”。又如“私”作“私”“秘”，当是由于“厶”与“幺”之形近而生之变体，再由此而及形近且与“厶”意义相对之“公”而产生的变体，既有形体相似的联想，又涉及意义相反相成之联想。高频构件在文字发展中的作用则反映的是突显原则，又与概念原型说相关联，因为“原型之所以能最好地表征概念，是因为它有更多的属性与该概念的其他成员相同，也就是说，它与更多的成员有共同的属性”[③]。高频构件恰恰具备了这样的特征，故而成为文字构建中的“原型”。

结合以上文字使用者的因素及文字系统自身的调整因素，不难发现，文字系统的自身调整从根本上讲也很大程度源自于人的心理支配作用，使用者对于文字理据弱化的客观现实和求简、联想的主观心理作用同时促使汉字产生大量的变体。

吐鲁番出土文书历经晋到唐代的漫长历程，文字形变是在秦两汉文字隶变

① 赵艳芳：《认知语言学概论》，上海外语教育出版社，2001年，第175页。
② 赵艳芳：《认知语言学概论》，上海外语教育出版社，2001年，第37页。
③ 赵艳芳：《认知语言学概论》，上海外语教育出版社，2001年，第87页。

的基础上的进一步延续。从方式上基本继承了早期隶变的方式但又有所发展，其发展突出体现在通过改变笔画组合关系及构件组合关系来生成高频构件、成字构件。如果说早期隶变导致了构件的合并和分化，这一时期则是在此基础上的进一步分化合并，弱化了汉字表音表意的功能，不仅大大降低了文字的理据性，更造成了不少的文字混同现象；但另一方面又由于隶变的规律性、传承性，汉字理据性并未完全丧失，有的理据得以改造，后世大量的简化字也由此而生。因此，这一时期文字的复杂多变恰恰反映了汉字在早期隶变基础上所进行的不断尝试和调整。隶变的诸多现象表明，文字的发展要遵循系统性、简洁性、区别性、准确性等原则，当文字发展到一定阶段某一种或几种原则要求会表现得尤为强烈并进行调整，但调整到一定程度超过某种限制便往往会伤害到其他原则，其他原则便又会凸显出来对已有的调整进行修正，使各条原则在文字中达到平衡，才能维持文字系统的相对稳定。

第七章　疑难字考释

1. 

阿斯塔那310号墓（1）有，原书隶定作。此字当为“緌”。哈拉和卓99号墓（7）有、、，与此字同，原书隶定作“緌”。《广韵·果韵》：“緌，緌子，绫，出《字林》。”此处出自随葬衣物疏，字有残缺：“～□百匹，白疊三百匹……”与义相合。哈拉和卓99号墓（7）出自失火烧损衣物帐：“緌褶一领，绢经四匹，绢姫一具，緌襌一领。縺襌一领，緌袴一立。”皆为衣物材质、颜色之义。从字形来看，此形中构件“垂”将上之“”形汉隶中即有隶作“人”形者，如衡方碑作，与前述形体中相近。但有一点问题值得注意，即“垂”中间一笔“一”在历代形体中均不省略，下部或隶作“土”，或隶作“”“”。

2. 

阿斯塔那524号墓（1）有，原书隶定作。此字当隶定作“裬”，此处当为“袴”之变体。出自随葬衣物疏：“细绵（锦）百张，褶～三具，證（登）天依（衣）万丈……”“褶”可表示夹衣、上衣，又可表示骑服，《集韵》：“褶，褶袴，骑服。”此词在王启涛先生的《吐鲁番出土文书词语考释》“褶袴”条中有详细解释[①]，“褶袴～具”为文书中随葬衣物疏常见的表达内容和形式。从文字形式上讲，此处之“裬”形与本为“马腹带”一词的“裬”字相混。《字汇》：“裬，马腹下带。”意义上“褶”“裬”亦可相配合，皆为骑马之衣物，但文书中不见此类表达内容，

① 王启涛：《吐鲁番出土文书词语考释》，巴蜀书社，2005年，第737页“褶袴”条。

故此处当为隶变所形成的同形字。构件“夸”到“麦”当如下：夸—夸—夸—麦—麦。

3. 

阿斯塔那170号墓（1）有，原书隶定作，此字当为“把”。原文亦为随葬衣物疏：“故布疊二百匹，故手～二枚，攀天糸万万九千丈。”文书中“把”从“扌”从“巳”，或从“丬”从“巳”，此字右部构件历代或承早期隶书作“巳”，或承小篆作“巴”，或又改变笔画方向作“巴”。文书中皆承汉隶从“巳”，左边构件“扌”此处又替换作“木”，隶定之“耒”当属书写误笔之后修改造成的讹误。“手把”亦为随葬衣物疏中常见词汇。王启涛先生认为此词是动词“手握”之义①，陆娟娟则认为是吐鲁番墓葬中常见的实物“木握手”，“握手”即“用木棒削成的中间细两端粗的木棍，用丝帛包起来，放在死者的手中握着，故名‘握手’”②。我们同意陆娟娟的说法。

4. 

阿斯塔那169号墓（3）有。此字出现在人名“法～”中，文书中隶定有误，当隶定作“适”。故此字当为“逅”或“适”，这一时期，构件“舌”“后”皆有作变体“舌”者。

5. 

阿斯塔那23号墓（1）有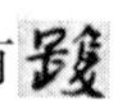。文书中依原字形隶定，但各字书中未见此字。此字当为“踓”，《玉篇》：“踓，蹵也。”《广韵·旨韵》：“踓，走皃。”《集韵·旨韵》：“踓，走皃。”“踓，狂走。”又《集韵·屋韵》：“蹴，《说文》‘蹑也。’或作踓。”《汉语大字典》据《集韵·屋韵》的解释将“踓”看作“蹵”的异体字，读音亦同“蹵”，与前三义之读

① 王启涛：《吐鲁番出土文书词语考释》，巴蜀书社，2005年，第472页“手把”条。
② 陆娟娟：《吐鲁番出土文书语言研究》，2009年，浙江大学博士论文。

音分立。我们认为，以上所述“踺”之义项属同一词，皆与行走义相关，读音亦相同，《集韵·屋韵》的解释只能说明两字在“蹑也”的意义上属同义词而非异体关系。故此字为从“足”隹声之形声字，意义为行走、踩踏以及行走之貌。文书中此处亦为随葬衣物疏：“手把玉一枚，脚～一两，五穀具。”阿斯塔那15号墓（1）又有，原书隶定作，误，此字当隶定作蹠，亦为“踺”，原文：“婆（波）斯锦面衣一枚，银眼农（笼）一，玉樊（攀）天思（丝）屯、脚一～，白练一千段，……”其中“攀天丝”当为衍文，此衣物疏后又有“攀天思（丝）万万九千丈”，“脚”后“一”与之间原文书中有“√”的标注，表明此处两字顺序颠倒，故当为“脚～一”，与阿斯塔那23号墓文书（1）同，文书释文仍按照颠倒的顺序注，影响文书的释读。

陆娟娟认为此字当为“隻”的加旁俗字，“因与脚有关而增‘足’旁以显其义”，“脚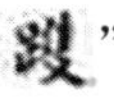”即文书中之“脚隻”“脚遮”，“是一种随葬物品，多以布帛制成，呈长方形，内填谷物，放在脚后”，“‘脚遮’或简称‘遮’”，“‘隻’为‘遮’之借音字”。[①]

从以上考释及文书中的用例来看，我们认为，“脚遮”类、“脚踺”当为同一类随葬物品，即置于死者脚下，供死者踩踏的物件。取“踺”之“蹴”、踩踏之义，“脚遮”之“遮”据张小艳当为“蹠”之借音字，“蹠”亦为踩踏之义。张小艳认为，“”当为“蹠”之换声旁俗字，“蹠”为其变体[②]。

6. 

阿斯塔那84号墓（3）有，此字当为“瘦”，此处用于人名。吐鲁番文书它处“瘦”皆不作此，此形同敦煌文书、。

① 陆娟娟：《吐鲁番出土文书语言研究》，2009年，浙江大学博士论文。

② 张小艳：《吐鲁番出土文书词语考释三则》，《中国语文》，2013年第6期。

7. 

阿斯塔那320号墓（7）有，此处用于人名“宋～兒”中，此字当为“埳”。文书中“⺈”形常连笔隶变作“丷”，如“招”作［哈拉和卓98号墓（1）］，又作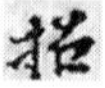［阿斯塔那222号墓（13）］。“”又隶变作“丷”“⺈”，如“通”又作［阿斯塔那35号墓（19）］、［阿斯塔那35号墓（6）］。故三形相混，“臽”又从“丷”“”形，但从根本上看，仍是连笔草写的结果。“臼”内两短横文书中多改变笔画方向作“⺊”形，从“臽”“兒”之字中多见，故此处当为“埳”。此字《汉语大字典》中同“坎”或同“陷”。《玉篇》：“埳，陷也，与坎同。”《集韵》：“陷，或从土。”

8. 

阿斯塔那48号墓（11）有，此字同“耨”，文书中此字用于人名“康～但”。《汉语大字典》未收此字，此字属构件“禾”“耒”替换，如“耕”又作“”；同时字形结构由左右结构改作上下结构，以“辱”为构件的字常有此类变化，如［阿斯塔那43号墓（3）］、［阿斯塔那205号墓（1）］。

9. 

阿斯塔那48号墓（13）有，此字隶定作从“罒”从“革”从“奇”，各本无此字。此字隶定不甚准确，当为“羇”。可见此字从“罒”从“革”从“奇”，“革”上“廿”形隶作“䒑”，且此形与“罒”共用。“羇”《汉语大字典》中收录，以其同“羈”，《玉篇》：“羇，寄也。”《集韵》：“羇，旅寓也。”《篇海类编》：“羇，通作羈。”此字当为“羈”之换旁字，“羈”本为会意字，换“奇”为形声字，

原文此处作“憙～人役”，当为“受到约束，从事于”之义。

10. ⿰羊畐

此字当为“⿰羊畐”，从“羊”，畐声。各本无此字，原文书为“⿰羊畐羯贰拾，羖羊拾肆，羠究，母……”。从上下文可见此字当与“羯”“羖”“羠”一样为羊之不同种类。《广雅》：“羖羊犗曰羯。”此处义当泛指阉割过的羊。《说文》：“羖，夏羊牡曰羖。”朱骏声《说文通训定声》：“夏羊，黑羊。”可见“羖”为黑色公羊。“羠”既可指阉割过的羊，又可指雌性野羊，《说文》：“羠，騬羊也。”参照文书中上文的表述方式：“大草牛拾伍頭，特犗捌頭，贰岁草犻陸頭，犊子七頭，女犊子叁頭。”此处“⿰羊畐羯”的表述方式当与“特犗”相同，“特”指公牛，“犗”指阉割过之牛，先泛言公牛而后指明其为阉割过之公牛。据此，则“⿰羊畐”应为公羊，后以“羯”来限定其为经阉割过的公羊。

11. ⿰王素

阿斯塔那337号墓（20）有⿰王素、⿰王素，此字当为“琐”，敦煌文书中“琐”有作⿰王責者，“锁”亦或作⿰金素、⿰钅責，此处隶变情况同此。右部构件当为文字内部构件同化的结果。

12. ⿱艹⿱非灬

阿斯塔那337号墓（20）有：“鞁，沙，韦⿱艹⿱非灬也。”张传官引用张小艳观点，认为此字当为“‘菲’字之俗讹，读为‘扉’，指以皮、麻、草等制成的粗鞋”。“《方言》卷四：‘扉、屦，粗履也。徐、兖之郊谓之扉。’”[①]此说可从。文书中“⿱艹⿱非灬”疑即“韮”或“蕜”字。“韮”为“菲”之讹写，文书中“灬”连笔常作“一”，又在逆推作用的影响下，

① 张传官：《吐鲁番出土〈急就篇〉残卷二种补释》，《敦煌研究》，2014年第5期。

"一"也常替换作"灬"，如"極"又作［阿斯塔那363号墓（6）］。此字上之"艹"作"廿"形，亦为文书中之常见替换现象，故此字从字形上可为"韭"之变体"韮"；或又原文借"悲"为"菲"，两字音近而通假。"悲"中构件"心"变体作"灬"则为"韮"。

13. 犻

阿斯塔那337号墓（20）有，此字隶定作从"犬"从"布"，各本无此字。此字当为"犻"，隶变中，"市""巿""布"三字因形近而常换用。原文出自《急就章》古注本，原注本谓"～賔曰獖"，"獖"为狗的一种，《集韵》："獖，犬属。"《广韵》："獖，守犬。"又为羊的一种，《玉篇》："獖，羊名。"或又同"豮"。《集韵》："豶，《说文》：'羠豕也。'或从犬。"故"豶""獖"为阉割过的猪。而"獖"亦有阉割之义，如《韩非子·十过》："豎刁自獖以为治内，其身不爱，又安能爱君？"在此三义中，此处"獖"当为"豶"。传世之《急就章》中此句作"豭豶狡犬野鸡雏"，文书中仅存"雏"，故注文中之"獖"当为"豶"。"犻"，汉语大字典收有其"犬暴戾不顺""犬怒貌""同'吠'，狗叫"三义，但均无用例。我们认为，三义同出一源，本专用于"犬"，但此处注本当以此指"獖"之烦躁不安之貌。

14. 愗

阿斯塔那31号墓（1）有，此字上之构件当为"牧"，"牛""扌"相混，整字当为"愗"。《龙龛手镜》："愗，憂也。"原文此处下字为，"～聽过"，文书中隶定作"然"，误，此字当为"愗"，此处行文与其他随葬衣物疏有所差异，一般衣物疏此处为"任意（赁意\任）聽过"，故所表意义存疑。

15. 

阿斯塔那99号墓（3）有、阿斯塔那15号墓（16）有、哈拉和卓1

号墓（7）有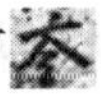、阿斯塔那78号墓（10）有、阿斯塔那302号墓（15）有，文书中隶定形体不同，實当为一字，此字除阿斯塔那15号墓（16）用于“～马”之外，其余皆出现于人名中。故从形体上推测，此字或从“宀”从“合”作“峆”，此字同“峆”。《集韵》：“峆，合也，或从宀。”或从“山”从“岑”，同“岭”。或从“山”从“合”，作“峇”。我们仅能从“～马”一词中推测此字正字，此处原文作“～马参疋，草䮧参頭，父䮧壹頭，䮧駒子壹頭”。“草驴”“父驴”当为驴子性别的分类，故此处“～马”亦当如此，至少应为马之种类名称。我们认为，此处“峆（或峇）”当为借音通假字，此字通“騍”，三字音同。《改併四声篇海·马部》引《奚韵》：“騍，牝马。”《正字通·马部》：“騍，俗呼牝马，即草马。”《尔雅·释畜》：“牡曰騭，牝曰騇。”清郝懿行义疏：“今东齐人以牡为兒马，牝为騍马。”清赵翼《陔餘叢考·騍马》：“唐以前本呼牝马为草马，及牧监设课后，遂呼课马，后人又易以马旁而为騍马耳。”

16. 

阿斯塔那116号墓（1）有，原字出自衣物疏：“无跟履一兩，～衣一，汉衫一领……”此字乃“衷”之变体，《说文》：“衷，裹褻衣。”段玉裁注：“褻衣有在外者，衷则在内者也。”王筠句读：“亵字衹是私居之服耳，衷则私服之在中者，故言裹以别之。”故“衷”本为贴身内衣。文书中仅此处见“衣”，余皆作“中衣”，如：“故中衣一枚，故小衣一枚。”［哈拉和卓90号墓（1）］“紫羅尖一，中衣衫一具。”［阿斯塔那48号墓（3）］此处“衷”既可看作本字，亦可看作“中”之加旁字，还可看作通假字，传世文献中，“中”“衷”“忠”常相通，《诸子平议·荀子四》：“孝子不从命乃衷。”俞樾按：“……蓋衷、中、忠三字同声而通用。”《读书杂志·荀子第八·成相》“欲衷对”王念孙按：“中与衷古字同耳。”

有关中衣，《汉语大词典》中释之为穿在祭服、朝服内的裹衣或为贴身的衣服。陆娟娟进一步在“贴身衣服”的意义上考释“中衣”当为贴身下裳，文书中与贴身之上衣的“汗衫”相配套[①]。我们同意陆娟娟的看法，从文书中的用例来看，“中衣”一般与量词“枚”或“腰”相搭配，“枚”是一个通用量词，“腰”作为量词，王启涛认为此字为衣带类量词，相当于条[②]，颜秀萍则认为此字一般用作裙类量词[③]。准确来讲，吐鲁番出土文书中“腰（腰）”一般用作条带状类服饰或下身衣服的量词，而不用作上衣之量词，因此从量词的角度，“中衣”亦当为下衣而不包括上身之贴身衣服。吐鲁番出土衣物疏中，“小衣”“中衣”“两当”“汗衫”都是贴身内衣名称，“中衣”与“汗衫”相配套，“小衣”与“两当”相配套，“小衣”类今之所谓内裤，“两当”则类今之所谓背心。

17. 

阿斯塔那514号墓（1）有、，此字用于人名“迦门～”中。此字隶定有误，当从“月”从“戋（戔）”。此字《汉语大字典》中收录两个义项：一是《玉篇》：“䑝，獸食之馀也。”二是腹大的样子。《集韵》：“䑝，腹大皃。”

18. 

阿斯塔那151号墓（31）有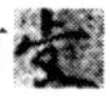，此字当为“受”。文书中“受”有作［阿斯塔那305号墓（3）］。上部构件与“正”形近，“正”常与“止”相替换，故又作。

19. 

阿斯塔那151号墓（31）有，此字当为“執”。隶定有误，原字形作

---

① 陆娟娟：《吐鲁番出土文书语言研究》，2009，浙江大学年博士论文。
② 王启涛：《吐鲁番出土文书词语考释》，巴蜀书社，2005年，第663-664页“腰”条。
③ 颜秀萍：《吐鲁番出土随葬衣物疏的物量词例释》，《中国语文》，2001年第2期。

"䝨"，当为"幸"省略中之两点，又与下之竖左右加两点形成的变体，以上两点变化皆为文书时期常见的隶变现象。

20. 

阿斯塔那151号墓（31）有、。此二字隶定形体模糊，当为"殺"字之变体。古"殺""煞"乃一字异体。《广韵》："'煞'同'殺'。""殺"睡虎地秦简中作、，马王堆帛书中作、，银雀山汉简中作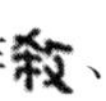、、等形，可见到银雀山汉简，"殺"之形体隶变情况已各不相同。东汉碑刻作（石经论语残碑）、（樊敏碑）、（武梁祠堂画像）、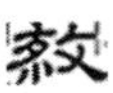（孙叔敖碑阴）[①]，南北朝时期大致同此。《敦煌俗字典》根据"殺"与"煞"各形及其用例，证明了"殺""煞"本一字变体的结论，并推出了两者的演变轨迹如下：。[②]文书中之两形当类同以上诸形中之形。文书中两处原文作"欲速～太□""虑～太子"，与文意相合。《汉语大字典》中录有"㷙"，此字疑即方言词"把蔬菜放到锅里过水"之本字。

21. 

阿斯塔那337号墓（20）有，此处传世文献作"膏"，"笔研筹筭膏火烛"，下文注："高火烛，今者官家所以治文书也。"故此字此处当为"膏"之换旁俗字。根据形体《汉语大字典》收"⿱高火"，《集韵》："⿱高火，火也。"此字与"熇"构件相同，但为两字。后者表"火热""烧"等义。

22. 

阿斯塔那337号墓（20）有，此处出《急就章》汉人附入部分，传世

① 顾蔼吉：《隶辨》，中国书店出版社，1982年，第693–694页。
② 黄征：《敦煌俗字典》，上海教育出版社，2005年，第351页。

文献此处作“代郡上谷右北平，辽东滨西上平冈”。文书中此处为“雁门上谷至广川，河内温涿郡……海右北平西上平冈”，与原文有较大出入。从字形和意义上看，此字当为“勃”。“勃海”与上之传世之“辽东”相对应，文中各地名皆为指明汉之巨大版图。“勃”篆体作，“勃”与皆为不同的笔画隶变方式产生的变体，东汉碑刻中皆作后一形体，南北朝两形并存，并产生变体，是以高频构件“爪”进行替代，其时“学”并未成为“學”之变体，故不作“学”。

23. 

阿斯塔那326号墓（7）有，此字当隶定作“憄”。阿斯塔那169号墓（3）又有，后者疑即“太”之俗体。“躰”用于僧尼名中“～真”。《龙龛手镜》有“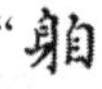，俗音自”“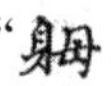，俗音母”“，俗音致”等，皆为在原字基础上加构件“身”，当用与本字同，此处“太”同此。“憄”与“躰”相对应，当为今之“态”，“態”之换旁俗字，理据重构，从“心”，躰声。此字出现于高昌家书中“愿保兄知其家内～”，疑此处当为“情状”之义。此二字各本皆未收录。

24. 

阿斯塔那92号墓（1）有，此字此处用于人名，“～田廿四半”，或当为“矛”之俗体，在原字基础上添加一“丶”而成。当遵循隶变过程中常在竖笔两侧添加两点的隶变规律而产生的变体，北魏鲜于仲兒墓志中已有此形。

此字或又为“柔”之变体。文书哈拉和卓33号墓（1）有，哈拉和卓33号墓文书（4）有，两处皆为“柔”，“供官～韦二百五十枚”“供官～碑皮”，用作“鞣”。此变体当为“柔”之上下构件形体共用笔画产生的变体。南北朝碑刻中“柔”有作（元新成妃李氏墓志）、（元颢

妃李元姜墓志）等形者。

25. 

阿斯塔那327号墓（1）有，此字当从“疒”从“具”，文书中出现于残缺的随葬衣物疏：“……~十具，马一疋，泥安（鞍）一具……”此字《龙龛手镜》：“瘨，俗，音具。”此处当为借音字，疑此处为“裾”之借音字，“裾”《玉篇》：“被也。”

26. 

阿斯塔那327号墓（1）有，此字当隶定作“祢”。此字出自随葬衣物疏：“苦（袴）一具，白练~一具。”“祢”当为《汉语大字典》所收录之“衫”，《玉篇》：“衫，单也。”“衫”即单衣。“彡”“尒”“尔”三形形近常互换，如“珍”又作“珎”，“趁”又作“趂”。

27. 

阿斯塔那137号墓（4）有，此字疑当为“雙”。文书中此处出于人名“~”。各本无此字。文书中“雙”作“雙”，或作“䨇”，此处“隻”当为“雙”形之省形变体。，文书隶定作，此字隶定错误，当隶定作“谟”，此字当为“護”。文书中已可见“言”之偏旁化演变轨迹，此处将首横笔下之笔画皆连笔作“讠”。“隻”“蒦”两构件常相互换。

28. 

阿斯塔那42号墓（12）有，此字隶定有误，右下方构件当为“止”而非“心”，此字为“唾”之变体，“垂”受承汉隶而来，最下一笔常作“凵”，与上之竖笔构成“山”形，如“垂”作［阿斯塔那100号墓（2）］，构件“山”隶变过程中又常与“止”“正”“亾”等形相混。原文出自古写本针法残片：“唾血振寒咽干。”与意相合。

29. 

阿斯塔那42号墓（12）有，此字当为“逄”或“隆”之变体。“夆”形文书中基本皆将“生”之一撇一横拉直为一横笔，如“隆”作［阿斯塔那15号墓（13）］。文书中“隆”之构件“阝”常省作、等，如［阿斯塔那4号墓（17）］、［阿斯塔那346号墓（1）］，与“冫”“氵”等相混。

“逄（隆）”此处用作“癃”。原文出自古写本针法残片：“妇人～陰……”“癃陰”为中医所谓“癃闭”或“闭癃”之一种，“癃”为小便不利。《素问·五常政大论》：“其病癃闭。”王冰注：“癃，小便不通。”《素问·宣明五气篇》：“膀胱不利为癃。”故《素问灵枢类纂约注》：“灵枢曰。酸气涩以收。膀胱得酸则缩。约而不通。水道不行。故癃阴者。积筋之所终也。故酸入而走筋矣。”

30. 

阿斯塔那332号墓（9）有，此字各本所无，当为“协”字。原文“敢告北方黑帝～綱紀……”，故此字当为涉下“綱紀”而改“十”为“纟”旁。

31. 

阿斯塔那332号墓（15）有、，此字当隶定作屆、扂，此字从“户”（或“尸”）从“臽”或“舀”，各本无作此形者，疑或当为“扁”，或又作扁，《广韵》：“扁，薄楔。”《集韵》：“扁，楔也。”《龙龛手镜》：“扁，薄扁。”两字当为一字之异体。原字形出于唐祭鬼文，文字残缺，第一形上下皆缺，第二形原文作：“其官～一天九頭。”未明其义为何。

32. 

阿斯塔那209号墓（2）有，此字当为“甇”，原字出自唐婚娶纠纷案：“後娶阿～之日，阿赵不是不……”《说文》：“甇，大盆也。”段玉裁注：“盆者，盎也；甇其大者也。”“甇”又用作姓，《广韵》：“甇，姓，姚弋仲将甇耐虎。”可见，此处“甇”为与下之“赵”相对之姓。从文字形式来看，隶定字形中之“二”当为“口”之连笔省形，“瓦”文书中常与“凡”形同，如“瓮”作［阿斯塔那305号墓（3）］。

33. 

阿斯塔那76号墓（7）有。字形来看，应为“缶”之变体，文书中“缶”下之“山”形常隶作“止”形。《龙龛手镜》：“缶”，“缶”的俗字。上之“丿”与“𠂉”的区别则为对线条隶变的连断不同的结果。“缶”在此与文意不合，字形出自唐写本《开蒙要训》残卷：“熬～塩炒豉调适。”此处“缶”当为“炰”之借，二字音同形近，《玉篇》：“炰，火熟也。”唐玄应《一切经音义》卷十七：“炰煮，《字书》：‘少汁煮曰炰，火熟曰煮。’”字书中此字又作“缹”“炰”“正”，《集韵》：“炰，火熟之也，亦书作。”《字汇补》：“缹，与炰同。”《字汇补》：“正，方武切，音甫。煮也。”“正”当与其他三字音义俱同。

34. 

阿斯塔那226号墓（10）有、，此字隶定有误，当按原形隶定作“𥝓”，此字音列，《广韵・末部》：“𥝓，禾麦知多少。”字形出自唐牒为申报斸田所得数事：“右件案内上件斸田，各得所由状，并𥝓讫，具斛斗数如前。”故此字当义为“计算禾麦多少”。

35.

阿斯塔那509号墓（33）有、，又作，阿斯塔那73号墓（2）

有，此二字字书所无。前一字形出自唐推勘死牛及孳生牛无印案卷：“二黄～㹀……，……紫赤㹀二岁，一黄㹀二岁……”“一黄犍二岁，一黄㹀三岁，……乌～犍四岁”。后一字形出自唐买牛契：“……乌～犍牛……”根据上下文，此二字当一字之异形，应为表牛之颜色词——白色。阿斯塔那509号墓（33）：“一牰㹀二岁，一牰犍二岁，一黄犍三岁……”“牰”当为“犑”，《广韵》：“犑，牛尾色也。”当为类“胭红”之色，此二字亦当同此，或即为“白”字涉下“㹀”“犍”而加“牛”旁，“白”“百”音形皆近，常相混用。

36. 

阿斯塔那293号墓（1）有，阿斯塔那293号墓（1）有，此二字皆用于僧尼名：“僧玄～”，疑当为“剛”，构件“岡”作“罡”之连笔省形。

37. 

阿斯塔那337号墓（20）有，阿斯塔那27号墓（9）有、。各本无此字，上一形出自《急就章》古注本：“胃（谓）菅～屦也……”后二形出自唐写本《论语》郑氏注：“灵公逐太子蒯～至卒，而立孙辄……，晋赵鞅纳蒯～於……”传世文献此处为“聩”，故“𧅙”当与“聩”音同，且与“菅”属同类，《汉语大字典》收有“蕢”字，此字读同“蒯”，又读同“聩”，读同“蒯”可作姓，亦可表赤苋菜。读同“聩”指草、竹编的筐，《说文》：“蕢，艸器也。”故此字当为“蕢”之变体，加“刂”当是受到同音之“蒯”的影响。

38. 

阿斯塔那27号墓（7）有，此字当为“庿”之讹写。“庿”同“廟”，《说文》：“廟，尊先祖皃也。庿，古文。”此字出于唐写本《论语》郑氏注：“入太廟每事问。”“谓助祭于周公之～……”

39. 

阿斯塔那27号墓（7）有，此字当为“耎”之异体，“火”“大”形近而混同。此字出自唐写本《论语》郑氏注：“颜渊初学於孔子，其道若卑，将可及；若～，将可入。……”传世文献此字作“濡”，且“将可入”后为“其後日高而坚，……”，故此处义当与上句之“卑”相对应，与下句之“坚”义相对立，《类篇》：“濡，柔也。”《别雅》卷三：“濡弱，耎弱也。”“耎”“烎”与之音同，《广雅》：“耎，弱也。”《汉书》颜师古注：“耎，柔也。”《龙龛手镜》：“耎，柔也，弱也。”《字汇》：“烎，耎之之伪。”

40. 

阿斯塔那27号墓（7）有。此字各本所无，出自唐写本《论语》郑氏注：“寝不□，居不容，见～衰者，虽狎必变。……”传世文献此处作“齐”，为二等丧服之“齐缞”，“齐”读zī。此处“𧙗”形当为“齐衰”之“齐”的异体字，理据重构，从“衣”，次声。“次”中古读cì亦读zī，《集韵》：“津私切。”本当从“衣”作“𧙗”，複加“亠”，此为文书中此类结构之从“衣”之字常发生的隶变现象，如“表”又作［阿斯塔那4号墓（1）］，“褒”又作［阿斯塔那50号墓（4）］等。此类现象，应当是书写者习惯性联想与构件成字化的倾向作用的结果，这种现象同时发生在“壞”“懷”等字中，如敦煌文书“懷”“壞”或又作、，可见这种联想与构件成字化既与意义关联，也与形体相关。

41. 

阿斯塔那169号墓（3）有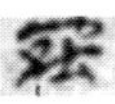。此字隶定有误，当隶定作“㹅”。《龙龛手镜》：“㹅，知勇切。”张涌泉先生考释此字为“冢”之异体[1]，“豜”

[1] 张涌泉：《汉语俗字丛考》，中华书局，2000年，第121页。

为“塜”之换旁俗字，“犬”“豕”替换。“塜”“冢”本异体字，《玉篇》：“塜，墓也。正作冢。”文书中此处“举儿妇～”。

42. 莗

阿斯塔那31号墓（1）有，此字疑即“蜚”，此处通“被”。文书中此处为随葬衣物疏：“杂糸各十斤，～各百匹，金银钱各一千文……”文书中“辈”常从“北”作“蜚”，与此处形近。从读音来看，“蜚”“被”音同通假，文书中的使用来看，随葬衣物疏中“被”常见，但一般与量词“枚”搭配，或“被褥”出现搭配量词“具”，或“被锦”等与“匹”“张”搭配，故此处“被”后当有缺字。

43. 伩

阿斯塔那169号墓（3）有，各类字书无此字，疑此字为“牧”。《龙龛手镜》：“仪，古文牧。”文书中此字用于僧尼名。

44. 蔑

阿斯塔那321号墓（1）有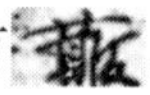，各本无此字，此字当为“篾”之变体，“艹”“⺮”本形近构件，常相替换。文书中此字用于人名“隗篾箕”中，“篾箕”二字皆换旁从“艹”，不从“⺮”。

45. 戻

阿斯塔那44号墓（10）有。此字当为“屎”之俗体。《龙龛手镜》：“戻，俗。屎，今。戾，正。”“矢”俗体多作“夫”。文书中此处出自唐修缮废寺事：“仍即就中～”，此处“戻”当为“室”之假借。

46. 剥

阿斯塔那223号墓（5）有，此字当为“剥”。文书中构件“录”常隶作“汞”形，如“禄”作［阿斯塔那61号墓（7）］、［阿斯塔那221号墓（14）］，“録”作［阿斯塔那206号墓（6）］等。文书中

此处为唐徵麦利文书："……文案分明，……出举案状妄～一分……"与"剥"之"侵夺"义相合。

47. 

阿斯塔那154号墓（13）有，此字当为"秐"，《龙龛手镜》："秐，穗也。""秐，禾再生也。"《字汇补》："秐，穗生也。"文书中用于人名。

48. 揌

阿斯塔那337号墓（20）有，此处原释文依据上下文注为"酒"，"酒泉"。原文书为高昌延昌八年写《急就章》古注本，此字或当为"洒"之异体。"洒""酒"形近，抄写者误将"酒"认作"洒"，又写作"洒"之异体"揌"。"揌"字《汉语大字典》收录，但不作"洒"之异体。《玉篇》："揌，振也，擡揌也。"或用同"塞"，《篇海类编》："揌，手揌也。"又《集韵》："揌，择也。"[①]此处"揌"或为"洒"之从"扌"思声之异体。

49. 

阿斯塔那326号墓（2）有、、，文书中此字隶定作"墙"，误，此字当为"垣"。"墙"，历代无此形，"垣"，东汉及南北朝碑刻中或作"垣""垣"[②]，此处当为合取变体"垣"与"垣"而产生的新的变体形式。从文书内容来看，文书中此形出现三次，分别为"壘～""～尺寸""～根下"，皆可以"墙"义释之，上文此意已用"垣"为之，"垣四辟（壁）用確"，故此处仍当为"垣"字。

50. 

哈拉和卓91号墓（43）有、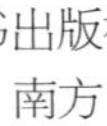字，原书隶定作"槑"，由"明"和

① 徐中舒主编：《汉语大字典》，四川辞书出版社、湖北辞书出版社，1997年，第805页。
② 臧克和：《汉魏六朝隋唐五代字形表》，南方日报出版社，2011年，第224页。

“天（或“夭”）两个构件组成，用在人名“氾～”“王～”中，历代字书无此字。

考察“明”甲骨文的写法，其形体有两类：一类从“日”从“月”，如；一类从“囧”从“月”，如。两者构形方式皆为会意，“囧”为“窗”之象形，会月光从窗户射入室内带来明亮之义。战国文字中两种写法皆有延续，如（郭店楚简·老乙10）、（商鞅方升）、（侯马盟书）、（睡虎地秦简·日乙206）等。《说文》：“朙，照也。从月，从囧。，古文朙从日。”从战国文字来看，“朙”字中“囧”到战国时期象形性逐渐降低，形体变得与“目”接近，如上述侯马盟书以及睡虎地秦简中的写法。又如“省”，《说文·目部》：“，视也。……，古文省，从少囧。”也属“囧”“目”替换。此时“月”尚且能保持其本形，但到了汉代，处于隶变过程中的汉字发生剧烈的变化，形体接近的文字构件往往相混，“朙”不仅“囧”变为“目”，“月”也进一步出现了变为“目”的现象，如马王堆帛书中此字作（老甲111）、（老甲123），“盟”，魏汝阳王元睟墓志作，齐梁伽耶墓志作等。又魏王光造像“明”作眀皆是此类。

因此，我们认为，此字初形当为“⿱朙天”，后“朙”变为“䀎”，整字变为“⿱䀎大”。《龙龛手镜·目部》：“⿱䀎大，苦矿反，～然举目，又好皃也。”即为此字。文书中从“明”之“⿱明天”为“⿱朙天”之异体，按照《说文》“古文朙从日”的说法，则“⿱明天”为“⿱朙天”之古文写法。另，“⿱明土”为“⿱朙土”异体可以为证。吐鲁番文书中多见沿用古文写法者，如“兵”，《说文》：“，械也，从廾持斤，并力之貌。，古文兵，从人廾干。”吐鲁番文书中“兵”多作“⿱亻兵”，即为从“人”“廾”“干”的古文写法。

张涌泉先生认为，“⿱䀠天”为“⿱䀠夰”的讹俗字[①]。《说文·夰部》：“⿱䀠夰，举目驚⿱䀠夰然也。从夰从䀠，䀠亦声。”张涌泉先生认为：“‘夰’旁隶变或作‘天’形。《九经字样·日部》：‘昦昊：音皓，春天也，上《说文》，下隶省。’是其例。故……‘⿱䀠夰’所从的‘夭’当是‘天（夰）’旁之讹。”[②]但这里有几个问题，第一，“⿱䀠夰”，《说文》注音“九遇切”，与“苦矿反”的注音并不完全相合；第二，从意义上讲，“⿱䀠夰”表惊惧义，惊惧义通常不用于人名中。而《龙龛手镜》中的另一意义“好皃”与“⿱䀠夰”本义似无太多联系；第三，如果此处“⿱明天”为“⿱䀠夰”，则此字“明”当为“䀠”之变。但考察汉字发展过程，“明（朙）”变为“䀠”者有，“䀠”变为“明”者则未见。

基于以上几点疑问，我们认为，《龙龛手镜》中释义为“⿱䀠天然举目”的“⿱䀠天”与“好皃”的“⿱䀠天”原本并非一字，前者即《说文》“⿱䀠夰”字，“九遇切”；后者则为用于人名中之“⿱䀠天”，“苦矿反”。

用于人名中的“⿱䀠天”，当为《说文》“臩”之分化字。《说文》：“臩，驚走也。一曰往来皃。《周书》曰：伯臩。古文臦古文囧字。”段玉裁的《说文解字注》：“古文《尚书》有‘囧命’。《书序》曰：‘穆王命伯囧为太仆正，作囧命。’《周本纪》曰：‘穆王闵文武之道缺，乃命伯臩申诫大仆之政，作臩命。’盖臩囧古通用也。”据此，一是“臩”用于人名“伯臩”中。二是据《说文段注》，则“臩”与“囧”通。因此人名中之“臩”当借用“囧”义，并不使用本来之驚走义。“囧”象窗牖玲珑开明之形，自可引申有“好皃”义。三是《说文·囧部》：“囧，窗牖麗廔闓朙也。凡囧之属皆从囧。读若犷。贾侍中说，读与朙同。”段玉裁的《说文解字注》：“犷古音如广。囧音同也。臦读若诳。臦声之臩为古文囧字，可以证矣。……贾侍中说，读若芒也。”可见，“囧”与“臦”“臩”“朙”古音相近，与“苦

① 张涌泉：《汉语俗字丛考》，中华书局，2000，第753页。
② 张涌泉：《汉语俗字丛考》，中华书局，2000年，第753页。

矿反”相合。四是“古文𠀤古文囧字”，则“奰”在用作人名时极有可能将“𠀤”换作“囧”，改作“𡘋”。而从“囧”往往与从“朙”相通，如《说文·囧部》：“𥁰，诸侯有疑则盟。……从囧，皿声。𥁰，篆文从‘朙’。𥁰，古文从‘明’。”则“𡘋”又作“𡚁”“𡚂”，后“朙”变作“䀠”，“亣”如张涌泉先生所说隶省作“天”，再变作“夭”，则整字变作“𡗷”，与“𡗷然举目”的“𡗷（𡙈）”字形重合。“𡚁”下“亣”隶省作“天”，或进一步变作“夭”，则整字作文书中之“𡙁”。

此字，陆娟娟的《吐鲁番出土文书俗字研究》引《字汇补·日部》：“杨𣊝，正德时人，音阙。”认为“六”与“天”形似，此处“𡙁”即“𣊝”字俗写①。我们的看法刚好相反，“𣊝”应为“𡙁”的俗写形式，吐鲁番文书中“六”相对而言是一个比较活跃的构件，经常与形近的“天”“大”“廾”等构件发生替换，如“奏”作“𡘼”、“樊”作“𣟂”、“戒”作“𢦦”等，此处亦当属此类。另外，《字汇补》中“音阙”，说明因文字俗写流变，当时人未能在字书中找到本字，已不明此字为何。

据此，文书中此字当为“奰”，与“囧”相通，经常用于人名中，“𡗷”“𣊝”“𡙁”都是其隶变过程中产生的变体。其演变轨迹当如下：

奰 ⟶ 𡘋 ⟶ 𡚁 ⟶ 𡗷
　　　　　↓
　　　　𡚂 ⟶ 𡙁 ⟶ 𣊝

51. 𧝞、𧜧

哈拉和卓91号墓（1）有𧝞，原书隶定作𧝞，历代字书皆无此字。

原文此处为：“覆面一枚，褶一领，大褌（一）位（立），小褌一立，

① 陆娟娟：《吐鲁番出土文书俗字研究》，2005年，新疆师范大学硕士论文。

鞮（履）一两，⿰衤匊一枚，靺一两。淮（懷）右（袖）囊各一枚，……”王启涛先生认为，此字即“⿰衤悤”字，义为单衣。引“《改并四声篇海·衣部》引《俗字背篇》：‘⿰衤悤，禅衣也。’”①（按，原书此处引用有误，“禅”当作“襌”。《中华字海》：“襌，单衣。”）但“⿰衤悤”字在《吐鲁番出土文书》中它处不见，且“单衣”这一概念文书中习用“单衣”一词，如阿斯塔那2号墓（1）：“故帛绢单衣一领，故帛练枕一枚，故帛绢被一领，故帛绢褥一领。”又哈拉和卓99号墓（7）：“绵经纬二斤，单衣一领，白旃二领。”故此处不当为“⿰衤悤”。

我们认为，此字当为“襖”。从字形演变来看，《敦煌俗字典》收“懊”字，字形有作，可见此处构件“奥”形体中“大”与上部“米”进行合并。齐李清为李希宗造像中“掬”作，与上述“懊”中“奥”的形体接近，极易相混。又“粤”，魏司马景和妻墓誌铭作、唐卢承业妻李灌顶墓誌作，可证两形确曾发生过讹混的现象。由此，此处“⿰衤匊”当是“襖”字右侧构件“奥”经历了如下演化过程的产物，即奥→→→匊。

“襖”在墓葬衣物疏中常见，如哈拉和卓96号墓（2）：“故帛练衫一领，故绯襖一领，故结绯繻一领，故布小襌一立……”又如阿斯塔那170号墓：“故绯绫襖一枚，领带具 故白绫大衫一枚，领带具……”等。两例中“襖”所用量词分别为“领”和“枚”。用“枚”与此处同，吐鲁番文书中“枚”可以用来做衣服的量词，如前述阿斯塔那170号墓（1）中“枚”做“襖”“衫”的量词。不同之处在于，阿斯塔那170号墓文书中所列衣物量词皆用“枚”，此处同一文书中，“襖”与其他衣物分别使用不同的量词，且与其他上衣类，如“褶”的量词不同。事实上，这种现象并不特殊，它在

① 王启涛：《吐鲁番出土文书字词考释》，巴蜀书社，2005，第257页。

同类文书中同样存在，如哈拉和卓99号墓（2）："故帬一枚，故褶一枚，故褌一立，故小褌一枚，故大袴一立，……"一篇之中，"枚"与其他量词一起出现使用。

吐鲁番文书墓葬衣物疏中以鞋袜连续出现为常，此处"襖"用于"履（履）""靺"之间不常见，但也并非孤例，如阿斯塔那29号墓文书："鞊𩋾靴一量并氈，两色绫接䩭一，帛練袂袴一腰，帛練單袴一腰，帛練汗衫一领，帛練褌一腰，细絲襪一量，……"也属同类情况。

又：⿰衤号，当隶定作"⿰衤号"。阿斯塔那29号墓文书："绯罗帔子一领，紫细绫⿰衤号子一，锦褾，五色繡鞋一量，墨绿䌷绫襪一量，锦鞆。"其中"⿰衤号"亦当为"襖"。"号"为"粤"之变体。"粤"，魏元公夫人墓志作粤，唐杨智積墓志作粤，㐺又可以省作仌或从，如"華"，魏元举墓志作華，魏王绍墓志作華，"粤"，魏元夫人陆孟辉墓志作粤等。而从则经常转作卝或丷，如"萊"作"莱"并非现代汉字简化的结果，而是在汉代就已经出现的现象。同时，从与㸚也经常可以替换，如"彌"，汉张表碑作彌，隋元祎墓志作彌，而从㸚的"网"在汉字部首中也都省作"罒"。故"粤"上部转化为"⿶凵口"当同属此类现象。又敦煌文献中"粤"有作粤、粤，最后一笔左边折处断开，后边笔画拉伸为一捺即为"奥"字。魏鄯县男唐耀墓志作粤，当为从"粤"到"奥"的中间形式。"粤"字，魏武昌王妃吐谷浑氏墓志作"奥"，则可直接为证。由此，"⿰衤号""⿰衤粤"都当是"襖"字变体。

52. 頴

哈拉和卓91号墓（2）有頴，原书隶定作"頴"，正确。但王启涛的《吐鲁番出土文书词语考释》在"翘類"一词的解释中引用此处，把此字看作"類"，释为"杰出的一类"。误。此字当为"颖"字变体。

此字所在原文为"凉州秀才粪土臣鹫稽首言：'臣以疏陋，才非翘颖，洪泽涛奖，……"《说文》中"颖"从"禾"，顷声，"禾末也"，引申有才能出众之义。如《三国志·吴志·陆逊传》："皆当世秀颖，一时显器。”“翅”也有才能出众义，如“翘楚”。故此处“颖”当与“翘”同义连用，表示突出、出众之义。

53. 

哈拉和卓99号墓（2）有，原文作“凡有右条衣物、丝绢、金银家居自有……”，隶定释文皆作“衣”。释文无误，但与字形不符，当隶定为“裓”。观察“衣”和“依”在文书中的用例，“衣”大致有如下一些形体：、、、、等，“依”作、、、等。从字形来看，此处字形当为“依”字加“衤”旁。

吐鲁番出土文书中多有以“依”通作“衣”者，如：阿斯塔那524号墓（1）：“黄今（金）千斤，白银百斤，细绵百张，褶袴三具，證（登）天依（衣）万丈……”阿斯塔那173号墓（1）：“诸（朱）依（衣）茏（笼）官（冠）一具，银眼茏（笼）一具，波斯锦面依（衣）一具。”阿斯塔那10号墓（7）：“壹具，阿斯塔那夷（姨）出，官中依（衣）常（裳）壹具。”

此处在“依”上加“衤”当属字形繁化。这类现象在吐鲁番文书中多见，此处属于添加义符繁化字。添加义符繁化字又分为不同的两类，一类是在原字上直接添加义符，如阿斯塔那329号墓文书“不六多取婁”，“妻”作“婁”。阿斯塔那113号墓（1）“纹绫襌一腰，白绫褶一领”，“帬”作“襌”。一类则是在借用同音字的基础上添加义符，如此处借“依”作“衣”又添加义符“衤”，又如阿斯塔那113号墓（1）“白绫裙一腰”，“帬”又作“襌”等。

54. 

阿斯塔那524号墓文书（5）有，原书隶定作“墂”，历代字书无此字。

吐鲁番文书中从土之字，往往在“土”最后一笔上加“丶”，如阿斯塔那169号墓（5）中“地”作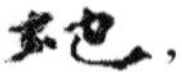，阿斯塔那39号墓（3）中“壘”作，阿斯塔那170号墓（2）中“城”作，阿斯塔那524号墓（4）中“殿”作，阿斯塔那524号墓（9）中“基”作等，故此处左边构件“圡”即为“土”。观察这一时期最后两笔为“十”或“寸”的文字中，往往会在这一笔的左右两边添加两点或将一横转化为两点，如“達”：阿斯塔那169号墓（3）作；“熱”：阿斯塔那169号墓文书（6）作；“净”：阿斯塔那34号墓（3）作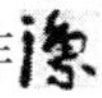；“攀”：阿斯塔那48号墓（2）作。以“十”收尾的“墠”字很有可能也是受这一趋势的影响，据此，此处“墠”当为“墠”的变体。

原文：“右六人知祀风伯……右六人知祀西□……知祀秦□……知祀长墠。”《说文·土部》：“墠，野土也。”段玉裁注：“野者，郊外也；野土者，於野治地除草。”朱骏声《说文通训定声·乾部》：“墠，扫除草秽曰墠，筑之坚实者曰场。”《说文通训定声·土部》：“壇，除地曰场、曰墠，于墠筑土曰壇。壇无不墠，而墠有不壇。”《礼记·祭法》：“是故王立七庙，一壇一墠。”郑玄注：“封土曰壇，除草曰墠。”《后汉书·祭祀志上》：“禅，祭地于梁阴。”刘昭注引项威曰：“除地为墠，后改墠为禅，神之矣。”可见，“壇”“墠”义近，同为祭祀场所。

《礼记·祭法》：“燔柴於泰壇，祭天也。瘗埋於泰折，祭地也，用骍犊。埋少牢於泰昭，祭时也。相近於坎壇，祭寒暑也。王宫，祭日也。夜明，祭月也。幽宗，祭星也。雩宗，祭水旱也。四坎壇，祭四方也。山林、川谷、丘陵，能出云，为风雨，见怪物，皆曰神。有天下者祭百神。诸侯在其地则祭之，亡其地则不祭。”如果文书中的祭祀与《礼记》中所记相关，是《礼记》祭法的延续发展，那么此处“长”则或者是“泰壇”中“泰”的同意替代字。“泰”，这里取“太”义，义为“大”“极大”，与“长”义相通，故此处“长”也可能为本字，“长墠”即“泰墠”“泰壇”。

参考文献

1. 蔡忠霖：《敦煌汉文写卷俗字及其现象》，文津出版社，1990。
2. 陈松长：《马王堆简帛文字编》，文物出版社，2001。
3. 陈淑梅：《东汉碑隶构形系统研究》，上海教育出版社，2005。
4. 陈五云：《从新视角看汉字——俗文字学》，河南人民出版社，2000。
5. 陈宝勤：《汉语俗字的生成、应用、传播》，《语言文字应用》，2005年第2期。
6. 陈建裕：《五十年来的汉语俗字研究》，《平顶山师专学报》，1999年第3期。
7. 董志翘：《〈入唐求法巡礼行记〉词汇研究》，中国社会科学出版社，2000。
8. 段玉裁：《〈说文解字〉注》，上海古籍出版社，2010。
9. 杜朝晖：《从敦煌吐鲁番文书看汉语音译外来词的汉化历程》，《敦煌研究》，2007年第3期。
10. 方述鑫等：《甲骨金文字典》，巴蜀书社，1993。
11. 高明：《中国古文字学通论》，北京大学出版社，1996。
12. 高明、涂白奎：《古文字类编》，上海古籍出版社，2008。
13. 顾蔼吉：《隶辨》，中华书局，2009。
14. 郭洪丹：《20世纪90年代以来敦煌俗字研究综述》，《西南交通大学学报》，2010年第2期。
15. 郭瑞：《魏晋南北朝石刻文字的传承与变异》，华东师范大学博士学位论文，2008。
16. 郭绍虞：《草体在字体演变上的关系（上）》，《学术月刊》，1961年第11期。

17. 郭绍虞：《草体在字体演变上的关系（下）》，《学术月刊》，1961年第12期。
18. 汉语大字典字形组：《秦汉魏晋篆隶字形表》，四川辞书出版社，1985。
19. 汉语大字典编纂委员会：《汉语大字典》（缩印本），湖北辞书出版社、四川辞书出版社，1995。
20. 洪适：《隶释·隶续》，中华书局，1985。
21. 洪艺芳：《敦煌吐鲁番文书中之量词研究》，文津出版社，2000。
22. 黄德宽：《汉字理论丛稿》，商务印书馆，2006。
23. 黄德宽：《古文字谱系疏证》，商务印书馆，2007。
24. 黄征：《敦煌语言文字学研究》，甘肃教育出版社，2001。
25. 黄征：《敦煌俗字典》，上海教育出版社，2005。
26. 何继军：《唐代“三书”俗字研究》，安徽师范大学硕士学位论文，2004。
27. 何山：《汉魏六朝碑刻记号字研究》，西南大学硕士学位论文，2007。
28. 何山：《魏晋南北朝碑刻文字构件研究》，西南大学博士学位论文，2010。
29. 黑维强：《敦煌、吐鲁番社会经济文献词汇研究》，民族出版社，2010。
30. 黑维强：《吐鲁番出土文书词语释》，《敦煌学辑刊》，2004年第1期。
31. 黑维强：《吐鲁番出土文书词语疏证三则》，《西北方言与民俗研究论丛》，中国社会科学出版社，2004。
32. 黑维强：《吐鲁番出土文书所见“针氈”考》，《西域研究》，2004年第4期。
33. 黑维强：《吐鲁番出土文书词语例释（一）》，《敦煌学辑刊》，2004年第4期。
34. 黑维强：《吐鲁番出土文书词语例释（二）》，《敦煌学辑刊》，2005

年第2期。

35. 黑维强：《吐鲁番出土文书词语例释（三）》，《敦煌学辑刊》，2006年第4期。

36. 胡继明：《〈吐鲁番出土文书〉中的量词》，《西南民族大学学报》，2004年第12期。

37. 黄幼莲：《〈吐鲁番出土文书〉词释数例》，《敦煌研究》，1986年第4期。

38. 黄德宽：《汉字构形方式，一个历时态演进的系统》，《安徽大学学报》，1994年第3期。

39. 黄德宽：《汉字构形方式的动态分析》，《安徽大学学报》，2003年第4期。

40. 江蓝生、曹广顺：《唐五代语言词典》，上海教育出版社，1998。

41. 蒋礼鸿：《敦煌变文字义通释》，上海古籍出版社，1981。

42. 蒋礼鸿：《敦煌文献语言词典》，杭州大学出版社，1994。

43. 蒋礼鸿：《〈吐鲁番出土文书〉第一册释词》，《敦煌语言文字论文集》，1988。

44. 荆贵生：《俗文字概论》，《河南师范大学学报》，1995年第4期。

45. 孔仲温：《〈玉篇〉俗字研究》，台湾学生书局，2000。

46. 冷玉龙、韦一心：《中华字海》，中华书局、中国友谊出版公司，1994。

47. 李方、王素：《吐鲁番出土文书人名地名索引》，文物出版社，1996。

48. 李荣：《文字问题》，商务印书馆，1987。

49. 李守奎：《楚文字编》，华东师范大学出版社，2003。

50. 李乐毅：《简化字源》，华语教学出版社，1999。

51. 林聪明：《敦煌吐鲁番文书解诂指例》，新文丰出版社，1990。

52. 林志强：《古本〈尚书〉文字研究》，中山大学出版社，2009。

53. 刘延玲：《魏晋行书构形研究》，上海教育出版社，2004。

54. 刘钊：《古文字构形学》，福建人民出版社，2004。

55. 刘中富：《〈干禄字书〉字类研究》，齐鲁书社，2004。

56. 陆明君：《魏晋南北朝碑别字研究》，文化艺术出版社，2009。

57. 罗常培：《唐五代西北方音》，国立中央研究院历史语言研究所，1933。

58. 廖名春：《从吐鲁番出土文书的别字异文看“浊上变去”》，《古汉语研究》，1989年第1期。

59. 李利芳：《魏晋南北朝碑刻文字构件变异研究》，西南大学硕士学位论文，2006。

60. 李运富：《论汉字结构的演变》，《河北大学学报》，2007年第2期。

61. 李涛涛：《魏晋南北朝石刻异体字表义构件换用研究》，华东师范大学硕士学位论文，2008。

62. 梁春胜：《楷书部件演变研究》，复旦大学博士学位论文，2009。

63. 廖名春：《吐鲁番出土文书语词管窥》，《古汉语研究》，1990年第1期。

64. 廖名春：《吐鲁番出土文书新兴量词考》，《敦煌研究》，1990年第2期。

65. 廖名春：《从吐鲁番出土文书的别字异文看五到八世纪初西北方音的韵母》，《古汉语研究》，1992年第1期。

66. 刘瑞明：《吐鲁番出土“随葬衣物疏”杂释》，《西域研究》，1998年第2期。

67. 陆娟娟：《吐鲁番出土唐景龙二年写本〈论语郑氏注〉校勘》，《新疆师范大学学报》，2005年第1期。

68. 陆娟娟：《吐鲁番出土文书俗字研究》，新疆师范大学硕士学位论文，2005。

69. 陆娟娟：《吐鲁番出土文书语言研究》，浙江大学博士学位论文，2009。

70. 陆娟娟：《〈日本宁乐美术馆藏吐鲁番出土文书〉释词》，《西南交通大学学报》，2010年第3期。

71. 陆锡兴：《唐代的文字规范和楷体正字的形成》，《语文建设》，1992年第6期。
72. 陆锡兴：《隶变是一个文字发展阶段》，《历史教学》，1992年第9期。
73. 路志英：《楼兰汉文简纸文书字形中的钩画研究》，《语文研究》，2015年第1期。
74. 马向欣：《六朝别字记新编》，书目文献出版社，1995。
75. 马瑞：《西北屯戍汉简文字研究》，西南大学博士学位论文，2011。
76. 马秋红：《〈吐鲁番出土文书〉异体字研究》，西南大学硕士学位论文，2011。
77. 敏春芳、马有：《敦煌吐鲁番文书中衣物量词例释》，《兰州大学学报》，2005年第4期。
78. 欧昌俊、李海霞：《六朝唐五代石刻俗字研究》，巴蜀书社，2004。
79. 潘重规：《龙龕手鑑新编》，中华书局，1988。
80. 骈宇骞：《银雀山汉简文字编》，文物出版社，2001。
81. 启功：《古代字体论稿》，文物出版社，1999。
82. 齐元涛：《隋唐五代碑志楷书构形系统研究》，上海教育出版社，2007。
83. 秦公：《碑别字新编》，文物出版社，1985。
84. 秦公、刘大新：《广碑别字》，国际文化出版公司，1995。
85. 裘锡圭：《文字学概要》，商务印书馆，2004。
86. 齐元涛：《隋唐五代碑志楷书书写、构形状况论析》，《古汉语研究》，2002年第1期。
87. 齐元涛：《隋唐五代碑志楷书中的形体混同现象》，《古汉语研究》，2004年第2期。
88. 齐元涛、符渝：《汉字的理据缺失与重构》，《北京师范大学学报》，2006年第1期。
89. 覃继红：《〈长沙走马楼三国吴简·竹简〉俗字研究》，西南大学硕士学位论文，2009。
90. 裘锡圭：《从纯文字学角度看简化》，《语文建设》，1991年第2期。
91. 容庚：《金文编》，中华书局，2009。
92. 施安昌：《颜真卿书〈干禄字书〉》，紫禁城出版社，1990。
93. 沙梅真：《敦煌吐鲁番文书中的人名研究》，西北师范大学年硕士学位论文，2007。
94. 唐兰：《古文字学导论》，齐鲁书社，1981。
95. 唐兰：《中国文字学》，上海古籍出版社，1986。
96. 汤馀惠：《战国文字编》，福建人民出版社，2001。
97. 谭翠：《〈唐五代韵书集存〉俗字研究》，湖南师范大学硕士学位论，2007。
98. 王梦鸥：《汉简文字类编》，艺文印书馆，1963。
99. 王贵元：《马王堆帛书汉字构形系统研究》，广西教育出版社，1999。
100. 王贵元：《说文解字校笺》，学林出版社，2002。
101. 王立军：《宋代雕版楷书构形系统研究》，上海教育出版社，2003。
102. 王宁：《汉字构形学导论》，商务印书馆，2015。
103. 王启涛：《吐鲁番出土文书研究》，巴蜀书社，2005。
104. 王启涛：《吐鲁番出土文书词语考释》，巴蜀书社，2005。
105. 王素：《唐写本论语郑氏注及其研究》，文物出版社，1991。
106. 王素：《吐鲁番出土高昌文献编年》，新文丰出版公司，1986。
107. 王贵元：《汉字构形系统及其发展阶段》，《中国人民大学学报》，1999年第1期。
108. 王贵元：《汉字形体演化的动因和机制》，《语文研究》，2010年第3期。
109. 王贵元：《汉字演变的历史我们还很陌生》，《学术研究》，2011年第2期。
110. 王贵元：《隶变问题新探》，《暨南学报》，2011年第3期。
111. 王贵元：《汉字发展史的几个核心问题》，《中国语文》，2013年第3期。

112. 王贵元：《汉字形体结构的体系性转换》,《语文研究》，2014年第1期。
113. 王宁：《汉字的优化与简化》，《中国社会科学》，1991年第1期。
114. 王宁：《二十世纪汉字问题的争论与跨世纪的汉字研究》，《中国社会科学》，1997年第1期。
115. 王宁：《系统论与汉字构形学的创建》，《暨南学报》，2000年第2期。
116. 王启涛：《吐鲁番出土文书释词》，《四川师范大学学报》，2006年第6期。
117. 王启涛：《吐鲁番出土文书疑难词语考辨》，《中国语文》，2007年第3期。
118. 王启涛：《吐鲁番出土文书词语新考（二）》，《新疆师范大学学报》，2007年第4期。
119. 王启涛：《试论敦煌吐鲁番所出军事文书在汉语史研究上的价值》，《西南民族大学学报》，2010第11期。
120. 文丽：《〈干禄字书〉与魏晋南北朝石刻俗字对比研究》，西南大学硕士学位论文，2011。
121. 王素：《敦煌吐鲁番文献》，文物出版社，2002。
122. 魏晓艳：《简帛早期隶书笔形系统探析》,《语文研究》，2013年第4期。
123. 徐中舒：《甲骨文字典》，四川辞书出版社，1989。
124. 徐中舒：《汉语古文字形表》，中华书局，2010。
125. 杨宝忠：《疑难字考释与研究》，中华书局，2005。
126. 颜秀萍：《吐鲁番出土随葬衣物疏的物量词例释》，《中国语文》，2001年第2期。
127. 杨艳辉：《〈敦煌汉简〉整理研究》，西南大学硕士学位论文，2007。
128. 叶声波：《〈居延汉简〉异体字研究》，西南大学硕士学位论文，2008。
129. 余欣：《吐鲁番出土上烽契词语辑释》，《文史》，2000年第4期。

130. 臧克和：《汉魏六朝隋唐五代字形表》，南方日报出版社，2011。
131. 曾良：《敦煌文献字义通释》，厦门大学出版社，2001。
132. 曾良：《俗字及古籍文字通例研究》，百花洲文艺出版社，2006。
133. 曾良：《隋唐出土墓誌文字研究及整理》，齐鲁书社，2007。
134. 张守中：《睡虎地秦简文字编》，文物出版社，1994。
135. 张书岩等：《简化字溯源》，语文出版社，1997。
136. 张同印：《隶书津梁》，高等教育出版社，2001。
137. 张涌泉：《敦煌俗字研究》，上海教育出版社，1996。
138. 张涌泉：《汉语俗字丛考》，中华书局，2000。
139. 张涌泉：《汉语俗字研究》，商务印书馆，2010。
140. 赵平安：《隶变研究》，河北大学出版社，2009。
141. 赵红：《敦煌写本汉字论考》，上海古籍出版社，2012。
142. 张延成：《新出吐鲁番文书中的若干语言问题探讨》，《新疆大学学报》，2000年第1期。
143. 张颖慧：《魏晋南北朝石刻文字研究》，中国人民大学博士学位论文，2012。
144. 张涌泉：《〈吐鲁番出土文书〉词语校释》，《新疆文物》，1990年第1期。
145. 张涌泉：《〈吐鲁番出土文书〉字词杂考》，《吐鲁番学研究专辑》，内部资料，1990。
146. 张涌泉：《〈吐鲁番出土文书〉辨误》，《西域研究》，1992年第2期。
147. 张涌泉：《研究敦煌俗字应注意的几个问题》，《杭州师范学院学报》，1995年第4期。
148. 张涌泉：《敦煌文书类化字研究》，《敦煌研究》，1995年第4期。
149. 张涌泉：《字形的演变与用法的分工》，《古汉语研究》，2008年第4期。
150. 张涌泉：《敦煌文献习见词句省书例释》，《浙江师范大学学报》，2011年第1期。

151. 张涌泉、陈瑞峰：《古代写本钩乙号研究》，《浙江社会科学》，2011年第5期。

152. 张小艳：《吐鲁番出土文书词语考释三则》，《中国语文》，2013年第6期。

153. 郑婕：《魏晋南北朝简牍文字研究》，华东师范大学博士学位论文，2007。

154. 朱铁：《〈宋元以来俗字谱〉俗字研究》，福建师范大学硕士学位论文，2007。